Beiträge zur Psychopathologie Band 3

W0261041

Rainer Luthe

Die strukturale Psychopathologie in der Praxis der Gerichtspsychiatrie

Springer-Verlag
Berlin Heidelberg New York Tokyo 1985

Prof. Dr. R. Luthe
Institut für Gerichtliche Psychologie
und Psychiatrie
Universität des Saarlandes
6650 Homburg/Saar

ISBN-13: 978-3-540-13822-8 e-ISBN-13: 978-3-642-70053-8
DOI: 10.1007/978-3-642-70053-8

CIP-Kurztitelaufnahme der Deutschen Bibliothek
Luthe, Rainer: Die strukturale Psychopathologie in der Praxis der Gerichtspsychiatrie /
Rainer Luthe. –
Berlin ; Heidelberg ; New York ; Tokyo : Springer, 1985.
(Beiträge zur Psychopathologie ; Bd. 3)
ISBN-13: 978-3-540-13822-8

NE: GT

Das Werk ist urheberrechtlich geschützt. Die dadurch begründeten Rechte, insbesondere die der Übersetzung, des Nachdrucks, der Entnahme von Abbildungen, der Funksendung, der Wiedergabe auf photomechanischem oder ähnlichem Wege und der Speicherung in Datenverarbeitungsanlagen bleiben, auch bei nur auszugsweiser Verwertung, vorbehalten. Die Vergütungsansprüche des § 54, Abs. 2 UrhG werden durch die „Verwertungsgesellschaft Wort", München, wahrgenommen.

© Springer-Verlag Berlin Heidelberg 1985

Die Wiedergabe von Gebrauchsnamen, Handelsnamen, Warenbezeichnungen usw. in diesem Werk berechtigt auch ohne besondere Kennzeichnung nicht zu der Annahme, daß solche Namen im Sinne der Warenzeichen- und Markenschutz-Gesetzgebung als frei zu betrachten wären und daher von jedermann benutzt werden dürften.

2119/3140-543210

Geleitwort

In Band 1 „Verantwortlichkeit, Persönlichkeit und Erleben" und Band 2 „Das strukturale System der Psychopathologie" der „Beiträge zur Psychopathologie" hat der Verfasser die theoretischen Grundlagen dargelegt, auf denen im nunmehr vorliegenden Band 3 „Die strukturale Psychopathologie in der Praxis der Gerichtspsychiatrie" die Anwendung dieser psychologischen Kenntnisse bei der praktischen Tätigkeit des psychiatrischen Sachverständigen vor Gericht aufbaut. Mit der Darstellung von Theorie und Praxis der zentralen Probleme der psychiatrischen Begutachtung im Strafrecht bilden die 3 Bände ein geschlossenes Ganzes, sie sind aber so konzipiert, daß jeder Band, auch für sich gelesen, verständlich bleibt.

Mit der „Strukturalen Psychopathologie in der Praxis der Gerichtspsychiatrie" wendet sich der Verfasser in erster Linie an die psychiatrischen Gutachter selbst, an Richter, Strafverteidiger und Staatsanwälte. Aber über diesen speziellen Interessentenkreis hinaus wendet sich das Gesamtwerk an alle „Psychowissenschaftler", denn es bietet, insbesondere mit seinem zweiten Band, eine in sich geschlossene Konzeption der Psychopathologie, die weit über das forensische Anwendungsgebiet hinausgeht und für die wissenschaftliche Psychiatrie an sich von grundlegender Bedeutung ist.

In dem hier vorgelegten dritten Band erläutert der Verfasser zunächst aus seiner Sicht das System des Strafrechts, soweit er dessen Kenntnis als unerläßliche Voraussetzung für sachbezogene gutachtliche Aussagen des psychiatrischen Sachverständigen ansieht. Eine autonome Entscheidungsfähigkeit des Individuums wird im Strafrecht als „Schuldfähigkeit" unterstellt, von dieser Voraussetzung muß der Sachverständige ausgehen, – mag er sie gut heißen oder nicht. Die individuelle Verantwortungsfähigkeit des „mündigen Bürgers" ist auch nicht nur eine zu Strafzwecken erfundene idealistische Fiktion, sondern ein empirisch-rational faßbares Faktum. Ganz abgesehen vom Strafrecht bestimmt dieses Faktum aus guten Gründen auch das Menschenbild, welches allen anderen rechtlichen Regelungen unserer liberalen Gesellschaftsordnung zugrunde liegt. Auf der Grundlage dieses Menschenbildes gewährleistet das Strafrecht mit seiner an der Tatschuld orientierten Vergeltungstheorie die individuelle Freiheit und Sicherheit des Bürgers und ist gleichzeitig das geeignete Mittel für eine angemessene Spezial- und Generalprävention. In diesem vorgegebenen Rahmen ist der psychiatrische Sachverständige für den Ausschluß der Schuldfähigkeit zuständig.

Wenn die individuelle Entscheidungsfreiheit im Strafrecht als Faktum unterstellt und Schuldfähigkeit genannt wird, dann bleibt sie als sog. Willensfreiheit der positiven wissenschaftlichen Verifizierung doch unzugänglich. Indessen ist es im konkreten Einzelfall möglich, mit den Mitteln der wissenschaftlichen

Psychopathologie das Fehlen der Voraussetzungen von Willensfreiheit nachzuweisen und damit im Ausnahmefall Unterstellung von Schuldfähigkeit zu falsifizieren. Nicht Verifizierung aber die Falsifizierung der ansonsten allgemein zu unterstellenden Schuldfähigkeit im Einzelfalle ist die wissenschaftlich lösbare Aufgabe, die dem psychiatrischen Sachverständigen im Strafrecht gestellt ist.

Individuelle Verantwortungsfähigkeit ist identisch mit psychischer Gesundheit, sie wird ausgeschlossen durch psychische Krankheit, wenn und soweit diese hier *formal* bestimmt wird. Dies ist der klar umrissene Ausgangspunkt des Verfassers, der auch in den vorangegangenen 2 Bänden seiner *Beiträge zur Psychopathologie* dargelegt wurde. Der Nachweis und die Abgrenzung psychischer Krankheit mit den Mitteln der Psychopathologie ist als *formale* Falsifikationsmethode das wissenschaftliche Verfahren des psychiatrischen Sachverständigen im Strafrecht. Der Verfasser exemplifiziert sein Vorgehen an kasuistischen Beispielen aus dem Gebiet der Epilepsie, des Schwachsinns, der Schizophrenie und anderer Psychosen. Er erläutert die allgemeinen Grundsätze seines Vorgehens unter Bezug auf die Diagnose „Psychopathie" sowie im Hinblick auf die spezielle Problematik von Sexualdelikten und Affektdelikten. Eine zusätzliche Kasuistik, die die Anwendung der Methode des Verfassers auch in diesem besonders umstrittenen Gebiet verdeutlichen soll, welches juristisch mit den Begriffen der „schweren seelischen Abartigkeit" und der „tiefgreifenden Bewußtseinsstörung" abgedeckt wird, ist als weitere Publikation in Vorbereitung.

Der Verzicht des Verfassers auf die sittliche und rechtliche Bewertung inhaltlicher Motivationsanalysen und die strenge Beschränkung auf eine formale psychopathologische Aussage sichert den wissenschaftlichen Charakter seiner gutachtlichen Folgerungen und gewährleistet die klare Trennung von Schuldfähigkeit und Schuld. Durch dieses Vorgehen ergibt sich von selbst eine konsequente Beachtung der Kompetenzgrenze zwischen der Beurteilung der Schuldfähigkeit, die als Falsifikation vom Sachverständigen zu leisten ist, und der Schuld, die dem Richter vorbehalten ist.

Wer die Praxis der Gerichtsbegutachtung kennt, weiß, daß Rechtsgleichheit und Rechtssicherheit zunehmend ausgehöhlt werden durch die wachsende und vielfach auch als unausweichlich angesehene Einmischung von psychologischen und psychiatrischen Gutachtern in die Schuldbeurteilung. Die vom Verfasser angebotene Problemlösung erfüllt erstmalig in befriedigender Weise die Einhaltung der Kompetenzgrenze des Sachverständigen, ohne den Richter mit seinem Informationsbedürfnis im Stich zu lassen.

Entscheidende Abweichungen von den allgemeinen Vorstellungen, die bisher in der forensischen Psychiatrie und in der Rechtsprechung maßgebend waren und noch sind, ergeben sich nach der Konzeption des Verfassers im übrigen dadurch, daß er die Verabsolutierungen der traditionellen dualistischen Denkweise des westlichen Kulturkreises vermeidet. In dieser Denkweise werden Seele und Leib wie zwei real existierende selbständig agierende Funktionseinheiten betrachtet; der Umstand, daß diese Betrachtungsweise lediglich eine in begrenzten Bereichen verwertbare heuristische Konstruktion ist, ist völlig aus dem Auge verloren worden. „Nur die Seele kann sündigen und nur der Leib kann krank werden". In der Psychiatrie hat dieser Dualismus zu einer überzogenen und damit verfehlten Fesselung des psychischen Krankheitsbegriffes an körperliche Vorgänge geführt. In der Jurisprudenz herrscht noch immer die Vorstellung vom „Männchen im Mann", welches „den Willen nicht genügend angespannt" oder die „Triebe nicht genügend gezügelt" hat, – in der Psychoanalyse ist es der Kampf zwischen dem Es und dem Ich, bei dem „das Ich vom Es überrannt" wurde. Mit solchen aus der Mythologie überkommenen dämonologischen Vorstellungen kann die Schuldfähigkeit nach Belieben positiv oder negativ manipuliert werden. Der Verfasser möchte diese herrschende Gutachtenpraxis, bei der Psychologen und Psychiater mit ihren persönlichen, subjektiven Wertungen über die Schuldbeurteilung entscheiden und diese Entscheidung mit vor- oder scheinwissenschaftlichen Begründungen als verbindlich erklären, durch eine wirklich *sachverständige* Tätigkeit ersetzen.

****

Bereits in einem Nachwort von Band 1 der *Beiträge zur Psychopathologie* habe ich auf die Bedeutung hingewiesen, die die Arbeit von Luthe für die forensische Psychiatrie hat. Die Einladung, nunmehr ein Geleitwort zu Band 3 der *Beiträge zur Psychopathologie* zu schreiben, habe ich sehr gerne wahrgenommen, nicht nur, weil ich mich Luthe seit Jahren persönlich verbunden fühle und er nach meiner Emeritierung mein Nachfolger geworden ist, sondern vor allem, weil ich auch mit dem jetzt vorgelegten dritten Band ein ganz persönliches Anliegen erfüllt sehe. Luthe hat vor Jahren zunächst meine forensisch-psychiatrischen Konzeptionen übernommen, diese dann sehr eigenständig weiterentwikkelt und sich dabei auf Wege begeben, auf denen ich ihm oft nur zögernd und teilweise nur noch mit Einschränkungen folgen konnte. Bis heute verbliebene Auffassungsdifferenzen behalten aber nur zweitrangige Bedeutung neben der mir im Laufe der Zeit zugefallenen Erkenntnis, daß Luthe mit seiner Konzeption Problemlösungen gefunden hat, nach denen ich selbst jahrelang vergeblich gesucht habe. Das Dilemma, Schuldfähigkeit nicht verifizieren zu können aber doch gutachtlich beurteilen zu müssen, – das Dilemma, als Sachverständiger sich aus der Schuldbeurteilung heraushalten und doch den Richter bei der Urteilsfindung nicht im Stich lassen zu wollen, wird durch das Vorgehen von Luthe in einer logisch-schlüssigen, höchst befriedigenden Weise gelöst, bzw. aufgelöst. Dies bedeutet einen entscheidenden Schritt in der Weiterentwicklung der forensischen Psychiatrie, um bei der Tätigkeit des Gutachters in der Gerichtspraxis die Unwägbarkeiten persönlichen Gutdünkens durch wissenschaftliche Rationalität zu ersetzen.

Hermann Witter

Inhaltsverzeichnis

*Die wirkliche Aufgabe der Rechtsprechung besteht nicht darin,
Verbrechen zu verhindern; das könnte sie nicht.
Sie kann nur deren Folgen für die Allgemeinheit
und den Einzelnen im vor- und nachhinein begrenzen.*

1 Die forensische Psychiatrie und die Verantwortungsfähigkeit als Begriff des Strafrechts

Wenn ein Schwachsinniger jemanden totschlägt oder sonst eine Straftat verübt, dann wirft dies hinsichtlich der Verantwortungsfähigkeit Fragen auf, die bei normalsinnigen Tätern außer Betracht bleiben können. Die Frage, ob ein Schwachsinniger genauso bestraft werden soll wie ein normalsinniger Täter, wird seit altersher verneint. Hierbei wird zunächst auf eine unmittelbare Einsicht Bezug genommen, die sich ganz ähnlich ergibt, wenn ein Bewußtseinsgestörter oder ein Kind unrecht gehandelt haben. Diese Einsicht besagt, daß der Schwachsinnige, der Bewußtseinsgestörte und das Kind nicht „verantwortungsfähig" sind. Dabei kann der Begriff „Verantwortungsfähigkeit" dem strafrechtlichen Begriff „schuldfähig" gleichgesetzt werden.

Sofern man bei dem schwachsinnigen Totschläger eine Bestrafung nicht ganz ausschließen will, wird gefragt, ob und wie sich eine Bestrafung bei diesem Täter auswirken würde und ob es andere Mittel als Strafe gibt, um sein zukünftiges Verhalten in sozial erwünschtem Sinn zu beeinflussen.

Der für die Beantwortung dieser Fragen herangezogene Sachverständige soll sich dem Gericht gegenüber also einmal über den Schwachsinn als subjektivem Faktor der Strafbarkeit, d. h., über die Verantwortungsfähigkeit für ein bestimmtes, in der Vergangenheit liegendes Tun äußern. Zum zweiten soll der Sachverständige über das vermutliche zukünftige Verhalten des Schwachsinnigen Auskunft geben, d. h. er soll eine (Gefährlichkeits-) Prognose stellen und geeignete Mittel zur Behandlung oder Vorbeugung gegen diese Gefährlichkeit benennen.

Während es für den Sachverständigen von seinem medizinisch-psychiatrischen Fundus her in der Regel nicht schwierig ist, Schwachsinn zu diagnostizieren und Ausführungen zu dessen Schweregrad, Ursachen und mutmaßlichem Verlauf zu machen, ergeben sich selbst bei diesem sehr einfachen Beispiel u. U. erhebliche Schwierigkeiten, wenn erstens die psychische Störung mit der Bewußtseinskategorie der individuellen Verantwortlichkeit in Bezug gesetzt und zweitens auf die konkrete Sozialbewährung in Zukunft geschlossen werden soll. Daß die Strafe überhaupt gemindert werden soll, leuchtet – wie gesagt – unmittelbar ein; damit ist aber noch nicht geklärt, welches Maß dafür in Frage kommt. Es bleibt auch offen, was man tun kann und soll, wenn auf Strafe verzichtet werden soll. Die Rechtsfragen, um die es hier geht, sollten auch dem psychiatrischen Sachverständigen bekannt sein; er sollte das theoretische Gerüst des Systems der Sanktionen und die Alternativen, die dazu angeboten werden, wenigstens in den gröbsten Umrissen kennen, denn erst dadurch wird er in die Lage versetzt zu juristisch verwertbaren gutachtlichen Folgerungen zu gelangen. Ohne diese Kenntnisse schwebt der Gutachter ständig in Gefahr, entweder seinen Zuständigkeitsbereich unausgefüllt zu lassen oder ihn zu überschreiten.

Es ist hier von „groben Umrissen“ die Rede; das Strafrecht in seiner Vielgestaltigkeit kommt nicht in Sicht. Die Gesichtspunkte, die herausgegriffen werden, haben dafür ein um so größeres Gewicht, sie sind in mancher Hinsicht von grundsätzlicher Bedeutung, was schon daraus zu ersehen ist, daß sie in der Strafrechtslehre selbst seit langem mit großem Engagement diskutiert werden.

Es klingt wie eine Binsenweisheit, mag aber auch der „Bewußtseinserweiterung“ dienen, daß wir zu Beginn darauf aufmerksam machen, daß das Strafrecht sich nicht etwa in erster Linie an den Straftäter wendet, sondern mehr noch für die Allgemeinheit da ist, aus deren Gemeinschaft sich der Straftäter, wenn er will, entfernen kann. Diese teilweise komplementäre Doppelfunktion wird gelegentlich bei der Erörterung der Strafzwecke nicht gebührend beachtet. Sie kommt zum Tragen, wenn in einem konkreten Fall die Umstände es nicht mehr erlauben, daß dem Einzelnen die durch seine individuelle Verantwortlichkeit begründete Freiheit zugestanden wird, welche die übrigen Mitglieder der Rechtsgemeinschaft für sich in Anspruch nehmen. Die sich daraus für den „outcast“ ergebende Beschneidung seines Grundrechts auf Freiheit, sei es direkt in Form einer Freiheitsstrafe, sei es indirekt in Form einer anderweitigen „Absonderung“, hat er selbst in eigener Entscheidung veranlaßt, sofern ihm nicht wie beispielsweise beim Schwachsinn die Mittel zu eigenständiger Entscheidung fehlen. Der Vollzug dieser Absonderung durch den Staat als zweiter Akt des Geschehens dient danach der jeder Gesellschaft immanenten Aufgabe, sich selbst zu schützen. Diese Einflußnahme ist nie repressiver als es ihr Anlaß ist; es ist zwecklos zu leugnen, daß ein bestimmtes Ausmaß an Repression von seiten der Gesellschaft notwendig ist, um das Überhandnehmen einer von Einzelnen oder kleinen Interessengruppen ausgehenden Repression wirksam zu verhüten. Ohne die „Repression“ des Strafrechts wären wir der viel schlimmeren Repression von gesetzloser Willkür ausgeliefert.

Das Zusammenleben aller auf der Grundlage wechselseitiger Respektierung der Freiheit des andern wird durch kriminelles Handeln gestört. Es wäre höchst kurzschlüssig, diese Störung des Rechtsfriedens etwa im Sinne einer „fehlerhaften Motivation“ beim Täter auf eine psychische Störung zu beziehen, so, als gehe die ungestörte Psyche – der prästabilierten Harmonie vergleichbar – prinzipiell dem Rechtsfrieden konform, ohne daß sie dazu besonders von ihrer „Freiheit“ Gebrauch machen müßte. Die Gesundheit des Einzelnen hat weder hinsichtlich ihres somatischen noch hinsichtlich ihres psychischen Aspekts, die nicht voneinander zu trennen sind, von sich aus etwas mit diesem Rechtsfrieden zu tun. Ganz unabhängig von existierenden oder nicht existierenden Rechtsordnungen sind die Menschen in formaler Hinsicht schon immer genau wie heute krank oder gesund gewesen; daran ändert auch der großangelegte, unserer Zeit vorbehalten gebliebene Versuch nichts, die – offenbar von der körperlichen Gesundheit isoliert gesehene – psychische Gesundheit der Menschen als Einklang mit den Interessen der Gesellschaft zu definieren, um Gesellschaftsfeinde in psychiatrische Krankenhäuser zu stecken.

Selbstverständlich kann Dissozialität ihre Ursache in der gestörten Gesundheit des Einzelnen haben, sie braucht dies aber nicht. Neben psychischen Störungen gibt es noch viele andere Gründe hierfür, und auch dann, wenn sämtliche Mitglieder einer Gesellschaft psychisch völlig gesund wären, würde dies keineswegs garantieren, daß die Regeln des gesellschaftlichen Zusammenlebens zu jeder Zeit von allen eingehalten würden. Man macht aus dem Strafrecht eine Utopie, wenn man glaubt, Psychohygiene löse die Probleme, mit denen wir es hier zu tun haben. Diese idealistische Erwartung, bei der man sich nur deshalb so lautstark auf ein humanitäres Programmonopol berufen kann, weil die Notwendigkeit einer systematischen Beweisführung nicht zu befürchten ist, ist der Problemlösung in der Praxis nur hinderlich, was sich am deutlichsten dort zeigt, wo man es im strafrechtlichen Ausnahmefall mit einer wirklichen psychischen Störung zu tun hat.

Das gesuchte Bindeglied zwischen Strafrecht und psychischer Gesundheit der Strafrechtsadressaten besteht in der Identität von psychischer Gesundheit und individueller Verantwortungsfähigkeit, wenn und soweit Gesundheit hier formal bestimmt wird. Dies ist der klar umrissene Ausgangspunkt für die Entwicklung unseres Ansatzes, den wir so auch bereits in den ersten beiden Bänden dieser Reihe dargelegt haben. Wir sehen in der Erläuterung dieses Gedankens vornehmlich eine psychiatrische Aufgabe, wohingegen die Rolle der Psychiatrie bei der Erforschung der Kriminogenese allenfalls zweitrangig ist. Interindividuelle Gründe für kriminelles Verhalten erforschen Kriminologen zusammen mit Soziologen; intraindividuelle Gründe erfordern die Zusammenarbeit mit Psychologen.

1.1 Allgemeine Voraussetzungen des strafenden Eingriffs

Niemand kann unter rechtsstaatlichen Bedingungen mit der lapidaren Begründung, er habe das Gesetz der wechselseitigen Respektierung der Freiheit aller, nach dem unsere Gesellschaft ihr Zusammenleben regelt, verletzt, bestraft werden. Die viel zu allgemeine Fassung eines solchen Vorwurfs würde andernfalls der Willkür Tür und Tor öffnen; der Einzelne muß vielmehr genau gesagt bekommen, wie weit er gehen darf und wo die Grenze zwischen Erlaubtem und Verbotenem verläuft, jenseits derer sein Tun eine staatliche Sanktion hervorruft. Zwar sagt dem Einzelnen sein Gewissen, wann er gegen private Wertmaßstäbe handelt, bekanntlich kommt aber das System moralischer Direktiven im Innern eines Menschen nicht unbedingt mit den von der Moral emanzipierten, äußerlich gewollten Wertmaßstäben der Gesellschaft zur Deckung. Daß dies sehr oft nicht der Fall ist, beweist die Unterschiedlichkeit der Gewissensbisse, wenn beim Autofahren die Höchstgeschwindigkeit überschritten wird. Das persönliche und das öffentliche Gewissen reagieren unterschiedlich auf die Gründe, die man eventuell dafür hatte, eine Geschwindigkeitsbegrenzung nicht zu beachten. Wir halten fest: die Grenze zwischen Erlaubtem und Unerlaubtem muß in ihrem konkreten Verlauf vor der Tatbegehung bekannt sein, so muß es z.B. ein Gesetz geben, damit die Höchstgeschwindigkeit innerhalb geschlossener Ortschaften auf 50 km/h begrenzt wird. Die Gesetze, an die sich jeder zu halten hat, sind unabhängig von inneren Wertmaßstäben. Käme es auf Gründe und Motive bei der Strafbarkeit eines bestimmten Tuns an, wäre die Einhaltung der Gesetze in der Praxis nicht mehr zu kontrollieren; man könnte dann ebensogut auf Gesetze verzichten.

Wo die Grenze zwischen Erlaubtem und Verbotenem im Einzelfall verlaufen soll, darüber muß erst ein Konsens hergestellt werden, und es ist verständlich, daß es hinsichtlich dieser Frage der zu schützenden Rechtsgüter unterschiedliche Ansichten gibt, wenn es nicht gerade um den Schutz der körperlichen Integrität des Einzelnen geht. Es ist auch ganz natürlich, daß es Bereiche gibt, in denen der zivilisatorische und kulturelle Fortschritt der allgemeinen Entwicklung die Ansichten über die rechtlich zu schützenden Güter umbildet. So wurde in der Bundesrepublik Deutschland mit dem Inkrafttreten der Strafrechtsreformgesetze in den 70er Jahren Homosexualität unter Erwachsenen der Strafgewalt des Staates entzogen, nachdem jahrzehntelang – z.T. erbittert – darüber diskutiert worden war; die Legalisierung der Abtreibung stellt ein weiteres Beispiel dar, das hier anzuführen ist. Daß vor dieser Reform die Homosexualität unter Erwachsenen vom Bundesgerichtshof richtungweisend als „naturwidrig" bezeichnet worden war, ist heute nur noch mit einer gewissen Anstrengung nachzuvollziehen, nämlich als psychologische Diskrepanz zwischen moralischer Emanzipation des Strafrechts einerseits und dessen Formulierung und Ausübung durch Menschen andererseits. Es ist eben leichter gesagt als getan, die moralischen Wertmaßstäbe, die – wenn sie verletzt werden – zum schlechten Gewissen und zur Buße führen, von den strafrechtlichen Wertmaßstäben, die zur Schuld und Strafe führen, auseinanderzuhalten.

Die Existenz solcher Schwierigkeiten ist nicht zu bestreiten; dies stellt aber in keiner Weise einen Grund dafür dar, sich den Rückschritt aufnötigen zu lassen, der im Ablassen von der Forderung bestünde, daß es dem Staat bei der Verhängung von Strafe niemals auf die Moralität der Gesinnung des Handelnden, sondern stets nur auf die Legalität des äußeren Handelns ankommen darf. Mit dieser Formulierung hat Feuerbach die Position Kants weitergeführt und die Bindung der Rechtsprechung an die *äußerliche* Beachtung der Gesetze gefordert; neben diesem Grundsatz der Bindung an die äußere Legalität, gibt es einen – hier nicht weiter interessierenden – Legalitätsgrundsatz, welcher der Strafverfolgungsbehörde vorschreibt, Ermittlungen zu führen, wenn der Verdacht einer Straftat besteht. Die nachdrückliche Forderung, beim Verhängen von Strafe nur das äußere Handeln, nicht die diesem Handeln vielleicht zugrundeliegende private Moral zur Richtschnur zu nehmen, hat die Gegner des Schuldstrafrechts zu keinem Zeitpunkt daran gehindert, den Schuldbegriff von dem der Sittlichkeit abhängig zu machen, um auf diese Weise Angst vor dem Ausgeliefertsein an unkontrollierbare Wertungen zu erzeugen. Dabei wird geflissentlich darüber hinweggesehen, daß es gerade das Verdienst des Schuldstrafrechts ist, damit Schluß gemacht und dem Individuum seine Autonomie gegeben zu haben; der weiterbestehende Bezug zur Sittlichkeit als überpersönlicher Wertordnung ist dieser Wendung von der Fremd- zur Eigenverantwortlichkeit nicht mehr vorgegeben, sondern nachgeordnet. Dieser Unterschied ist geeignet, den häufig gegen das Schuldstrafrecht erhobenen Vorwurf der Irrationalität zu entkräften. Irrational ist es nur insoweit es nicht verstanden wird.

Der psychiatrische Sachverständige, der mehr als die meisten Strafrechtstheoretiker Gelegenheit hat, direkt vor Ort Erfahrungen zu sammeln, ist erstaunlicherweise wenig gefragt, wenn es um so große gesellschaftspolitische Konzepte wie das Strafrecht geht. Er kommt von seiner doch sehr speziellen, wenn auch einen grundlegenden Punkt betreffenden Fragestellung her i. allg. nur mit einem verschwindend kleinen Ausschnitt der strafrechtlichen Theorie und Praxis in Berührung, und er hat gewöhnlich nicht die nötige Muße, um sich umfassend zu informieren, zumal dies bei der kasuistischen Kleinarbeit, die man von ihm erwartet, nicht nur nicht erforderlich, sondern manchmal eher störend ist.

Wie dem auch sei, darf die Unkenntnis des großen systematischen Zusammenhangs, mit dem das Strafrecht die Freiheit und die Sicherheit des Individuums innerhalb einer gesellschaftlichen Ordnung gewährleistet, den Sachverständigen auf keinen Fall dazu verleiten, auf eigene Faust vorzupreschen und das Vorhandensein des Systems, im Gefühl, medizinisch legitimiert zu sein, zu ignorieren. Das Interesse an seinem richtig oder falsch verstandenen medizinischen Auftrag ist im Gerichtssaal nicht so ungeteilt, wie sich der Sachverständige dies naiverweise vorzustellen pflegt. Bei seiner praktischen Tätigkeit im Gerichtssaal muß er von der konvergierenden Optik, die sein ärztliches Tun gewöhnlich bestimmt, zu einer divergierenden Optik übergehen, was ihm von manchen Kollegen als Verrat an der ärztlichen Aufgabe ausgelegt wird. Schon die Gesichtspunkte der Rechtssicherheit und Rechtsgleichheit, die den Einzelfall einem System einordnen, machen es erforderlich, daß er sich strikt an die von der Rechtsprechung in allgemeiner Form entwickelten Grundsätze hält, wenn er es nach der Formulierung des Bundesgerichtshofes unternimmt, „die dem Rechtsdenken erwachsenen Begriffe auszufüllen und medizinisch zu verdeutlichen“. Dies braucht ihn selbstverständlich nicht zu hindern, außerhalb der konkreten Beurteilungsfälle der Gerichtspraxis an der im Gang befindlichen allgemeinen Grundsatzdiskussion mit dem Gewicht seiner praktischen Erfahrung teilzunehmen und ggf. auf eine Veränderung der bestehenden Lage hinzuwirken.

Ob sich der Sachverständige an der Grundsatzdiskussion beteiligt oder sich mit der Anwendung seines Wissens auf die Gerichtspraxis beschränkt, – auf jeden Fall verschafft ihm die Kenntnis des theoretischen Umfelds, auch wenn diese insgesamt oberflächlich bleibt, bei der praktischen Tätigkeit vor Gericht Sicherheit. Sicherheit braucht er, wenn seine Stimme in dem Interessenkonflikt, der offen oder verdeckt vor seinen Augen ausgetragen wird, das Gewicht haben soll, das ihr von der Sache her zukommt; sie schützt ihn vor voreiligen Schlußfolgerungen und das „System“, mit dem er es hier zu tun hat, vor unzuträglichen Inkonsequenzen.

Mit dieser Zielrichtung geht es nachfolgend um den Versuch der Darstellung wesentlicher rechtstheoretischer Strömungen aus psychiatrischer Sicht, soweit diese den psychiatrischen Sachverständigen bei seiner praktischen Tätigkeit interessieren können. Der – unbestrittene – Ausgangspunkt ist der, daß gesellschaftliches Zusammenleben als Grundlage der Kultur nur möglich ist, wenn gewisse Grundregeln eingehalten werden. Das Interesse an deren Einhaltung rechtfertigt staatliches Handeln, durch das die Bürger des Staates daran gehindert werden, einander umzubringen oder zu verletzen. Ohne diese Schutzfunktion des Staates träten wieder Faustrecht und private Rache an die Stelle des Rechtsfriedens.

1.1.1 Strafrechtstheorien

So einig man sich im Grundsatz darüber ist, daß der Staat Rechtssicherheit und Rechtsgleichheit gewährleisten soll, so unterschiedlich sind die Meinungen darüber, auf welchem Wege dieses Ziel am besten erreicht werden kann. Im wesentlichen sind es 3 Perspektiven, aus denen heraus vom Prinzip zu einem praktikablen System fortzuschreiten versucht worden ist:

- die Vergeltungstheorie
- die spezialpräventive Theorie
- die generalpräventive Theorie

Diese historischen Strafrechtstheorien münden schließlich in der

- Vereinigungstheorie

der Gegenwart.

1.1.1.1 Vergeltungstheorie

Von der anspruchsvollsten und ältesten der 3 historischen Strafrechtstheorien hat man sich schon oft verabschieden wollen; Klug (1968) verwies zur Begründung auf deren „erkenntnistheoretische logische und moralische Fragwürdigkeit". Eigenartigerweise scheint der „Abschied von Kant" als dem eigentlichen Schöpfer der sog. Vergeltungstheorie nicht ganz einfach zu sein. Die Proklamation ist von einer ganzen Reihe von Autoren wiederholt worden: Hassemer (1983), der Klug zitiert, zitiert auch den Vorwurf „irrationaler gedankenlyrischer Exzesse", den dieser Autor nicht nur gegenüber Hegel, sondern auch gegenüber Kant erhoben hat, mit offensichtlicher Zustimmung. Es ist zwar nicht davon auszugehen, daß Kant endgültig und erschöpfend Auskunft darüber gegeben hätte, wo im Inhaltlichen der Schuldbegriff die Diskontinuität von Recht und Unrecht definiert; er hat aber gültig die formalen Voraussetzungen genannt, die zu allen Zeiten bei der unerläßlichen Bestimmung dieser Grenze bekannt sein und beachtet werden müssen, soll diese den Normadressaten in irgendeiner Weise verpflichten. Die Werte selbst sind Inhalte; als solche stellen sie auch eine Funktion der geschichtlichen Entwicklung dar und hängen in diesem Umfang von den jeweiligen Umständen ab. Dies bringt es mit sich, daß man sich immer von Neuem damit befassen muß. Schaffstein (1979) hat diese Aufgabe am Beispiel des „Vatermordes" dargestellt, indem er in einer weiten rechtshistorischen Perspektive den Wandel in der Rechtsauffassung des Vatermords vom besonders gravierend qualifizierten zum privilegierten Delikt beschrieb. Die „Vergeltungstheorie" von Kant stellt dieses Unterfangen in einen systematischen Zusammenhang. Soweit sie formal ist, und das ist sie im wesentlichen, das wird ihr sogar zum Vorwurf gemacht, ist zu erwarten, daß sie bleibt.

Allerdings beschwört die Bezeichnung „Vergeltungstheorie" emotionsgeladene Assoziationen herauf, die im Zusammenhang mit der rigorosen Forderung nach der Hinrichtung des letzten Mörders sogar die Unterstellung von „Blutrunst" bei ihren Verfechtern beinhalten; in Verkennung des Systemcharakters der Theorie stellt man sich vor, daß es im wesentlichen darum gehe, dem „Bösen" seine Bosheit heimzuzahlen, wobei in diesem „Bösen" erst der „geborene

Verbrecher", dann die durch Umwelteinflüsse verformte Persönlichkeit gesehen wurde, während es sich in Wirklichkeit um eine Abstraktion handelt, der im Einzelfall das psychophysische Korrelat fehlt. Die emotionale Barriere vor dem wahren Begriff des von Kant entwickelten Systems entspricht einer Konjunktur „inhaltlichen Denkens", das in der literarischen Plethora psychoanalytischer Meinungen auch juristisch eine – etwas verspätet anmutende – Rezeption gefunden hat. Diese Barriere ist hie und da so hoch, daß die Vergeltungstheorie sogar mit dem biblischen Talionsgesetz gleichgesetzt wird, obwohl mit diesem Vergleich auf eine Oberflächlichkeit spekuliert wird, die selbst bei ideologischer Befangenheit nicht ohne weiteres zu unterstellen ist. Der Unterschied zwischen dem Talionsgesetz und der Vergeltungstheorie ist grundlegender Art: die Billigung privater Rache entfällt, indem die persönliche Vergeltung durch das – systematisch verstandene – Eingreifen einer übergeordneten Autorität ersetzt wird. Der staatliche Eingriff in die Privatautonomie wird nach der Schuld bemessen. Diese Schuld ist stets Tatschuld, was heißt, daß der Einzelne solange vor dem Eingriff in seine Privatautonomie sicher ist, als er es unterläßt, eine unter Strafe gestellte Tat zu begehen. Der Schutz dieser Garantie hört dort auf, wo nicht mehr die Tat, sondern der Täter – etwa nach Maßgabe seines Sozialisationsdefizits – den staatlichen Eingriff provoziert. Die Rechtfertigung des Eingriffs besteht in dem Zweck, das Sozialisationsdefizit zu beseitigen. Da dieses Defizit mit und ohne Tat gleicherweise vorhanden ist, liegt es in der Konsequenz des Zweckgedankens, die Tat als unerheblich anzusehen. Gegenüber hier einsetzenden Befürchtungen, die um so verständlicher sind, als wir das Beispiel totalitärer Staatspraktiken vor Augen haben, fehlt es nicht an Beschwichtigungsversuchen, durch die der aufgezeigte logische Mangel mit Fortschrittsoptimismus behoben werden soll, dessen beachtliche Resonanz mit tief verwurzelten irrationalen Bedürfnissen der Menschen zu tun zu haben scheint. Im Licht einer wahrhaft rationalen Betrachtungsweise ist es im wohlverstandenen Interesse des Einzelnen, daß an der prinzipiellen Verknüpfung von Tatschuld und Sanktion festgehalten wird, wobei der Wertaspekt des Schuldbegriffs die erforderliche Koordinierung zu einer ständigen Aufgabe werden läßt; die Waage der Justitia ist der symbolhafte Ausdruck dafür, was mit dem aus dem Bereich des Privaten herausgehobenen Begriff der Vergeltung gemeint ist. Die Autonomie des Einzelnen, von der die „Vergeltungstheorie" ausgeht, ist kein metaphysisches Konzept; es war gerade das Verdienst der kritischen Philosophie Kants dem Absolutismus der Metaphysik ein für allemal ein Ende bereitet zu haben. Die Anerkennung der Freiheit ist ein Faktum von höchster praktischer Bedeutsamkeit, das man sich nicht so leicht abhandeln lassen sollte. Nach der Vergeltungstheorie bestimmt der Einzelne frei darüber, wieviel von seiner Bestimmungsbefugnis er dem Staat überlassen will, indem er frei darüber bestimmt, was er tut und unterläßt. Dieser Gedanke des repressiven Minimums ist ein konstitutives Moment der Vergeltungstheorie Kants, ihr Repression als Wesensmerkmal zum Vorwurf zu machen (Lüderssen 1981), liegt auf der gleichen Ebene wie ihre Gleichsetzung mit dem Talionsgesetz.

Mit ungleich größerer Berechtigung kann gegen die Vergeltungstheorie eingewandt werden, daß ihre Botschaft von der Mündigkeit des Bürgers zu hochgestimmt sei, gerne wäre man „frei", aber leider seien die Verhältnisse nicht danach. In der deterministischen Konsequenz der verschiedenen Spielarten des Materialismus wird der Begriff persönlicher Schuld in diesem Sinne auf eine idealistische Fiktion reduziert, und die Erkennbarkeit der Schuld wird – wie die Erkennbarkeit des Fremdpsychischen überhaupt – positivistisch geleugnet; persönliche Freiheit ist wie das Bewußtsein selbst nichts als eine Illusion. Das Bewußtsein ist eine Funktion organischer Gegebenheiten, die uns den trügerischen Eindruck vermitteln zu denken, wo wir – nach James (1912, zit. nach Cassirer 1971) – in Wirklichkeit nur atmen. Wir sind Teil eines Räderwerks, und wahre Wissenschaft erschöpft sich in der Anwendung auf dieses Räderwerk. Träfe dies zu, dann wäre die Vergeltungstheorie in der Tat zu Fall gebracht, denn es ist trotz aller gegenteiligen Behauptungen nicht möglich, den Schuldbegriff von der Fähigkeit des Einzelnen zur Selbstbestimmung zu lösen. Schuld ist immer nur die auf ein isoliertes Tun bezogene Schuld des Einzelnen, kurz „Tatschuld". Schuld als Ausdruck einer wie auch immer gearteten persönlichen Beschaffenheit ist ein Unbegriff, was freilich in Kauf genommen wird, wenn im Zuge der fortschrittsoptimistischen Geschichtsphilosophie der Zweck das Mittel heiligt. Wer sich – wie ausdrücklich z.B. Ellscheid (1982) – auf Fortschritt beruft, behauptet eine Wertdifferenz, die mit dem reinen Zeitablauf und den darauf zurückzuführenden Veränderungen allein nicht ausreichend begründet erscheint, sofern die festen Ursache-Wirkungsverknüpfungen, von denen hier ausgegangen wird, ersichtlich nur zunehmende Anonymität im immer komplizierter werdenden allgemeinen Räderwerk für den Einzelnen bedeuten können. Man darf zumindest eine Erklärung erwarten, wie sich dieser Fortschritt von jenem Fortschritt unterscheidet, den die Rechtsprechung im Hitler-Reich für sich in Anspruch nahm, als sie den auf das Strafrecht bezogenen Zweckgedanken in die Devise ummünzte, Recht ist, was dem Volke nützt. Das Hitler-Reich ist – übrigens nicht durch unser Verdienst – untergegangen; dieser Richtspruch der Geschichte kann aber nicht den Ausschlag geben, denn sonst hätte *immer* der Überlebende recht, eine geradezu perverse Vorstellung.

Natürlich sollen Praxis und Theorie des Strafrechts vervollkommnet werden; hier geht es nicht darum, Fortschritt zu leugnen, sondern um eine Abklärung von Begriffen. Gerade deshalb ist vom formalen Standpunkt aus nach den Kriterien zu fragen, mit denen sich im Rahmen privater Autonomie das Bessere definieren und nicht bloß als ein – wenn auch schönes – Zukunftsgemälde angeben läßt. Übrigens bezieht sich Ellscheid dabei zu unrecht auf Piaget (1932), da dessen Untersuchungen zur moralischen Entwicklung beim Kind mit dem recht verstandenen Schuldbegriff wenig zu tun haben und, wie das Gesamtwerk dieses Autors, nicht die These der unmündigen, sondern der autonomen Persönlichkeit stützen. Es ist systematisch gedacht, wenn bei diesen Erwägungen auch das Zivilrecht ins Auge gefaßt wird; im Zivilrecht bedarf es bekanntlich der Entmündigung, wenn dem Einzelnen zweckbestimmt die persönliche Autonomie abgesprochen werden soll, und es ist bezeichnend, daß die Prozedur, mit der dieser Zweck erreicht wird, höchst kompliziert geartet ist. Im Strafrecht beinhaltet das Schuldregulativ mit seiner auf die Gemeinschaft und auf den Einzelnen bezogenen Doppelfunktion in erster Linie die Anerkennung der Mündigkeit des Bürgers. Der Einzelne soll nicht als einem inneren und äußeren Räderwerk unterworfen verstanden werden, sondern als frei; frei auch hinsichtlich seiner Entscheidung, die Rechtsgemeinschaft zu verlassen. Auch wenn man sich darauf versteift, diese Botschaft von der Mündigkeit des Bürgers als zu hochgestimmt anzusehen, heißt dies nicht, daß ein davon gleichwohl seinen Ausgang nehmendes System gesellschaftlichen Zusammenlebens weniger rational angelegt wäre als das deterministische Modell. Dieser Umverteilung der Rationalität liegt die petitio principii zugrunde, mit der Habermas (1969) die Position des kritischen Rationalismus angriff, indem er dessen Rationalität als „halbiert" bezeichnete.

„Die Schuld des Täters ist Grundlage für die Zumessung der Strafe", so lautet der Text von § 46 Abs. 1 StGB; damit wird ein Funktionsprinzip formuliert, das dem Systemcharakter des Strafrechts um so angemessener erscheint, je mehr das mechanistische Denken des dualistischen Materialismus durch strukturalistisches Denken, das auf das Systemganze hin orientiert ist, ersetzt wird, wobei freilich der Systembegriff nicht mit dem Begriff der Milieuorganisation zur Deckung kommt (vgl. Ohler 1977, S. 36f.). So ist es kein systemorientiertes Denken, wenn Ellscheid u. Hassemer (1970) dem Schuldregulativ die Aufgabe nachsagen, „handfesten gesellschaftlichen Beruhigungstendenzen und Stabilisierungsinteressen" zu dienen, indem das Festhalten an der Zurechnung individueller Schuld die Einsicht in die sozialen Entstehungsgründe des Verbrechens blockiere. Stratenwerth (1977, S. 26f.), von dem man nicht sagen kann, daß er das Individuum in jenes Räderwerk, welches das Innen hermetisch mit dem Außen verbindet, zurückversetzen und da gefangenhalten wolle, begründet seine Skepsis mit dem Hinweis darauf, daß Schuldfähigkeit als natürliche Voraussetzung der Schuld „sich jedem wissenschaftlichen Urteil entzieht". Dies ist aber nicht der wahre Stand der Diskussion, zu der hier und in den beiden vorangegangenen Bänden dieser Reihe ein Beitrag geleistet werden soll, der von der Forderung ausgeht, systemorientiertes Denken auch in seiner Anwendung auf das Strafrecht in der einzig angemessenen Weise zugrundezulegen. In diesem Sinn wird bestritten, daß alles Erkennen empirisch-objektivierendes Erkennen sein müsse; damit wären Schuldfähigkeit und andere formalen Gegebenheiten des Bewußtseins in der Tat von der wissenschaftlichen Erörterung ausgeschlossen. James (1912, zit. nach Cassirer 1971), der möglicherweise der schärfste Kritiker des wissenschaftlichen Bewußtseinsbegriffs war, wollte zwar das „ich denke", das nach Kant alle Vorstellungen begleitet, durch sein „ich atme" ersetzen, er mußte es aber beim „Ich" belassen, was in formaler Hinsicht die wesentliche Aussage ist. Für die strukturalistische Betrachtungsweise ist es in keiner Weise kompromittierend, sondern ein Erfordernis der Unvoreingenommenheit, dem Erkennen auch ein Subjekt zuzugestehen.

Stratenwerth (1977) geht davon aus, daß präventive Gesichtspunkte (der Zweckgedanke der deterministischen Empiriker) dem Schuldprinzip nicht als etwas anderes gegenüberstehen, es nicht gewissermaßen von außen her begrenzen oder modifizieren, sondern ihm seinerseits zugrundeliegen könnten. Dies ist als ein Hinweis darauf zu verstehen, daß diese dogmatische Alternative einer erkenntniskritischen Relativierung bedarf, wobei man mit noch mehr Recht auch sagen könnte, daß das Schuldprinzip dem Zweckgedanken zugrundeliege. Stratenwerth bezieht sich in diesem Zusammenhang auf die theoretischen Ansätze von Roxin und Jakobs, die mitnichten den Schuldbegriff zu einem „reinen" Zweckbegriff umschmelzen. Ohne das formale Element der Schuldfähigkeit ist der Schuldbegriff „zwecklos"; Roxin (1973) erkennt dies ausdrücklich an; er schreibt, daß es zwecklos wäre, jemanden zu bestrafen, dem sein Verhalten nicht vorzuwerfen wäre, und zwar „vom Standpunkt jeder nur denkbaren Straftheorie aus". Dem darf hinzugefügt werden, daß die Erfahrungen aus der forensisch-psychiatrischen Kleinarbeit auf keine andere Weise zu filtern sind. Indem die Erfahrung zeigt, daß es den „Bösewicht" als psychologische Spezies weder in der alten Form des „geborenen Verbrechers" noch in der modernen Form der in diesem Sinn milieugeschädigten Persönlichkeit wirklich gibt, bleibt als Gemeinsamkeit für den soziologisch/kriminologischen Begriff des „Verbrechers" nur der gemeinsame „Wille" zum Verbrechen, den jeder haben kann. Wie jeder Mensch hat auch der „Verbrecher" der Kriminologen gute und schlechte Eigenschaften. Auch wenn dieser Wille zum Verbrechen im Einzelfall gewohnheitsmäßige Züge annimmt, ist die „wollende Persönlichkeit" als bewußtes Wesen doch unendlich viel komplizierter und interindividuell variabler, als dies jenes Etikett des geborenen oder gewordenen Soziopathen ahnen läßt. Auf dieses Etikett kann aber nicht verzichtet werden, wenn der Zweckgedanke als Fundamentalprinzip eines zukünftigen Strafrechts – therapeutisch – ausgefüllt werden soll, denn der bloße kasuistische Wille zum Verbrechen stellt um so weniger einen geeigneten therapeutischen Ansatzpunkt dar, als man ihn zuvor mit dem Bekenntnis zum deterministischen Menschenbild aus dem System eliminiert hat. Um jegliches Mißverständnis auszuschließen, sei ausdrücklich darauf hingewiesen, daß mit Vorstehendem nicht gesagt wird, Straftäter sollten auf keinen Fall „behandelt" werden; Straftäter sollen genau wie alle anderen Menschen auch behandelt werden, aber nicht als Straftäter oder „Verbrecher", sondern nach Maßgabe eines bei ihnen fakultativ bestehenden psychischen Defekts.

Wird allgemein von Schuldfähigkeit – und der Mündigkeit des Bürgers – ausgegangen und im Einzelfall festgestellt, daß ein Schuldfähiger von seiner Privatautonomie einen unerlaubten Gebrauch gemacht hat, dann ist Strafe die Konsequenz der Mündigkeit. Die Frage, welche konkrete Schuld aus dem unerlaubten Gebrauch folge und wie diese mit dem sanktionierenden Eingreifen des Staates zu koordinieren sei, ist nicht ein für allemal zu beantworten. Ihre Beantwortung ist eine ständige Aufgabe, wobei im Rahmen der Vergeltungstheorie – wie gesagt – das „repressive Minimum" als Zielvorstellung die Überlegungen bestimmen sollte. Strafen hat dabei außer seinem Grund, dem Mißbrauch der individuellen Mündigkeit, durch den dieses Prärogativ auch für die übrigen Teilnehmer der Rechtsgemeinschaft gefährdet wird, den diesem Grund immanenten Zweck, die Gefährdung abzuwenden. Dieser Zweck läßt sich auch weniger abstrakt umschreiben und, wie Jakobs (1976) vorschlägt, generalpräventiv konkretisieren; dagegen wäre es eine Illusion anzunehmen, das Schuldprinzip wäre geeignet, spezialpräventive, also täterorientierte Eingriffe hinsichtlich ihres Ausmaßes nach oben zu begrenzen. Einer solchen Auffassung kann aus psychiatrischer Sicht nur Lebensferne attestiert werden, denn man unterbricht ja auch nicht die Behandlung einer Lungenentzündung, wenn der Patient kein Geld mehr hat.

Der vielzitierte Abschied von Kant hat glücklicherweise bisher nicht stattgefunden[1]; glücklicherweise, denn es wäre schade, sich von ihm zu verabschieden, bevor man ihn begriffen hat. Kant stellt allerdings höhere Ansprüche hinsichtlich seiner begrifflichen Voraussetzungen als S. Freud z.B, dessen Popularität er nie erreicht hat und der den modernen Kritikern des Schuldstrafrechts oft die Dienste eines Gewährmannes leistet, auch wenn man sich andererseits hier – ohne den Widerspruch zu bemerken – auf die Systemtheorie als eines Passe-partout beruft. Es gehört in diesen Zusammenhang, daß der Gedanke Freuds aufgegriffen wurde, wonach in der (unmündigen) Gesellschaft Rechtstreue vornehmlich dadurch bewahrt wird, daß deren Angehörige ihre eigenen Aggressionen auf legalem Weg loswerden, nämlich durch deren Kanalisierung in der Bestrafung der Verbrecher. Dieser Gedanke ist geeignet, eine ganze Reihe von bewußten und unbewußten Vorurteilen zu aktualisieren, woraus sich seine besondere suggestive Kraft erklärt, die vom 19. Jahrhundert in unsere Tage herüberreicht. Die Diebe rufen: „Haltet den Dieb!" – das könnte auch von Schnitzler auf die Bühne gebracht worden sein; das Theater ist aber nicht die Welt und der Spaß an der Selbstentlarvung funktioniert nur, wenn die in Wirklichkeit sehr viel komplexere Situation auf einen – den spaßigen – Aspekt reduziert wird; mehr würde das Publikum am Verstehen hindern.

Jakobs scheint diesen Gedanken der legalen Kanalisierung von Aggressionen seiner Theorie der positiven Generalprävention zugrundelegen zu wollen; wenn er mit dieser Generalprävention nun den Schuldvorwurf auch *begründen* will, kann mit Stratenwerth (1977, S. 25) nur gefragt werden, „weshalb man auf die ganze Camouflage nicht verzichtet und ohne Umschweife sagt, um was es hier eigentlich geht". Es geht um das Dilemma, daß der Schuldbegriff als Fiktion entlarvt, gleichzeitig aber als gesellschaftliches Regulativ beibehalten werden soll, weil man praktisch nicht auf ihn verzichten kann. Das Unbehagen darüber läßt sich aus zahlreichen neueren Arbeiten zur Strafrechtstheorie erkennen.

Wir haben es mit einem juristischen Spannungsfeld zu tun, an das sich Psychiater nur ausnahmsweise heranwagen. Witter (1972, S. 1015) hat dies getan, indem er in diesem Zusammenhang auf den Gegensatz der Auffassungen bei Bockelmann/Haddenbrock einerseits und Lenckner andererseits hinwies. Lenckner (1972, S. 17) hat das Schuldproblem nicht als metaphysisches, sondern als Sachproblem bezeichnet und geschrieben: „Dieses Problem der Schuld besteht nun darin, daß Schuld nicht ohne Verantwortung und Verantwortung nicht ohne Freiheit denkbar ist." – „Strafe und Schuld scheinen demnach untrennbar mit dem Problem der Willensfreiheit verbunden zu sein, und von der

1 Vgl. Gerhardt und Kaulbach (1979): „Nach unserer Schätzung, bei der wir die bibliographischen Arbeiten von Malter und Kopper zugrunde legen, dürften zwischen 1953 und 1978 allein im westeuropäischen Sprachbereich mindestens 4000 einschlägige Kantarbeiten erschienen sein. ... Wenn diese Situation durch ein gemeinsames Merkmal gekennzeichnet ist, dann durch den Zerfall der schulmäßig bestimmten Bilder von Kant. Keine Philosophie hat in den letzten beiden Jahrzehnten an historischem Gewicht und an systematischer Reichweite gerade durch den Bedeutungsverlust herkömmlicher Interpretationsmodelle gewonnen. Während die Kantianer und Kantianismen die Bühne verlassen, ist von Kant mehr und wohl auch gründlicher die Rede als zuvor."

herrschenden Strafrechtsdoktrin wird dieser Zusammenhang denn auch keineswegs geleugnet. Sie sieht sich deshalb genötigt, von der Möglichkeit freier Selbstbestimmung des Menschen auszugehen, und dies, obwohl sich der Jurist der Unlösbarkeit des Freiheitsproblems natürlich ebenso bewußt ist wie der Philosoph, Psychiater und Psychologe."

Die „Unlösbarkeit des Freiheitsproblems" wird in der strafrechtlichen Anwendung dadurch relativiert, daß es die Möglichkeit gibt, die Freiheitshypothese im Einzelfall zu widerlegen. Dies ist der in der Diskussion immer wieder zu wenig beachtete oder sogar untergegangene Gesichtspunkt, der indessen entscheidende Bedeutung hat. Er genügt auch für den rationalen Umgang mit dem „Freiheitsproblem", denn „die Lehre von der strafrechtlichen Schuldfähigkeit muß ihr Schwergewicht in der Darstellung derjenigen Zustände finden, welche *ausnahmsweise* die Zurechnungsfähigkeit als *ausgeschlossen* erscheinen lassen". v. Liszt (1900, S. 141) verweist mit dieser Formulierung ausdrücklich auf den falsifizierenden Charakter der im Einzelfall vorzunehmenden Beurteilung und so kann man Kaufmann (1968) nur zustimmen, wenn er das Wechselverhältnis von Schuld und Strafe – „das selbstverständlichste Kapitel der Lehre und der Praxis vom staatlichen Strafen" – dadurch charakterisiert, daß Strafe Schuld voraussetzt. Er nennt dies einen „der ganz wenigen unbestrittenen Grundsätze des Strafrechts, der auch und gerade von denen anerkannt wird, die dem Staat das Recht absprechen, gegen einen Menschen einen Schuldvorwurf zu erheben, und die eben darum die staatliche Strafe überhaupt beseitigt wissen und als Reaktion auf das Verbrechen nur Maßnahmen der sozialen Verteidigung zulassen wollen".

Auf der anderen Seite wendet sich Bockelmann (1963) mit Vehemenz gegen die Auffassung, die im Beschluß des Großen Strafsenats des BGH von 1952 zum Ausdruck gebracht worden ist. Die oft kritisierte Passage daraus lautet: „Strafe setzt Schuld voraus. Schuld ist Vorwerfbarkeit ... Der innere Grund des Schuldvorwurfs liegt darin, daß der Mensch auf freie, verantwortliche, sittliche Selbstbestimmung angelegt und deshalb befähigt ist, sich für das Recht und gegen das Unrecht zu entscheiden" (BGHSt 2, 200). Es ist nicht die begriffliche Redundanz der Formulierung als vielmehr die weltanschauliche Parteinahme für den Indeterminismus, der die Kritik Bockelmanns hervorruft. Er schreibt, daß Kritik vollkommen berechtigt wäre, wenn, was hier offensichtlich der Fall ist, die gesetzliche Norm der Schuldfähigkeit dahingehend interpretiert wird, „daß der Gesetzgeber sich grundsätzlich auf den Standpunkt des Indeterminismus stellen, also die Voraussetzung machen wolle, daß der geistig gesunde Mensch frei handeln könne, und daß das Wesen der Geisteskrankheit eben in der Aufhebung der Wahlfreiheit bestehe". Er sieht darin die an den Psychiater gerichtete Zumutung, „das Freiheitsproblem, das doch schon theoretisch unlösbar ist, mit Bezug auf einen konkreten Fall und einen bestimmten Menschen praktisch zu lösen. Das wäre in der Tat der bare Unsinn".

Offensichtlich ist dies auch die Ansicht von Haddenbrock, der die damals um das Schuldstrafrecht entbrannte Pressekampagne zum Anlaß nahm, in einem Leserbrief (FAZ, Datum nicht ersichtlich) zu schreiben: „Ein Schuldstrafrecht im Sinne jener Bundesgerichtshofurteile und ein solches im Sinne von Bockelmann sind durchaus verschiedene Konzeptionen. Jenes zielt auf die Bestrafung der in seiner Freiheit sittlichen Schuld des Verbrechers und hält die Aufhebung ... oder Beeinträchtigung ... der ‚Anlage zur freien sittlichen Selbstbestimmung' offenbar in Zweifelsfällen für mit psychologisch-psychiatrischen Mitteln wissenschaftlich untersuchbar. Ein Schuldstrafrecht im Sinne von Professor Bockelmann dagegen verzichtet auf ein Urteil über die in der Freiheit des Anders-handeln-gekonnt-Habens begründete sittliche Schuld des Täters, es will nur, daß jeder reife und psychisch gesunde Rechtsgenosse das an Lohn und Strafe erhält, ‚was seine Taten wert sind'." Haddenbrock fügt hinzu: „Nur ein Schuldstrafrecht im Sinne von Professor Bockelmann kann (und sollte auch) der Psychiater bejahen. Nur in seinen Grenzen vermögen die psychologisch-psychiatrischen, kriminologischen, soziologischen und andere anthropologische Erfahrungswissenschaften Gehilfen des Strafrichters zu sein."

Bockelmann verkennt die dem psychiatrischen Sachverständigen in Wirklichkeit gestellte Aufgabe, die keineswegs die Zumutung beinhaltet, daß er „das Freiheitsproblem" am konkreten Fall lösen solle und Haddenbrock verkennt die Eigenständigkeit des von der Moral emanzipierten strafrechtlichen Schuldbegriffs offensichtlich dadurch, daß er die eher floskelhafte Interpretation der persönlichen Autonomie als „sittlich" überbewertet. Bockelmann und Haddenbrock haben ständig nur die Verifikation der Schuldfähigkeit im Auge und lassen die Möglichkeit der Falsifikation im konkreten Einzelfall unbeachtet, – für Jurisprudenz und Psychiatrie eine verpaßte Gelegenheit der Begegnung.

Das Nichtstattfinden dieser und ähnlicher Begegnungen hatte Folgen, auf die schon hingewiesen wurde. In seiner Dissertationsschrift schreibt Ohler (1977, S. 121), daß die wissenschaftlichen Gehilfen des Richters, womit die psychiatrischen Sachverständigen gemeint sind, „sich noch immer nicht vollständig von den idealistischen Vorstellungen der sittlich-autonomen Persönlichkeit befreit hätten; vielmehr lebten diese in der Angst vor der Anpassung des Individuums an die Gesellschaft" wieder auf. Andere Autoren haben das gleiche nicht so offen ausgesprochen.

Daß menschliches Handeln unter dem Aspekt der persönlichen Autonomie *sekundär* als „sittlich" gewertet werden kann, hat mit den erkenntnismäßigen Voraussetzungen derselben nichts zu tun, und, was diese Voraussetzungen betrifft, irren sich sowohl Bockelmann als auch Haddenbrock; der Begriff der persönlichen Autonomie hat durchaus einen empirisch-rationalen Charakter (Luthe 1981 a). Dies wird von ihnen verkannt, weil sie den erkenntnistheoretischen Unterschied von Verifikation und Falsifikation nicht nachvollziehen; dies ist aber gerade im Zusammenhang mit der Beurteilung der Schuldfähigkeit von ausschlaggebender Bedeutung, denn die Unterstellung der damit verbundenen Annahme einer persönlichen Autonomie, die zumindest so berechtigt wie die gegenteilige Annahme ihres Fehlens ist, wird allgemein, ein für allemal gemacht. Dem Sachverständigen wird deshalb in keiner Weise „zugemutet", das Freiheitsproblem mit Bezug auf einen konkreten Fall zu lösen, was in der Tat „barer Unsinn" wäre; der Sachverständige soll in Wirklichkeit nur die Falsifikationsmethode auf den Einzelfall anwenden, und dies ist kein Unsinn. Er kann sich nämlich bei der Untersuchung, ob die allgemeine Hypothese auf den Einzelfall bezogen zu *widerlegen* ist, und nichts anderes wird von ihm verlangt, auf eine wissenschaftliche Begründung seiner Kompetenz berufen. Witter (1983) hat kürzlich noch einmal auf diese Kontroverse hingewiesen und die Meinung, „daß bei der Verwendung der Kategorien Schuld und Verantwortlichkeit kein Weg an der Unterstellung der Willensfreiheit“ vorbeiführe, mit den Namen der Strafrechtslehrer Lenckner, Rudolphi und Mangakis in Verbindung gebracht. Demgegenüber betonen, wie Witter fortfährt, u. a. Noll, Roxin und Jakobs die Auffassung, daß Schuld ein reiner Zweckbegriff des Rechts sei. Witter selbst hält die „an der Prävention orientierte Schuldauffassung“ für „wertneutral“, bezüglich der am Begriff der freien Selbstbestimmung des Menschen orientierten Schuldauffassung, sieht er die Implikation eines „personal-sittlichen Vorwurfs gegen den Täter“ als unvermeidlich an. Im ersten Fall wird gefragt, welche strafrechtliche „Behandlung“ der Täter im Hinblick auf seine Beschaffenheit „braucht“, im zweiten Fall geht es um die Frage, welche Strafe er im Hinblick auf ein bestimmtes Tun *„verdient“* (vgl. dazu auch Lenckner 1972, S. 17f.).

Diese unterschiedliche Einschätzung des Schuldbegriffs hinsichtlich seiner „Wertneutralität“, einmal präventiv und einmal an der Entscheidungsfreiheit bestimmt, ist jedoch weder der Ausdruck einer Denknotwendigkeit, noch folgt sie zwingend aus seiner praktischen Anwendung. Es ist der Legalitätsgrundsatz des Rechts, der aus dem Schuldproblem – wie Lenckner betont – ein Sachproblem und kein Wertproblem macht, wodurch sich das Recht von der Theologie emanzipiert; und er bleibt auch nicht dadurch, daß dieses Sachproblem auf den Begriff der Willensfreiheit zu beziehen ist, unausweichlich dem sittlich-moralischen Inhaltsbereich verhaftet. Die Verführung, von „Willensfreiheit“ sogleich auf „sittliche Wertung“ zu schließen, ist zwar groß, man entgeht ihr aber, wenn man diesen Begriff rein formal in seiner strukturalen Fassung bestimmt, wie wir dies in extenso an anderer Stelle erörtert haben (Luthe 1981a, 1982a). Erst dadurch erhält der Begriff auch seine rational-wissenschaftliche Bestimmbarkeit.

Was die praktische Anwendung des Schuldbegriffs betrifft, so verdeckt die Formulierung der Frage, was ein Täter „braucht“, lediglich die Insinuation, daß das, was für die Gesellschaft gut ist, per se auch für den Täter gut sein müsse, denn in Wirklichkeit geht es beim Strafrecht um Gesellschaftsschutz. Anders als die Medizin, die der Kranke bei einer Lungenentzündung braucht, läßt sich die Maßregel, die er braucht, nur in Abhängigkeit von den zu schützenden Rechtsgütern ermitteln, also keineswegs wertneutral. Diese Wertneutralität wird erst recht fraglich, wenn die Praxis der vom Sachverständigen hier geforderten prognostischen Beurteilung näher beleuchtet wird. Mir erscheint die Gefahr einer für das Strafrecht unzuträglichen Subjektivierung der Beurteilung sehr viel größer im Rahmen der an der Prävention orientierten Schuldauffassung als im Rahmen jener Auffassung, die das Schuldproblem als Sachproblem sieht und sich dabei auf den formalen Begriff der Willensfreiheit bezieht. Dieser gibt dem psychiatrischen Sachverständigen rationale Kriterien seiner Beurteilung an die Hand und ermöglicht einen empirisch-rationalen Krankheitsbegriff, während die Erforschung der Täterpersönlichkeit und die Beurteilung von deren zukünftiger Entwicklung mit einem Unsicherheitsrisiko belastet ist, das man grundsätzlich in Rechnung stellen muß, das den Beurteiler der Kontrolle entzieht und das so groß ist, daß von einer wissenschaftlichen Exaktheit der Aussage guten Gewissens kaum gesprochen werden kann. Da die prognostische Aussage ihrerseits den Ausgang beeinflußt, ohne daß man sagen kann, in welchem Sinn dies im Einzelfall geschieht, zeichnet sich überdies ein logisches Dilemma ab, das es in der Praxis bedenklich erscheinen läßt, den Erkenntniswert prognostischer Methoden zu verabsolutieren.

Haddenbrock (1972) hat später noch einmal in außerordentlich differenzierter Weise zu diesem Problemkreis Willensfreiheit–Schuld–Prävention Stellung genommen und wie auch früher schon (Haddenbrock 1961) über den Begriff der „Sühnefähigkeit" den spezialpräventiven Gedanken der Strafempfänglichkeit (v. Liszt 1900, 1913) in einem prospektiven Sinn mit dem Schuldstrafrecht in Einklang zu bringen versucht. Dieser Versuch gehört in den großen Kontext jener Bemühungen um eine Kompromißformel, mit der den drängenden praktischen Bedürfnissen des Strafrechts ebenso wie seinen theoretischen Schwierigkeiten Rechnung getragen werden soll, wobei auch dieser Autor eine Hauptschwierigkeit in der empirischen Unzugänglichkeit der Freiheitshypothese sah. Faktisch würde der Bezug auf die Sühnefähigkeit als maßgebliches Kriterium das Schuldstrafrecht in ein – gemäßigtes – Maßregelrecht überführen. Es handelt sich also alles in allem um ein etwas verklausuliertes Absetzen von den derzeit gültigen Grundannahmen des Strafrechts.

Eine „nochmalige genauere empirische Untersuchung der Freiheitsfrage", wie sie Haddenbrock als anthropologischer Berater dem Juristen anbietet, „um wieder das notwendige feste Fundament zu gewinnen", muß vom Ansatz her das Ziel verfehlen, weil die Freiheitsfrage sich nicht im Sinne von Haddenbrock empirisch untersuchen läßt. Die damit verbundene Forderung einer strengen Trennung zwischen einem „intersubjektiv-retrospektiven" und einem „subjektiv-prospektiven" Aspekt des Problems ist im Rahmen des derzeit gültigen Strafrechts überflüssig, da dessen Gegebenheiten den Sachverständigen nur zwingen, das Tun eines Täters und nicht dessen zukünftige Beschaffenheit ins Auge zu fassen, wenn es mit der Freiheitsfrage um die Schuldfähigkeit geht. Die Vergangenheit des Tuns eines Täters bindet den Sachverständigen, der auf dem Boden des Schuldstrafrechts steht, an die retrospektive Methode; der Nachteil der prospektiven Methode, daß ihre Anwendung das Ergebnis mitbestimmt, besteht bei der retrospektiven Methode nicht.

Übrigens beinhaltet die grundsätzliche Orientierung am Tun, für die sich eine liberale Rechtsauffassung entschieden hat, keineswegs ein Desinteresse an der inneren Beschaffenheit, also an der Person des Täters. Der Respekt vor der autonomen Person schließt auch nicht aus, daß einem Täter, wenn dies nötig ist, Hilfe gebracht wird; dieses Interesse wird jedoch von dem unvermeidlich mit der Institution des Strafrechts verbundenen Zwang gelöst. Das Interesse an der Persönlichkeit darf nicht zu einem Vorwand werden, mit den Mitteln des Strafrechts die „Guten" von den „Bösen" abzusondern, auch wenn sie sich hinsichtlich des Merkmals der Sozialkonformität voneinander unterscheiden, solange die Täter nicht selbst durch entsprechendes Handeln dazu Veranlassung geben. Wenn der – nicht geisteskranke – Täter Hilfe in Anspruch nehmen will, dann soll ihm diese – unabhängig von irgendwelchen Sanktionen – solange gewährt werden, als er selbst darauf Anspruch erhebt.

Was die retrospektiv-objektivierende Analyse menschlicher Determinationsstrukturen von bestimmten faktisch-abgelaufenen Handlungen betrifft, kann man Haddenbrock nur Recht geben. Sie führt „mit unerbittlicher Konsequenz" zu der Feststellung, daß „mit zunehmenden Fortschritten der objektivierenden anthropologischen Erkenntnis der deterministische Aspekt menschlichen Verhaltens immer prägnanter und verdichteter" hervortritt, ohne jemals das Fehlen von Willensfreiheit zu beweisen. Haddenbrock ist aber nicht zu folgen, wenn er ausführt, daß „an dieser – im objektivierenden Aspekt zutage tretenden – *inhaltlichen* Determination" auch die „formale Freiheit" nichts ändere; dies mag so sein, wenn man darunter Inhaltliches wie die „in gestuften Akten transzendierender – sozialethischer, philosophischer, religiöser – Besinnung über die Faktizitäten seines In-der-Welt-Daseins und -Soseins" zu erfassende Kontemplation versteht. Etwas anderes gilt jedoch hinsichtlich der strukturalen Betrachtungsweise. Es trifft zu, daß der Sachverständige „nur von einem allgemeinen Maßstab aus über Voraussetzungen und Einschränkungen der Entscheidungsfähigkeit des Menschen, nie aber über deren faktisches Ausmaß im konkreten Fall auszusagen vermag"; er kann Willensfreiheit hinsichtlich eines bestimmten Tuns von ihren Voraussetzungen her nach allgemeinen Regeln widerlegen. Dies reicht aber auch für den Erkenntnisbedarf theoretisch aus und weist der Praxis – wie in diesem Band gezeigt werden soll – einen gangbaren Weg zur Lösung aller bei der Schuldfähigkeitsbeurteilung auftauchenden Probleme. Wenn Leferenz (1958) bemerkte, daß, „wer empirisch die Freiheit nicht positiv zu erfassen vermag, auch empirisch nicht feststellen kann, wo die Unfreiheit anfängt", dann ist dem hinzuzufügen, daß man bei einer psychiatrischen Untersuchung aber trotzdem feststellen kann, wo sie *ist.*

Ausschließliches Objektivierungsstreben ist Ausdruck des Bemühens um ein materialistisches Menschenbild, in dessen Zügen wirkliche Entscheidungsfreiheit keinen Platz hat, weil die Implikationen der Subjekt-Objekt-Struktur des Bewußtseins nicht beachtet werden. „Wirkliche Entscheidungsfreiheit" ist dabei nicht mit dem absoluten Indeterminismus des Zufalls zu verwechseln, sie kommt mit der Klarstellung Hartmanns (1949) zur Deckung, daß Freiheit keine Durchbrechung von Determination, sondern ein Plus an Determination ist. Dieses Plus kann nur vom Subjekt des Bewußtseins herrühren, für das die durchgängige kausale Geschlossenheit, die den Objektbereich kennzeichnet, nicht gelten kann, weil es andernfalls ebenfalls nur ein Objekt wäre (Luthe 1982a, S. 7f.). Der – z.B. in der Übersummativitätsregel gegebene – Hinweis auf diese spontane Aktivität des Subjekts, die seine Freiheit gegenüber der Kausalgesetzlichkeit des Gegenständlichen gewährleistet, führt zu der einzig denkbaren, „nicht-objektiven" Definition des Subjektbegriffs mit seinem kognitiven und volitiven Aspekt; denn so, wie das in seiner Einheitlichkeit bewußte Erleben im Hinblick auf die nach Raum und Zeit in Ursache–Wirkungsgefüge differenzierte Welt des Objektiven in sich determiniert ist, so erhält der volitive Aspekt seinen eigentlichen und alleinigen Sinn im Hinblick auf diese Sonderstellung. Das unerreichbare Ganze ist weder deterministisch noch indeterministisch zu erklären, es entzieht sich diesen Begriffsfassungen.

Daher braucht es den psychiatrischen Sachverständigen auch nicht zu interessieren, welches der Stand im philosophisch-weltanschaulichen Streit der Meinungen zu dieser Frage ist, wenn es um seine Gutachtertätigkeit geht, denn seine Aufgabe ist nur der Ausschluß der Entscheidungsfähigkeit im Einzelfall. Allgemein wird diese Entscheidungsfreiheit vorausgesetzt, – ob man dies gutheißt, sich damit abfindet oder ablehnt, bleibt völlig gleichgültig. Irgendwelche Bekenntnisse sind daher nicht erforderlich, sondern nur die Bereitschaft, diese Vorgabe zu respektieren. Sie wird nicht respektiert, wenn die psychoanalytische Position dazu, wie folgt, formuliert wird: „Es gibt keine Willensfreiheit. Sie ist eine infantile Erfindung der Selbstidealisierung. Wir alle, auch die Rechtsbrecher, stehen unter Verhaltenszwang" (Mitscherlich auf der 11. Tagung der Deutschen Richterakademie, 1970, nach „Die Welt" vom 4. April 1970). Sie wird auch nicht respektiert, wenn auf der anderen Seite bestimmte Psychologen (Arnold 1965, Ausführung vor dem Sonderausschuß des Bundestages am 13. 01. 1965) „die Verifikation der Schuldfähigkeitsdiagnose" verlangen, wobei es nebensächlich ist, daß dies „außerhalb des biologischen Bereichs" zu geschehen habe. Entgegen der Auffassung von Bauer u. Thoss (1983) hat es überhaupt nichts mit einem Kampf um „Jagdreviere" zu tun, daß aus der Koinzidenz der fehlenden Schuldfähigkeit in ihrem kognitiven und volitiven Aspekt mit dem strukturalen Begriff der psychischen Krankheit die ausschließliche Zuständigkeit des psychiatrischen Sachverständigen bei der Abklärung der seinswissenschaftlichen Voraussetzungen der Schuldfähigkeit gefolgert wird. Gleichzeitig wird Psychologen und Psychoanalytikern ein viel breiteres Betätigungsfeld reserviert, wenn es nicht um das bestimmte Tun einer relativ kleinen Gruppe von schuldunfähigen Straftätern geht, sondern um die prospektive Beurteilung jener sehr viel größeren Gruppe von strafrechtlich behandlungsbedürftigen Tätern, zu der beispielsweise alle Rückfalltäter gehören.

Der gegen den Psychologen Arnold zu erhebende Einwand, daß es nicht um die Verifikation der Schuldfähigkeit geht, gilt gleicherweise selbstverständlich auch für jene „gnostische" Richtung in der Psychiatrie, deren Wortführer, v. Baeyer (1957), „Die *Freiheitsfrage* in der forensischen Psychiatrie" ebenfalls in der positiven Erfassung der Freiheit sieht, die grundsätzlich und ein für allemal empirisch nicht zu leisten ist (Luthe 1981 a, S. 6). Er verlangt vom Sachverständigen, daß er dem Gericht sage, ob ein Straftäter „mit dieser seiner Struktur und Motivation in dieser seiner Tatsituation imstande gewesen wäre, der Versuchung zum kriminellen Handeln zu widerstehen, oder ob und in welchem Grade sein Willen zum Erliegen bestimmt war". Solche Versuche, sich dem Phänomen des Willens zu nähern, haben immer zur Folge, daß sich das Phänomen um so mehr verflüchtigt, je näher man ihm kommt. Soweit von Psychologen (Arnold ist hier stellvertretend für viele andere genannt) und von Psychiatern (v. Baeyer ist hier stellvertretend genannt) der Anspruch auf eine Verifikation der Schuldfähigkeit erhoben wird, ist die agnostische Gegenposition von Bockelmann und Haddenbrock durchaus berechtigt, – aber eben nur insoweit.

Wenn es Bockelmann als seine persönliche Ansicht bezeichnet, daß kein Jurist daran denke, vom Psychiater zu verlangen, daß er die Frage der Willensfreiheit in einem konkreten Falle wissenschaftlich löse, so steht er mit dieser Ansicht auf keinen Fall allein. Es ist die forensische Erfahrung, die den psychiatrischen Sachverständigen lehrt, daß von ihm im konkreten Einzelfall immer nur eine Aussage zum Ausschluß, zur Negation, der Entscheidungsfähigkeit verlangt wird, sofern er das Gericht, das zunächst zuviel von ihm erwartet, in geeigneter Form auf die Problematik hinweist. So, wie er sehr wohl wissenschaftlich-empirisch fundierte Aussagen über Bewußtseinsstörungen machen kann, ohne über eine lückenlose Bewußtseinstheorie zu verfügen, so kann er bei der Lösung seiner Aufgabe, die Voraussetzungen der Schuldfähigkeit auf ein konkretes Tun bezogen zu beurteilen, eine Falsifikationsmethode (Luthe 1981a, S. 11) anwenden, bei der das Problem der Willensfreiheit als solches ausgeklammert bleibt. Er braucht sich nicht auf die Willensfreiheit, sondern nur auf deren Störungen zu konzentrieren.

Daß hier ein konkretes Tun (und nicht ein Täter) in den Mittelpunkt zu stellen ist, kann der sog. Vergeltungstheorie als entscheidender Vorzug zugutegehalten werden; dieser Grundsatz garantiert die Verhältnismäßigkeit zwischen dem Maß der Strafe und dem Maß der in der Tat selbst verwirklichten Schuld ohne die Intervention irgendwelcher Beurteiler. Der Täter bestimmt selbst das Risiko, das er eingeht; er wird nicht härter bestraft, als es der Schuldausgleich verlangt, andernfalls würde sich eine neue Ungerechtigkeit ergeben. Die Sanktionsbefugnisse des Staates richten sich nach einem bestimmten äußeren Verhalten, für das der Täter etwas kann, nicht nach seiner inneren Beschaffenheit, die nur sehr unvollständig und schwierig zu erfassen ist, und an der er auch definitionsgemäß – aus innerer Kraft – nichts ändern kann. – In einem Staat, in dem die überwiegende Mehrheit der Bevölkerung einschließlich ihres kriminellen Anteils psychisch gesund ist, kann es nur eine totalitäre Staatsauffassung sein, der es erstrebenswert erscheint, mehr als das äußere Verhalten, nämlich auch die innere Beschaffenheit seiner Bürger, sei sie nun moralisch oder unmoralisch, sozial oder asozial, mit Hilfe des Strafrechts zu korrigieren.

Der gegen die Vergeltungstheorie erhobene *praktische* Einwand bezieht sich auf ihre „Zweckfreiheit“: Mit dem Schuldausgleich, so heißt es, werde auf die nicht mehr abzuändernde Tat Bezug genommen, anstatt die Strafe nach dem Täter auszurichten, den man immerhin abschrecken, bessern oder, wie es weiter bei v. Liszt heißt, unschädlich machen kann. Der Zweck der Strafe müsse in ihrer Auswirkung auf den Täter gesucht werden, ihre Funktion, Gerechtigkeit herzustellen, wird insbesondere in der Hegelschen Fassung (Hegel 1821, der Verbrecher hat ein Recht auf Strafe) als zu abstrakt, als lebensunwirklich bezeichnet. Nun kommt es nicht nur darauf an, worin die großen Schöpfer solcher Strafrechtstheorien und ihre Anhänger oder Gegner den Sinn der Strafe sehen, es ist auch wichtig, was die Bestraften selbst darüber denken. In diesem Licht zeigt sich, daß die Bezugnahme auf die Tat für die Täter deshalb so selbstverständlich ist, weil sie schon als Kinder ein schlechtes Gewissen und Angst nur im Hinblick auf ein bestimmtes Tun empfunden haben und nicht, weil sie sich als böse Menschen zu erleben gelernt hätten. Das normale Kind akzeptiert die Strafe, es akzeptiert sie aber nur dann, wenn es weiß, für welches Tun es bestraft wird. Der Zusammenhang zwischen einer bestimmten Verfehlung und der dazu in einem inneren Verhältnis stehenden Strafe muß ihm klar sein, wenn die Strafe einen erzieherischen Zweck haben soll. Dem Kind leuchtet es hingegen nicht ein, daß es, weil es ein „böses“ Kind ist, prophylaktisch „behandelt“ werden muß. Das Erziehungsprinzip, das normale Kind wissen zu lassen, für welche Tat es bestraft wird, läßt sich ohne weiteres mit der Vergeltungstheorie in Einklang bringen. Dieses Prinzip gilt auch im Strafrecht; nur unter dieser Voraussetzung, daß dem Straftäter das innere Verhältnis zwischen einer Verfehlung, die er zu verantworten hat und der daraus folgenden Strafe bewußt ist, kann von der Sanktion, ob man sie Strafe, Maßregel oder Behandlung nennt, überhaupt eine erzieherische Wirkung erwartet werden. Die theoretische Rechtfertigung der Strafe mit der Idee des Schuldausgleichs schließt also keineswegs ihre erzieherische Wirkung aus, sie ist – näher besehen – eine Voraussetzung dafür. Eine Strafe soll mißbilligen, darauf beruht ein großer Teil ihres Lerneffekts. Der Täter lernt daraus aber nur, wenn er weiß, daß er zurecht und auf angemessene Weise bestraft wird. Dieses Gerechtigkeitsprinzip trägt er schon als Kind in sich; er trägt hingegen kein wie auch immer geartetes Prinzip in sich, das ihn für eine Sanktion im erzieherischen Sinn empfänglich machen würde, wenn sich diese Sanktion auf etwas bezieht, wofür er nichts kann, beispielsweise seine innere Beschaffenheit. Auch wenn man eine solche Sanktion „Behandlung" nennt, macht sie den – normalen – Täter nur verstockt oder, wie das dressierte Tier, zu einem Opportunisten.

1.1.1.2 Spezialpräventive Theorie

Es ist die sog. *spezialpräventive Theorie* des Strafrechts, die in ihrer modernen „soziologischen" Fassung mit dem Namen v. Liszts verbunden ist, die sich nach dem Willen ihres Schöpfers, von der Vergeltungstheorie durch ihre Zweckbezogenheit grundlegend unterscheiden soll. „Der Zweckgedanke, die das Recht erzeugende Kraft, wird auch in der Strafe erkannt; und mit dieser Erkenntnis ist die Möglichkeit gegeben, die vielverzweigten Wirkungen der Strafdrohung und des Strafvollzugs dem Schutze menschlicher Lebensinteressen dienstbar zu machen." v. Liszt (1913, S. 5f.) brachte diese Überzeugung in den historischen Zusammenhang der Erweiterung des Rechtsstaats des Altliberalismus zum Verwaltungsstaat und sah voraus, daß der Gesetzgeber „von der einseitigen Berücksichtigung der Generalprävention mehr und mehr abgelenkt und dahingeführt wird, den Zweck der Strafe in der Anpassung oder Ausscheidung des Verbrechers zu erblicken". Hierbei wird unter „Anpassung" „... die umgestaltende Einwirkung auf den Charakter des Täters" (S. 72) verstanden. Die Strafe soll sich deshalb „in Art und Maß der Eigenart des Verbrechers anpassen".

Diese spezialpräventive Theorie läßt es möglich erscheinen, daß die gleiche Tat dem „guten" Täter einen sanften Tadel einbringt, während der „böse" Täter mit einem virtuell unbegrenzten Eingriff in seine Persönlichkeitsrechte rechnen muß. Den mit der Persönlichkeitsermittlung beauftragten Sachverständigen werden auf diese Weise inquisitorische Befugnisse eingeräumt, wobei daran zu erinnern ist, daß auch zu Zeiten der wirklichen Inquisition die theologische Grundlegung des Strafens als „wissenschaftlich" ausgegeben wurde; es lag bei den Inquisitoren zu entscheiden, ob das Böse nur scheinbar böse oder Teufelswerk war, je nach dem damit verfolgten Zweck. Die Foltermethoden sind zwar abgeschafft, ebenfalls die Verbrennung, es soll aber wieder generell auf Gesinnung, innere Werthaltung, verwerfliche Beweggründe ankommen. Die Wirklichkeit der Unterscheidung von Spezialprävention – mit ihrer Eliminierung des verantwortlichen Subjekts – und Vergeltungstheorie wird mit dem Hinweis auf den „Zweckgedanken" als neues Moment nur ganz unzureichend erfaßt; wesentlich ist die maßlose Überschätzung des determinierenden Gewichts äußerer Einflüsse, die auf der kurzschlüssigen Annahme beruht, daß im günstigen Fall der Täter noch geändert werden kann, ansonsten muß er ausgeschieden werden. Da es sich in beiden Fällen um durchgehend determinierte Täter handeln soll, läßt sich die logische Geschlossenheit dieser Theorie nur erreichen, wenn man den Unterschied zwischen dem günstigen und ungünstigen Fall in den äußeren Verhältnissen sucht.

Die Vergeltungstheorie setzt dem Staat Schranken. Die in der Annahme von persönlicher Entscheidungsfähigkeit postulierte Verantwortlichkeit des Täters ist unabhängig von seinen Beweggründen als strukturale Gegebenheit des Erlebens oder der Persönlichkeit zu ermitteln. Diese formale Begriffsfassung der Verantwortungsfähigkeit schützt den Einzelnen vor inquisitorischen Übergriffen des Staates, gleichgültig, ob der Richter/Staatsanwalt oder der Tiefenpsychologe den Staat repräsentiert. Dagegen überläßt die Spezialprävention den Täter – nach der kritikwürdigen Auffassung v. Liszts – passiv äußeren Beeinflussungsversuchen; der Täter ist nach dieser Theorie erst im Hinblick auf seine durchgehende Determiniertheit überhaupt motivierbar! Das ausschlaggebende Kriterium der staatlichen Reaktion ist nicht mehr die – äußerlich und für alle gleich verbindliche – Tat als solche, sondern die von Fall zu Fall verschiedene innere Determinationsstruktur des Täters, auf die er selbst keinen Einfluß hat, weil er ja durchgehend determiniert ist. Um jeglichen Mißverständnissen vorzubeugen, ist klarzustellen, daß man es bei dieser inneren Determinationsstruktur „des Verbrechers" nicht mit dem Ergebnis einer Geisteskrankheit, sondern mit einer nicht sozialkonformen Gesinnung zu tun hat.

Der *spezialpräventive* Begriff der Zurechnungsfähigkeit setzt lediglich voraus, daß „die Psyche des Täters über den zu sozialer Vollwertigkeit (!) erforderlichen Reichtum an Vorstellungen verfügt, daß die Verknüpfung der Vorstellungen in normaler Weise und mit normaler Geschwindigkeit erfolgt, daß die Gefühlsbetonung der Vorstellungen und damit die motivierende Kraft der allgemeinen, rechtlichen, sittlichen, religiösen usw. Normen dem Durchschnittsmaß entspricht, daß Richtung und Stärke der Willensimpulse nichts wesentlich Abnormes bieten" (v. Liszt 1913, S. 168). Man wird schwerlich behaupten können, daß die zur Beurteilung einer derart definierten Verantwortungsfähigkeit erforderlichen Ermittlungen auch nur annähernd „wertfrei" erfolgen könnten. Wo Feuerbach gefordert hatte, daß es dem Staat nicht auf die Moralität des Handelnden ankommen dürfe, erhebt die Reaktion auf diesen wahrhaft liberalen Standpunkt nunmehr wieder die uralte Forderung nach einer Gewissenskontrolle, und sie wird hierin in unseren Zeiten von der Psychoanalyse unterstützt. – Die Tat als Anknüpfungspunkt, welcher die scharfen Umrisse des bereits Geschehenen hat, läßt man auf sich beruhen; bei der sozialisierenden Aufgabe, die der Strafe nunmehr zugewiesen wird, enthält die Beurteilung der zu erwartenden Persönlichkeitsentwicklung des Täters in gewissem Umfang ein divinatorisches Wagnis, das die Gerichte nicht bloß bei offensichtlich psychisch gestörten Tätern, sondern in allen gravierenderen Fällen mit Sachverständigen werden teilen wollen. Inhaltliche Gesichtspunkte der einmaligen Lebensgeschichte treten in den Vordergrund, bezüglich derer die Forderung nach einer „wertneutralen“ Erfassung auf prinzipielle Schwierigkeiten stößt, die sich nicht stellen, wenn ein bestimmtes Handeln zu beurteilen ist, dessen „Bewertung“ als gut/böse sich erst sekundär normativ ergibt.

Diese Wendung von äußeren zu inneren Kriterien beinhaltet die Wendung von der Faktizität des Geschehenen zum großen Feld des Prospektiven. Indem sie die Strafbegrenzung von der Tatschuld löst, entlastet sie das Strafrecht hinsichtlich des Problems der persönlichen Verantwortlichkeit, die man nur haben kann, wenn man sich auch anders hätte entscheiden können. Ob sich ein Straftäter darüber freuen soll, erscheint fraglich, denn der damit verbundene Verzicht auf die normative Bewertung seines Handelns als böse muß mit der Bewertung seiner Persönlichkeit als „abnorm“ erkauft werden; während er sein „böses“ Handeln bleiben lassen kann, gerät er mit seiner Persönlichkeitsabnormität in ein Kontrollsystem, auf das sein Einfluß sehr viel begrenzter ist, in seiner grundsätzlichen Passivität ist er ihm ausgeliefert. Die Argumente, mit denen dies als „Fortschritt“ ausgewiesen werden soll, entstammen einer gewissen Heilsideologie („Heilen statt Strafen“), der die alte Heilanstalt ihren irreführenden Namen verdankt. Es kann keinen Zweifel darüber geben, daß der Wegfall der Schuldstrafe die Repression nicht beseitigt; es ist vielmehr zu befürchten, daß die zur Prävention privater Gewaltanwendung erforderliche staatliche Repression den Einzelnen mehr als auf dem Boden der Vergeltungstheorie einengt, weil der Staat seinen Kontrollanspruch nunmehr auch auf den Bereich der Gesinnung ausdehnt, und weil die Erfahrung lehrt, daß es in den allermeisten Fällen zwar leicht gesagt aber nur schwer getan ist, eine rechtsfeindliche in eine rechtsfreundliche Gesinnung umzuwandeln.

Der Fall des sozial in jeder Hinsicht angepaßten Täters, der trotz eines von ihm verübten Kapitalverbrechens nach spezialpräventiven Gesichtspunkten nicht zu bestrafen ist, weil eine Bestrafung seine Sozialkonformität nicht vergrößern, sondern verkleinern würde, ist durchaus realistisch. Er wäre indessen leichter zu tolerieren als der entgegengesetzte Fall des Bagatelltäters mit verfestigter Persönlichkeitsabnormität, dem nun auch die konkrete äußere Freiheit langdauernd entzogen werden müßte, nachdem ihm allgemein die innere Freiheit bereits abgesprochen worden war. Als Beispiel hierfür erwähnt Lenckner (1972, S. 14) den notorischen Landstreicher, bei dem die schuldangemessene Strafe angesichts der Geringfügigkeit des Delikts nicht allzu hoch sein dürfte, bei dem hingegen unter spezialpräventiven Gesichtspunkten eine langdauernde Freiheitsentziehung geboten wäre.

1.1.1.3 Generalpräventive Theorie

Die dritte – zur Besprechung noch anstehende – Strafrechtstheorie ist die generalpräventive Theorie, die nach den ihr zugrundeliegenden Gedanken von der spezialpräventiven Theorie so weit entfernt ist wie diese von der Vergeltungstheorie. Feuerbach, der moderne Begründer dieser Theorie, schreibt (1970, S. 109): „Der Mensch ist eine Person, und als moralisches Wesen, für welches er sich nothwendig erkennt, *innerlich* frey: aber eben darum muß er auch *äusserlich* frey seyn, d. h. es muß ihm möglich seyn, nach selbstgewählten Zwecken auf die Sinnenwelt einzuwirken." – „Da nun nach dem Rechtsgesetze derjenige Zwang schlechthin ungerecht ist, der zur Aufhebung der Freyheit anderer geschieht, so folgt auch unmittelbar, daß derjenige Zwang gerecht sey, der *nicht* zur Zerstörung der Freyheit, sondern (weil es kein Drittes giebt), zur Erhaltung der Freyheit geschieht." – „Der Zwang, der den Inhalt meiner Strafrechtstheorie ausmacht, geschieht *um der Freyheit Willen;* er ist begründet durch das Sicherungsrecht. Er geschieht, damit die Freyheit aufrecht erhalten werde: darum allein wird die Strafe angedroht, und darum wird sie vollzogen. Denn die Vollziehung derselben geschieht, um die Androhung wirksam zu machen, und die Androhung geschieht, um von Rechtsverletzungen abzuschrecken." – „Der Zwang darf in meiner Theorie nicht größer seyn, als nothwendig ist, dieses Hinderniß der Freyheit aufzuheben. Der Staat darf nicht mehr Uebel drohen, als die Größe der Gefahr, die er durch die Strafe entfernen will, erfordert." – „Jenseits dieser Grenzen geht sie in Ungerechtigkeit über . . .".

Die wesentlichen Elemente dieser Strafrechtstheorie sind also die persönliche Verantwortlichkeit und die präventive Ausrichtung. Die innere Beschaffenheit der Täter spielt dabei keine Rolle, sie wird vielmehr ausdrücklich der Dispositionsbefugnis des Staates entzogen. Dadurch, daß ein bestimmtes Tun mit der Androhung eines empfindlichen Übels im Keim erstickt werden soll, wird auf ein Verhaltensmodell Bezug genommen, das so gut funktioniert, wie seine Anwendung konsequent ist. Die Rechtsöffentlichkeit läßt sich nicht durch eine angedrohte Strafe beeindrucken, wenn jeder weiß, daß das unter Strafe gestellte Tun bei seiner Verwirklichung nicht auch tatsächlich zur Bestrafung führt. Darauf zielt der gegen diese Theorie geltend gemachte Einwand, daß sie lediglich eine Mentalität des Sich-nicht-erwischen-lassens erzeuge. Die generalpräventive Theorie ist daher auf solche Fälle zu beschränken, bei denen einem prospektiven Täter das Risiko eines verbotenen Tuns nicht nur als ausreichend groß, sondern auch als tatsächlich gegeben vor Augen geführt wird. Um dies an einem erfahrbaren Beispiel zu verdeutlichen, kann auf den Unterschied verwiesen werden, der hinsichtlich der Beachtung der Verkehrsvorschriften von vielen Verkehrsteilnehmern gemacht wird, je nachdem, ob sie sich mit ihrem Fahrzeug im östlichen oder westlichen Teil Deutschlands befinden.

Die Praktikabilität der generalpräventiven Theorie setzt eine Allgegenwart des Staates voraus, deren Ausmaß und Deutlichkeit sich nach der Empfänglichkeit der Adressaten zu richten hat. Da nicht die Skrupulösen, sondern die Unbedenklichen die „Maschengröße" bestimmen, zeigt sich der wesentliche Nachteil dieses Systems daran, daß auf die rechtstreue Mehrheit der Bevölkerung ein viel stärkerer psychologischer Zwang ausgeübt werden muß, als dies nach ihrer psychologischen Beschaffenheit erforderlich wäre. Dies kann zu einer Atmosphäre der Unfreiheit führen, die Feuerbach sicher nicht wollte, die aber angesichts der psychischen und sonstigen Heterogenität der Rechtsgemeinschaft unvermeidlich ist.

In der Bevölkerung gibt es einen gewissen Prozentsatz von Teilnehmern an der Rechtsgemeinschaft, der sich überhaupt nicht durch die Strafandrohung beeindrucken läßt. Für diese Gruppe, die insoweit psychisch abweichend reagiert, ist eine Sonderregelung erforderlich, die auch allen übrigen ohne weiteres einleuchtet, weil die Ausgrenzung dieser Gruppe ein sozusagen natürliches Kriterium hat: die psychische Krankheit. In den Augen der meisten muß jemand „schizophren“ sein, wenn er glaubt, ein Volkspolizist scherze. Der etwas pointierte Charakter dieser Aussage ersetzt langatmige Erklärungen. Daß in diesen zahlenmäßig geringen Fällen der unwirksamen Androhung der Strafe die Strafe auch nicht vollzogen zu werden braucht, ohne daß dadurch die Theorie als solche in Frage gestellt wird, leuchtet im Hinblick auf die „natürliche“ Sonderstellung dieser Gruppe ein. Es entspricht dem Wesen der Geisteskrankheit, daß das auf individuelle psychische Gesundheit berechnete Verhaltensmodell, auf dem die generalpräventive Theorie aufbaut, hier seine Wirkung verliert. Dieses Verfehlen der Wirkung kann geradezu als Indikator der psychischen Störung dienen. Wenn nun solche kranken Täter einer medizinischen Behandlung zugeführt werden, liegt die Begründung hierfür im Interesse an der Gesundheit, die sekundär auch die Abschreckbarkeit durch Strafandrohung beinhaltet. Dies kann faktisch-empirisch überprüft werden, wenn z. B. der durch Strafandrohung unbeeinflußbare Schizophrene nach Heilung der Psychose die Reaktion des Gesunden auf Strafandrohung wiedererlangt. Behandlung ist hier aber etwas ganz anderes als die Resozialisierung von Tätern, deren psychische Abnormität zum großen Teil in der Straffälligkeit selbst gesehen wird.

1.1.1.4 Vereinigungstheorie

Die Auswirkungen dieser 3 historischen Theorien des Strafrechts finden sich in der aktuellen Vereinigungstheorie des geltenden Strafrechts, für welche die Schuld unabdingbare Voraussetzung der Strafe ist, ihr Grund ist – nach Lenckner (1972, S. 23) – die Notwendigkeit der General- und Spezialprävention. Das Ausmaß der Schuld bestimmt den Umfang der Strafe; die Strafe kann jedoch gemildert werden, wenn dies nach general- und spezialpräventiven Gesichtspunkten angezeigt erscheint. Eine Erhöhung ist i. allg. nicht möglich; die Ausnahme hierzu bildet das Jugendrecht, in dem der Erziehungsgedanke eine gleiche- oder höherrangige Rolle als der Schuldgedanke spielt (vgl. S. 145 ff.). Im wesentlichen bleibt die Strafe Vergeltung; diese Bestimmung wird pragmatisch gemildert. So hält es der Bundesgerichtshof für zulässig, „neben dem Gedanken der gerechten Sühne die Gesichtspunkte der notwendigen Abschreckung des Täters und der Allgemeinheit (zu) berücksichtigen“ (BGHSt 17, 324).

Es wurde gesagt, daß der vom Schuldausmaß bestimmte Umfang der Strafe i. allg. nicht überschritten werden dürfe, daß mit anderen Worten der Präventionszweck sekundären Charakter hat. Im besonderen besagt die sog. Zweispurigkeit des Strafrechts, daß die ohne Schuld begangene Tat eines Schuldunfähigen zwar keine „Strafe“ wohl aber eine „Maßregel der Besserung und Sicherung“ nach sich ziehen kann, wenn prospektive Gesichtspunkte dies verlangen. Dies erscheint aus psychiatrischer Sicht als unbedenklich, solange eine damit ins Auge gefaßte Behandlung von Geisteskranken von der Resozialisierung von Tätern unterschieden wird, deren psychische Abnormität nur in der Straffälligkeit selbst gesehen werden kann. – In diesem theoretischen Gerüst des Strafrechts, in welches das psychiatrische Gutachten eingefügt werden soll, kommt also ein sehr komplexes System zum Ausdruck, bei dem Veränderungen an einer Stelle stets Auswirkungen auf das Ganze haben. Dies sollte der psychiatrische Sachverständige bedenken, wenn er seine Stellungnahme abgibt.

1.1.2 Tatbestandsmäßigkeit; Unrechtsmäßigkeit; Schuldhaftigkeit

Dem Schuldstrafrecht liegt ein pragmatisch, zweckbestimmtes Vergeltungsprinzip zugrunde, wobei die Tatschuld das entscheidende Kriterium darstellt. Sie ist primär nach äußeren Merkmalen zu bestimmen, nicht nach den mit einem Tun verfolgten Absichten und nicht nach der Wertung der Beweggründe; diese haben allenfalls sekundär Bedeutung. Dieses Festhalten an äußeren Kriterien, das für das Verständnis des Strafrechts von grundlegender Bedeutung ist, muß dem primär anthropologisch orientierten Wissenschaftler erst erläutert werden; für ihn ist diese „an der Oberfläche“ bleibende Orientierung so wenig selbstverständlich, daß er in ihrem „Formalismus“ gelegentlich einen Verzicht, den wissenschaftlichen Fortschritt zur Kenntnis zu nehmen, erblickt, was er als skandalös empfindet. Um dies etwas zu erläutern, habe ich wiederholt auf das von Krauss (1980) zitierte Fallbeispiel Bezug genommen, wonach ein impotenter Kaufmann, der in seinem Wagen eine Anhalterin mit der entsicherten Pistole bedroht, um sich in den Besitz ihres Handtäschchens zu setzen, nicht etwa als Sexualdelinquent zu bestrafen ist, auch wenn alle Sachverständigen aufgrund noch so plausibler tiefenpsychologischer Erwägungen zu dem Ergebnis kommen, daß hier in Wirklichkeit eine sexuelle Ersatzhandlung vorliege. Juristisch betrachtet bleibt der Vorgang vom verletzten Rechtsgut her Raub oder räuberische Erpressung; die äußerliche Verletzung des Rechtsguts und nicht die tiefenpsychologisch aufgedeckte Motivkonstellation gibt den Ausschlag bei der Subsumtion des strafbaren Verhaltens im Hinblick auf einen Tatbestand, der gesetzlich festgelegt ist. In diesem Sinne ist auch z. B. der Kauf eines Gewehrs selbst dann rechtlich keine „versuchte Tötung“, wenn der Käufer dazu ausdrücklich bekannt gibt, daß er mit dem Gewehr jemanden erschießen wolle. Die Polizei, die ihn anschließend unterwegs festhält, kann ihn allenfalls wegen verbotenen Waffenbesitzes anzeigen.

Die gesetzliche Festlegung eines „Tatbestands“ soll mit größtmöglicher Bestimmtheit ein Delikt beschreiben, wobei aus dem *äußerlichen* Geschehen (objektiver Tatbestand) auf Vorsatz, „qualifizierende Merkmale“ wie Habgier, sexuelle Befriedigung u. ä. geschlossen wird (subjektiver Tatbestand). Diese genaue Bestimmung der Tatbestände im vorhinein ist unumgänglich, weil der Einzelne sonst seinen Anspruch, konkret zu wissen, was er darf und was nicht, nicht realisieren könnte. Diese Bestimmung im vorhinein ist der einzige Weg, auf dem Willkür bei der späteren Beurteilung eines Verhaltens auszuschließen ist. Dies soll an einem Beispiel der Körperverletzung verdeutlicht werden.

Die strafrechtliche Definition der Körperverletzung des § 223 StGB lautet: „Wer einen anderen körperlich mißhandelt oder an der Gesundheit beschädigt ...“. Hält man sich an diesen Tatbestand, dann besteht kein Zweifel, daß der Boxer, der im sportlichen Wettkampf seinen Gegner zu Boden schlägt, eine Körperverletzung begeht, deretwegen er nach dem weiteren Wortlaut des Gesetzes mit Freiheitsstrafe bis zu 3 Jahren oder mit Geldstrafe bestraft werden müßte. Insofern der Niederschlag durch einen Kinnhaken die körperliche Unversehrtheit des zu Boden Gegangenen beeinträchtigt, stellt Boxen eine körperliche Mißhandlung dar; nach Dreher (1977, S. 898) definiert die Beeinträchtigung der körperlichen Unversehrtheit eines Menschen den Tatbestand der Körperverletzung. Folglich begehen auch der Arzt und die Krankenschwester, die einem Patienten ein Medikament injizieren, eine Körperverletzung. In beiden Fällen und in einer Reihe weiterer Fälle hätte es indessen absurde Folgen, wenn solchen „Tätern" strafbares Handeln zum Vorwurf gemacht werden würde. Um unsinnige Konsequenzen dieser Art zu vermeiden, tritt im Strafrecht neben die Tatbestandsmäßigkeit eines Geschehens als weiteres Kriterium der Strafbarkeit die „Rechtswidrigkeit" des Verhaltens hinzu.

Ein Verhalten wird erst dann zu einem strafbaren Verhalten – kurz zu Unrecht – wenn es sowohl tatbestandsmäßig als auch rechtswidrig ist; die Rechtswidrigkeit wird beseitigt, wenn es eine Rechtfertigung gibt. So beseitigt beim Heileingriff die Einwilligung des Patienten, beim Boxen die Einwilligung des Gegners, die Rechtswidrigkeit (§ 226a StGB). Der bekannteste dieser ausdrücklich definierten Rechtfertigungsgründe für eine Körperverletzung ist die Notwehr.

Der Fall, daß der Patient einer psychiatrischen Klinik ein Injektionsbesteck an sich bringt und ohne Einwilligung einem Mitpatienten eine Spritze verabreicht, stellt einen Eingriff dar, der sowohl tatbestandsmäßig als auch rechtswidrig ist. Obwohl es sich also um eine Körperverletzung und um Unrecht handelt, kann es sein, daß die unbefugte Injektion kein *strafbares* Tun darstellte, weil dem Täter die Schuldfähigkeit fehlte. Da die ganzen Umstände eines solchen Verhaltens Zweifel an der Schuldfähigkeit begründen, erfordert das *Schuldprinzip* in einem solchen Fall als weitere Voraussetzung der Strafbarkeit eines Tuns die Untersuchung des Täters; eine Bestrafung ist nur möglich, wenn das Untersuchungsergebnis diese Zweifel zerstreut.

Die §§ 20/21 StGB lauten:

§ 20 StGB: Ohne Schuld handelt, wer bei Begehung der Tat wegen einer krankhaften seelischen Störung, wegen einer tiefgreifenden Bewußtseinsstörung oder wegen Schwachsinns oder einer schweren anderen seelischen Abartigkeit unfähig ist, das Unrecht der Tat einzusehen oder nach dieser Einsicht zu handeln.

§ 21 StGB: Ist die Fähigkeit des Täters, das Unrecht der Tat einzusehen oder nach dieser Einsicht zu handeln, aus einem der in § 20 bezeichneten Gründe bei Begehung der Tat erheblich vermindert, so kann die Strafe nach § 49 Abs. 1 gemildert werden.

Diese gesetzlichen Formulierungen sind das Ergebnis einer Neufassung älterer Bestimmungen, sie weisen gegenüber der alten Regelung des § 51 StGB a. F.[2]

2 § 51 StGB a. F.: Eine strafbare Handlung ist nicht vorhanden, wenn der Täter zur Zeit der Tat wegen Bewußtseinsstörung, wegen krankhafter Störung der Geistestätigkeit oder wegen Geistesschwäche unfähig ist, das Unerlaubte der Tat einzusehen oder nach dieser Einsicht zu handeln.

einige terminologische Änderungen auf, die aber nur die quasidiagnostische „Eingangsphase" der vom Sachverständigen geforderten Prüfung betreffen. Waren es beim § 51 StGB a. F. 3 „Türen" (krankhafte Störung der Geistestätigkeit, Geistesschwäche, Bewußtseinsstörung), so sind es jetzt 4 „Türen" (krankhafte seelische Störung, Schwachsinn, tiefgreifende Bewußtseinsstörung und schwere andere seelische Abartigkeit), die den Zugang zur eigentlichen Prüfebene eröffnen. Erst hier, in einer zweiten Phase der Prüfung, werden die für die Entscheidung wesentlichen Feststellungen getroffen, die sich darauf beziehen, ob jemand zu einem bestimmten Zeitpunkt „unfähig" bzw. in seiner Fähigkeit zur Einsicht und zum einsichtsgemäßen Handeln erheblich beeinträchtigt war. Die Kontinuität, die hinsichtlich dieser „gemischten", zweiphasigen Methode beim Vergleich der neuen mit der alten Regelung festzustellen ist, ist sehr viel wichtiger als die terminologische Neufassung. Von den mißverständlich „biologisch" genannten Voraussetzungen der ersten Phase muß *eine* erfüllt sein bevor es auf die – ebenso mißverständlich – „psychologisch" genannten Fähigkeiten überhaupt ankommt. In diesem Filtereffekt der „gemischten Methode" wurde je nach dem persönlichen Standpunkt, eine notwendige Absicherung gegenüber einem unkontrollierbaren Ausufern de-, exkulpatorischer Bestrebungen oder die unsachgemäße Perpetuierung eines medizinischen Privilegs gesehen.

Obwohl besonders von psychologischer Seite versucht worden war, die quasidiagnostische Eingangsphase der Prüfung abzuschaffen, hat man an diesem Prinzip der Zweiphasigkeit festgehalten, dabei aber mit den Begriffsbildungen der „tiefgreifenden Bewußtseinsstörung" und der „schweren anderen seelischen Abartigkeit" berücksichtigt, daß der sog. juristische Krankheitsbegriff wesentlich weiter gefaßt wird als der alte psychiatrisch-medizinische Krankheitsbegriff mit seiner Bindung an somatische Vorgänge bzw. an die „Fremdgesetzlichkeit des Krankheitsprozesses". Praktisch bedeutsam ist in diesem Zusammenhang, daß die derart begründete Befürchtung eines unkontrollierbaren Ausuferns de- und exkulpatorischer Bestrebungen ebenso wie deren Gegenteil nur berechtigt ist, solange methodologisch keine Klarheit über einen geeigneten Krankheitsbegriff hergestellt wird; in diesem Sinne „geeignet" ist nur ein Krankheitsbegriff, der das dämonologische Denken des Dualismus überwindet. Dadurch kann ein direkter Bezug zu den juristisch definierten „Fähigkeiten" hergestellt und gezeigt werden, daß die Krankheit diese Fähigkeiten ausschließt bzw. beeinträchtigt. Wichtig ist, daß in diesem *falsifizierenden* Sinn nach der „Fähigkeit" und nicht nach dem Gebrauch, der von der Fähigkeit gemacht wird, gefragt wird. Diese wichtige Unterscheidung zwischen der Fähigkeit und dem Gebrauch, der davon gemacht wird, verweist auf unterschiedliche Methoden der Beurteilung. Käme es im Strafrecht auf den Gebrauch, der von einer Fähigkeit gemacht worden ist, bei der Beurteilung eines Täters an, dann wäre eine *inhaltliche* Methode angebracht. Die Beurteilung der diesen oder jenen Gebrauch ermöglichenden Fähigkeit erfordert hingegen eine formale Methode. Einmal geht es somit um den kausal determinierten Inhalt und einmal um die für alle mögliche Inhalte offenstehende Form. Dem formalen Charakter des Begriffs der Schuldfähigkeit entspricht eine abschließbare Methode der Beurteilung, diese Methode hat – wie schon gesagt – einen falsifizierenden Charakter. Das bedeutet, daß man das, was man ggf. ausschließt, nicht hinsichtlich seiner *inneren* Beschaffenheit zu kennen braucht. Die Beweisführung ist von dem unabhängig, was positiv als Wissen oder Meinung über die ungestörte Funktion dem Sachverständigen zur Verfügung steht. Es kommt also nicht darauf an, welche Einstellung der Sachverständige zur Verifikation der Schuldfähigkeit hat.

Zusammenfassend kann man sagen, daß in der formal zu erfassenden Störung auf diese Weise ein Krankheitsbegriff deutlich wird, der geeignet ist, die Aufspaltung des alten somatisch verankerten Krankheitsbegriffes in eine juristische und medizinische Begriffsfassung zu überwinden, da beide Begriffsfassungen in der Feststellung des Fehlens der Fähigkeit, sich selbst zu bestimmen, miteinander zur Deckung kommen. Unabhängig von der Prüfung der sog. biologischen Voraussetzungen begründet dieser auf die Erlebensstruktur Bezug nehmende formale Krankheitsbegriff somit die psychiatrische und nicht die psychologische oder psychoanalytische Zuständigkeit des Sachverständigen, solange es um die Frage der Schuldfähigkeit – besser um ihren Ausschluß oder ihre erhebliche Einschränkung – geht. Es ist noch einmal zu wiederholen, daß daneben im Rahmen allgemein präventiver Fragestellungen Psychologen und Psychoanalytikern ein sehr viel weiteres strafrechtliches Betätigungsfeld eröffnet wird und insoweit deren forensische Kompetenz nicht bezweifelt werden soll.

Dort, wo es dem Gesetzgeber nicht auf die Beurteilung der *Fähigkeit,* sondern auf die konkret verwirklichte Einsicht ankommt, wie dies nach dem Wortlaut des § 17 StGB beim Verbotsirrtum der Fall ist, wird konsequenterweise von der „gemischten Methode" abgesehen. Das Vorhandensein der Fähigkeit zur Einsicht – und damit die psychische Gesundheit – wird generell vorausgesetzt; zu prüfen bleibt nur, warum von der vorhandenen Fähigkeit kein Gebrauch gemacht wurde, um entscheiden zu können, ob der Irrtum vermeidbar war. Methodisch bedeutet dies den Schritt von der Beurteilung der für jeden Gebrauch offenen Form, von der formalen Methode, zu deren konkreter Ausfüllung, zur inhaltlichen Methode. Ergibt die Prüfung im Einzelfall, daß das Schuldmerkmal fehlt, daß der Täter ohne Schuld gehandelt hat, weil ihm die konkrete Einsicht fehlte, entspricht es dem reinen Einzelfall-Charakter der aufgetretenen „Störung", daß sich die Frage einer vorbeugenden Maßregel von vornherein nicht stellt, wie dies dort infrage kommt, wo fehlende Einsichts*fähigkeit* der Grund der Schuldlosigkeit ist. Dieser Unterschied in den Formulierungen der §§ 20/21 StGB einerseits und des § 17 StGB andererseits zeigt, daß auch mit den Strafrechtsreformgesetzen der 70er Jahre diese logisch klare und praktisch wichtige Differenzierung des Strafrechts in ihrer rechtssystematischen Bedeutung gebührend berücksichtigt wurde.

Was die mißverständlich „biologisch" genannten Voraussetzungen der §§ 20/21 StGB betrifft, soll ihre Kennzeichnung als „quasidiagnostisch" nur besagen, daß es sich hierbei nicht um medizinische, sondern um rein juristische Begriffsbildungen handelt. Man hat auf diese Weise versucht, von – primär – psychiatrischen Sachverhalten geeignete Abstraktionen zu gewinnen, um die kasuistische Vielfalt der psychopathologischen Praxis auf überschaubare Weise zu „kanalisieren". Die methodologische Unklarheit, die bei ihrer Formulierung herrschte, kam auch darin zum Ausdruck, daß hier – also bereits in der Eingangsphase – dem Krankheitsbegriff eine Schlüsselrolle zugewiesen wurde, die er indessen erst dort beanspruchen kann, wo die Krankheit im Hinblick auf das Fehlen von Einsichts-Steuerungsfähigkeit begrifflich mit der Schuldunfähigkeit zusammenfällt. Wenn es im Strafrechtskommentar von Dreher (1977, S. 97) unter Bezug auf die „biologische Voraussetzung" der „tiefgreifenden Bewußtseinsstörung" demgegenüber heißt, „Bewußtseinsstörung ist eine grundsätzlich *nicht krankhafte* Trübung oder Einengung des Bewußtseins", dann wird aus diesem sozusagen „gesunden" Charakter der Bewußtseinsstörung die Zuständigkeit des psychologischen Sachverständigen auch für die sich daran anschließende Frage nach einem eventuell auf dieser Bewußtseinsstörung beruhenden Ausschluß der Einsichts-/Steuerungsfähigkeit gefolgert, obwohl es einen solchen Ausschluß außerhalb krankhafter Zustände natürlich nicht gibt. Dies geht bereits aus der Definition hervor, die Dreher im Anschluß an das vorstehende Zitat von dieser Bewußtseinsstörung gibt; sie besteht „im Verlust des Selbstbewußtseins im Sinne des intellektuellen Wissens um das eigene Sein und über die Beziehungen zur Umwelt, aber auch in einer tiefgreifenden Störung des Gefühlslebens und Störung der Selbstbestimmung". Er greift damit Formulierungen aus der Rechtsprechung auf, die z. T. fast strukturalistisch anmuten und in diesem Sinne die krankhafte „Verformung" des Bewußtseins zu beschreiben versuchen, etwa wenn es heißt: „Die Störung muß tiefgreifend sein, d. h. von einer solchen Intensität, daß das seelische Gefüge des Betroffenen wenigstens zeitweise außer Funktion tritt." Es wird auf Symptome wie Halluzinationen Bezug genommen, die auch nach dem engen psychiatrischen Sprachgebrauch eindeutig pathologisch sind. Dieser scheinbare Widerspruch in der Kommentierung wird noch akzentuiert, wenn andererseits die Berücksichtigung eines „hochgradigen Affektzustandes" auf „seltene Fälle" eingeschränkt und dazu bemerkt wird, daß diese seltenen Fälle vor allem dann aufträten, wenn sog. konstellative Faktoren krankhafter Art in die Waagschale fielen.

Der Hinweis auf krankhafte Faktoren der ansonsten als nichtkrankhaft betrachteten Bewußtseinsstörung enthält auch den Schlüssel für die Auflösung dieses scheinbaren Widerspruchs; bei diesen als „krankhaft" bezeichneten konstellativen Faktoren handelt es sich nämlich um somatische, fremdgesetzliche Störeinwirkungen auf das ansonsten eigengesetzliche Bewußtsein, was anzeigt, daß hier wieder jener dualistisch eingeengte Krankheitsbegriff der traditionellen Psychiatrie zugrundegelegt wurde. – Der praktisch bedeutsamste dieser konstellativen Faktoren ist der Alkohol, dessen intoxizierende Wirkung zum Krankheitsbild der Vergiftung führt, das wir im Hinblick auf seine psychischen Auswirkungen als Rausch kennen. Für die beliebigen Räuschen eventuell zuzusprechende Qualität des Krankhaften ist es sowohl psychopathologisch als auch forensisch ganz nebensächlich, ob sie direkt organisch verursacht oder indirekt als „Echophänomen" auf LSD, auf Haschisch oder andere toxische Substanzen zurückzuführen ist, es kommt immer nur auf die am Erscheinungsbild ablesbare Qualität der Störung an, und die bestimmt sich ausschließlich anhand formaler psychopathologischer Kriterien. Ganz ähnlich wird forensisch-psychiatrisch und juristisch „Schwachsinn" als weitere „biologische" Voraussetzung im Hinblick auf seine psychopathologischen Auswirkungen auch dann als krankhaft angesehen, wenn es sich um „eine angeborene Intelligenzschwäche ohne nachweisbare organische Ursache" handelt. – Bewußtseinsstörungen, welche die Schuldfähigkeit ausschließen bringen immer und grundsätzlich eine psychische Krankheit zum Ausdruck – unabhängig von der Art ihres Zustandekommens. Auch hier beinhaltet das Erfordernis der Falsifikation die uneingeschränkte Zuständigkeit des Psychiaters.

Wenn Dreher (1977, S. 98) die Notwendigkeit der besonders restriktiven Interpretation des Rechtsbegriffs der „schweren anderen seelischen Abartigkeit" als der vierten „biologischen" Voraussetzung unterstreicht und dies dahingehend erläutert, daß die psychopathische Persönlichkeitsabnormität nur dann zu berücksichtigen sei, wenn sie sich „im Erscheinungsbild den Psychosen" nähere und „Krankheitswert" habe, dann wird auch hier wieder im Hintergrund methodologische Unsicherheit deutlich. Geht man vom Psychopathiebegriff der traditionellen Psychiatrie aus, dann wäre es ganz unangebracht zu erwarten, daß sich die Psychopathie im Erscheinungsbild jemals den Psychosen annähere: einmal handelt es sich um eine quantitative und einmal um eine *qualitative* Störung, deren Kennzeichnung als „sinnfremd" eigengesetzlich auf eine qualitative Differenz abhebt. Dieser Psychopathiebegriff ist als „dogmatisch" kritisiert worden (Kallwass 1969). Wird hingegen der *strukturale* Psychopathiebegriff (Luthe 1982a, S. 48ff.) zugrundegelegt, dann fehlt ein stichhaltiger Grund dafür, daß bei einem den Psychosen angenäherten Erscheinungsbild der Störung einmal von Krankheit und einmal nur von Krankheitswert gesprochen werden soll.

1.2 Die methodische Einstellung der Rechtsprechung

Bei der Erörterung der Frage nach der weltanschaulichen Ausgangsposition, von der die Begriffe der seelischen Krankheit und Schuldfähigkeit „eingerahmt" werden, zeigt sich, daß die dualistische Ausgangsposition im Strafrecht genau so wenig wie in der Psychiatrie und in der Psychoanalyse folgenlos geblieben ist. Nach wie vor wird der Bürger in der Rechtsgemeinschaft als jenes Doppelwesen aus Leib und Seele vorgestellt, für das man sehr gut auf den bildlichen Vergleich vom Kutscher und seinen Pferden zurückgreifen kann. Der Rechtsprechung liegt die Auffassung zugrunde, der Kutscher, als das höhere Prinzip, könne nur sündigen, während die Pferde, als das niedere Prinzip, nur krank werden können.

Die Zuordnung der Krankheit zum Leib war geschichtlich das Mittel gewesen, die Geisteskrankheit von der Sünde unterscheidbar zu machen, um sie der Theologie aus- und der Medizin eingliedern zu können. Diese Auffassung blieb unangefochten, solange die materialistische Natur allen positiven Wissens unangefochten blieb. Wir sind auch heute noch in der Psychiatrie, soweit sie sich als eine medizinische Wissenschaft versteht, weit davon entfernt, diese materialistisch-positivistische Einengung der wissenschaftlichen Perspektive überwunden zu haben. Daß die Rechtsprechung nicht dabei stehenblieb, sondern – der Psychiatrie pragmatisch vorauseilend – einen eigenen Krankheitsbegriff entwickelte, der jedenfalls wesentlich weiter als der enge medizinische Begriff war, brachte sie nun von der *Sache* her in Gegensatz zum Dualismus des Ursprungs, was ungeachtet der damit in der Praxis verbundenen Spannungen entweder nicht bemerkt oder jedenfalls nicht problematisiert wurde. Das Strafrecht ist ein System, das von Kompromissen lebt; man nimmt lieber eine Inkonsequenz als Tatenlosigkeit in Kauf. Das sich praktisch ergebende Erfordernis, die Psychiatrie an dieser psychiatrie-intern selbst heftig aber ergebnislos diskutierten Stelle zu „überholen", ist in dem Ausmaß immer dringlicher in Erscheinung getreten, in dem der Sachverständigenbeweis immer häufiger und wohl auch wahlloser in die Rechtspraxis eingebaut wurde. Der mit dieser Inkonsequenz verbundene Verlust an logischer Geschlossenheit des Systems trat nun besonders krass dort hervor, wo den Bedürfnissen des Strafrechts mit einer *inhaltlichen* Methode Rechnung getragen werden sollte. Damit wurde dem Sachverständigen unvermeidlich eine *moralisierende* Beurteilung zugemutet; gleichzeitig beansprucht aber das Recht die normative Kompetenz weiterhin für sich. Der „moralisierende" Charakter der vom Sachverständigen geforderten – inhaltlichen – Beurteilung ist unvermeidlich. Da von der inhaltlichen Bestimmung der Methode her jedes vollständige Gutachten ausnahmslos zum Ergebnis des Fehlens der Schuld kommen *muß,* wäre das Schuldstrafrecht ad absurdum geführt. Dies läßt sich in der Praxis nur durch bewußte Inkonsequenz und die Annahme „guter" und „böser" Täter vermeiden; beispielsweise wurden ungünstige Sozialisationsbedingungen in diesem Sinne ganz besonders nachdrücklich als Hinweis auf exkulpationsrelevante Sonderverhältnisse propagiert.

Auf kleinstem Raum werden die verschiedenen Ausläufer dieser durch eine dualistische Betrachtungsweise verursachten Widersprüchlichkeit in den juristischen Erwartungen im Urteil des Bundesgerichtshofs vom 22. 07. 1959 (4 StR 250/59) deutlich, bei dem die scheinbar nebensächliche Frage im Vordergrund steht, „ob für die Begutachtung *nichtkrankhafter Zustände,* soweit die Entscheidung über die Zurechnungsfähigkeit von ihr abhängt, Psychiater oder Psychologen berufen sind". Es ging um den Tatbestand des § 211 StGB; die Angeklagte hatte ihren beiden Töchtern im Alter von 3–4 Jahren Kakao zu trinken gegeben, dem von ihr zuvor das Pflanzenschutzmittel E 605 beigemischt worden war. Der psychiatrische Sachverständige hatte die Zurechnungsfähigkeit in vollem Umfang bejaht, dabei aber offengelassen, ob ein psychologischer Sachverständiger zu einem abweichenden Ergebnis gelangen würde. Er knüpfte diese Erwägung an die Eventualität einer „in sich vollkommen klar überlegten und logisch durchgeführten" Kurzschlußhandlung und an die Lehrmeinung von Undeutsch (1957, S. 137). Im vorliegenden Fall hielt der Gutachter diese Lehrmeinung für irrelevant, weil „vom psychiatrischen Standpunkt aus bei einer derartigen längerdauernden Kurzschlußhandlung die der Persönlichkeit innewohnenden Hemmungsvorstellungen immer wieder wirksam" würden. Es sei dem Menschen möglich, während der Dauer des Handlungsablaufes das Unerlaubte der Tat einzusehen und seinen Willen dieser Einsicht gemäß zu bestimmen. Seiner – als grundsätzlich – bezeichneten Meinung, daß unter diesen Umständen von Zurechnungsfähigkeit auszugehen sei, folgte das Schwurgericht indessen nicht, weil unter 2 gleicherweise „ernst zu nehmenden" wissenschaftlichen Meinungen die für die Angeklagte günstigere den Vorzug verdiene. Der Bundesgerichtshof hob das Urteil aus verfahrensrechtlichen Gründen auf;

das Schwurgericht hätte unter den besonderen Umständen des gegebenen Falles auch einen psychologischen Sachverständigen hören müssen. Dies wurde u.a. damit begründet, daß es dem Schwurgericht nicht möglich gewesen sei, „die Beweggründe der Täterin sicher zu klären". Da eine solche Abklärung für die Beurteilung der Zurechnungsfähigkeit als entscheidend angesehen wurde, hielt der Bundesgerichtshof die Hinzuziehung eines psychologischen Sachverständigen für erforderlich, denn, so führte er zutreffend aus, „unter den Vertretern der Psychiatrie und Psychologie dürfte es im wesentlichen unstreitig sein, daß die Erforschung der Motive bei einem gesunden Täter in das Gebiet der Psychologie gehört".

Mit dieser Argumentation setzte der Bundesgerichtshof die Begriffe Schuldfähigkeit und Schuld einander gleich, was offensichtlich einen logischen Sprung beinhaltet. Die „*Beweggründe der Täterin*", welcher Art sie auch immer gewesen sein mögen, können nämlich nur etwas über den Gebrauch, der von der Schuldfähigkeit gemacht wird, aussagen und damit ein Licht auf die konkret verwirklichte Schuld werfen; zur Schuldfähigkeit als solcher besagen sie nichts. Selbst bei einem so extremen Fall, bei dem das Hochheben der Hände auf dem Blick in eine Pistolenmündung beruht, besagen die „Beweggründe" nichts über die Schuldfähigkeit als der für jeden Gebrauch offenen *Form* des Erlebens.

Die vom Bundesgerichtshof hinsichtlich „der Erforschung der Motive bei einem gesunden Täter" betonte Zuständigkeit des psychologischen Sachverständigen bezieht sich nur auf die normative Beurteilung der Schuld, nicht auf die Beurteilung der Schuldfähigkeit. Dies ist von grundlegender Bedeutung, da hier dem Sachverständigen mit der normativen Kompetenz eine richterliche Aufgabe übertragen wird. Es handelt sich um eine Situation wie beim Verbotsirrtum[3]. Der Irrtum ist ein Beispiel für das Ergebnis eines falschen Gebrauchs einer intakten Fähigkeit. Wer sich irrt, braucht nicht krank zu sein; Irren ist vielmehr menschlich und kommt bei Gesunden wie Kranken vor. Die beim Verbotsirrtum fehlende *Einsicht* beseitigt die Schuld ganz unabhängig von der Einsichts- und Schuldfähigkeit. Es besteht daher nicht die geringste Veranlassung, dem Irrtum irgendeinen „Krankheitswert" beizumessen.

Das Paradoxon einer sozusagen „gesunden" Schuldunfähigkeit wird nur vermieden, wenn man die Möglichkeit eines falschen, evtl. schuldhaften Gebrauchs einer Fähigkeit nicht mit der gestörten Fähigkeit als solcher verwechselt. Die Erforschung der Schuld ist *immer* an eine unabschließbare inhaltliche Methode, z.B. an die Erhellung der Motivdynamik des Täters, gebunden; sie ist also von ihren methodologischen Voraussetzungen her grundsätzlich für das Schwurgericht genauso wie für den psychologischen Sachverständigen unabschließbar. Die – falsifizierende – Beurteilung der Schuld*fähigkeit* erfordert stets eine *formale* Methode. Während die inhaltliche Methode wegen ihres unabschließbaren Charakters dazu führt, daß der Sachverständige richterliche

3 § 17 StGB: Fehlt dem Täter bei Begehung der Tat die Einsicht, Unrecht zu tun, so handelt er ohne Schuld, wenn er diesen Irrtum vermeiden konnte. Konnte der Irrtum vermieden werden, so kann die Strafe ... gemildert werden.

Aufgaben übernehmen muß, garantiert die Anwendung der formalen Methode in ihrem „diskontinuierlichen“ Charakter (Luthe 1982a, S. 14) eine tatsächlich wertneutrale seinswissenschaftliche Beurteilung und damit die Respektierung der wechselseitigen Zuständigkeitsbereiche; sie ist empirisch-rational und nicht normativ.

Die methodologische Relevanz dieser Unterscheidung zwischen Schuld und Schuldfähigkeit bewahrt das Schuldstrafrecht auch vor der Aporie, daß einerseits Entscheidungsfreiheit zum Grundpostulat erklärt wird, während andererseits die Anwendung inhaltlicher Methoden nur dazu führen kann, „mit unerbitterlicher Konsequenz“ die durchgehende Determination menschlichen Handelns hervortreten zu lassen. Daß der Bundesgerichtshof in dem zitierten Urteil nicht von der *generellen Unterstellung* von Schuldfähigkeit abweichen wollte, wurde von ihm selbst hervorgehoben. Problematisch erscheint indessen die zum Ausdruck gebrachte Meinung, daß die „Rechtsfrage, ob und inwieweit die Anforderungen des rechtlichen Sollens, die grundsätzlich an jeden gesunden Menschen zu stellen sind, mit der Wirkung zurücktreten, daß der Vorwurf schuldhaften Verhaltens gemindert oder ausgeschlossen wird“, erst dann entschieden werden könne, wenn das Gutachten eines Psychologen vorliege, weil erst dann bestimmte Voraussetzungen festgestellt werden könnten. „Die Voraussetzungen“ für die Minderung oder den Ausschluß des Vorwurfs schuldhaften Verhaltens „wären nicht gegeben, wenn die dem gesunden Menschen innewohnenden Hemmungsvorstellungen bei Anspannung aller ihm zur Verfügung stehenden Kräfte und unter Anlegung eines strengen Maßstabes wirksam werden können“. Mit dieser Formulierung wird nicht auf die Falsifizierung der generell unterstellten Schuldfähigkeit abgestellt, sondern es wird quasi mit einer Umkehr der Beweislast die Verifikation der Schuldfähigkeit gefordert, was Bockelmann (1963) als „baren Unsinn“ bezeichnet. Im übrigen sind wir damit wieder bei jener dualistischen Ausgangsposition, welche die Freiheitshypothese des Schuldstrafrechts nicht als Erkenntnis-, sondern als Bekenntnisproblem auffaßt, etwa in dem an anderer Stelle erfolgten Ausspruch des Bundesgerichtshofes, „daß der Mensch, weil er auf freie, sittliche Selbstbestimmung angelegt ist, auch jederzeit in die verantwortliche Entscheidung gerufen ist, sich als Teilhaber der Rechtsgemeinschaft rechtmäßig zu verhalten und das Unrecht zu vermeiden“ (BGHSt 2, 194ff., 201).

Das Paradoxon der „gesunden Schuldunfähigkeit“ ist die Ursache für die Aufspaltung des Krankheitsbegriffs in eine medizinische und juristische Begriffsfassung. Auch dies wird in dem zitierten Urteil deutlich, wenn an anderer Stelle von einer nicht krankhaften Grundlage der Bewußtseinsstörung „im klinischen Sinne“ gesprochen und ausgeführt wird, daß auch der Begriff der krankhaften Störung der Geistestätigkeit so auszulegen sei, „daß er nicht nur Geisteskrankheiten im Sinne der ärztlichen Wissenschaft umfaßt, sondern alle Störungen, die die bei einem normalen und geistig reifen Menschen vorhandenen, zur Willensbildung befähigenden Vorstellungen und Gefühle beeinträchtigen“ (BGH 1 StR 475/54). Zu den Krankheiten im engeren Sinn treten damit die Störungen von Krankheitswert hinzu, wobei besonders auf die „naturwidrige geschlechtliche Triebhaftigkeit“ hingewiesen wurde. – Die Gleichstellung von Krankheit und krankheitswertiger Störung wird begrifflich nicht klarer, wenn es weiter heißt, daß die Rechtsordnung „von an sich gesunden Menschen“ erwarten müsse, „daß sie die ihnen normalerweise innewohnenden Hemmungen und sittlichen Kräfte dafür einsetzen, einen Zustand zu vermeiden, der sich in strafbaren Handlungen entladen kann“. In diesem Sinne soll „an sich beherrschbaren und vermeidbaren Charakterfehlern und moralischen Entgleisungen“ keine schuldmindernde oder schuldausschließende Bedeutung zugesprochen werden, z. B. „wenn die Nichtzügelung des Triebes nur auf einem Charaktermangel oder einer sittlichen Schwäche beruht“. All dies muß bedeuten, daß zwischen Gesundheit und Krankheit unterschieden werden soll, obwohl das dafür erforderliche Prinzip nicht bekannt ist; man nimmt seine Zuflucht zu einem Notbehelf, wobei ausdrücklich betont wird, daß es grundsätzlich beim Gedanken der „Einzeltatschuld“ bleibe. Zehn Jahre nach dieser höchstrichterlichen Stellungnahme zur psychologisch-psychiatrischen Kompetenzfrage hat der Bundesgerichtshof am 21. 11. 1969 (3 StR 249/68) diese Linie seiner Rechtsprechung noch einmal bestätigt.

Die dualistische Ausgangsposition soll nunmehr noch hinsichtlich der Folgerungen, die sich daraus für den Begriff des „Willens“ ergeben, verdeutlicht werden. Die vom Sachverständigen erwartete „medizinische Ausfüllung des dem Rechtsgedanken erwachsenen Willensbegriffes“ beinhaltet, wie es ausdrücklich heißt, die Untersuchung, ob der Einzelne die ihm zur Verfügung stehenden „Willenskräfte“ voll eingesetzt hatte, denn davon hängt ab, wie eine etwaige Willensschwäche im Einzelfall zu bewerten ist. Willensschwäche ist also nicht gleich Willensschwäche, ebenso wie sonstige Charaktermängel nicht ein für allemal in ihrem „Wesen“ gleich sind. Der Bundesgerichtshof scheint die Willensschwäche zunächst einmal als Charaktermangel aufzufassen; in diesem sozusagen gewöhnlichen Sinn soll daraus hinsichtlich der Schuldfähigkeit nichts hergeleitet werden. Erst dann, wenn Willensschwäche oder sonstige Charaktermängel ihrerseits Folge einer krankhaften Störung der Geistestätigkeit sind, kommen Konsequenzen im Sinne einer aufgehobenen oder verminderten Schuldfähigkeit in Betracht. Willensschwäche oder andere Charaktermängel, die man zu verantworten hat, gleichen hinsichtlich ihres „Wesens“ der Sünde. Für sie wird eine somatische Ursache wie bei der eigengesetzlich verlaufenden Krankheit *nicht* – sozusagen als „Sündenbock“ – in Betracht gezogen. Es wird vielmehr unterstellt, daß an sich vorhandene Willenskräfte, die zur Vermeidung eines strafbaren Tuns eingesetzt werden müßten, sträflich unbenutzt gelassen wurden; mit anderen Worten: diese Willensschwäche besteht nur in einem Nicht-Wollen. Dies ist aber ein regressus ad infinitum, und die darauf beruhende Unterscheidung zwischen einer vorwerfbaren und einer nicht vorwerfbaren Willensschwäche enthält einen logischen Bruch.

Der am Willen interessierte Psychiater stößt bei seinen psychopathologischen Untersuchungen nur auf eine einzige, „eigentliche“ Art von Willensschwäche, bei der das Wollen als psychische Strukturierungsleistung selbst gestört ist und zwar unabhängig von dem, was im Einzelfall gewollt wird. Bei der psychiatrischen Untersuchung erscheint Willensschwäche nicht als Ausdruck eines Charaktermangels, sondern als strukturale Störung des Erlebens oder der Persönlichkeit. Die vom Bundesgerichtshof unterstellte Willensschwäche im Sinne von Nichtwollen gibt es nur in bezug auf diesen oder jenen Gegenstand des Wollens, nicht schlechthin. So will der Knabe, der seine Hausaufgaben nicht macht, entweder Fußball spielen oder Briefmarken tauschen. Dieser uneigentlich Willensschwache wendet sich lediglich bequemeren oder ihm vorteilhafter erscheinenden Zielen als denen, denen er sich zuwenden sollte, zu. Es geht hier um einen Bezug zum Sollen und nicht um das Symptom einer psychischen Störung. Der Bundesgerichtshof macht also in Wahrheit den Begriff der Willensschwäche von einer Wertung des inhaltlich Gewollten abhängig. Der seinswissenschaftliche Begriff des Willens ist hingegen nur in dem Umfang sinnvoll, in dem er sich auf eine Form bezieht, die von dem, was gewollt wird, von seinem Inhalt, unabhängig ist. Das rechtliche Konzept einer „doppelten" Willensschwäche – einmal vorwerfbar und einmal nicht – ist psychopathologisch nicht zu bestätigen. Der Psychiater erkennt in der „uneigentlichen" Willensschwäche des Rechtsdenkens keine Schwäche des Wollens, sondern eine bestimmte Wertung des Gewollten. Wie der moralische Maßstab, den der Sachverständige bei derartigen Wertungen anlegen muß, im Einzelfall aussieht, bleibt seinen inneren Überzeugungen vorbehalten; die positive oder negative Wertung des Gewollten folgt immer nur aus der inneren Einstellung zum Gegenstand des Wollens. Formal gesehen sind alle möglichen Gegenstände des Wollens gleichwertig. Das als Willensschwäche bezeichnete Anderswollen wird für den Psychiater nicht bereits deshalb zu einer psychischen Störung, weil das, was hätte gewollt werden müssen aber zugunsten eines anderen, vielleicht bequemeren Inhalts nicht gewollt worden ist, moralisch lobenswert und das stattdessen Gewollte strafrechtlich bedeutsam ist. Die *formale* Abnormität des Wollens ist im Gegensatz zu der unendlichen Vielfalt möglicher Inhalte des Wollens relativ einfach zu bestimmen. Die Inkonsequenz der Rechtsprechung ergibt sich aus der dualistischen Interpretation des Willens. Ihr liegt die bildliche Vorstellung von „Willenskraft" als einer „Hand" zugrunde, die einen Kraftschalter öffnet oder schließt, je nach den Anweisungen, die sie „von oben" erhält. Diese Anweisungen müssen aber ebenfalls gewollt werden – wie gesagt: ein regressus ad infinitum. Dahinter steht das vorwissenschaftliche Bild vom Menschen, der könnte, wenn er nur wollte, und dahinter steht die Erfahrung, daß man sich „hängen lassen" oder einen Ruck geben kann.

Es handelt sich bei diesem dualistischen Denken um die essentialistische Grundeinstellung zum Leben mit einer Seele und einem Leib, woraus in der Psychoanalyse das „Männchen im Mann" wird, ohne das die Es-Ich-Überich-Instanzen als bloße Juxtapositionen nicht funktionieren. Die Seele ist der Kutscher, die Pferde sind der Leib; sie ziehen den Wagen und werden vom Kutscher am Zügel geführt. Zu den zahlreichen Privilegien des Kutschers gehört sein Platz oberhalb des niederen, von der Krankheit bedrohten Bereichs des Körperlichen. Wenn nun der Wagen steckenbleibt, wird zunächst vermutet, daß den Pferden etwas fehle. Sind die Pferde bei der Untersuchung jedoch gesund, dann bleibt nur die Schlußfolgerung des Bundesgerichtshofes, die darauf hinausläuft, daß der Kutscher pflichtwidrig eingeschlafen ist: er setzte die ihm zur Verfügung stehenden Willenskräfte nicht ein. Vom Kutscher verlangt man, daß er den Pferden die Peitsche gebe, vom Teilnehmer an der Rechtsgemeinschaft wird erwartet, daß er sich einen „Ruck" gebe.

Diese Erwartungshaltung beinhaltet für den Sachverständigen, daß er seine Aufgabe bei der Schuldfähigkeitsbeurteilung darin sieht, tatsächliches Unvermögen der Pferde entweder auszuschließen oder zu bestätigen und zu messen, um auf diese Weise den Kutscher moralisch zu be- oder entlasten. An dieser Aufgabenstellung ändert sich nichts, wenn nicht von „Pferden" und von „Willenskraft", sondern von Motivationssystemen gesprochen wird. Man setzt Erkennen und Wollen als für sich gegebene, nicht weiter rückführbare Elementarfunktionen der Psyche voraus und möchte abwägen, welche Bedeutung eine richtige Einsicht für das Spiel der Motive, das als davon unabhängig angesehen wird, gehabt haben mag.

Für die nichtessentialistische, strukturale Betrachtungsweise handelt es sich bei Erkennen und Wollen um 2 Aspekte eines einheitlichen Bewußtseins, deren begriffliche Trennung nicht in sich selbst gerechtfertigt ist. Dies ist strukturanalytisch dahingehend zu spezifizieren, daß „Erkennen" dem differenzierenden, „Wollen" hingegen dem integrierenden Strukturprinzip des Bewußtseins zugeordnet wird. Die differenzierende Leistung ist definitionsgemäß auf den – singulären – Erkenntnisgegenstand, auf die „Figur", die integrierende Leistung ist auf den „Hintergrund", mit dem die Figur in Relation zu setzen ist, bezogen. Dieser Hintergrund ist das einheitliche Bewußtsein. Auf diese Weise ist auch die juristische Unterscheidung zwischen Einsichts- und Steuerungsfähigkeit der §§ 20/21 StGB zu verstehen. Sie ist trotz des komplementären Charakters von Erkennen und Wollen – im Hinblick auf die Unterschiedlichkeit der Perspektive einmal in Richtung auf die Figur und ein anderes Mal in Richtung auf den Hintergrund – sinnvoll, denn Willensfähigkeit setzt zwar Einsichtsfähigkeit voraus, Einsichtsfähigkeit heißt aber nicht, daß Willensfähigkeit besteht.

Wir haben die dem Indeterminismus des Schuldstrafrechts adäquate Konzeption des Bewußtseins in den beiden vorangegangenen Bänden ausführlich erörtert. Auf der damit eingenommenen Betrachtungsebene ist menschliches Handeln nicht nach inhaltlichen, sondern nach formalen psychopathologischen Gesichtspunkten, wie sie nachfolgend noch näher zu beschreiben sind, zu beurteilen. Auf diese Betrachtungsebene bezogen erscheint kein Handelnder von seinem Handeln prinzipiell abtrennbar, so wie die Pferde in den Stall kommen, wenn der Kutscher die Wirtschaft aufsucht; der Handelnde befindet sich in der Einheit von Einsichts- und Steuerungsfähigkeit ganz und gar in seinem Handeln, dessen guter oder böser Charakter nur unabhängig davon – nämlich rechtlich-normativ – zu bestimmen ist. Bezogen auf diesen Bewußtseinsbegriff, bei dem der Erlebende das Erlebnis nicht hat, sondern ist, nennen wir das dem Handeln zugrundeliegende Erleben *volitiv,* wenn wir es aus der Perspektive der spontanen Aktivität des Bewußtseinssubjekts, und *kognitiv,* wenn wir es aus der Perspektive des Bewußtseinsobjekts untersuchen, d. h. wir sprechen von Wollen und Erkennen als 2 Aspekten des gleichen einheitlichen Bewußtseins.

Vielleicht hat es eine tiefere Bedeutung, daß der Bundesgerichtshof in seiner Entscheidung vom 11. 05. 1982 (1 StR 818/81) den Begriff der Naturwidrigkeit einer sexuellen Abartigkeit, auf den er früher immer Bezug genommen hatte, vermied; eine grundsätzliche Abkehr von der dualistisch-inhaltlichen Betrachtungsweise ist bei kritischem Studium der Rechtsprechung jedoch noch nicht festzustellen, und dies wird man als Sachverständiger bei der praktischen

Tätigkeit entsprechend zu berücksichtigen haben. Es bleibt also weiterhin dem einzelnen Gutachter überlassen, wie er mit den aufgezeigten Spannungen fertig wird. So hält Lempp (1983) die Frage, „ob ein Täter sich zum Zeitpunkt der Tat die Tatfolge vorgestellt hat und damit wirklich Einsicht in das Unrecht oder Unerlaubte seiner Tat gehabt hat oder wenigstens hätte haben können, für letztlich nicht beantwortbar. Dies hindert ihn aber nicht daran, de facto dann doch eine Antwort darauf zu geben, wobei er sein Vorgehen als beispielhaft versteht; er sieht die Aufgabe des Sachverständigen bei der Beurteilung der Schuldfähigkeit in einer Motivanalyse. Aus den mitgeteilten Beispielen ist zu ersehen, daß er die klarerweise aus dem äußerlichen Handlungsverlauf zu erschließende Absicht eines Täters bis zu deren Aufhebung relativiert; z.B. läßt er das bei einer Befragung eines Beschuldigten zutage getretene Faktum von gruppendynamischen Einflüssen zur Tatzeit als Grund für die Annahme einer erheblich verminderten Schuldfähigkeit gelten. Daß gruppendynamische Einflüsse mit den „Fähigkeiten" eines Täters als solchen nichts zu tun haben, liegt auf der Hand, und es wird deutlich, wie sehr das Ergebnis einer Begutachtung davon abhängt, ob und in welchem Ausmaß ein Untersucher bereit ist, die an ihn herangetragenen rechtlichen Erwartungen ihrem Sinn nach zu respektieren.

Dort, wo nicht die „Fähigkeit", sondern der Gebrauch, der von einer Fähigkeit gemacht wird, das entscheidende Kriterium darstellt, führt kein Weg daran vorbei, daß jedes vollständige Gutachten, die Empfehlung der Exkulpation des Beschuldigten zum Ergebnis hat, denn es kann nur die so oder so geartete lückenlose Determination des strafbaren Tuns aufweisen. Da wissenschaftlich ein Beweggrund so gut wie ein anderer ist, kann es nur an einer moralisierenden Betrachtungsweise liegen, wenn der Gutachter nicht in jedem Einzelfall zum Ergebnis einer zumindest erheblich beeinträchtigten Schuldfähigkeit kommt. Da er auf wissenschaftlichem Weg nicht in der erforderlichen Weise zwischen diesen oder jenen Beweggründen differenzieren kann, ist das Eindringen des Sachverständigen in den richterlichen Zuständigkeitsbereich ganz selbstverständlich.

Die Spannungen, mit denen sich Gericht und Sachverständige aus den aufgezeigten methodologischen Gründen in der Rechtspraxis schwertun, haben ihren deutlichen Ausdruck in der Aufspaltung des Krankheitsbegriffes in eine juristische und eine medizinische Begriffsfassung. Der „monistische" Charakter der hier zu entwickelnden strukturalen Theorie gestattet es, diesen Dualismus zu überwinden, wobei eine formale an die Stelle inhaltspsychologischer Betrachtungsweisen zu treten hat.

1.3 Methodische Einstellungen der Psychiatrie

Solange die Einzeltatschuld Grundlage des Schuldstrafrechts bleibt, wird es auf die Beurteilung der Schuldfähigkeit ankommen, deren Fehlen – als Verlust der persönlichen Entscheidungsfreiheit – von Ey (1963) als das „psychopathologische Grundfaktum" bezeichnet worden ist. Dieses psychopathologische Grundfaktum ist zwar wie alles Psychische in einem monistischen Sinn auch auf das Soma zu beziehen, für seine Feststellung besagt es jedoch nichts, ob eine organische Verursachung nachgewiesen wird oder nicht; man kann das „Grundfaktum" unabhängig vom Stand der Forschung theoretisch bestimmen und im Einzelfall nachweisen. Die Wendung, die mit der Definition nach Ey vollzogen wird, löst keinesfalls die Psychopathologie vom Organischen, das Kriterium der psychischen Krankheit wird aber nicht mehr in einem körperlich-eigengesetzlichen Krankheits*prozeß*, sondern im Bewußtsein selbst gesehen. Bewußtsein ist – nach Ey (1952) – als die Gesamtorganisation des „In-der-Welt-Seins" im Sinne eines Gleichgewichts von Kräften zu verstehen. Es handelt sich um Kräfte, „die mehr oder weniger auf Verwirklichung eines sozialen oder moralischen Lebensprogramms, auf Erfahrungswirklichkeit schlechthin gerichtet sind". Ey meint den Begriff des Bewußtseins als „eines wirkenden und augenblicklichen Aktes, der jeden Augenblick unser Dasein bestimmt".

Freiheit ist das Zeichen der Einheit und Realitätszugewandtheit des Bewußtseins, ihr Verlust zeigt die psychische Krankheit an. – Unter den deutschen Psychiatern hat Conrad (1958) ähnliche Gedanken aufgegriffen und die Frage gestellt, warum der Mensch als Subjekt nicht das gleiche wissenschaftliche Interesse beanspruchen sollte, wie der Mensch als Objekt. Die Gleichrangigkeit von Subjekt und Objekt ist die strukturale Voraussetzung der Freiheit (Luthe 1981 a, S. 9). Wird mit einer solchen Betrachtungsweise der Leib-Seele-Dualismus aufgegeben, dann findet sich das für die rechtliche Unterscheidung zwischen Gesundheit und Krankheit notwendige Prinzip in der noch zu erörternden strukturalen Bewußtseinstheorie; die Ursache einer etwaigen Schuldunfähigkeit betrifft das formal – als Systemganzes – gestörte Bewußtsein. Dabei kommt es nicht darauf an, ob diese Verursachung nur zur Tatzeit oder generell bei einem Täter besteht, wichtig ist hingegen, wie der Verlust dieser Freiheit zu erkennen ist. Nach der vorangegangenen theoretischen Beantwortung dieser Frage (Luthe 1981, 1982a) soll hier der Versuch unternommen werden, eine praxisbezogene Antwort zu geben.

Aus der gründlichen Kenntnis der forensisch-psychiatrischen Begutachtungspraxis heraus ist es gerechtfertigt zu sagen, daß Anzeichen fehlen, die darauf hindeuten würden, daß der Dualismus auf der praktischen Ebene seine traditionelle Bedeutung eingebüßt hätte, obgleich diese Grundeinstellung durch das Vordringen strukturbezogenen Denkens in den verschiedenen Wissenschaftszweigen in ihrer idealistischen und materialistischen Ausprägungsform erkenntnistheoretisch keine Bedeutung mehr hat. Bei dieser Einschätzung der Praxis kann man sich hinsichtlich der forensischen Psychiatrie darauf berufen, daß hier die Unterscheidung zwischen einem juristischen und psychiatrischen Krankheitsbegriff so zur Kenntnis genommen wird, als wäre damit eine endgültige Abklärung erreicht. Darüber, daß es eine Anomalie darstellt, den Krankheitsbegriff unterschiedlich zu fassen, je nachdem, ob er aus juristischer oder medizinischer Sicht in Betracht gezogen wird, geht man reaktionslos zur Tagesordnung über. Dabei hätte es ganz selbstverständlich sein müssen, diese Differenzierung als vorläufig zu begreifen und als Aufforderung zur Weiterentwicklung der Konzepte, die – verdienstvollerweise – zu diesem Stand geführt hatten, mit dem Ziel, beide Begriffsfassungen von der Sache her wieder zusammenzuführen. Dies braucht kein „Herumbasteln“ an einem neuen Krankheitsbegriff (Rasch 1967, S. 57) zu sein; es soll nur die gegenwärtige Aporie überwinden helfen. Es ist nicht einzusehen, inwiefern ein solches Bemühen „den Grundlagen des Rechtsdenkens zuwiderlaufen“ soll. Die forensische Psychiatrie als Bereich zwischen 2 Wissenschaftszweigen braucht sich entgegen seiner Auffassung nicht darauf zu beschränken, „stets bereit zu sein, sich auf die Weiterentwicklung der Rechtswissenschaften wie der Psychiatrie einzustellen bzw. sie in sich aufzunehmen“, sie kann und soll diese Weiterentwicklung gerade im Hinblick auf ihre privilegierte Zwischenstellung nach Kräften fördern.

Für den alten Standpunkt sind die nicht abreißenden Schwierigkeiten der Definition des Krankhaften charakteristisch, wofür die Untauglichkeit des somatischen Krankheitsbegriffes vorstehend mehrfach exemplifiziert worden ist. Der Bundesgerichtshof hat sich notgedrungen über diese Schwierigkeiten hinweggesetzt und den Begriff der Krankheitswertigkeit in die Diskussion eingeführt, was eine praktische Lösung aber keine Beseitigung des eigentlichen Problems darstellte. Ob man im Einzelnen nun von krankheitswertigen, krankheitsartigen oder krankheitsnahen Phänomenen sprach, führte im Grund nicht sehr viel weiter, solange sich die Krankheit selbst der Definition entzog. Man muß sich vielmehr fragen, warum man nicht gleich von Krankheit anstatt von Krankheitswertigkeit sprechen soll, wenn das Verfahren, das zu ihrer Feststellung führt, folgendermaßen beschrieben wird: „Wir vergleichen die Auswirkungen auf die Gesundheit, auf die Anpassungs- und Leistungsfähigkeit, auf die Einsichts- und Steuerungsfähigkeit mit entsprechenden Auswirkungen bekannter Krankheiten“ (Erhardt, zit. nach Rasch 1967, S. 76). – Für einen Teilbereich der Kriminalität – der Sexualdelinquenz – hat Giese (1967) mit seiner Erläuterung des Begriffs der süchtigen Entartung (vgl. S. 151) den Versuch unternommen, diesen begrifflichen Schwierigkeiten zu entgehen. Soweit dieser Versuch als gelungen bezeichnet werden kann, bleibt es unbefriedigend, daß daraus keine allgemein brauchbare Regel abzuleiten ist.

Gegenüber dem konkreten Phänomen der Geisteskrankheit in seiner vollen Ausprägung ist man zwar im forensischen Zusammenhang meist spontan geneigt, der psychopathologischen Anmutung zu vertrauen, weil es ausreicht, die Verschiedenheit der Erlebenskategorien des geistig Gesunden und des geistig Kranken *intuitiv* zu erfassen, um unmittelbar zu wissen, daß man einen Geisteskranken nicht für sein Tun verantwortlich machen kann. In der Praxis mit ihrer phänomenologischen Vielgestaltigkeit reichen diese Intuition und ihr Fehlen aber bei weitem nicht aus, um die erforderliche Sicherheit des Urteilens zu gewährleisten.

Das Bemühen der Psychiatrie um Wissenschaftlichkeit kennt viele Ansätze, wobei man die Psychiater in der Geschichte des Faches sehr früh bereits einer von zwei Parteien, den sog. Psychikern oder den sog. Organikern, zuordnen kann. – Der Systematisierungsversuch, der in dieser Situation die Psychiatrie bei weitem am meisten beeinflußt hat, ging von der Unterbrechung der Sinnkontinuität des Erlebens als Kriterium aus. In seiner „Allgemeinen Psychopathologie“ hat Jaspers (1965) damit die Vorstellung des „schicksalhaft“ in die Sinngesetzlichkeit der Lebensentwicklung einbrechenden, in Wirklichkeit organischen Krankheitsprozesses verbunden. Die psychiatrische Systematik und forensische

Psychiatrie, wie sie derzeit z.B. von Bresser (Langelüddeke u. Bresser 1976) gelehrt wird, nimmt darauf Bezug und unterscheidet mit Jaspers zwischen bloß quantitativen und bereits qualitativen Abnormitäten. Erstere variieren innerhalb der gewahrten Sinnhaftigkeit des Erlebens lediglich die Norm des Gesunden; man kann ihre Erscheinungsweisen durchgängig verstehen. Letztere sprengen diesen Rahmen der Sinnhaftigkeit und verletzen damit die Norm des Gesunden; ihre Erscheinungsweisen sind grundsätzlich unverständlich, weil sie sich nicht aus dem Zusammenhang des Seelischen ergeben. Das „Fremde", was diesen Zusammenhang zerreißt, ist die Sinnindifferenz des Somatischen. Das nicht zu Verstehende muß als psychische Krankheit daher körperlich „erklärt" werden. Dieser methodische Ansatz ist in seiner Einfachheit und Klarheit so bestechend, daß man ohne weiteres seinen geradezu überwältigenden Einfluß auf die Psychiatrie begreift; er hat sie über ein halbes Jahrhundert hinweg gegenüber andersartigen Einflüssen immunisiert.

Dieser überwältigende Einfluß hat sich auch außerhalb der Psychiatrie bemerkbar gemacht und in der gerichtspsychiatrischen Praxis dazu geführt, daß eine in mehrfacher Hinsicht falsche Erwartungshaltung eingenommen wird. Einerseits wird der „Erklärungswert" körperlicher Befunde überschätzt, weshalb es sehr schwierig sein kann, Verfahrensbeteiligten die bloß relative Bedeutung eines nachgewiesenen Blutalkoholgehaltes z.B. klarzumachen. Andererseits beruht es auf der Fehlinterpretation des Sinnkriteriums, daß psychiatrische Laien nur schwer davon zu überzeugen sind, daß ein schuldunfähiger Schizophrener gleichwohl in der Lage ist, sich sinnvoll und u.U. höchst zweckmäßig ins Benehmen zu setzen. Darüber hinaus sind scheinbar oder tatsächlich unsinnige Verhaltensweisen von Straftätern oft der Grund dafür, dem psychiatrischen Sachverständigen zu mißtrauen, wenn er dies in seinem Gutachten nicht zum Anlaß nimmt, etwa eine Krankheit „Kleptomanie" zu diagnostizieren.

Heute kann man feststellen, daß der Methodendualismus des Verstehens und Erklärens die Psychiatrie in eine Sackgasse geführt hat, was wohl die tiefere Ursache vieler ihrer theoretischen Meinungsverschiedenheiten ist. Was die Methode des Erklärens betrifft, kam die Erforschung organischer Ursachen psychopathologischer Phänomene im Hinblick auf die Komplexität der Fragestellung nur sehr schleppend voran. Die Fortschritte, die tatsächlich erzielt und z.T. auch therapeutisch nutzbar gemacht worden sind, haben die Hoffnung nicht erfüllt, daß damit gleichzeitig auch Licht in das Dunkel gebracht werde, das z.B. hinsichtlich des psychiatrischen Krankheitsbegriffes ärgerlicherweise nach wie vor herrscht. Diese Fortschritte lassen vielmehr ahnen, daß es vielleicht – im Sinne eines materialistischen Positivismus – naiv war, solche Erwartungen zu hegen, und es zeichnet sich ab, daß es zwischen den Neurosen und den endogenen Psychosen z.B. den grundsätzlichen Unterschied im Sinne des Fehlens oder Vorhandenseins der eigengesetzlichen organischen Krankheitsursache in dieser alternativen Form nicht gibt. Dem ist in der zitierten Arbeit von Ey (1952) eine programmatische Bedeutung zugesprochen worden, Kretschmer (1966) hat sich damit auseinandergesetzt, neuerdings könnten die Untersuchungsergebnisse von Rösler et al. (Die uncharakteristischen Basissymptome des Frankfurter Beschwerdefragebogens und ihre Beziehungen zu psychopathologischen Syndromen, 1984) im Zusammenhang mit dem Problem der sog. Basissymptome derartiges indizieren. – Da *alles* Psychische und nicht bloß psychopathologische Phänomene monistisch auf das Soma zu beziehen sind, ein Gedanke, der bekanntlich der organodynamischen Bewußtseinstheorie Ey's zugrundeliegt, wäre dieses Ergebnis von vornherein zu erwarten gewesen, hätte man die dualistische Ausgangsposition nicht solange ungeprüft gelassen.

Hinsichtlich der zweiten traditionellen Methode der Psychiatrie, der Methode des Verstehens, ist von der Natur der Sache her nur festzustellen, daß man sie im Krankheitsfall nicht anwenden kann, weil es nach den methodisch gegebenen Voraussetzungen, durch welche der psychische Krankheitsprozeß als die Unterbrechung der normalerweise das Verstehen gewährleistenden Sinngesetzlichkeit der Lebensentwicklung definiert wird, im Krankheitsfall nichts mehr zu verstehen gibt. Wie sich aus der doppelten Verneinung in der Mathematik ein Positivum ergibt, resultiert aus der Feststellung einer absoluten methodischen Unzugänglichkeit das Merkmal der Krankheit. Die bestechende Einfachheit des Entwurfs muß somit mit dem Eingeständnis erkauft werden, daß wir es mit einer Methode zu tun haben, die uns keine Erkenntnisse liefert, sondern uns von Erkenntnissen ausschließt. Deshalb erscheint es zweifelhaft, ob diese methodische Einstellung für die psychiatrische Symptomatik, die darauf aufbaut, wirklich die adäquate Einstellung ist. Solche Zweifel sind z.B. von Conrad (1958, S. 4) geäußert worden, indem er „das bestürzend rasche Steckenbleiben der Psychiatrie" nach dem großartigen, von Jaspers bewirkten Aufschwung in den ersten Jahrzehnten unseres Jahrhunderts konstatierte.

Der Erkenntniswert einer wissenschaftlichen Methode betrifft das System, zu dem man sich mit Hilfe dieser Methode Zugang verschafft; die bloße Feststellung, daß eine bestimmte Methode nicht anwendbar ist, verhilft nicht zu weiteren Erkenntnissen über das System. Die zur Definition des psychisch Krankhaften von Jaspers verwendete Formulierung, daß hierbei „Seelisches aus Seelischem nicht mehr mit Evidenz" hervorgehe, „daß der Angegriffene zornig, der betrogene Liebhaber eifersüchtig wird", ist daher mit einem Fragezeichen zu versehen; es ist wahrscheinlich, daß damit nur eine petitio principii formuliert wird. Kretschmer (1966), hat deshalb ganz zutreffend Jaspers im Hinblick auf die Unterscheidung von nichtkrankhafter Entwicklung und krankhaftem Prozeß „dämonologisches" – also dualistisches – Denken vorgeworfen. „So hat man zu allen Zeiten gedacht, gleich, ob man von Dämonen, Göttern oder einfach von Krankheit sprach. Jaspers, um nicht dem Vorwurf dämonologischen Denkens zu verfallen, nannte das destruktive Prinzip ‚Prozeß'."

Dem Fremden, Unverständlichen mit Angst und Mißtrauen zu begegnen, dies scheint ein tief eingewurzelter „Reflex" aus jener Epoche der Menschheitsentwicklung zu sein, als solche Begegnungen tatsächlich meist nichts Gutes zu bedeuten hatten. Vielleicht kann man sagen, daß es ein solcher „Reflex" ist, der zum Ghetto führt; in ein solches „Ghetto" scheint auch die Psychose mit ihren fremdartigen Erlebensweisen eingeschlossen worden zu sein, weshalb der psychiatrische Sachverständige die bereits erwähnten Schwierigkeiten hat, einem Gericht nahezubringen, daß jemand schizophren sein und gleichzeitig zweckmäßig handeln kann. Dieser „tiefverwurzelte Reflex" erklärt das Befremden über das Unverständliche der Psychose als etwas, das in gewisser Weise mehr Auskunft über uns als über die Psychose gibt. Es rührt an Atavistisches und bewirkt, daß wir uns verschließen und zurückziehen; jedenfalls tun wir das, wenn wir in einem solchen Fall die Methode des Verstehens anzuwenden, vorgeben.

Über die Feststellung, daß sich die Methode des Verstehens bei den Psychosen nicht anwenden lasse, führt der Methodendualismus des Verstehens und Erklärens erkenntnismäßig nicht hinaus. Insbesondere folgen daraus keinerlei Erkenntnisse hinsichtlich des Verhältnisses der Psychose zu dem kognitiven und volitiven Aspekt der Schuldfähigkeit; alles, was wir dazu zu wissen vermeinen, beruht auf einer ganz anderen Methode, auf der Intuition. Dieses Eingeständnis, daß der Bereich des psychisch Krankhaften auf diese Weise dem Wissen weitgehend verschlossen ist, beinhaltet gleichzeitig auch das Eingeständnis, daß wir nicht sicher sein können, Unverständliches nicht auch außerhalb dieses Bereiches und Verständliches nicht auch innerhalb dieses Bereiches antreffen zu können. Alles spricht dafür, daß dem so ist.

Die besondere Mühe, die darauf verwandt worden ist, die postulierte Unverständlichkeit des Wahnerlebens zu widerlegen, hat eine berühmte Reaktion ausgelöst: die Unterscheidung zwischen dem – prinzipiell verständlichen – Sosein und dem – prinzipiell unverständlichen – Dasein des Wahns. Mit dieser Unterscheidung, die von K. Schneider stammt, wird die Mehrdeutigkeit des Verstehensbegriffes nicht gebührend beachtet. Geht man von dem Begriff des Verstehens aus, wie ihn Jaspers als genetisches Verstehen, als das verständliche Hervorgehen von Seelischem aus Seelischem, seiner Systematik zugrundegelegt hat, dann fällt die Unterscheidung zwischen Sosein und Dasein mit der Unterscheidung zwischen der inhaltlichen und formalen Betrachtungsweise zusammen; Sosein bringt immer den inhaltlichen Charakter einer *gewordenen* Beschaffenheit innerhalb eines verständlichen Zusammenhanges zum Ausdruck, hier ein Mehr, dort ein Weniger von einem überall Vorkommenden, das deshalb – inhaltlich – verstanden werden kann. Der Begriff des Daseins schließt dieses Werden, den Übergang hingegen aus, er ist statisch und seinem Wesen nach formal zu definieren.

In diesem Sinne ist es natürlich völlig zutreffend, gleichzeitig aber auch tautologisch zu sagen, daß das Phänomen des Wahns – formal gesehen – nicht verstanden werden könne, denn damit wird lediglich etwas ganz selbstverständliches behauptet. Während die inhaltliche Betrachtungsweise des Werdens notwendig das Kontinuum voraussetzt, auf welches sich das genetische Verstehen beziehen muß, beruht die formale Betrachtungsweise auf dem Hervorheben der Diskontinuität, sie definiert das Dasein durch Abhebung, durch das Betonen seiner Grenzen (Luthe 1982a, Kap. 1.2), welche die beim Verstehen vorauszusetzende Kontinuität zerstören. Sage ich hingegen, das Dasein von Hunger sei beispielsweise als die Folge ausgebliebener Nahrungsaufnahme oder als Ausdruck bestimmter Sekretionsverhältnisse im Magen „verständlich“, dann handelt es sich nicht mehr um das für die psychiatrische Systematik wichtige genetische Verstehen; im Sinne der hier zugrundliegenden Begriffsfassungen handelt es sich um „Erklären“. Ein genetisches Verständnis des Hungers als eines inhaltlichen Werdens ist sowenig möglich wie das des Wahns oder irgendeines anderen „Daseins“.

Einwände dieser Art haben in der forensischen Psychiatrie dazu geführt, daß das mit der Methode des Verstehens verknüpfte Sinnkriterium in Mißkredit geraten ist, was z.B. seinen praktischen Ausdruck in der Aufspaltung des Krankheitsbegriffs in eine medizinische und eine juristische Fassung gefunden hat. Hierfür gibt es eine innerpsychiatrische Parallele mit der Parteinahme für oder gegen eine grundsätzliche Unterscheidung zwischen krankhaftem somatopsychischen Prozeß und nichtkrankhafter psychischer Entwicklung. Das Unbehagen an diesem Stand der Dinge ist möglicherweise ein Grund dafür, daß namhafte Gerichtspsychiater sich immer mehr tiefenpsychologischem Gedankengut öffneten, wie z.B. die Lagebeschreibung der forensischen Psychiatrie von Venzlaff (1975) erkennen läßt. Den einzig brauchbaren Weg, der aus diesen Schwierigkeiten herausführen kann, wies Witter (1972) im Hinblick auf die von ihm skizzierte psychiatrische Syndromlehre, obgleich er selbst weiterhin am „Sinnkriterium" festhält.

Im Rahmen dieser Syndromlehre werden psychopathologische Symptome nicht – nosologisch – mit bestimmten – von Ey (1952) „höchst künstlich" genannten – Krankheitseinheiten in Zusammenhang gebracht, sondern empirisch ermittelten Syndromstufen zugeordnet. Damit tritt eine skalare Ordnung, die als „Symptomenleiter" bezeichnet werden kann, an die Stelle der starren Alternative krank/gesund. Der Rang der Symptome innerhalb dieser Leiter bestimmt über ihre Erheblichkeit und diese über den Krankheitswert einer psychischen Störung. Witter nennt diese Syndromlehre zwar ausdrücklich eine einfache phänomenologische Deskription, er macht tatsächlich aber die nicht bloß deskriptive, sondern systematische Unterscheidung zwischen einer Psychopathologie des Erlebens – mit 5 Schweregraden – und einer Psychopathologie der Persönlichkeit mit reifeabhängigen Dauerzuständen und krankheitsbedingten Endzuständen. Diese Syndromlehre enthält darüber hinaus auch den ausdrücklichen Hinweis auf die bloß relative Bedeutung körperlicher Krankheitsursachen als erfahrungsabhängiger Indikatoren besonders schwerer psychischer Veränderungen.

Mit der Zusammenfassung von Symptomen zu Syndromen ist dem wissenschaftlichen Anliegen der Psychiatrie einer eigenständigen Psychopathologie entscheidend weitergeholfen; als Aufgabe verbleibt die Zusammenfassung dieser Syndrome zu einem in sich geschlossenen und gleichzeitig umfassenden System, das es ermöglicht, „Psychopathologisches psychologisch anzupacken" (Conrad 1958, S. 4), indem es – monistisch – seine wissenschaftlichen Kriterien in sich selber findet. Der Platz, der den einzelnen Symptomverbänden innerhalb eines solchen Systems zufällt, ergibt sich aus dem Prinzip, das auch den einheitlichen und umfassenden Charakter einer solchen Systematisierung gewährleistet. Damit stünde ein Zugang zu Erkenntnissen offen, die – im Sinne des „psychopathologischen Grundfaktums" als Verlust der das Bewußtsein auszeichnenden Freiheit – Auskunft über die Schuldunfähigkeit auf einer nicht mehr bloß intuitiven Basis geben könnten.

Ein derart umfassendes und in sich geschlossenes System, das über den Versuch einer deskriptiven Bestandsaufnahme hinausgeht, setzt also ein Prinzip voraus, das den Zusammenhang aller psychopathologischen Phänomene untereinander auf „natürliche" Weise zum Ausdruck bringt. Die an anderer Stelle

(Luthe 1982a) erfolgte Erläuterung eines solchen Prinzips soll hier in ihren wesentlichen Zügen stichwortartig zusammengefaßt werden:

Die psychopathologische Bedeutung der Subjekt-Objekt-Struktur des Bewußtseins läßt sich erschließen, indem die Begriffe Differenzierung und Integrierung in methodischer Weise auf das Erleben angewandt werden. Der „Subjektverlust" des Bewußtseins infolge der Desintegration des Erlebens und dessen „Objektverlust" infolge der Entdifferenzierung umschließen den Bereich, innerhalb dessen es Psychopathologisches, Geisteskrankheit überhaupt gibt; Geisteskrankheit gibt es also als Ausdruck eines von 2 möglichen Störprinzipien. Der Symptomverband, oder das Syndrom, der Entdifferenzierung beinhaltet als „Objektverlust" den Verlust jener kausalen, gesetzmäßigen Geschlossenheit des Erlebens, in der sich dem Gesunden die Gegenstandswelt nach Maßgabe der Differenzierung erst erschließt. Die Demenz als Prototyp des entdifferenzierenden Strukturverlustes des Bewußtseins läßt sich in diesem Sinne als die Einschränkung des Erlebens auf eine Gegenstandswelt, die weitgehend ihre zeitlich-räumliche Gliederung als logischer Voraussetzung irgendwelcher Kausalbezüge verloren hat, charakterisieren. Das Syndrom der Desintegration beinhaltet als *„Subjektverlust"* den Ausschluß jener spontanen Aktivität, die auf die Einheitlichkeit und Kontinuität des Bewußtseins des Einzelnen gerichtet ist. In dieser Einheitlichkeit tritt jener kausalen eine logische Geschlossenheit des Erlebens gegenüber, die erforderlich ist, um das System als Ganzes widerspruchsfrei zu halten. Der Zerfall des Ganzen in seine Untersysteme bei der Schizophrenie als dem Prototyp des desintegrativen Strukturverlusts bedeutet daher, daß die noch zu erreichende Kohärenz des Denkens der Kranken sich auf solche Untersysteme beschränkt, wohingegen der logische Zusammenhang der ursprünglichen Einheit außer Reichweite geraten ist.

Tritt im Aufbau des Erlebens zwischen die *Bedeutung* als dem jeweiligen subjektiven Aspekt des Bewußtseins und dem Gegenstand als dessen objektivem Aspekt als Bindeglied das *Thema*[4], in dem sich gewissermaßen außen und innen einander in der Schwebe halten, so stellt sich der Zerfall (Subjektverlust) formal als Dissoziation von Thema und Bedeutung, der Abbau (Objektverlust) als Dissoziation von Thema und Gegenstand dar. Das heißt, der Schizophrene verfehlt an der Stelle des logischen Bruchs, der verlorenen Einheit bedeutungsmäßig das Thema; der Demente verfehlt mit dem Thema dagegen die Realität des Gegenständlichen, er lebt sozusagen nur noch in den Projektionen seiner subjektiven Befindlichkeit. Diese strukturalistische Betrachtungsweise erlaubt es, einige Grundbegriffe der täglichen Praxis zu verdeutlichen: handelt es sich um den zeitlich/räumlich differenzierenden Aspekt des Erlebens, durch den die kausalen Verflechtungen der Gegenstandswelt hervortreten, sprechen wir von *Erkennen;* aus der logischen Funktion dieses Erkennens ergibt sich die Bedeutung, deren Anweisungen für das Handeln dem Erlebenden – in seinem Fühlen – angenehm oder unangenehm sind. In diese Handlungsanweisungen geht

4 Held (1980, S. 558) spricht im Zusammenhang der parmenideischen Erklärung der Doxa von der „Gestalt" (*δέμας*) als der Indifferenz von Bestimmtheit und Bestimmtem; die Bestimmtheit ist das Erscheinende.

die spontane Aktivität des Subjekts ein, die als Wollen den sie kennzeichnenden Persönlichkeitsbezug aus der Einheitlichkeit des Erlebens erhält. In diesem Sinne kann „Gemüt" die in persönlichen Bindungen manifest werdende integrative Kapazität des Erlebenden zum Ausdruck bringen, während „Gedächtnis" als zeitlich-räumliche Disponibilität des Erlebten gewissermaßen den Schlüssel zur gegenständlichen Persönlichkeitsseite darstellt.

Die psychopathologische Systematik des Strukturmangels von Erleben und Persönlichkeit beruht darüber hinaus auf der Feststellung von gebliebener oder gewordener Insuffizienz: Schwachsinn und Demenz einerseits, Psychopathie und Psychose andererseits. Die Minderleistung des Erkennens beim Schwachsinn zeigt sich daran, daß Zusammenhänge gar nicht oder nur oberflächlich begriffen werden, die – wenn auch grob – gebildeten Begriffe sind aber richtig. Ist der Schwachsinnige hinsichtlich seiner Persönlichkeit sozusagen ein Zwerg, so ist der Demente zwar „ausgewachsen", er erreicht mit seinen Begriffen im Thema aber nicht mehr die Wirklichkeit. Sein Urteil ist deshalb falsch, ihm fehlt die zeitlich-räumliche Disponibilität des Erlebten bzw. der gedächtnismäßige Schlüssel zur gegenständlichen Persönlichkeitsseite. – In der Gemütlosigkeit des Psychopathen äußert sich der Mangel an persönlichen Bindungen als ständigem Defizit an Kontinuität; ohne den stabilisierenden Einfluß fester Bindungen ist er einem ständigen Wechsel ausgeliefert, demgegenüber er entweder versucht, sich autistisch auf sich selbst zu beschränken, oder er schwankt – haltlos – im fortwährenden Konflikt mit der äußeren Ordnung. Der Verlust der logischen Geschlossenheit des Erlebens durch die Psychose äußert sich in der Dissoziation von Thema und Bedeutung als Inkohärenz des Denkens, inadäquatem Affekt und – besonders krass – als Stimmenhören oder Wahnvorstellungen. Die formale Erklärung des „Stimmenhörens" (und anderer Halluzinationen) nimmt darauf Bezug, daß psychische Aktivität „am Thema vorbei" gestaltet wird. Halluzinationen bringen auf keine andere Weise als Pseudohalluzinationen z.B. die spontane Bewußtseinsaktivität des Subjekts zum Ausdruck; ihren pathologischen Stellenwert erhalten sie durch den desintegrativen Verlust der Einheit des Erlebens, bei deren Vorhandensein das Stimmenhören als „unwirklich", besser als „unlogisch" erkannt werden und unterbleiben würde. Die Verabsolutierung partikulärer Gesichtspunkte beim Wahn ohne Rücksicht auf die logische Geschlossenheit des Ganzen wird subjektiv nicht als Skandal erlebt, der den Gesunden von vornherein veranlaßt, Widersprüche in seinem Erleben zu vermeiden.

Neben diesem Verlust an psychischer Struktur, der die konstituierenden Persönlichkeitsfunktionen in Mitleidenschaft zieht, gibt es Abbau und Zerfall auch als Veränderung der Aktualität des Erlebens, wobei „Gemüt" und „Gedächtnis" nicht als solche, sondern nur in ihrer Aktualisierung gestört sind. Die Entaktualisierung des Gedächtnisses läßt an die Stelle der sonstigen zeitlich-räumlichen Gliederung des Erlebens die Konzentration des Ganzen auf einen Punkt treten. In diesem „Brennpunkt" steht als Thema das Hier und Jetzt einer Situation ohne gestaltete Abstufungen. Dem *einen* Aspekt des Gegenstandes, der für das Ganze genommen wird, entspricht die Reduktion möglicher Handlungsanweisungen auf die einzige Alternative: Flucht oder Angriff. Auf eine von diesen beiden Bedeutungen konzentriert sich das entdifferenzierte Fühlen und erreicht dabei einen solchen Grad an Spannung, daß geradezu von einem „komprimierten“ Affekt gesprochen werden kann, dessen Entspannung als Flucht oder Angriff eine Primitivreaktion darstellt. – Ist bei der Entaktualisierung des Gedächtnisses die Kohärenz des Erlebens bis zur „Gebundenheit“ gesteigert, so entspricht der Inkohärenz beim Zerfall der Erlebenstyp, dessen „Ungebundenheit“ die Auflösung des zusammenhängenden Ganzen in einzelne Querschnitte zum Ausdruck bringt; in diesem Fall ist das Gemüt, das die persönlichen Bindungen repräsentiert, von der Aktualisierung abgeschnitten. Die Thematisierung dieses querschnittsmäßigen Erlebens ist außerordentlich flüchtig, sie bestimmt nicht die affektive Bedeutung, sondern wird von ihr bestimmt. Die Angst ist „frei flottierend“, die Euphorie grundlos; koordinierte Handlungsweisungen lassen sich diesem Bedeutungserleben nicht mehr entnehmen.

Die Erlebensgestalt, das Thema, dient der Erhaltung des Gleichgewichts zwischen Bedeutung und Gegenständlichem: man kann den dauernden „Umschlag“ von Bedeutung in Gegenständliches und von Gegenständlichem in Bedeutung als ein Einander-in-der-Schwebe-Halten verstehen, das im „Feld“ des Bewußtseins stattfindet. Weder ist bei diesem Umschlag die Bedeutung dem Gegenständlichen, noch das Gegenständliche der Bedeutung nachgeordnet; das Gegenständliche führt überhaupt erst zu einer nachordnenden Gliederung, während das Ganze des Bewußtseins in diesem Kreisprozeß und in seiner formalen Indifferenz hinsichtlich der jeweiligen inhaltlichen Bestimmungen keinen Anfang und kein Ende hat. Der schizophrene Patient, der konstatierte, daß es auf jede Frage eine Antwort gebe, und daß es infolgedessen keine Fragen gebe, hat dies begriffen. Heraklit hat es ausgedrückt: „Immer ist es ein und dasselbe, was in uns wohnt: Lebendes und Totes und das Wache und das Schlafende und jung und alt. Wenn es umschlägt, ist dieses jenes und jenes wiederum, wenn es umschlägt, dieses“ (Fragment 88). Dieses, die Zeit enthaltende Bewußtsein erinnert in der Unveränderlichkeit des im Gleichgewicht befindlichen Systems an die Lehre von der Regungslosigkeit und Stille des Taoismus. „Das Tao läßt alle Wesen entstehen und entsagt doch ihrem Besitz; es macht sie und doch verzichtet es auf sie“ (Cassirer 1969, S. 152).

Wir sehen das entscheidende formale Merkmal der psychischen Krankheit darin, daß durch den Strukturverlust die persönliche Entscheidungsfreiheit verlorengeht; wir haben dies im Anschluß an Ey als das „psychopathologische Grundfaktum“ bezeichnet. Bezogen auf das vorstehend erläuterte strukturale System des Bewußtseins zeigt sich dieses Grundfaktum also aus unterschiedlichen Blickwinkeln. Die Unfreiheit des Schwachsinnigen, der Zusammenhänge nicht sieht, bezeichnet ebenso wie diejenige des Dementen, der in seinem Urteil die Wirklichkeit verfehlt, des autistischen Psychopathen, dem der innere Halt des Gemüts fehlt, und des Psychotikers, dessen Erleben die logische Kontinuität verloren hat, den Endpunkt einer Syndromstrecke. Die verschiedenen Syndromstrecken haben in der psychischen Gesundheit mit dem Merkmal der Freiheit des Bewußtseins ihren gemeinsamen Ausgangspunkt. Es ist Aufgabe empirisch-psychopathologischer Untersuchungen, die unterschiedlichen Schweregrade des psychischen Strukturverlusts, der von diesem gemeinsamen Ausgangspunkt zu den verschiedenen Endpunkten führt, als Symptome zu bestimmen.

2 Die Erscheinungsweisen des psychopathologischen Grundfaktums

Die Fragen, die der Methodendualismus der traditionellen Psychiatrie offengelassen hat, müssen beantwortet werden, sollen das bloß intuitive Wissen der Psychopathologie und die bloß deskriptiv-taxonomische Ordnung ihrer Phänomene überwunden werden. Das Bedürfnis nach einer wissenschaftlichen Methode, die infolge ihres rationalen Charakters aus der Subjektivität normativ-wertender Stellungnahmen herausführt und hinsichtlich ihrer Ergebnisse Vergleichbarkeit und Überprüfbarkeit garantiert, ist ganz besonders akzentuiert in der Praxis und Theorie der forensischen Psychiatrie hervorgetreten.

Eine Methode, die den vorstehend genannten Ansprüchen gerecht wird, ist die strukturale Methode. Im Rahmen der Schuldfähigkeitsbeurteilung ermöglicht diese Methode im Hinblick auf die ihr zugrundeliegenden formalen Kriterien, die *eindeutige* Unterscheidung zwischen Gesundheit und Krankheit in einer den Bedürfnissen des Strafrechts angemessenen Weise. Ihr abgestufter – nicht alternativer – Charakter entspricht der juristischen Abstufung der Schuldfähigkeit.

2.1 Die Form des Traumerlebens

Im nachfolgenden soll diese Methode systematisch auf die verschiedenen Krankheitsbilder der Psychiatrie und auf psychopathologische Störbilder, die der traditionellen Systematik gemäß nur die Norm des Gesunden variieren, angewendet werden. Es dient dem besseren Verständnis dessen, was es zu bedeuten hat, wenn im Sinne der strukturalen Methode psychopathologische Zusammenhänge „formal" analysiert werden, daß dies zunächst auf einem Gebiet versucht wird, das auch den geistig Gesunden aus eigenem Erleben zugänglich ist; es handelt sich um den Bereich des Traumerlebens, der mit ganz ähnlicher Zielsetzung z.B. von Witter (1967) erforscht worden ist (vgl. Luthe 1981a, S. 52f.). Der Traum ermöglicht es dem geistig Gesunden, jene Modalität des Erlebens – sozusagen von innen – kennenzulernen, die beim Geisteskranken auch dann, wenn er nicht schläft, die ihm gemäße ist.

Beim Träumer beseitigt der Schlaf die Voraussetzungen geistesgesunden Erlebens auf genau die gleiche Weise, wie dies im Falle der psychischen Störung die Krankheit tut, ohne daß die Kranken schlafen oder auch nur müde sind.

Im einzelnen beseitigt der Schlaf jene abschließende Integration des Erlebens, deren strukturale Leistung das Erlebenssubjekt, das integrale Ich, ist, und er beseitigt jene Differenzierung, deren Leistung das – nach Zeit und Raum gegliederte und damit kausal bestimmte – Erlebensobjekt als die Welt des Gegenständlichen ist. Der durch den Schlaf bewirkte Ausfall dieser Leistungen beseitigt schließlich auch in gewissem Umfang die zwischen Subjekt und Objekt bestehende Verschiedenheit, derzufolge der kausalen Geschlossenheit der objektiven Bewußtseinsordnung die im Subjekt gewährleistete spontane Aktivität entgegentritt. Die darauf beruhende Offenheit des Erlebens für alle *möglichen* Inhalte, die wir im Sinne einer conditio sine qua non als die Freiheit des Bewußtseins verstehen, ist auf diese Weise im Schlaf verlorengegangen.

Die Beschäftigung mit derartigen Strukturierungsleistungen und ihrem Zurücktreten beim Traum ist etwas ganz anderes als der tiefenpsychologische Versuch, manifeste Trauminhalte symbolisch zu verstehen. Eine solche symbolische Interpretation des Traums kann sich für therapeutische Zwecke eignen, indem dem Patienten verborgene – latente – Trauminhalte, die ihm zu einer gewissen Selbsterkenntnis verhelfen können, aufgezeigt werden. Diese inhaltliche Beschäftigung mit dem Traum hat jedoch in den vielen Jahren, in denen sie von Psychoanalytikern sehr intensiv praktiziert worden ist, kaum etwas zur Erkenntnis des Phänomens „Traum" als solchem beigetragen. Auch in diesem Zusammenhang hat die dualistische Ausgangsposition der Untersucher den Erkenntnisstand auf einer sozusagen mythologischen Stufe gelassen. Auf dieser Stufe wird die Frage, wo beim Traum die Beleuchtung herkomme, allenfalls Kopfschütteln auslösen.

Für das dualistische Denken ist es abstrus zu fragen, wieso man im Traum, ohne daß die Sonne wirklich scheint, den symbolisch interpretierten Fabrikschornstein oder die Landschaft, die man überfliegt, trotz geschlossener Augen sehen kann. Daß man dies kann, versteht sich hier eben von selbst, der Traum beweist es. – In Wahrheit ist diese Frage geeignet, noch einmal die Ausweglosigkeit dieses mythologischen Denkens, das es nach Kant nicht mehr hätte geben dürfen, aufzuzeigen; ein Denken, das zwischen der äußeren Wirklichkeit und deren inneren Abbildungen unterscheidet. Es kommt nicht darauf an, ob ich gerade diese Landschaft mit ihren charakteristischen Details phantastischer oder wirklichkeitsgetreuer Art schon einmal „in Wirklichkeit" aus gerade dieser Perspektive wahrgenommen habe, um sie im Traum zu reproduzieren, oder ob ich sie, wenn ich noch nie geflogen bin, in allen Stücken „erschaffe". Wichtig ist, daß ich den aus der Landschaft aufragenden Schornstein, der als Symbol für den Phallus steht, mitsamt dem Schatten, den er wirft, gar nicht als ein für den symbolhaften Ausdruck mehr oder weniger geeignetes Abbild einer äußeren Wirklichkeit träumen kann, wenn ich nicht gleichzeitig in einer gewissen Annäherung alle seine Wahrnehmungsbedingungen, die übrigens nicht auf die Beleuchtung eingeschränkt sind, mitträume. Die Quintessenz aller Wahrnehmungsbedingungen ist aber die Wirklichkeit, die das dualistische Denken dem Außenraum zuordnet, von dem es im Traum durch geschlossene Augenlider getrennt wird.

Schornstein und dazugehöriger „Außenraum" sind keine Reproduktionen im Kopf des Träumers, soweit es sich dabei um ein Bewußtseinsphänomen handelt; für die Produktion des den Schornstein enthaltenden Außenraums haben die geschlossenen Augenlider sowenig Bedeutung wie für die Wachproduktionen des vollen Bewußtseins. Der Traum produziert auf genau die gleiche

Weise wie der Wachzustand ein gegenständliches System von Zusammenhängen mit persönlicher Bedeutung. Die durch den Schlaf bewirkte Auflösung übergeordneter Integrationsebenen verhindert jedoch, daß der Traum über diese Ansätze hinaus das Gesamtsystem des überhaupt Gegebenen erreicht, was – als strukturale Definition des Bewußtseins – die im Wachzustand erfüllte Voraussetzung dafür wäre, daß man, so oft man will, zu diesem Schornstein hingehen kann.

Unter dem Gesichtspunkt der formalen Abwandlung des Erlebens zeigt sich die Unfreiheit des Träumenden daran, daß bei ihm das Erlebenssubjekt seine spontane Aktivität mehr oder weniger weitgehend eingebüßt hat; wie beim Alptraum ist das Erleben unter solchen Umständen entweder passiv gebunden und löst Angst aus, oder es erscheint „polyzentrisch" auf mehrere Ichs verteilt, wenn es noch einen Rest dieser Aktivität aufweist. Jedenfalls ist im Traum ein in seiner Einheitlichkeit stabiles Ich nicht mehr vorhanden; partikuläre Ich-Bezüge sind an seine Stelle getreten, denen die wichtigste Eigenschaft des integralen Ich, wollen zu können, fehlt. Diese partikulären Ich-Bezüge, die nicht mehr die Ganzheit des wachen Erlebenssubjekts repräsentieren, stehen nur für sich selbst und daher im Widerspruch zu einer Anzahl anderer Ich-Bezüge, deren partikulärem Charakter es entspricht, daß sie sich der Unterordnung entziehen und Gleichberechtigung nebeneinander beanspruchen. Das Ich des Schlafenden ist im Traum so gut wie nie vorhanden; das Wachbewußtsein in seiner Einheitlichkeit ist zerfallen, an die Stelle der Einheit sind Untereinheiten getreten, die jede für sich die Neigung besitzen, sich weiter zu spalten. In der charakteristischen Leichtigkeit des Traums kommt in gewisser Weise die Freistellung von der Aufgabe des Wachbewußtseins zum Ausdruck, die darin besteht, daß aus der Vielfalt die Einheit hergestellt wird.

Die formalen Merkmale des Erlebenszerfalls beziehen sich auf das Subjekt des Erlebens; ob dieser Zerfall vom Schlaf verursacht oder durch eine Krankheit herbeigeführt wird, ist nebensächlich; bei der formalen Analyse zeigt sich dort, wo das Subjekt überhaupt noch einen Rest spontaner Aktivität bewahrt hat, die mit der beschriebenen Nebeneinanderordnung partikulärer Ich-Bezüge notwendigerweise verbundene, ein einheitliches Wollen ausschließende Labilität, zu der die innere Widersprüchlichkeit hinzutritt, die den Verlust der Hierarchie der Logik anzeigt.

Auf der Objektseite dieses abgewandelten Bewußtseins handelt es sich um ein mehr oder weniger weitreichendes Zurücktreten jener zeitlich-räumlichen Durchgliederung des Erlebens, auf der im Normalfall die kausale Geschlossenheit des Gegenständlichen bzw. der „Realitätsstatus" des Bewußtseins beruht. Der im Traum erlebte Ort ist nicht in das feste Koordinatensystem eingeordnet, das wir im Wachzustand benötigen, um uns räumlich orientieren zu können; der Traum respektiert auch nicht die Gesetzmäßigkeit der strengen zeitlichen Abfolge: der Träumer bewegt sich sozusagen im Kreise. Wäre er wach, müßte er zu einem gegebenen Zeitpunkt im Erstaunen registrieren, daß zwar außerordentlich viel geschehen, derweil aber keine Zeit vergangen ist. Der Schlaf entläßt uns im Traum aus der objektiven Notwendigkeit in ein Erleben ohne „warum" und ohne „deshalb". Der Schlaf überreicht dem Träumer einen

Zauberstab, der dasjenige, was er berührt, zur Wirklichkeit werden läßt, ungeachtet des Ursache-Wirkungs-Gefüges, das uns im Wachen die Verwirklichung von Wünschen so schwer macht.

Ein Traumszenarium, in dem ich mich oft bewege, enthält Elemente, die dem Bahnhofsbetrieb, der Schule/Universität und dem Hotelwesen entnommen sind, wobei eins ins andere übergeht und im Hinblick auf das Traumgeschehen weder das eine noch das andere zu bedeuten braucht. Z. B. sitze ich zusammen mit mir z. T. unbekannten, z. T. bekannten Personen auf einer Wartebank; daß manche dieser Personen längst gestorben sind, wird im Traum etwa durch besonders altmodische Kleidung ausgedrückt. Dieser Umstand verhindert aber nicht, daß wir beim Warten eine gemeinsame Zeit haben, wobei nicht bekannt ist, was sich ereignen soll, sondern nur daß sich bald etwas ereignet. Handlungsabläufe, die ihrem Charakter nach nichts miteinander zu tun haben, gehen ineinander über. In das geschäftige Treiben auf dem Bahnsteig, der direkt an den Warteraum grenzen muß, mischt sich die Aktion einer Gruppe kämpfender Soldaten in Tarnanzügen. Ich höre die Kommandos des Anführers, den ich dann auch sehe. Es handelt sich darum, an der Leiche eines gefallenen Kameraden seitenüberkreuzt eine Hand und den Fuß abzuschneiden. Ich verfolge, wie die abgeschnittenen Leichenteile in einen Bastkorb geworfen werden, und erkenne an ihnen eine geschwulstige Veränderung, die der Operation vielleicht einen medizinischen Sinn verleihen könnte, wenn sie an einem Lebenden ausgeführt worden wäre. Ich höre in einer fremden Sprache den Befehl: „Und jetzt bringen Sie Leutnant Schuh weg!“ und ich sehe soviel von der Ausführung des Befehls, daß sich daraus ein durchaus realistischer „Film“ ergibt, während ich mich schon geraume Zeit in einem Eisenbahnwaggon nach einem Platz umschaue und hier auch die Leute von der Wartebank, die Frau mit dem altmodischen Pelzkragen, antreffe. Ich kann mich angesichts der verschiedenen Gruppen von Mitreisenden nicht entschließen, irgendwo Platz zu nehmen, was damit zusammentrifft, daß der Zug überhaupt nicht abfährt. Die Wagendecke, die an die gemauerte Wölbung eines Kirchenschiffes erinnert, wird von mir mit so zahlreichen und überaus wirklichkeitsgetreuen Details – nebenbei – zur Kenntnis genommen, wie ich sie in Wirklichkeit niemals wahrnehmen würde. Beim Wachwerden habe ich den Eindruck, daß der Wirklichkeitscharakter des Traumerlebens hinsichtlich seiner sinnlichen Qualität den des Wacherlebens eher übertrifft.

Formal betrachtet fehlt diesem Erleben ein Zentrum, es fehlt an Absichten; das Ich ist zeitlich und räumlich „überall“, d. h. nirgends, es fehlt die scharfe Grenze, die es von dem, was es nicht ist, unterscheidet. Das Fühlen entspricht nicht dem Bedeutungsgehalt des Geträumten für das Wacherleben. Wenn Angst die Oberhand gewinnt, kann es sein, daß sie etwas ganz Lächerlichem gilt, während ein eher heiterer Affekt ein an sich trauriges Ereignis begleitet. Die Bedeutung löst sich sozusagen vom Thema des Erlebten und dieses von seinem Gegenstand; zu der Urteilsschwäche, welche die Kausalität des Gegenständlichen verfehlt, tritt die innere Widersprüchlichkeit hinzu, welches die thematische Abnormität des Traumerlebens im Hinblick auf seinen Bedeutungscharakter kennzeichnet. Es herrscht eine vollständige Anarchie, in der alles alles bedeuten kann.

Die strukturalen Merkmale, die sich auf die vorstehend beschriebene Weise aus der formalen Analyse des Traumerlebens ergeben, gelten gleicherweise auch für die psychopathologischen Phänomene der nachfolgend zu besprechenden Erscheinungsbilder psychischer Störungen, wobei es von der mehr das Erlebenssubjekt oder mehr das Erlebensobjekt betreffenden Art der Störung abhängt, ob im Sinne des Zerfalls mehr die Verknüpfung Bedeutung–Thema, oder im Sinne des Abbaus mehr die Verknüpfung Thema–Gegenstand in Mitleidenschaft gezogen ist. So, wie es beim Traum nicht auf die das Geschehen begleitende Biologie des Schlafes ankommt, so macht die formale Analyse auch die Psychopathologie von Kriterien unabhängig, die nicht der Kategorie des Psychologischen entstammen.

2.2 Die einzelnen psychischen Krankheitsbilder

Die Diskussion der Begriffe der psychischen Krankheit und der krankheitswertigen psychischen Störung hat die forensische Psychiatrie in eine schwierige Lage gebracht. Diese Diskussion wird auf eine neue Grundlage gestellt, wenn Psychopathologisches nicht mehr länger nach Kriterien beurteilt wird, die einer ihm fremden Kategorie entstammen, wie dies dort der Fall ist, wo der Begriff der psychischen Krankheit direkt oder – auf dem Weg des Methodendualismus von Verstehen und Erklären – indirekt mit dem erkrankten Leib in Beziehung gesetzt wird. Die Anwendung der strukturalen Methode eröffnet die Möglichkeit, Psychopathologisches psychopathologisch zu beurteilen, weil ihre Merkmale empirisch zu bestimmen und rational zu definieren sind. Der forensische Psychiater kann mit dieser Methode Auskünfte über die Schuldfähigkeit eines Menschen geben, zu denen er wissenschaftlich legitimiert ist; die Allgemeingültigkeit der Methode erübrigt mit dem Verzicht auf wissenschaftsfremde Bewertungen die auf andere Weise nicht zu vermeidende Überschneidung des sachverständigen und des richterlichen Kompetenzenanspruchs. Wir machen uns hier die klare Zielsetzung der höchstrichterlichen Rechtsprechung, wonach Rechtsfragen von den Gerichten zu beantworten sind, ausdrücklich zu eigen.

Die Anwendbarkeit der strukturalen Methode in der Psychopathologie setzt einen fortgeschrittenen Entwicklungsstand dieser Wissenschaft voraus, weshalb wir uns hier auf bekannte psychische Krankheitsbilder beziehen können. Es ist auch nicht so, daß durch diese neue Betrachtungsweise ältere empirische Erfahrungen außer Kraft gesetzt würden; sie erscheinen lediglich in einem veränderten systematischen Zusammenhang und dadurch evtl. in einem neuen Licht. Der wesentliche Fortschritt, der auf diese Weise zu erzielen ist, besteht darin, daß die Psychopathologie nunmehr zu einem in sich geschlossenen System wird, das sich hinsichtlich seiner Erkenntnismittel selbst genügt.

2.2.1 Der epileptische Formenkreis

Mit der Bezeichnung „Epilepsie“ werden psychische Krankheitserscheinungen zusammengefaßt, die seit jeher in ganz besonderem Maß die Neugier des medizinischen Laien und das Interesse der forensisch damit Befaßten auf sich gezogen haben, wobei man über lange Zeit hinweg im Epileptiker den Prototyp des gefährlichen Geisteskranken erblickte. Dies ist aber nicht der Grund dafür, daß diese Krankheitserscheinungen hier an den Anfang gesetzt werden; der wahre Grund besteht in der ganz außerordentlichen psychopathologischen Ausdrucksvielfalt der Epilepsie, insbesondere der Temporallappenepilepsie. Praktisch umfaßt sie den Gesamtbereich psychischer Störungen dies- und jenseits der Trennlinie, welche die traditionelle Psychiatrie mit dem Sinnkriterium zwischen den Krankheiten einerseits und den „Spielarten menschlichen Wesens“ andererseits zieht. Mit Landolt (1960) ist auf das Standardwerk von Gibbs u. Gibbs (1950–1952) zu verweisen. „In hoher Zahl kommen hier unklassifizierte Psychosen (10%), allgemeine Störungen der Persönlichkeit (12,1%), Reizbarkeit (5,4%), Neurosen (5,2%) und depressive Zustände vor. Schwachsinn bestand in 10,7%, jedoch viermal häufiger in der Gruppe mit Petit-Mal-Variante (43,9%). Bei dieser letzten Gruppe sind auch allgemeine Verhaltensstörungen (wohl vor allem Unverträglichkeit, Trotzreaktionen, Schwerererziehbarkeit u. ä.) häufiger (11,2%) als bei Temporallappenepilepsie (3,8%).“ – Die große psychopathologische Plastizität der Epilepsie mit ihren zahlreichen Ausprägungsformen und differentialdiagnostischen Problemen bringt es mit sich, daß die forensisch-psychiatrische Beurteilung des straffälligen Epileptikers die allergrößten Schwierigkeiten bereiten kann. Immerhin wird der Epileptiker heute nicht mehr als der Prototyp des gefährlichen Geisteskranken angesehen. Die Einführung hochempfindlicher Untersuchungsmethoden und die Erkenntnis, daß etwa 0,5% aller Menschen an Epilepsie leiden – eine Zahl, die sich verzehnfacht, wenn alle diejenigen hinzugezählt werden, bei denen vereinzelt einmal ein epileptischer Anfall aufgetreten ist – haben den Epileptiker sozusagen entmystifiziert.

Daß Epilepsie nun nicht mehr als gleichbedeutend mit einer krankhaften Wesensänderung, deren konstitutionelle Determiniertheit sich sogar in einer besonderen „facies epileptica“ (Kraepelin, 1904) ähnlich dem athletischen Typ äußern sollte, gedacht wurde, entspricht dem Erkenntnisfortschritt. Diesem Fortschritt hatte die Epilepsie als nosologische Entität nicht standgehalten, er hatte aus der alten Krankheitseinheit syndromatologische Folgen mit ganz unterschiedlichen psychopathologischen Ausdrucksformen akuter und chronischer Art gemacht. Dies wirkte sich selbstverständlich auch auf das Verständnis des straffällig gewordenen Epileptikers aus; man kann sagen, daß aus dem Prototyp des gefährlichen Geisteskranken ein eher harmloser Zeitgenosse wurde, dessen kriminelle Energie hinter derjenigen der Durchschnittsbevölkerung zurückblieb. In diesem Sinne war nun das Pendel in die entgegengesetzte Richtung ausgeschlagen, wobei auf die statistisch beeindruckenden Ergebnisse großangelegter epidemiologischer Untersuchungen (Lennox 1944; Alström 1950) verwiesen werden konnte. Aschaffenburg (1903), der sich ausdrücklich von Lombrosos Vergleich zwischen Epilepsie und Verbrechen distanziert, kann es aber „nicht unterlassen, noch auf eine Erfahrung hinzuweisen. Zwischen Epilepsie, Brandstiftung, Mystizismus und sexueller Erregung bestehen gegenseitige Beziehungen; wenn uns auch die psychologische Wurzel dieses Wechselverhältnisses völlig unbekannt ist, so weist doch die Häufigkeit dieser Kombination auf eine tiefere, wohl ans Pathologische grenzende Verwandtschaft hin." – Beim Alström-Vergleich von 897 Epileptikern mit einer 42 000 Männer über 25 Jahre umfassenden Kontrollgruppe der schwedischen Durchschnittsbevölkerung war kein signifikanter Unterschied in der relativen Häufigkeit der Verurteilungen festzustellen gewesen. Ganz ähnlich haben Untersuchungen in Dänemark (Juul-Jensen 1964) ergeben, daß die Kriminalitätsrate von 1020 ambulant behandelten Epileptikern nicht höher war als die allgemeine.

Das Verdienst großer statistischer Untersuchungen wird nicht gemindert, wenn mit der erforderlichen psychopathologischen Differenzierung der Fragestellung an die alten Erfahrungen angeknüpft wird, wonach es im Zusammenhang mit epileptischen Manifestationen zu äußerst gefährlichen Handlungsweisen kommen kann. Delasiauve (1854) hat sich vor über 100 Jahren mit der strafrechtlichen Verantwortlichkeit des Epileptikers befaßt und in seinem Lehrbuch der Epilepsie eine Reihe von Beispielen epileptischer Gewalttaten im unmittelbaren zeitlichen Zusammenhang mit einem Anfall kasuistisch erörtert. Man kann sich der Evidenz des kasuistischen Anschauungsmaterials schwerlich entziehen; man muß sich dabei jedoch den exzeptionellen, ausgesuchten Charakter dieser Mitteilungen immer wieder vor Augen führen. Witter (1972, S. 983) schreibt: „Bei den im freien Leben stehenden Anfallskranken sind dagegen Dämmerzustände und daraus resultierende Gewaltdelikte heute extrem selten. Wir haben in 20jähriger psychiatrischer Gerichtspraxis zwar sehr viele Gewaltdelikte beurteilen müssen; in einigen wenigen Fällen waren die Täter auch Anfallskranke; aber in keinem einzigen Fall handelte es sich um einen Dämmerzustand." Ganz ähnlich betont auch Gunn (1979) den selektierten Charakter vereinzelter Fallbeschreibungen gegenüber der statistischen Seltenheit des Zusammentreffens von gewalttätigem Verhalten und Anfällen. Eine Quantifizierung des Eindrucks von Witter liefert Knox (1968), der dieses Zusammentreffen von gewalttätigem Verhalten und epileptischem Anfall statistisch untersuchte und fand, daß unter 434 in ambulanter Kontrolle befindlichen Epileptikern ein einziger – auf extrem aggressive Weise – im zeitlichen Zusammenhang mit einem epileptischen Anfall gewalttätig geworden war. Es stellt eine Relativierung des scheinbaren Gegensatzes zwischen Kasuistik und Statistik hinsichtlich der Gefährlichkeit des Epileptikers dar, wenn Böker u. Häfner (1973) auf ein aufschlußreiches Zahlenmaterial gestützt den Gesichtspunkt der „psychischen Komplikationen" der Epilepsie in den Vordergrund stellen, indem sie der Diskussion den erforderlichen syndromatologischen Rahmen geben.

Hinsichtlich dieser psychischen Komplikationen sind die Ergebnisse einer epidemiologischen Untersuchung von Rutter et al. (1970) von ganz besonderem Interesse; diese Autoren fanden bei den von ihnen untersuchten Schulkindern die Häufigkeit psychischer Störungen über eine weite Spanne verteilt. Sie betrug 6,8% in der Kontrollgruppe; 11,5% bei körperlich behinderten Kindern ohne organische Hirnschädigung; 28,6% bei Kindern mit Epilepsie ohne organische Hirnschädigung; 37,5% bei Kindern mit einer oberhalb des Hirnstamms lokalisierten Hirnschädigung aber ohne epileptische Anfälle, und 58,3% bei Kindern mit einer oberhalb des Hirnstamms lokalisierten Hirnschädigung und Epilepsie.

Zusätzlich ist zu beachten, daß sich die Feststellung „psychischer Komplikationen" der Epilepsie gerade auch auf Schädigungen, mit denen das Gehirn auf eine Reihe interkurrenter Noxen reagiert, bezieht, die später im Leben auftreten und in einer chronischen Abbausymptomatik zum Ausdruck kommen; beispielsweise hat Aschaffenburg (1903) gerade in diesem Zusammenhang auf die nach wie vor herausragende Bedeutung des Alkoholismus aufmerksam gemacht. Daneben ist aber auch an alle möglichen anderen Affektionen des Gehirns zu denken.

Bei der Diskussion des Zusammentreffens von Epilepsie und straffälligem Verhalten ist im übrigen zu berücksichtigen, daß es sich dabei nicht um eine sozusagen monokausale Beziehung handelt; die in Wirklichkeit bestehenden Interdependenzen sind von Gunn (1981) übersichtlich 6 Gruppen zugeordnet worden: 1) antisoziales Verhalten, das direkt durch Anfälle verursacht wird; 2) antisoziales Verhalten, das ebenso wie die Epilepsie durch die zerebrale Dysfunktion verursacht wird; 3) antisoziales Verhalten im Zusammenhang mit fehlendem Selbstvertrauen und sozialer Benachteiligung des Epileptikers; 4) antisoziales Verhalten durch eine psychotische Komplikation der Epilepsie; 5) antisoziales Verhalten bei unzureichenden Umweltbedingungen, die gleichzeitig für die Epilepsie ursächlich sind; 6) Verhaltensstörungen, die Unfälle mit sekundärer Hirnschädigung verursachen.

Kehren wir zur besonderen psychopathologischen Plastizität der Epilepsie zurück, dann ist darauf hinzuweisen, daß sich diese auch auf die im anfallsfreien Intervall zum Vorschein kommenden Verhaltens- und Persönlichkeitsauffälligkeiten erstreckt. In diesem Sinne führte die lange Zeit als „absolut" aufgefaßte Unterscheidung zwischen dem sog. Hysteriker und dem Epileptiker zu sehr anschaulichen Typisierungsversuchen, deren Wert heute weitgehend auf eine historische Dimension reduziert erscheint. Während der alte Begriff der „Hysteroepilepsie" ein Krankheitsbild bezeichnete, das gleicherweise hysterisch-funktionelle, mit heftigen Gemütsbewegungen in Zusammenhang zu bringende Phänomene einerseits und solche organischer Natur andererseits umfaßte, hat die traditionelle Psychiatrie mit ihrem Methodendualismus darin so etwas wie eine contradictio in se gesehen. Sie hat sich überhaupt von der jahrtausende alten Bezeichnung Hysterie getrennt und dafür den Begriff der Geltungsucht und Stimmungslabilität gesetzt mit dem Kennzeichen des „Unechten", womit die Lüge, Schutzbehauptung, die Verstellung und Demonstration zur Erlangung irgendwelcher Vorteile gemeint war. Dieses Unechte, Funktionelle oder anders ausgedrückt der Täuschungsversuch, auf den der Psychiater nicht hereinfällt, und das „Echte", Organische wurden Bereichen zugeordnet, die streng voneinander zu unterscheiden waren. Mit dem Begriff der Temporallappenepilepsie (Penfield u. Jasper 1954; Gibbs 1951; Gastaut 1954) wurde schließlich eine gegenläufige Entwicklung, die in gewisser Weise zur alten Hysteroepilepsie zurückführte, eingeleitet, indem das sehr häufige Vorkommen funktioneller psychischer Störungen bei Patienten mit Temporallappenepilepsie statistisch und die enge Verbindung zwischen der Funktion des Temporalhirns und der Gemütsbewegung experimentell nachgewiesen wurden. In diesem Sinne beschrieb Peters (1969) „temporäre pseudopsychopathische Zustände" von Temporallappenepileptikern, deren phänomenologische Ähnlichkeit mit dem chronischen Entwicklungsdefizit des „infantil-egozentrischen Charakters" (Luthe 1971, 1972) auffällt.

Um diese Vielfalt überschaubar zu machen und in einem – forensischen Zwecken genügenden – Einteilungsschema zu erfassen, ist die Kenntnis der Formen epileptischer Krankheitsverläufe erforderlich. Sieht man zunächst von den epileptischen Persönlichkeitsveränderungen und den psychotischen Episoden im Rahmen der Epilepsie ab, dann kann hinsichtlich der verbleibenden Anfallsverläufe die Bewußtseinsveränderung als Kriterium in den Mittelpunkt gestellt werden. Das neurophysiologische Korrelat dieser Bewußtseinsveränderung ist die *Generalisierung* der zerebralen Krampfentladungen: aus der – zentrenzephalen – „Tiefe" des Gehirns breiten sich diese Entladungen über die Hirnrinde beider Hemisphären des Gehirns aus. Liegt der Ursprung in der retikulären Substanz des Hirnstamms, führt diese Generalisierung zum klassischen Grand-mal-Anfall: ohne das Auftreten irgendwelcher „Vorboten" stürzt der Kranke nach vorn, wobei er manchmal einen Schrei ausstößt und sich nicht selten im Gesicht verletzt. Für 10–20 s verkrampfen sich die Muskeln, die Arme werden gebeugt gehalten; infolge des Atemwegeverschlusses tritt bei dem ansonsten bleichen Patienten eine zyanotische Verfärbung auf, durch den tonischen Krampf der Kiefermuskulatur kann es zum Zungenbiß kommen; die Pupillen sind erweitert und starr. Mit dem Lösen des Spasmus treten „klonische" Zuckungen in Erscheinung, die etwa 20 s anhalten; das Lösen des Sphinkterspasmus führt zum Einnässen und es kommt zu einer röchelnden Atmung. Im Anschluß daran befinden sich die Kranken für 5–15 min in einem komaähnlichen Schlaf, aus dem sie mit Abgeschlagenheit und Kopfschmerzen erwachen, ohne sich an den Anfall erinnern zu können.

Liegt der Ursprungsort in der Tiefe des Gehirns etwas höher (Thalamus, Subthalamus), kommt es infolge des Ausbreitens der Paroxysmen – ebenfalls ohne Vorboten – zu dem als „Petit mal" bekannten Anfallstyp mit der sog. Absence als häufigster Erscheinungsform. Die sensorielle Kommunikation des Kranken ist für 1–15 s völlig unterbrochen, die Ansprechbarkeit aufgehoben. Gleichwohl kann eine begonnene Tätigkeit – automatenhaft – fortgesetzt werden; spontane motorische Entäußerungen beschränken sich im übrigen auf Schmatzen u. ä., neue Handlungsreihen werden nicht begonnen. Wenn sich derartige Absencen in kurzer Folge wiederholen, spricht man vom „Absencenstatus", der sich klinisch/psychopathologisch als Stupor äußert; die Kranken sind apathisch-antriebslos, schwerbesinnlich und neigen zu perseverierenden Handlungen. Die Dauer kann Stunden und länger betragen, der Zustand geht dann in Schlaf über oder es kann zu einem Grand-mal-Anfall kommen.

Neben diesen „primär-generalisierten" Anfallsformen bezeichnet der Ausdruck „partielle Epilepsie" eine Reihe von Anfallsverläufen, die entweder ganz oder in der Anfangsphase des Anfalls auf einen umschriebenen Bezirk der Hirnrinde beschränkt bleiben. – Im ersten Fall bleibt der Kranke bewußtseinsklar, er erlebt selbst seinen Anfall. Dieser Anfallstyp umfaßt isolierte motorische (sog. Jackson-Epilepsie), sensorielle und sensible Automatismen; man spricht von „Krisen" auditiver oder visueller Art. In beiden Fällen kommt es zu relativ ungestalteten halluzinatorischen Erlebnissen wie Glockengeläut, Photophänomene u. ä. Der sensible Anfall ist mit vielfältigen Mißempfindungen und gelegentlich mit Körperschemastörungen verbunden. Solange Bewußtseinsklarheit besteht, bleibt i. allg. auch die Erinnerungsfähigkeit für diese Erlebnisse erhalten; es gibt jedoch alle möglichen Übergänge zur sekundären Bewußtseinsveränderung im Rahmen der partiellen Epilepsie mit sekundärer Generalisierung.

Dieser Anfallstyp ist von größtem psychiatrischem und psychopathologischem Interesse; er besteht sozusagen aus einer Serie unterschiedlicher Stadien des Bewußtseinsverlusts und automatenhafter Handlungsabläufe mit motorischen, sensoriellen, vegetativen und affektiven Begleiterscheinungen. Diese „Serie" beginnt mit der sog. Aura, die dem partiellen Stadium entspricht und der sekundären Generalisierung vorausgeht; sie umfaßt eine oder mehrere der vorstehend erwähnten „Krisen", die daher auch als Aura ohne sekundäre Generalisierung verstanden werden können. Die vegetative Symptomatik kann sich ganz besonders am oberen Verdauungstrakt äußern (Kauen, Speichelfluß, gastrische Krise) und mit Übelkeit verbunden sein. Stehen Störungen des Geruchs-, Geschmackssinnes im Vordergrund wird von der „Uncinatuskrise" gesprochen, indem auf eine umschriebene – fokale – Lokalisation der morphologischen Schädigung in der Hippocampusregion des Temporallappens Bezug genommen wird.

Die verschiedenen Varianten der – sekundären – Generalisierung umfassen die einzelnen Stufen des Grand-mal-Anfalles und erstrecken sich ferner auf die sog. Äquivalente, worunter psychomotorische Entsprechungen der ungestalteten Entäußerungen des Grand-mal-Anfalles verstanden werden. Es kommt zu zwang-, automatenhaften Bewegungsabläufen wie Lecken, Schmatzen, Schnüffeln, Grunzen usw. (orale Automatismen) und stereotypen Handlungen wie Klopfen, Scharren, Treten, Trippeln, Fuchteln oder Nesteln, wobei auch eine höhere Organisationsstufe gleichwohl unangepaßter Handlungen wie Staubwischen oder lustbetont-triebhafter evtl. auch aggressiver Art auftreten und in eine Phase der Ratlosigkeit übergehen können, in der sich der Kranke um Orientierung bemüht. Die mit diesen generalisierten Erscheinungen verbundene Bewußtseinsveränderung äußert sich in einem Gedächtnisverlust. Hält die Bewußtseinsveränderung länger an, geht der Anfall in einen „Dämmerzustand" über.

Diese Dämmerzustände bilden wegen ihrer längeren Dauer den Übergang zu den psychotischen Episoden, in deren Rahmen alle Stadien des Bewußtseinszerfalls auftreten können. Über die „Äquivalente" hinausgehend ist u. U. mit dem Auftreten akuter oder subakuter Verwirrtheitspsychosen zu rechnen. – Im Dämmerzustand wirkt der Kranke, bei dem eine Vorgeschichte mit Anfällen oder Äquivalenten bekannt ist, plötzlich „wie weggetreten", perplex. Er ist benommen; auf Fragen antwortet er langsam, zähflüssig, ausweichend; seine Antwort kommt wie von weither; eine affektive Anteilnahme, welche die Besonderheiten der Situation berücksichtigt, ist nicht zu erkennen. Die Entwicklung dieses Zustandsbildes kann traumhafte Züge annehmen; unter dem „dreamy state" versteht man in diesem Sinn ein oneiroides Bild. Die Inhalte dieses Erlebens sind stark affektbesetzt; neben Stereotypien kann es zu ungewöhnlichen Handlungen heftiger, bizarrer Art kommen. Das Gedächtnis ist ganz oder teilweise aufgehoben. Im Zuge von Fluktuationen des Bewußtseins können sich alternierend Aufhellungen ergeben, bei denen ein mehr oder weniger angepaßtes Verhalten möglich ist. Man spricht dann gelegentlich von „Fugues", die u.U. mehrere Tage dauern können. – Der typische Dämmerzustand beginnt plötzlich, dauert relativ kurz und hinterläßt eine Amnesie.

Das Kennzeichen der Verwirrtheitspsychosen epileptischer Genese ist eine mit heftiger Agitation verbundene Angst, die leicht in Wut umschlägt und den zunächst vorhandenen Stupor mit einer besonders akzentuierten aggressiven Entladung durchschlägt. Eventuell ist damit eine oneiroid-halluzinatorische Symptomatik verbunden; nach stunden- bis tagelanger Dauer klingt die Psychose ab, um eine Gedächtnislücke zu hinterlassen. Tritt die Bewußtseinsstörung zurück, äußert sich eine psychotische Erlebensumwandlung häufiger in affektiver, seltener in schizoformer Weise. Unter den affektpsychotischen Episoden überwiegen kurzfristige Stimmungsschwankungen; depressive Episoden sind doppelt so häufig wie manische Episoden. Unter den schizoformen Episoden sind die paranoid-halluzinatorischen Psychosen am häufigsten (Dongier 1959).

Chronische Psychosen sind bei der Epilepsie selten; chronisch systematisierte Wahnverläufe mit mystisch-religiösem Inhalt kommen jedoch neben einer megalomanen Färbung oder einer Verfolgungs-/Rachethematik gelegentlich vor. Chronische Verläufe schizophrener Art münden nicht in Persönlichkeitsdefekte. Kommt es zum Auftreten einer Demenz, so ist diese auf begleitende organische Hirnveränderungen zu beziehen, nicht auf das Anfallsgeschehen.

Übersichtsschema

1. *Primär generalisierte Epilepsien*
(primäre Bewußtseinsveränderung)
a. Grand-mal-Anfall
b. Petit-mal-Anfall

2. *Partielle Epilepsien*
a. Ohne sekundäre Generalisierung:
motorische / sensible / sensorielle Krisen (Jackson-Epilepsie)
b. Mit sekundärer Generalisierung:
Krise (Aura) + Grand-mal-Anfall / Äquivalent

3. *Psychotische Episoden bei Epilepsie*	4. *Persönlichkeitsveränderungen*
a. Dämmerzustand (verlängertes Äquivalent)	a. Verhaltensstörungen im Intervall
b. Verwirrtheitspsychosen	b. Wesensänderung: koartiert / emotional labil
c. Affektpsychosen	c. Chronische Psychosen: systematisiert / schizoform
d. Schizoforme Psychosen	

Die „Tages- und Nachtseite" des Epileptikers kann im anfallsfreien Intervall in Verhaltensstörungen zum Ausdruck kommen, in denen sich eine gewisse Bipolarität mit einer viskösen Indolenz einerseits und einer krisenhaften Explosibilität andererseits manifestiert. Die Tendenz zur Stagnation und Verlangsamung kann zu einem vorherrschenden Persönlichkeitszug werden, so daß im Hinblick auf den damit verbundenen Spontaneitätsverlust der Eindruck entsteht, man habe es mit einem stark ermüdeten Menschen zu tun. Der Sprachschatz ist arm, die Ausdrucksmittel sind gering. Versucht man, diese Persönlichkeitsveränderung näher zu beschreiben, kann einerseits auf einen i. allg. sozial gut angepaßten, „koartierten" Typ, mit herabgesetzter emotionaler Kapazität, und andererseits auf einen schlecht angepaßten, pseudopsychopathischen Typ mit übermäßiger emotionaler Reagibilität hingewiesen werden.

Kehren wir nach dieser Übersicht zur syndromatologisch-strukturalen Betrachtungsweise zurück, dann ist die Beschäftigung mit den psychischen Manifestationen der Epilepsie gerade im Hinblick darauf, daß diese die traditionelle psychiatrische Systematik sprengen, gut geeignet, um die Anwendung der formalen Methode der psychopathologischen Strukturanalyse bei der Schuldfähigkeitsbeurteilung zu verdeutlichen. Die Feststellung, daß die Psychopathologie der Epilepsie – insbesondere der Temporallappenepilepsie – nicht in das traditionelle Schema hineinpaßt, mit dem in der Psychiatrie die krankhaften von den nichtkrankhaften psychischen Veränderungen unterschieden werden, besagt auch, daß hier das auf den körperlichen Krankheitsprozeß bezogene Sinnkriterium hinsichtlich der Schuldfähigkeitsfrage seine Aussagekraft verliert, weil der körperliche Krankheitsprozeß in *allen* Fällen nachgewiesen ist.

Wir gehen davon aus, daß die generalisierende Krampfentladung als Ursache des epileptischen Anfalls und der damit verbundenen Bewußtseinsveränderung – ähnlich wie der Schlaf als Ursache des Traums – nicht selektiv das eine oder das andere Strukturprinzip, sondern generell die *gesamte* Struktur in Mitleidenschaft zieht. Dieser globale Strukturverlust ist gleichzeitig so durchgreifend, daß die mit der totalen Destrukturierung verbundene Desintegration und Entdifferenzierung sogleich ihr Maximum erreichen: der Kranke und der Schläfer sind „bewußtlos". Die Bewußtlosigkeit steht am Ende der syndromatologischen Zusammenfassung von Zerfall und Abbau. Im Zuge des Bemühens, das Bewußtsein wiederzuerlangen, stellen die manifesten psychischen Auffälligkeiten gewissermaßen Reparaturversuche dar, deren Unvollkommenheit den Abstand zur Stufe des vollintegrierten und differenzierten Bewußtseins zum Ausdruck bringt. Der Strukturverlust ist also dem Symptom vorausgegangen, das Symptom entspricht der Unvollkommenheit der Restrukturierung.

Hierbei können nun sowohl beim Traum als auch bei den psychischen Begleiterscheinungen der Epilepsie Akzentverschiebungen mehr für die durch Zerfall oder mehr für die durch Abbau charakterisierte Form der Störung sprechen. Die gelegentlich geradezu „traumwandlerische" Qualität der epileptischen Erlebensumgestaltung spricht in phänomenologischer Hinsicht für die strukturale Gleichartigkeit der Erlebensumgestaltung unabhängig von der Ursache, die sie bewirkt. Für die Unterschiede, die sich sekundär ergeben, ist der zeitliche Ablauf von herausragender Bedeutung; je protrahierter der Verlauf ist, um so deutlicher tritt der strukturale Akzent des psychopathologischen Bildes hervor, sei es im Sinne des Zerfalls, wie z.B. bei der wochen- oder monatelang anhaltenden paranoid-halluzinatorischen Psychose des Epileptikers, sei es im Sinne des Abbaus, wie bei der epileptischen Wesensänderung. Die nosologische Diagnose ist aber auch in diesen akzentuierten Fällen immer unabhängig von dem Ergebnis der strukturalen Untersuchung der psychischen Symptomatik. Ob im Einzelfall beispielsweise ein epileptischer Dämmerzustand vorliegt oder nicht, erfordert umfassende Überlegungen, bei denen formale Gesichtspunkte wie der mehr abbau- oder mehr zerfallsbedingte Strukturverlust, also z.B. Verwirrtheit einerseits und Situationsverkennung andererseits, und das Ausmaß der Störung mit dem Verlust der Einheit des Erlebens und der kausalen Geschlossenheit des Erlebten allenfalls eine nebensächliche Bedeutung haben. Für die Begründung der Annahme von Schuldunfähigkeit und – was das gleiche bedeutet der Qualifizierung des psychischen Erscheinungsbildes der Störung als krankhaft, ist die formale Betrachtungsweise jedoch ausschlaggebend; andernfalls würde man bei der einfachen Intuition stehenbleiben, die im Falle des Dämmerzustandes zwar allen Beurteilern unmittelbar einleuchtet, dies jedoch nicht tut, wenn die Störung weniger ausgeprägt in Erscheinung tritt.

Dem vorwissenschaftlichen Charakter der intuitiven Methode ist es zuzuschreiben, daß ihre laienhafte Anwendung beim Dämmerzustand dazu führt, daß praktisch alle derartigen und eine Vielzahl ähnlicher Fälle dem psychiatrischen Sachverständigen zur Beurteilung vorgestellt werden, was den Nebeneffekt hat, daß ihre forensische Bedeutung eher überschätzt wird; das Vorurteil vom Epileptiker als dem Prototyp des gefährlichen Geisteskranken hängt damit zusammen. In Wirklichkeit ist die strafrechtlich relevante Konstellation des mit aggressiven Verhaltensweisen verbundenen epileptischen Dämmerzustandes sehr selten. Am besten geht dies daraus hervor, daß unter 675 strafrechtlich untergebrachten psychisch gestörten Tätern nur 5 als gewalttätig bezeichnete Epileptiker angetroffen wurden (Müller u. Hadamik 1966). Diese Zahlenangabe findet eine eindrucksvolle Bestätigung durch die Ergebnisse von Untersuchungen bei Gefängnis- und Borstal-Insassen in England und Wales (Gunn u. Fenton 1969, 1971; Gunn 1979; Fenton 1981). Von 158 Epileptikern waren lediglich 2 während eines Anfallsäquivalents bzw. in der postparoxysmalen Periode straffällig geworden. 2 von 29 Patienten des auf die Behandlung untergebrachter Geisteskranker mit hohem Gefährlichkeitsgrad spezialisierten Broadmoor Hospitals waren postparoxysmal gewalttätig in Erscheinung getreten. Die relative Seltenheit dieser Konstellation wird von Böker u. Häfner (1973) folgendermaßen erklärt: „Schließlich mindert die Tatsache, daß eine gerichtete Aggressivität und eine sorgfältig geplante Tat um so weniger möglich sind, je schwerer die Bewußtseinsstörung ist, die Gefährlichkeit der Dämmerzustände, ganz abgesehen von den Möglichkeiten ihrer therapeutischen Beeinflussung." Der Hinweis auf die therapeutische Beeinflussung bezieht sich auf die Erfahrung, daß die hier in Frage kommenden Verhaltensänderungen „wahrscheinlich sehr rasch als gefährliche Erkrankung" erkannt werden, „zumal meist Anfälle oder andere Symptome vorhergegangen sind, die das Leiden bereits identifizieren ließen".

Einschränkend muß dazu allerdings bemerkt werden, daß der umdämmerte Epileptiker durchaus auch auf ungerichtete Weise und ohne Planung aggressiv in Erscheinung treten kann, und daß auch in einem solchen Fall die Identifikation des Leidens nicht zu bedeuten braucht, daß der Gefährlichkeit entsprechend Rechnung getragen würde. Der Kranke, über den später (vgl. S. 69) berichtet werden soll, erlitt eine Dämmerattacke in dem Augenblick, als er aus der nervenärztlichen Praxis kommend die verkehrsreiche Straße betrat; er griff wahllos Passanten an und wurde durch die Nichtbeachtung des Autoverkehrs zu einer Gefahr für sich selbst. In einem zweiten Fall war die hier „besonnen" wirkende Dämmerattacke in ihrer strafrechtlich relevanten Ausgestaltung die erste Manifestation des Anfallsleidens, wobei die Begleitumstände bereits derart absonderlich wirkten, daß die Polizeibeamten – wohl auch auf Rat des blutentnehmenden Arztes – den Probanden gleich in die Nervenklinik brachten.

Der psychiatrische Laie kann sich keinen Reim darauf machen, warum ein bis dahin unauffälliger junger Mann, der nach dem Genuß von 2 Glas Bier nicht betrunken sein kann, mit einem Gewehr auf Menschen schießt, mit denen er überhaupt nichts zu schaffen hat. Es muß sich um einen plötzlichen Einfall gehandelt haben, denn kurz zuvor war er noch ganz friedlich in Erscheinung getreten. Er war allem Anschein nach bei guter Stimmung mit seinem Begleiter über den Kirmesplatz geschlendert und hatte sich erfolglos an einer Schießbude versucht. Dann unternahm er eine Fahrt mit der Berg- und Talbahn; nach dem Aussteigen rannte er zur Schießbude zurück und schrie schon von weitem: „Alle Gewehre laden!" Es gelang ihm, ein Gewehr an sich zu reißen, mit dem er ein paar Meter zurücklief, um in die Menge zu zielen. Der Schuß ging über die Köpfe, weil der Schießbudenbesitzer, der über die Theke gesprungen war, das Gewehr beim Abfeuern gerade noch hochschlagen konnte. Daraufhin versuchte der junge Mann, ein zweites Gewehr einem herbeigeeilten Passanten auf den Kopf zu schlagen, wurde aber selbst zu Boden geschlagen. Beim Aufrichten stammelte er etwas, was wie eine Entschuldigung geklungen habe, dann rannte er, ohne auf die Leute achtzugeben, davon, stieß beim Überqueren der Straße gegen ein Auto, fiel erneut zu Boden. Sein Ziel war die Gastwirtschaft, in der er zuvor mit seinem Begleiter Bier getrunken hatte. Hier drang er schnurstracks in die Küche ein und nahm aus einer Schublade alle erreichbaren Messer an sich, um sie in die Taschen seiner Kleider zu verstauen. Ebenso schnell, wie er in dem Lokal erschienen war, verließ er es wieder, um zu einem nahegelegenen Waffengeschäft zu laufen. Hier gelang es ihm, mit gezielten Messerwürfen, die Kunden zu vertreiben und das Personal in die Flucht zu schlagen. Als er schließlich damit beschäftigt war, an Gewehren, die er den Regalen entnommen hatte, zu hantieren, wurde er von zwei amerikanischen Soldaten, die den Vorgang durch das Schaufenster beobachtet hatten, überwältigt, wobei er – zum Zeichen, daß er sich ergeben wollte – die Hände hob. Er wurde dann zunehmend apathisch. Bei der Blutentnahme wirkte er somnolent und gleich darauf schlief er ein. – Bei der gerichtlich angeordneten Untersuchung machte er eine Erinnerungslücke geltend. Das Letzte, an das er sich erinnerte, war, daß er Karten für die Berg- und Talbahn gekauft habe.

In einem solchen Fall, der sich sozusagen in der Öffentlichkeit abspielt und dessen Elemente leicht zu überblicken sind, legt der fremdartige Charakter des Geschehensablaufes auch psychiatrischen Laien die intuitive Gewißheit einer krankheitsbedingten Schuldunfähigkeit nahe. Die strukturale Erklärung dient dann nicht mehr der Begründung dieser Annahme, sondern deren sekundärer Erläuterung, indem sie zeigt, wie es sich mit dem Subjekt und Objekt dieses krankhaft veränderten Erlebens verhält. Das „quasi-subjektive" Organisationszentrum dieser im „Innenverhältnis" koordinierten, auf das Gesamtsystem bezogen aber nur scheinbar koordinierten Handlungen steht nicht in Übereinstimmung mit der sonstigen Lebensgeschichte, der Handelnde hat kein Identitätsbewußtsein; er gleicht darin in der Tat dem Träumer. Auf der anderen Seite befindet sich die Gegenstandswelt, auf die sich das Handeln erstreckt und die das Erlebensthema in einer Weise prägt, daß man geneigt ist, an den Ablauf einer militärischen Aktion zu denken, nicht in der durchgehend geschlossenen Kausalität des wirklich Gegebenen, was die Voraussetzung dafür gewesen wäre, daß sie auch von dem Kranken als das, was sie in ihrer zeitlich/räumlichen Bestimmtheit war, als harmloses Kirmestreiben, hätte erkannt werden können.

Es versteht sich von selbst, daß Entscheidungsfreiheit des Handelns fehlt, wo an die Stelle der im autonomen Subjekt des Erlebens gewährleisteten Einheit ein „quasi-subjektives" Organisationszentrum, das nur für einen selektierten Bewußtseinsbereich steht, getreten ist und wo das Objekt des Erlebens den Gegenständen vergleichbar geworden ist, die wir träumen. Bei einem solchen Selbstverständnis kann man in der Praxis ohne Schaden stehenbleiben, wenn in einem Einzelfall die zu beurteilenden Gegebenheiten so klar wie in dem mitgeteilten Fall zutage treten und kein Bedürfnis vorhanden ist, daraus allgemeine Rückschlüsse zu ziehen; Diagnose und Subsumtion unter die Rechtsbegriffe des § 20 StGB genügen.

In anderen Fällen läßt sich diese Einschätzung jedoch nicht aufrechterhalten; dies ist z. B. dort der Fall, wo die sinnvoll geordnete Koordination des Handelns durch ein solches „Ersatzsubjekt" beim Laien den Eindruck eines durchaus zweckmäßigen, den üblichen kriminellen Motiven folgenden Vorgehens erweckt. In solchen Fällen kann es der psychiatrische Sachverständige schwer haben, etwa den Unterschied zwischen einem Dämmerzustand, der im Hinblick auf diesen „koordinierten" Charakter als „besonnen" imponiert, und gewöhnlich kriminellen Handlungsweisen zu erklären. Wir wollen dies anhand von zwei weiteren Fallbeispielen kasuistisch ausführen und wählen zunächst die Verkehrsunfallflucht – später den Ladendiebstahl – aus.

Der 1939 geborene Proband erlitt 1976 ein schweres Schädel-Hirn-Trauma mit mehrtägiger Bewußtlosigkeit. Im Spätherbst 1980 wurde er wegen eines „hochpsychotischen Zustands" stationär aufgenommen. Im Hinblick auf einen verdächtigen computertomographischen Befund – bei diffus verlangsamtem und als dysrhythmisch beurteilten EEG – wurde eine körperlich begründbare paranoid-halluzinatorische Psychose diagnostiziert. Nach 3 Tagen waren die psychotischen Denkstörungen und Sinnestäuschungen abgeklungen, stattdessen bestand nun eine auffällige Reizbarkeit, die in einen ängstlich-hypochondrischen Zustand überging. Nach 10 Tagen verlangte der Patient, der als „eigenwillig/erregbar" bezeichnet worden war, entlassen zu werden. Bei 2 weiteren Klinikaufnahmen in den folgenden Jahren wurde jeweils eine paranoid-katatone Psychose diagnostiziert. Die Besserung erfolgte jedesmal, wie es im Krankenblatt heißt, „fast schlagartig"; zum psychopathologischen Bild gehörte eine Vielfalt psychotischer Erlebnisweisen wie abnormes Bedeutungserleben, Beeinträchtigungs-, Verfolgungs- und Größenideen, déjà-vu-Phänomene, ängstliche Ratlosigkeit, verschrobenes manieristisches Gehabe, Mutismus (der Proband spricht nicht; er schreibt auf einen Zettel, er könne, dürfe und wolle nicht sprechen). Zeitweilig glaubte er, daß das Fernsehen über ihn berichte. – Der Proband war früher strafrechtlich nie in Erscheinung getreten. Im Januar 1982 wurde er wegen Verkehrsunfallflucht angezeigt. Er hatte mit seinem PKW ein anderes Fahrzeug verfolgt und war zweimal von hinten gegen dieses Fahrzeug gestoßen, das daraufhin in den Straßengraben fuhr, wohin ihm der Proband mit seinem PKW folgte, um ein drittes Mal aufzufahren. Er stieg dann aus, zerrte die ihm völlig unbekannte Fahrerin des 2. PKW aus ihrem Fahrzeug, schlug und würgte sie und hätte sie – nach Zeugenangaben – umgebracht, wenn er nicht von anderen Verkehrsteilnehmern unter Gewaltanwendung von ihr getrennt worden wäre. Anschließend flüchtete er – im Dauerlauf – der zufällig vorbeikommenden Polizei entgegen, von der er kurz darauf festgenommen wurde. Er war – laut Polizeibericht – „nicht ansprechbar" und leistete bei seiner Festnahme „passiven Widerstand“. Bei der forensisch-psychiatrischen Untersuchung konnte der Proband sich den Vorfall, bezüglich dessen er eine vollständige Erinnerungslosigkeit behauptete, nicht erklären. Es sei ihm auch unverständlich, warum er an dem Morgen nicht zur Arbeit gegangen sei. Seine Frau habe sich an ihre Arbeitsstelle, die Kinder hätten sich zur Schule begeben gehabt; er sei noch einmal eingeschlafen und habe beim Wachwerden gemeint, unten auf der Straße sei alles voller Leute, die ihn suchten, um ihn umzubringen. Er sei dadurch ganz nervös geworden, habe telefonieren wollen. Von da an wisse er nichts mehr. Das Telefon habe später auf dem Boden gelegen und sämtliche Türen hätten offengestanden. Zwischendurch sei er „wachgeworden“ als „die auf der Polizei“ seine Frau gerufen hätten, dann setze das Gedächtnis für ein paar Tage aus und komme wieder, als ihn seine Frau im Krankenhaus besucht habe. Bei der gutachtlichen Untersuchung war der Proband unpsychotisch und er korrigierte die früheren psychotischen Inhalte.

Allein der Umstand, daß der Proband in der Lage war, sein Fahrzeug in Gang zu setzen, aus der Gerage heraus und heil von X nach Y zu fahren, wird im Routinebetrieb als Beweis für erhaltene Steuerungsfähigkeit und für die Unglaubwürdigkeit der behaupteten Amnesie angesehen, und vielleicht wird der Sachverständige dann gefragt, ob die Tatsache des Beachtens der Ampelsteuerung denn nicht „Realitätserkenntnis“ voraussetze und darüber hinaus auch die Fähigkeit, das Verhalten entsprechend zu bestimmen.

Bei der Besprechung der Schizophrenie wird ausdrücklich darauf hinzuweisen sein, daß die Desintegration des Bewußtseins als Kennzeichen der Krankheit nicht bedeutet, daß jegliche Integration des Erlebens ausgeschlossen wäre; ausgeschlossen ist lediglich das Erreichen jener Bewußtseinsstufe, auf der ein und dasselbe Subjekt alle und nicht bloß einen Teil der Erlebensinhalte zu einem einheitlichen und daher widerspruchsfreien und in sich stabilen Bewußtsein integriert. Die statt dessen erreichten Integrationsebenen sind von Fall zu Fall verschieden; ohne daß die vorstehend genannte Leistung erbracht wird, ermöglichen diese „Ersatzsubjekte“ ein scheinbar realitätsangepaßtes Verhalten, das man oft auch verstehen kann, und das daher auch als sinnvoll imponiert. Der tatsächliche Wirklichkeitscharakter der Verkehrsampel, vor welcher der Kranke während der Rotphase gehalten hatte, garantiert für sich allein noch keinen Erkenntniszusammenhang, dessen Vorhandensein dem Probanden den gleichen Eindruck von seinem Verhalten vermittelt hätte, dem wir uns nicht entziehen können, wenn wir erfahren, daß dieses Verhalten in mehrfachem absichtlichen Auffahren, Mißhandlungen der Geschädigten und Weglaufen ohne Aussicht auf Entkommen bestand. Offensichtlich hatte das Thema dieses Erlebens auf krankhafte Weise eine abwegige Bedeutung, die vielleicht mit seiner psychotischen Angst, aus der heraus er überstürzt das Haus verlassen hatte, in einen inneren Zusammenhang zu bringen ist.

Ganz ähnlich bedeutet „Entdifferenzierung“ hier nicht, daß überhaupt keine zeitlich/räumliche Erlebensgliederung mehr stattgefunden hätte. Die Feststellung krankhaften Erlebensabbaus bezieht sich vielmehr auf das Verfehlen jener kausalen Notwendigkeit der Ursache-Wirkungsverknüpfungen im Erleben, auf der bei der gewöhnlichen Verkehrsunfallflucht die Handlungsrelevanz des Gedankens an Fahrerlaubnis und Versicherungsschutz beispielsweise beruht. Der objektive Gehalt des Erlebten wird von einer Selektion bestimmt, durch die das Erlebensthema auf die unmittelbare Situation eingeengt wird. Solche Hinweise sind geeignet, die forensisch-psychiatrische Beurteilung des besonnenen Dämmerzustandes auch dem skeptischen Laien einsichtig zu machen und zu verdeutlichen, daß die hier zum Ausdruck kommende krankheitsbedingte Störung des Erkennens/Wollens, die sich von allen denkbaren Inhalten unabhängig auf die Form des Bewußtseins, auf die kognitiv/volitiven Fähigkeiten erstreckt, etwas anderes ist, als ein irrationaler Gebrauch, der davon gemacht wird. Dies soll abschließend noch am Beispiel des im Dämmerzustand begangenen Ladendiebstahls verdeutlicht werden.

Der 1936 geborene Proband betrat sehr schwerfällig, langsam das Untersuchungszimmer, seine Bewegungsabläufe waren fast zahnradartig, als wären die Gelenke irgendwie eingerostet. Die mimischen und sonstigen Ausdrucksbewegungen wirkten maskenhaft. Die Haut war gelblich-grau verfärbt, wie man dies bei chronisch Leberkranken findet, die Unterschenkel waren massiv ödematös, und vordergründig wurde das Erscheinungsbild von einer frischen Kopfverletzung im oberen Stirnbereich bestimmt, die sich der Proband beim letzten epileptischen Anfall zugezogen hatte. Er eröffnete die Unterredung mit einigen scherzhaft gemeinten Fragen und bezeichnete sich dabei als „Sunnyboy", was er noch durch den betont jugendlichen Stil, sich auffällig zu kleiden, wirkungsvoll unterstrich. Er ergriff auch weiterhin die Initiative und berichtete in einer verlangsamten, skandierten Sprechweise weitschweifig zur Vorgeschichte. Er rückte seine – glanzvolle – sportliche Laufbahn in den Vordergrund, in deren Rahmen er einmal Deutschlands jüngster Bundesligaschiedsrichter war und zahlreiche internationale Spiele zu leiten hatte. Er kam dann ebenso weitschweifig auf seinen krankheits-(alkohol-)bedingten sozialen Abstieg zu sprechen und stellte – scheinbar leichthin – in Frage, ob er seinen nächsten Geburtstag noch erlebe; etwas später erklärte er, daß er doch noch ein paar Ansprüche an das Leben habe und sich um die Wiedererteilung des Führerscheins bemühen wolle. Ohne daß vorher von epileptischen Anfällen die Rede gewesen wäre, meinte er dann plötzlich, daß er trotz allem noch das Glück habe, „immer so wunderbar hinzufallen, daß er sich trotz zahlreicher Stürze noch nie einen Knochen gebrochen habe". Obgleich er zum Ausdruck brachte, daß „das" an und für sich „alles" sei, was er zu berichten habe, redete er ununterbrochen weiter, um plötzlich zu konstatieren, „daß man jetzt – an und für sich – zur Sache kommen müsse". Er tat dies aber nicht, sondern ging zunächst noch auf eine ganze Reihe weiterer, z.T. bereits ausführlich erörterter Gesichtspunkte ein, die er mit der Feststellung zusammenfaßte, daß er „effektiv keine alkoholischen Getränke im Zusammenhang mit diesen Tabletten (Antiepileptika) zu sich nehmen" dürfe. Daran hatte er sich in der Cafeteria der Kaufhalle, wo er einen Bekannten getroffen hatte, nicht ganz gehalten. Er habe ein Bier getrunken, was vielleicht verkehrt gewesen sei. Dann könne er sich – an und für sich – nur erinnern, daß er von jemand angesprochen worden sei; richtig verstanden habe er nur, daß er 50,– DM bezahlen solle. Er habe sich dann erkundigt, was los sei; es sei um lauter so Krimskrams gegangen, wo er keine Verwendung dafür gehabt habe. Trotzdem habe er das Zeug dann kaufen wollen, zumal er ja genug Geld dabei gehabt habe. Auf diesen Vorschlag sei man jedoch nicht eingegangen, statt dessen sei die Polizei gekommen. Was er überhaupt auf dem Revier gemacht habe, wisse er nicht. Er könne auch nicht sagen, ob er etwas unterschrieben habe. Jedenfalls habe er plötzlich mit seinen Gedanken wieder auf der Straße gestanden. – Er führt dieses Nichtwissen auf seine Aufregung zurück, Gedächtnislücken kennzeichnen aber auch sonst in einer von dem Probanden bagatellisierten Form den Bericht und führen dazu, daß Rückfragen – z.B. hinsichtlich der Anfallsanamnese im einzelnen – unbeantwortet bleiben; der Untersuchte verweist stattdessen auf den ihn behandelnden Nervenarzt, dessen Diagnose lautete: „hirnorganisches Anfallsleiden mit anschließenden Dämmerzuständen und deutlicher epileptischer Wesensänderung". Immerhin ist den Angaben des Probanden soviel zu entnehmen, daß es sich bei den Anfällen um typische Grand-mal-Anfälle mit gelegentlichen postparoxysmalen Dämmerzuständen handelt, wobei die mit der epileptischen Wesensänderung in Zusammenhang zu bringende Disziplinlosigkeit die konsequente Behandlung sehr erschwert. – Nach dem objektiven Ermittlungsergebnis war der Proband bei dem Ladendiebstahl sehr wahllos und auffällig unbekümmert vorgegangen. Er schien sich in keiner Weise darum zu bemühen, unentdeckt zu bleiben, weshalb seine offensichtliche Überraschung und sein Abstreiten beim Festhalten um so auffälliger waren, einem Zeugen als „absurd" erschienen. Das Diebesgut bestand aus einem Besteckkasten, einem Kochbesteck, einem Wandbild, zwei weiteren Bildern und einem Schulfüllhalter. Die Polizeibeamten hielten ihn für „merklich angetrunken"; er sei wütend-aufgebracht gewesen und habe unzusammenhängende Antworten gegeben; besonders vermerkt wurde, daß er eingekotet und eingenäßt habe. Das Gesundheitsamt teilte mit, daß der Proband schon öfters in hilflosem Zustand aufgegriffen und in Krankenhäuser eingeliefert worden sei. Die in der Untersuchungssituation zutage getretene Wesensänderung ist – dem weiter vorn erwähnten – emotional labilen Typ zuzuordnen; sie wird durch Abbauerscheinungen akzentuiert, die bereits deutlich ausgeprägt sind. Auffällig war insoweit insbesondere die zwischen der Thematik seines Erlebens und dem begleitenden Affekt bestehende Diskrepanz im Sinne einer subeuphorischen Stimmungsanhebung mit Einschränkung der Kritikfähigkeit.

Heuyer (1968) brachte den „epileptischen Diebstahl" in die Nähe epileptischer Tötungsdelikte, des Suizids, von Brandstiftungen und sexuellen Fehlverhaltens, wobei er als Charakteristika das Fehlen der Prämeditation, den plötzlich instinkthaften Verhaltensstil und die Wahllosigkeit des Vorgehens ohne Rücksicht auf persönliche Schutzbedürfnisse hervorhob. Obwohl die Kranken auf diese Weise regelmäßig „in flagranti" erwischt wurden, negierten sie das, was sich dem Augenschein nach nicht negieren lasse, und wirkten dadurch höchst auffällig. Diese Kennzeichnung trifft in allen Einzelheiten auf den Geschehensablauf in der hier wiedergegebenen Fallbeschreibung zu. Berücksichtigt man zusätzlich die Krankheitsvorgeschichte und die Rückschlüsse, die aus dem psychopathologischen Erscheinungsbild anläßlich der forensisch-psychiatrischen Untersuchung zu ziehen waren, dann läßt diese Beurteilungsgrundlage an Eindeutigkeit nichts zu wünschen übrig.

Dies ist jedoch nicht immer so; es kann sein, daß differentialdiagnostische und forensisch-psychiatrische Erwägungen, die in diesem Zusammenhang aufgeworfen werden, zu den schwierigsten gutachterlichen Aufgaben zu rechnen sind. Bei gesicherter Diagnose ist hingegen die Annahme von Schuldunfähigkeit unproblematisch, weil der mit einem epileptischen Dämmerzustand verbundene Strukturverlust – wie vorstehend kasuistisch gezeigt wurde – immer so ausgeprägt ist, daß die dem Handelnden verbliebenen Erlebensmöglichkeiten auf ein Verhalten ohne ein seiner selbst bewußtes Subjekt eingeschränkt ist. Ohne den Bezug zum objektiven Gesamtzusammenhang der für das Handeln maßgeblichen Gegebenheiten ist richtiges Erkennen und freies Wollen ausgeschlossen, auch wenn teilweise organisiertes Verhalten noch möglich sein und den Eindruck der Besonnenheit erwecken kann. Dieser Hinweis gestattet es, dem psychiatrischen Laien zu erklären, daß eine u. U. recht komplexe Handlung äußerlich koordiniert und trotzdem von einem Bewußtseinsgestörten ausgeführt worden sein kann.

Schwierigkeiten der Beurteilung, die auf einem generellen Informationsmangel beruhen, wenn von einem Probanden eine Amnesie behauptet wird und Zeugen nicht zur Verfügung stehen, werfen zusätzliche Probleme auf, die der Sachverständige kennen muß. Die Situation des Informationsmangels führt im Zusammenhang mit dem strafrechtlichen Grundsatz „in dubio pro reo" zur Notwendigkeit einer Extrapolation, bei welcher der Sachverständige exakt die Grenze ziehen muß, die sein Wissen, von der ausschließlich dem Gericht zustehenden Aufgabe der Beweiswürdigung trennt; dies bedeutet, daß er scharf zwischen seinen wissenschaftlichen Erkenntnissen und irgendwelchen subjektiven Vermutungen, die der Aufhellung dieses Dunkelfeldes dienen sollen, unterscheiden muß. Unter solchen Umständen genügt es beispielsweise nicht, auf die übliche Erfahrung, daß der Dämmerzustand eine Erinnerungslücke hinterläßt, zu verweisen, um damit die Glaubwürdigkeit der Amnesiebehauptung darzustellen und im nächsten Schritt aus dem Vorliegen der Amnesie den Beweis für das Auftreten des Dämmerzustandes herzuleiten. Daß die Forderung, solche Zirkelschlüsse zu vermeiden, selbstverständlich klingt, besagt nicht, daß sie in der gerichtspsychiatrischen Praxis nicht vorkämen.

In dieser Praxis verbindet sich mit einer solchen Situation die Notwendigkeit, die diagnostische Festlegung bis zur mündlichen Beweisaufnahme bei der Hauptverhandlung offenzulassen, womit sich der Sachverständige nicht das Geringste vergibt. In der Hauptverhandlung hat er Gelegenheit, Zeugenvernehmungen anzuregen, Fragen zu stellen und sich erklären zu lassen, von welcher Beweislage er – beispielsweise im Hinblick auf die Glaubwürdigkeit der Einlassungen des Beschuldigten – ausgehen soll. Auch wenn aufgrund seiner Untersuchungsergebnisse feststeht, daß bei einem Beschuldigten eine Epilepsie besteht oder eine morphologische Veränderung des Gehirns – z. B. eine computertomographisch nachgewiesene Zyste des Temporalhirns – vorliegt, die erklären könnte, daß es zum Auftreten eines Dämmerzustandes kommt, handelt es sich hier um eine Betrachtungsebene, die ursächliche Betrachtungsebene, die nicht die Betrachtungsebene der zur Tatzeit wirksamen psychopathologisch zu erfassenden Bewußtseinsveränderungen ist. So, wie eine solche Zyste beispielsweise die sonstige Sozialbewährung oder die Fahrtüchtigkeit in keiner erkennbaren Weise zu beeinträchtigen braucht, so kann sie auch hinsichtlich eines besonderen Tatverhaltens stumm bleiben. Der oben erwähnte Grundsatz, wonach Zweifel dem Angeklagten zugute zu halten sind, ändert nichts daran, daß die Verifikation der Diagnose auf positive psychopathologische Feststellungen gegründet werden muß, wie sich dies aus den mitgeteilten Fallbeispielen ergibt. Diagnostische Kriterien, die für die tatzeitbezogene Diagnose eines epileptischen Dämmerzustandes oder die Glaubwürdigkeit einer behaupteten Amnesie wirklich zählen, müssen auch tatzeitbezogen festgestellt oder – und zwar vom Gericht – als festgestellt erachtet werden. Die Erfahrung lehrt, daß die Behauptung einer Amnesie vor Gericht, auch wenn sie von einem Epileptiker aufgestellt wird, oft nur eine Schutzbehauptung darstellt, insbesondere wenn viel auf dem Spiel steht.

Gelegentlich fällt auf, daß Gutachter in solchen Fällen einen außerordentlich großen Aufwand treiben, die Diagnose „Epilepsie“ nach allen möglichen Gesichtspunkten und unter voller Ausschöpfung der im § 81 StPO vorgesehenen Untersuchungszeit von 6 Wochen abzusichern, während die Frage der praktischen Bedeutung der auf diese Weise gewonnenen Erkenntnis hinsichtlich der Beurteilung des Zustandes zur Tatzeit, auf den nach dem Wortlaut des Gesetzes abzustellen ist, nur eine vergleichsweise beiläufige Beachtung findet und im Gutachten in wenigen Zeilen abgehandelt wird. Solche Sachverständige setzen sich verständlicherweise dem Verdacht aus, daß sie geneigt seien, kurzerhand von ihrem – unter Einschaltung aller aufwendigen Hilfsmethoden erzielten – Ergebnis bei der klinischen Untersuchung auf den Zustand zur Tatzeit zu extrapolieren, auch wenn es tatbezogen-konkrete Hinweise gibt, die andere Rückschlüsse zumindest nahelegen. Dabei spricht es nur für den kritischen

Sinn des Sachverständigen, wenn er in einer gegebenen Situation ruhig einräumt, daß er unschlüssig ist, und wenn er aufzeigt, wo seine wissenschaftlichen Erkenntnisse an ihre Grenze stoßen.

Es kann vorkommen, daß nur das Ergebnis der Tat – ein totes Kleinkind – und der Umstand, daß die Beschuldigte im Kindes- und Jugendalter an einer Epilepsie mit Absencen gelitten hat, bekannt sind; außerdem, daß sie ein paar Jahre früher bereits einmal wegen einer Kindesmißhandlung, bei der das Kind massive Schädelverletzungen davongetragen hatte, vor Gericht stand. So, wie dies früher der Fall war, fehlen auch jetzt Tatzeugen; die Beschuldigte erinnert sich nicht. Ohne direkt eine Amnesie zu behaupten, schildert sie einen Geschehensablauf, in dem das Tatgeschehen zeitlich einfach keinen Platz findet. Zeugen aus dem weiteren Umfeld, darunter die nächsten Angehörigen, sind ganz erstaunt, von der Eventualität einer Epilepsie überhaupt zu erfahren, geschweige denn, daß sie Beobachtungen mitteilen könnten, die auf einen Anfall hindeuten würden. In einem solchen Fall kommt es dann nach Ausschöpfung aller denkbaren Erkenntnismöglichkeiten allein noch auf die Glaubwürdigkeit der Erinnerungsstörung an. Dies darf nicht nur der Sachverständige erkennen, diese Erkenntnis muß unbedingt auch dem Gericht in ihrer vollen Tragweite vermittelt werden. Letztendlich entscheidet in diesem Fall eine Wertung über den Ausgang des Verfahrens und auch darüber, ob die Beschuldigte das früher mißhandelte Kind, bezüglich dessen ihr das Sorgerecht entzogen wurde, zurückerhält, worum sie sich mit Hilfe ihres Rechtsanwalts nach Kräften bemüht.

Mit dem Organisationsgrad der Restrukturation des Verhaltens im Dämmerzustand wird beim Beobachter der Eindruck der Besonnenheit des gleichwohl psychotisch gestörten Epileptikers um so mehr hervortreten, je länger die Störung anhält, je ausgedehnter sie den Rahmen des epileptischen Grundleidens ausfüllt. In diesem Sinne ist die auf S. 59 zitierte Feststellung von Böker und Häfner, wonach die Gefährlichkeit der Dämmerzustände durch die Schwere der Bewußtseinsstörung relativiert werde, zu modifizieren, denn es trifft nicht zu, daß die zeitliche Verlängerung des Dämmerzustandes über die psychotische Episode bis zur chronischen Psychose das aggressive Potential der Kranken mindere. Angesichts besonderer Einzelfälle, die allerdings sehr selten sind, ist man geneigt, das Gegenteil anzunehmen und diesen Kranken einen sonst kaum verwirklichten Grad der Gefährlichkeit zu attestieren (Luthe 1981b). Die Schwere der Bewußtseinsstörung ist im Hinblick auf den Eindruck der Besonnenheit, den der Beobachter haben kann, nicht offensichtlich; sie tritt u.U. erst bei einer sorgfältigen psychopathologischen Untersuchung hervor, wobei sich auch zeigt, daß dadurch planmäßiges Verhalten und gerichtete Aggressivität keineswegs ausgeschlossen werden.

Der Charakter des zweckbestimmt Planmäßigen, den die Straftat unter diesen Umständen haben kann, führt jedoch verstärkt zu den bereits erörterten Schwierigkeiten, den psychiatrischen Laien von der durchaus krankhaften Determinationsstruktur des straffälligen Verhaltens zu überzeugen. Selbst bei sehr erfahrenen Kriminalbeamten kann dann der Verdacht, daß man es mit einem Simulanten zu tun habe, der das Gericht und den Sachverständigen zum besten hält, außerordentlich hartnäckig sein. In den beiden Fällen, über die nachfolgend berichtet werden soll, wurde dieser Verdacht noch dadurch wirkungsvoll erhärtet, daß die Kranken in der Tat ein eigenartig „gespaltenes" Verhältnis zur Wahrheit haben, dessen psychopathologische Einordnung schwierig ist und das den Gedanken an die Darstellungskünste hysterisch-stimmungslabiler Persönlichkeiten wachruft. Daran ist allerdings auffällig, daß beide Probanden selbst dafür sorgten, daß die doppelte oder dreifache Art ihrer „Buchführung" leicht zu erkennen war.

Der am 1. April 1940 geborene Frührentner J. B. wurde beschuldigt, am 6. Mai 1981 einen im gleichen Haus wohnenden 61jährigen Mann getötet zu haben. Die Schwester des Getöteten entdeckte ihn mit blutbeschmierten Händen in der Nähe der Leiche. Sie rief die Polizei herbei, der gegenüber der Proband eine Amnesie geltend machte. Vorhaltungen trat er mit der Behauptung entgegen, daß die Polizei ihn belüge; er glaube nicht, daß das passiert sei, der Mann lebe. – B. ist im März 1966 wegen einer Gehirnblutung im Bereich des rechten Stirnhirns operiert worden; in der gegenüberliegenden Schläfenregion wies der Schädelknochen eine Frakturlinie auf. In den folgenden Jahren kam es zu massiven Verhaltensauffälligkeiten aggressiver Prägung, die durch Alkoholexzesse kompliziert zu wiederholten zwangsweisen Unterbringungen in einem psychiatrischen Krankenhaus geführt haben. Der Amtsarzt diagnostizierte eine posttraumatische Epilepsie mit starker Wesensänderung und verwies auf unkontrollierbare aggressive Dekompensationen unter Alkoholeinfluß bei völliger Krankheitsuneinsichtigkeit. Während der stationären Aufenthalte trat er ebenfalls sehr aggressiv in Erscheinung und entwich häufig. Neben Hinweisen auf die reizbare Verstimmbarkeit finden sich in den Pflegeberichten wiederholte Eintragungen, wonach der Proband zeitweise geistesabwesend wirke. Verschiedentlich verletzte er sich bei Stürzen, war verwirrt oder benommen und hinsichtlich seiner Tabletteneinnahme kaum zu kontrollieren. Die Angehörigen berichteten über Stimmenhören und Wahnvorstellungen und bei einer Gelegenheit wurde in der Krankengeschichte ein epileptischer Krampfanfall mit anschließendem Dämmerzustand notiert. Die Entmündigung und Einrichtung einer Vormundschaft hatten keine praktischen Folgen. 2 Monate nach seiner Verhaftung wurde er – im Juli 1981 – noch einmal für 3 Tage stationär aufgenommen, nachdem in der Haftanstalt ein akuter Verwirrtheitszustand aufgetreten war. In der Klinik gab der Patient an, daß er diese Symptome nur gespielt habe, um in der Klinik seine Freundin sehen zu können, und weil er hoffe, täglich Ausgang zu bekommen. Als sich diese Hoffnungen nicht erfüllten, wollte der Proband „möglichst schnell" ins Gefängnis zurückverlegt werden. – Bei der Untersuchung anläßlich der Begutachtung bezeichnete er die Beschuldigung ähnlich wie bei der Polizei als Vorwand. Er meinte, man wolle ihn festhalten, damit er keinen Alkohol trinke; auch der Alkohol sei nur ein Vorwand, damit seine Familie ihn „totschreiben" lassen könne, um von der Versicherung Beerdigungskosten zu bekommen. Auf ähnliche Weise produzierte er eine Fülle paralogischer Gedankengänge, wobei aus der generellen Ideenflüchtigkeit in zerfahrener Weise wahnhafte Vorstellungen mit einer Beeinträchtigungs- und Eifersuchtsthematik hervortraten. Er klagte darüber, daß man ihn hinsichtlich seiner Situation im Unklaren lasse. Er bekomme keine konkreten Hinweise; die sagten immer, er wäre tot. Aus dem weiteren Bericht läßt sich entnehmen, daß der Proband über detaillierte Erinnerungen verfügt, er scheint daraus aber keinen Zusammenhang herzustellen. Einen großen Raum nimmt dabei die Behauptung ein, daß sich der Geschädigte ihm sexuell genähert und verlangt habe, daß er ihn umbringe. Dies wird mit sehr vielen Details ausgeschmückt; dabei erwähnt der Proband auch, daß er mit Strom „geschockt" werde. Deswegen habe er immer bei dem nachgeforscht, wieviel Strom er habe, und wieviel Strom bei dem aufgeschrieben sei. Und ab und zu habe er etwas „wie einen Vogel" piepsen gehört, als wenn der mit ihm schwätze. Weil er manchmal durcheinander gewesen sei, habe er die unterschiedlichen Angaben bei der Polizei gemacht. Er habe von allem ein bißchen gesagt, anfangs habe ihm die Mitte gefehlt, maßgeblich sei für ihn der Richter. Schließlich vertraute der Proband dem Untersucher an, daß niemand die Geschichte mit den Vogelstimmen erfahren dürfe, weil er sonst nicht mehr aus der Narrenanstalt herauskomme, dabei schilderte er diese halluzinatorischen Erlebnisse in einer außerordentlich authentischen Weise einschließlich der Reaktionen seiner Umgebung, um mit dem Hinweis zu schließen, daß es Vögel gebe, die Laute pfeifen und sprechen könnten, Wellensittiche, Kanarienvögel. Seine Ankündigungen, was er in welchem Zusammenhang verschweigen wolle, verbunden mit dem gleichzeitigen Hinweis auf diesen Umstand erinnert an das bei Schizophrenen bekannte Phänomen der „doppelten Buchführung"; diese Ähnlichkeit erstreckt sich auch darauf, daß er sich an das anklammert, was er in der unmittelbaren Gesprächssituation von außen geboten bekommt. Wird das Gespräch nicht vom Untersucher logisch strukturiert, kommt es sehr schnell zu formalen und inhaltlichen Auffälligkeiten, wobei die dann zutage tretende Kritikschwäche nicht durch einen dementiellen Intelligenzabbau zu erklären ist. Gleichartige Rückschlüsse ergeben sich bei einer Analyse seiner zahlreichen schriftlichen Eingaben. So heißt es beispielsweise in einem Brief vom 27. November 1980, er werde von grauenhaften Empfindungen an Leib, Geist und Körper gequält. Schocks, Strom und Spannungen gefährdeten ihn und zwängen ihn, eine andere Nationalität und Heimat zu finden. Es müsse sich um Mikroempfänger handeln, die seit 2½ Jahren pausenlos empfingen und sendeten. Schließlich stellte er das Tatgeschehen als eine Art von Rollenspiel dar, bei dem er im Verein mit der Schwester des Getöteten versucht habe, diesen von seinen „schwulen Gedanken" abzubringen. Dabei sei der plötzlich unter dem Tisch hochgesprungen, und er habe anschließend so getan, als hätte er ihn zusammengeschlagen. Zuletzt habe er noch einen tödlichen Stich vorgetäuscht, was die Schwester nachher zum Spaß wiederholt habe. – Zweifel an der Diagnose einer chronischen Psychose mit Halluzinationen verschiedener Sinnesgebiete, die im Hinblick auf das tendenziöse Verhalten des Probanden, das er auch bei der Hauptverhandlung zeigte, verständlich sind, lassen sich durch die weit zurückreichende Dokumentation der Vorgeschichte gänzlich ausräumen. Es ist offensichtlich, daß die widersprüchlich-verworrene Art seiner zahlreichen Stellungnahmen zum Tatgeschehen ebenfalls psychotisch determiniert ist, und es liegt nahe, auch den im Tatgeschehen selbst verwirklichten aggressiven Durchbruch als Ausdruck des krankhaft veränderten Erlebens aufzufassen, letztlich als das Ergebnis seiner Unfähigkeit, sein Erleben und seine Persönlichkeit in normalen zwischenmenschlichen Beziehungen zu stabilisieren. Die außergewöhnliche Aggressivität des Probanden, die seit dem Hirntrauma das Zusammenleben mit dem Probanden zu einem Risiko machte, ließ grosso modo schlimme Folgen befürchten; im einzelnen war aber die schließlich erfolgte Dekompensation nicht vorherzusehen. So imponiert der in der Tatsituation erfolgte aggressive Durchbruch fast als „zufällig", was den Eindruck des Bestürzenden noch unterstreicht. Nach der Darstellung des Probanden erfolgte er in einer „Verschnaufpause" im Rahmen einer anderen Beschäftigung, die im Herstellen eines Gestecks „mit künstlichen Blumen für immer" bestand.

Auf der klinischen Ebene erforderte die Erörterung dieses Falles die Berücksichtigung komplizierter ätio-pathogenetischer Zusammenhänge, worauf im forensisch-psychiatrischen Rahmen verzichtet werden kann; beispielsweise kommt es hier nicht darauf an, die Rolle des chronischen Alkoholmißbrauchs und eines zeitweisen Tablettenmißbrauchs im gesamten Bedingungsgefüge der psychischen Störung abzugrenzen, weil sich daraus hinsichtlich der Schuldfähigkeit nichts ableiten läßt. Es soll jedoch noch einmal auf die spielerisch zweckbestimmte Art, in der sich der Proband gegenüber den Ermittlungsbehörden aber auch in der Nervenklinik einließ, hingewiesen werden. Man könnte glauben, sich in einem Spiegelkabinett zu befinden, wenn der Proband einen echten Verwirrtheitszustand unzutreffenderweise als Simulation bezeichnet und sich dabei gleichzeitig „in die Karten" blicken läßt, indem er die Zweckgerichtetheit seiner Angaben offen bekundet. Im Unterschied zu echten Simulationen haben seine „Pseudosimulationen" nicht die geringste Chance ernst genommen zu werden; so hätte beispielsweise der verblüffende Einfall, die Polizei beim ersten Zugriff der Lüge zu bezichtigen und zu behaupten, der Mann lebe, allenfalls einen Sinn, wenn daraus die Absicht abgeleitet würde, der Proband wolle „verrückt spielen". Bedauerlicherweise hat er dies nicht nötig; seine Verrücktheit stand seit langem fest, und man hatte ihr nicht einmal mit der Entmündigung adäquat Rechnung zu tragen vermocht. – Gelegentlich gelingt es den

Kranken sogar die Ermittlungsbehörden aktiv in dieses Spiel einzubeziehen, um mit wirklichen oder falschen Geständnissen die Verlegung aus dem Gefängnis in die Nervenklinik oder umgekehrt durchzusetzen. Dieser Gesichtspunkt spielte auch bei dem 2. hierhergehörigen Fallbeispiel eine Rolle und führte dazu, daß erst bei der Hauptverhandlung eine abschließende Klärung erzielt werden konnte. Die auffallende Parallelität, die insoweit in den beiden hier zu referierenden Fällen besteht, legt die Annahme nahe, daß derartige mythomanische Neigungen bei der chronischen epileptischen Psychose symptomatischen Charakter haben und teilweise auch mit pseudomnestischen Zügen verbunden sind. Der Proband, über den nachfolgend berichtet werden soll, brachte bei seinen – gelegentlich an einen Schauerroman erinnernden und mit zahlreichen blutrünstigen, sentimentalen Details ausgestatteten – Angaben sehr heftige Gefühle so authentisch zum Ausdruck, daß z. B. die Wut, über die er sprach, höchst einfühlsam in der Untersuchungssituation vorhanden war: er wurde puterrot, der Hals schwoll an, die Augen traten hervor etc. Im nächsten Augenblick lachte er, ohne daß er sich von den abenteuerlichen Ausschweifungen seines Berichts im mindesten distanzierte; es entstand vielmehr der Eindruck, daß er – zumindest im Moment – selbst daran glaube.

Der Proband ist 1945 geboren. Er kam am 10. Januar 1979 aus der StVE Brandenburg frei und reiste am 11. Januar 1979 in das Bundesgebiet ein. Er war nach eigenen, z. T. von Zeugen bestätigten Angaben, von 1962–1965 wegen versuchter Republikflucht, unbefugtem Gebrauch von Fahrzeugen, Staatsverleumdung und Körperverletzung, sowie vom 11. Januar 1969 bis zum 10. Januar 1979 wegen Diebstahls, unbefugtem Waffenbesitz, Widerstands gegen staatliche Maßnahmen, Staatsverleumdung, versuchter Republikflucht und schwerer Körperverletzung in der DDR inhaftiert. Dazu gab er vor dem Aufnahmeausschuß u. a. an, daß er geplant gehabt habe, die Grenze mit Waffengewalt zu überschreiten. Zu diesem Zweck habe er sich durch einen Einbruch die Dienstwaffe eines Staatsanwalts beschafft. Im Protokoll heißt es, daß der Proband in der mündlichen Verhandlung keinen besonders günstigen Eindruck hinterlassen habe. Seine Angaben seien nicht überzeugend und ließen viele Fragen offen. Der Status eines politischen Häftlings wurde dem Probanden daraufhin verweigert. Einige Wochen später bezichtigte er einen Flüchtling, den er im Notaufnahmelager kennengelernt hatte, der nachrichtendienstlichen Tätigkeit für den Staatssicherheitsdient der DDR und brachte auf diese Weise ein Ermittlungsverfahren in Gang, das mit Verfügung der Staatsanwaltschaft bei dem Bayerischen Obersten Landesgericht vom 7. Januar 1981 eingestellt wurde, wozu vermerkt wurde, daß sich die Angaben des Probanden nicht als zuverlässig erwiesen hätten. Tatsächlich enthalten die Angaben zahlreiche phantastische Details, die dadurch einen besonderen Stellenwert erhalten, daß er sich selbst als Detektiv betätigte und auch sonst auffällig benahm. Einen Vernehmungstermin sagte er mit der Begründung ab, daß er einen Verkehrsunfall für den Fall befürchte, daß er mit seinem PKW nach München fahren würde. Bei einer Vernehmung, die am 11. August 1979 an seinem Wohnort durchgeführt wurde, gab er an, daß er „aufgrund seines gesundheitlichen Zustands momentan nicht in der Lage sei, sich während einer Vernehmung entsprechend zu konzentrieren". Er wurde seinerseits von einem ehemaligen Mithäftling als „Zuträger für das MfS in der StVE Brandenburg" bezeichnet. Ermittlungen, die daraufhin angestellt wurden, hatten kein klares Ergebnis; es wurde aber bekannt, daß er während der Haft auf brutale Weise mißhandelt worden und nur noch ein „Nervenbündel" gewesen sei. Er selbst gab an, während der Haft einen Wärter attackiert zu haben und wiederholt Gewehrkolbenschläge auf den Kopf erhalten zu haben. Tatsächlich erlitt er bei einem Verkehrsunfall im Dezember 1979 einen Schädelbasisbruch mit Monokelhämatom und Blutaustritt aus dem Ohr. Wegen „ungebührlichen Benehmens" ist er vorzeitig aus der stationären Behandlung entlassen worden. Bei einem weiteren Verkehrsunfall war einer Passantin aufgefallen, daß er kurz vor dem Auffahren den Kopf auf das Steuerrad seines Wagens gelegt hatte. Schließlich erlitt er einen Arbeitsunfall, bei dem er von einem herabfallenden Maurerhammer im Bereich der linken Schläfe verletzt wurde. Im Krankenblatt findet sich der Hinweis auf vorangegangene Suizidversuche. Im August 1980 wurde er nach einem weiteren Suizidversuch, nach welchem er bewußtlos im Wald aufgefunden worden war, erstmals in ein psychiatrisches Krankenhaus eingewiesen. Im Aufnahmebefund heißt es, der Patient sei „am ganzen Körper mit Narben übersät". Nach dem Aufklaren drohte er mit Gewalttätigkeiten und mußte in eine geschlossene Abteilung verbracht werden. Die einzigen Klagen, die er äußerte, betrafen eine völlige Impotenz, die sich seit dem Schädeltrauma im Dezember 1979 bei ihm eingestellt habe. Im psychischen Befund heißt es: „Bei den ausführlichen und weitschweifigen Schilderungen seiner Anamnese hat man manchmal das Gefühl, es könnte eine epileptische Wesensänderung vorliegen". Diese diagnostische Einschätzung wurde von dem ambulant wegen der Potenzstörung behandelnden Nervenarzt ausdrücklich mit dem Hinweis auf einen Dämmerzustand bestätigt. Zur differentialdiagnostischen Abklärung „psychomotorisches Anfallsleiden/Schutzbehauptung" wurde am 3. September 1980 ein Hirnstrombild abgeleitet, das den Verdacht auf das Vorliegen einer Epilepsie mit der Möglichkeit einer sekundären Fokalisierung und dem Auftreten psychomotorischer Anfälle erhärtete. Mittlerweile hatte der Proband in dilettantisch-auffälliger Weise am 25. Juni 1980 eine Tankstelle überfallen und dadurch ein Ermittlungsverfahren gegen sich in Gang gebracht, in dessen Verlauf er in Verdacht geriet, am 2. Dezember 1980 einen früheren Mitpatienten erwürgt zu haben. Obgleich er keine plausible Erklärung dafür hatte, daß er im Besitz von Ausweispapieren und anderen dem Getöteten zuzuordnenden Gegenständen war, leugnete er mit großer Heftigkeit die Täterschaft, wobei er sich in z.T. paralogisch anmutende Widersprüche verstrickte. Im Hinblick darauf, daß sich frappierende Ähnlichkeiten der Tatbegehung ergaben, wurde er nummehr auch verdächtigt, am 3. Juni 1980 einen alleinstehenden älteren Mann in seiner Wohnung getötet zu haben. Es wurde in diesem Zusammenhang bekannt, daß der Proband Gegenstände, die aus der Wohnung des Getöteten verschwunden waren, öffentlich neben einer Kirche verbrannt hatte; anderes Eigentum des Getöteten wurde noch in seinem Besitz gefunden. – Nach der Inhaftierung wurden bei ihm epileptische Anfälle beobachtet, weswegen er in einer neurologischen Klinik vorgestellt wurde. Bei der gutachterlichen Untersuchung im März 1981 wurde eine frische Zungenbißnarbe bemerkt; der Proband berichtete von häufigem nächtlichen Einnässen und er bot in seinem Ausdrucksverhalten zahlreiche Auffälligkeiten. Er bezeichnete den 24. August 1981 als seinen Todestag, wozu er erklärte, daß er sich an einem 24. August schon einmal das Leben genommen habe. Er äußerte den Wunsch, neben einem 18jährigen Mädchen, das kürzlich erstochen worden sei, bestattet zu werden. Der mit mystisch-religiösen Vorstellungen verquickte Gedanke an den Tod scheint in seinem Erleben eine herausragende Rolle zu spielen. Er berichtet von einem Kult mit brennenden Kerzen, den er an einem einsam gelegenen Kriegerdenkmal betrieben haben will, äußert seine Befriedigung über die „wunderbar-glasklaren" Botschaften, die er von Radio Vatikan empfange und will vor seinem Ableben noch einmal in vollen Zügen die reine Waldesluft atmen. Andererseits unterstellt er der Kriminalpolizei, daß sie ihn „umlegen" wolle „mit der Todesstrafe". Er behauptet, daß man ihn sein Todesurteil habe unterzeichnen lassen und berichtet in diesem Zusammenhang davon, daß in der Haftanstalt Menschen verschwänden, umgebracht würden. Die Todesschreie würden durch laute Radiomusik übertönt. Die Bande habe irgendwelche Chemikalien, die in die Zelle gesprüht würden; das geschehe auf höhere Anweisung. Er nehme sich ja von allein das Leben, da brauchten die nicht nachzuhelfen. Die Wirkung der Chemikalien äußere sich in Müdigkeit, ekelhaften Gefühlen, er höre Geräusche von draußen, Gequatsche vom Haus; er habe sich auch schon den Unterkiefer gebrochen, die Lippe sei aufgeplatzt. Die Geräusche könne er nicht vertragen, sonst wäre er nicht umgekippt. Er habe davon aber keine Ahnung; als er zu sich gekommen sei, habe er auf dem Fußboden gelegen; das sei in der Haftanstalt gewesen, bei dem andern Vorfall habe er mit einem Kumpel an der Rostwurstbude gestanden, und im Wirtshaus solle so ein ähnlicher Vorfall gewesen sein. Er habe angeblich ins Auto einsteigen sollen, statt dessen habe er wie ein Raubtier gebrüllt, sei auf andere zugetorkelt, sei auf der Straße an Frauen ran. Die hätten schnell einen Arzt verständigt, der habe ihm das nachher erzählt. Der Untersuchte bittet in diesem Zusammenhang, daß die Sache mit dem Selbstmord dem Gericht nicht mitgeteilt werde, weil es zu gefährlich sei. Entweder scheide er durch Selbstmord aus dem Leben oder er werde umgebracht; die Kripo habe ihm das Urteil vorgelegt. In großen Buchstaben stehe darauf „ZUM TODE VERURTEILT". Der Richter habe gesagt, daß man ihn noch nicht töten solle; die Staatsanwälte seien anderer Ansicht gewesen. Es sei heftig darüber diskutiert worden. Eine Verhandlung habe nicht stattgefunden, man habe ihm nur das Urteil überreicht. Er dürfe nicht sagen, wer das gewesen sei; der habe ihm das verboten und gesagt, seine letzte Stunde habe geschlagen; er solle ihm nicht böse sein. Er habe sich auch gesagt, das ganze Leben sei sinnlos, weil tagtäglich etwas Neues passiere. Daß Leute um Hilfe gerufen hätten, habe er schon vor einem Jahr gehört, als er noch nicht in Haft gewesen sei; deshalb habe er sein Bett auf den Balkon gestellt. Das Licht habe geflackert, so daß er nicht habe schlafen können. Da sei man gereizt. Es krache oder pfeife; das seien so komische Töne und er wisse es dann nicht mehr. Im Gefängnis seien bisher 4 Leute verschwunden, das Gericht halte seine Briefe an die AOK zurück, zum Glück gebe ihm der Kirchensender Vatikan noch ein bißchen Kraft. – Die Angaben des Probanden, daß er im Frühjahr 1980 bereits Stimmen gehört und auch mit anderen darüber gesprochen habe, werden von Zeugen bestätigt, die angeben, den Probanden deswegen für „verrückt" gehalten zu haben. – Über seine Impotenz und das nächtliche Einnässen berichtet der Proband mit betonter Verschämtheit und mit dem Hinweis, daß er das Bettuch heimlich trockne. Während er sonst nicht habe schlafen können, sei es in andern Momenten vorgekommen, daß er mitten im Wald eingeschlafen sei; er habe sich automatisch hinlegen müssen, es sei gar nicht anders gegangen. Er habe dann geschlafen, wenn auch nur für kurze Zeit. Das Thema einer eventuellen nachrichtendienstlichen Tätigkeit wiegelt er ab, dafür schildert er seine Mitgliedschaft bei einer Mörder- und Räuberbande, die in der Nähe von Nürnberg ihren Sitz habe. Bei einem Überfall auf einen Juwelierladen sei die Besitzerin tagelang festgehalten und ein zufälliger Besucher erstochen worden; die Leiche sei von ihnen anschließend im Wald verscharrt worden. Sobald die Rede auf die beiden ihm angelasteten Tötungsdelikte kam, geriet er in einen hochgradigen Erregungszustand; er trommelte mit den Fäusten auf seine Brust, der Hals schwoll an und er schrie laut. Es bestand keine Möglichkeit, dieses Thema sachbezogen mit ihm zu erörtern. Bei einem ähnlichen Erregungszustand in der Haftanstalt soll es ihm fast gelungen sein, eine Stahltür aus den Angeln zu brechen. Der Proband kam selbst auf diesen Vorfall zu sprechen und erwähnte in diesem Zusammenhang ein Vögelchen, das in seine Zelle gekommen sei, um ihn mitzunehmen. Er habe ihm erklärt, daß er zu breit sei, um durch die Gitterstäbe nach draußen zu gelangen, man könne sich aber unsichtbar machen, wenn man ein besonderes Papierchen zwischen die Zähne nehme und mit Speichel befeuchte. – Bei einer Gelegenheit kam sein weitschweifiger Bericht zum Stocken; es war eine Absence zu beobachten, an deren Ende sich der Proband – ohne hierfür eine Erklärung abgeben zu können – die Tränen aus den Augen wischte. Es wurde die Diagnose einer paranoid-halluzinatorischen Psychose im Rahmen einer epileptischen Wesensänderung und in Verbindung mit polymorphen, sekundär generalisierten Anfällen gestellt, wozu ausgeführt wurde, daß diese Psychose nicht einem prolongierten Dämmerzustand gleichzusetzen sei, vielmehr lasse sie einen chronischen Verlauf bei klarem Bewußtsein erkennen, was allerdings nicht ausschließt, daß zusätzlich Dämmerzustände auftreten. – Später bezeichnete der Proband seine anamnestischen Angaben als falsch; er gab an, daß er damit lediglich seine Verlegung in eine Nervenklinik habe erreichen wollen. Zusätzlich legte er nunmehr ein Geständnis bezüglich der beiden Tötungsdelikte ab. Bei der Hauptverhandlung begrüßte er laut lachend Zeugen, kommentierte laut Vorgänge und war in seinem Stimmungsverhalten inadäquat. Er verwies auf den seltsamen Glanz in den Augen eines der Sachverständigen und behauptete, daß man ihn vergiftet, sein Blut verseucht habe, weshalb er in den Hungerstreik getreten sei. Plötzlich sei in Hülle und Fülle Quark dagewesen, und die gleichen Zustände, die er an sich beobachtet habe, seien auch bei einem zweiten Patienten aufgetreten. Was habe er anders schreiben sollen, als daß er den Gutachter und das Gericht getäuscht habe, denn sonst würde er nie mehr aus der Nervenklinik herauskommen. Er wolle „für normal" erklärt werden, er habe eine richtige Sehnsucht nach seiner schönen Einzelzelle. Er gebe zu, im Dezember den Mann getötet zu haben, seine Reue komme zu spät. Er habe Wert auf dessen Werkstatt gelegt, der habe ihn so wütend und wild gemacht, und die Polizei habe so getan, als ob er verrückt wäre. Er habe ja die Sachen heraufbeschwören müssen für das Gericht. Er habe sich über die ablehnende Haltung geärgert. Irgendetwas müsse er gemacht haben, er müßte aber schwindeln, wenn er Einzelheiten angeben solle. Er sei so in Wut gewesen, daß er ihn gewürgt haben müsse. Im anderen Fall gebe er zu, daß er ein Verbrechen begangen habe, daß er Wäsche und die Kaffeemaschine mitgenommen habe. Er hätte die Polizei verständigen müssen. Er habe den Mann zwar getötet, bekenne sich aber nicht schuldig. Man solle die Umstände berücksichtigen. Der Proband erkundigt sich an dieser Stelle seiner Einlassungen nach der Identität der

Schöffen und fährt fort, daß er Stimmen, Hilferufe gehört habe, weshalb er sein Bett aus dem Schlafzimmer auf den Balkon gerückt habe. Der Hund habe gewinselt, es nieselte, man solle sich das einmal vorstellen, es habe zu regnen begonnen; wie sei er sauer gewesen. Er sei hingekommen und habe gesagt, er ersteche ihn. Löwen, Bären, alle wollten leben, der Blick eines Tigers sei sympathischer als der Augenglanz des Gutachters. Junge Damen säßen da, und er sei mitten am Tag plötzlich müde geworden. Er habe sich ins Bett legen müssen, habe aber nur eine Viertelstunde gebraucht, 5–10 min hätten völlig ausgereicht, er habe selbst gestaunt. Die Zustände, alles sei wie weggeblasen gewesen. Sein Blut sei geflossen, er habe sich selbst den Arm aufgeschnitten, habe im Wald gelegen und habe feststellen wollen, ob etwas im Blut sei; die Farbe sei wie normal gewesen. Er habe sein Auto wegegeben, habe alles weggegeben, sei voller Stolz in den Wald, habe die Vögel zwitschern gehört, habe die Papiere verbrannt. Seine hauptsächliche Verärgerung sei gewesen, wo er das Hähnchen gegessen habe; da sei schon was faul gewesen. Da habe er dem Mann noch keine Schuld gegeben, erst eines Abends, als er eine Boulette gegessen habe und festgestellt habe, daß das Fleisch sei. Er dürfe nicht sagen, was für Fleisch das gewesen sei. Bei ihm sei so ein Ekel aufgekommen; er habe gewußt, daß das Frauenfleisch sei. Durch den Geschmack sei es nur eine Vermutung gewesen, wo er die Schreie gehört habe, als dann aber die Wirkung gekommen sei, habe er es gefühlt. Er wisse nicht, ob er einen oder zwei Bisse gegessen habe, jedenfalls habe er so einen Ekel verspürt. Der komische Glanz im Auge des Gutachters habe ihn an den Blick des Mannes erinnert und deshalb bekenne er sich nicht schuldig. Ihm sei das so aufgekommen; er habe hundertprozentig gewußt, daß das Frauenfleisch sei. Er habe keine Beweise gehabt, daß der die Frauen umgebracht habe, auf alle Fälle habe der Annoncen aufgegeben. Da sei er so wütend gewesen, er sei ein Typ, der Frauen achte. Er habe so eine Wut „im Pans" gehabt. Er habe gedacht, das Schwein, er bringe ihn um. Da habe er gewartet, bis der gekommen sei. Er habe ja bei der Kripo Angaben machen müssen. Die Kripo habe gesagt, ansonsten entfalle die Verlegung. Er sehe nicht ein, daß die Staatsanwältin ihn anklage, denn er habe bloß weitere Frauen geschützt, denn nur dadurch habe der seine Bouletten verkauft. Seine Gedankengänge hätten ihn noch nie betrogen, deshalb habe er sein Bett auf dem Balkon aufgestellt, wo das mit den Hilferufen aufgetreten sei.

Zweifel an der Berechtigung der forensisch-psychiatrischen Empfehlung der Exkulpation dieses Kranken wegen fehlender Schuldfähigkeit sind im Hinblick darauf verständlich, daß man es hier zweifellos mit „gerichteter Aggressivität" und in gewisser Weise auch mit einem planmäßigen Vorgehen zu tun hat, das nicht den von Heuyer (vgl. S. 64) mitgeteilten Kriterien entspricht. Dies wird noch dadurch unterstrichen, daß es dem Probanden zunächst gelungen war, als Täter unentdeckt zu bleiben. Im Hinblick auf die eindeutig psychotische Qualität dieser chronischen Geistesstörung ist es aber leicht, diese Zweifel zu zerstreuen, wenn es gelingt, die Authentizität der psychotischen Phänomene zu beweisen. Die Unglaubwürdigkeit der Angaben des Probanden ist wiederholt attestiert worden, und er selbst hat noch in der abschließenden Gerichtsverhandlung die Zweckbestimmtheit seiner Einlassungen betont. Die Unzweckmäßigkeit eines solchen Verhaltens zeigt indessen sehr deutlich, was gemeint ist, wenn als Kennzeichen des Verlusts an integrativer Struktur und der Einheit des Bewußtseins die Widersprüchlichkeit im Erleben hervorgehoben wird. Die Kriminalbeamten hatten ein leichtes Spiel, durch den Hinweis auf die „ansonsten entfallende Verlegung" zu dem Geständnis zu kommen. Hätte der Proband wirklich, d.h. wie ein Geistesgesunder, simuliert, dann hätte dieser Vorhalt ihn gerade von einem Geständnis abhalten müssen. Die Annahme, daß die in Erscheinung getretenen psychotischen Phänomene authentisch sind, ergibt sich aber auch unabhängig davon aufgrund eines nicht weiter rückführbaren, einfachen psychiatrischen Erfahrungswissens, das auf den Kontext der Einzeläußerungen, auf eine gewisse darin zum Vorschein kommende „Originalität" und auf die begleitende Affektmodulation Bezug nimmt. Schließlich stimmt damit auch die Einordnung in ein klinisches Gesamtbild – Epilepsie – überein, dessen sonstige Ausdrucksformen einschließlich der narkoleptischen Einlagen in einer stimmigen Weise diesen Eindruck abrunden; hierbei ist insbesondere auch auf die mit ihren mythomanisch/pseudomnestischen Zügen im Vordergrund stehende Wesensänderung zu verweisen, die den von Bear u. Fedio (1977) aufgrund sehr aufwendiger persönlichkeitsdiagnostischer Untersuchungen bei Temporallappenepileptikern gefundenen Persönlichkeitszügen weitgehend entspricht.

Der Verlust der Einheitlichkeit des Bewußtseins als Erklärung für die zahlreichen Widersprüchlichkeiten – auch hinsichtlich des logischen Gerüsts dieses krankhaft veränderten Denkens mit Sinnestäuschungen verschiedener Sinnesgebiete und einem interpretatorischen, recht diffusen Wahn – besagt hinsichtlich seiner strukturanalytischen Relevanz, daß der Begriff des autonomen Subjekts als Leistung der Bewußtseinsintegration auf dieses Erleben nicht anzuwenden ist. Das heißt, daß die Hypothese eines persönlichen freien Willens widerlegt ist. In diesem Sinne liegen hier und in vergleichbaren Fällen die Verhältnisse hinsichtlich der Schuldfähigkeitsbeurteilung völlig klar.

Allerdings ist noch einmal zu betonen, daß solche Fälle selten sind, in der Regel sind die psychopathologischen Auswirkungen der Epilepsie auf strafbare Verhaltensweisen sehr viel weniger auffällig, alltäglicher. Das Ausmaß des Verlusts an psychischer Struktur bleibt dabei meist innerhalb von Grenzen, deren Respektierung allenfalls die Annahme der erfüllten Voraussetzungen des § 21 StGB rechtfertigt, wenn auf dem Weg eines strukturanalytischen Vergleichs der krankhaften Bewußtseinsform Strukturabweichungen des Erlebens oder der Persönlichkeit festzustellen sind, deren Erheblichkeit daraus resultiert, daß die Auswirkungen der darauf beruhenden „Verformung" durch anderweitige Einflüsse nicht kompensiert werden können. Der Verlust der Einheit des Bewußtseins und das bedeutungsmäßige Verfehlen des Erlebensthemas oder der Ausfall der zeitlich/räumlichen Gliederung des Erlebens und die Dissoziation zwischen Thema und Gegenstand des Erlebens sind krankhaft und bedingen jedes für sich genommen Schuldunfähigkeit; die entsprechenden psychopathologischen Merkmale sind der Wahn, die Affektinadäquanz z.B. oder die Verwirrtheit und die Urteilsschwäche (Luthe 1982a). Die Bindungsschwäche, die dem Verlust der Einheit des Erlebens vorausgeht und psychopathologisch etwa als Gemütlosigkeit zum Ausdruck kommt, stellt eine solche „erhebliche" Verformung dar; das gleiche gilt für die abnorme Reizbarkeit, bei der die subjektive Bedeutung eines Erlebensthemas mit diesem kaum noch etwas zu tun hat; das Thema kann eine minimale Beeinträchtigung z.B. durch ein auf dem Bürgersteig geparktes Auto sein, die Handlungsintentionen der diesem Thema entnommenen affektiven Bedeutung können im Zertrümmern des Autos mit einer Axt bestehen. Der Ausgangspunkt dieser vom § 20 StGB zum § 21 StGB hinführenden Extrapolation ist die eindeutige formale Bestimmung der krankhaften Bewußtseinsveränderung. Daran ist festzuhalten, wenn nicht mehr die eindeutig zu beurteilenden aber seltenen Manifestationen der Epilepsie, die vorstehend besprochen wurden, sondern die Vielzahl der üblicherweise zu beurteilenden Fälle, die weit weniger ausgeprägte psychopathologische Auffälligkeiten bieten, diskutiert werden müssen.

Der am 21. August 1948 geborene K. H. K. erlitt laut Krankenblatt 1965 einen schweren Verkehrsunfall mit Schädelfrakturen und Hirnkontusion mit 14tägiger Bewußtlosigkeit. Es bestand eine Impression im rechten Stirnbereich, die sich im Bereich des Augenhöhlendaches in die Tiefe fortsetzte. Seit 1968 traten generalisierte Krampfanfälle auf. 1970 kam es zu einer fortgeleiteten Meningitis, nach deren Abklingen im EEG links temporal ein Zwischenwellenfokus gefunden wurde. Vergleichbare lokalisatorische Befunde sind hirnszintigraphisch und pneumenzephalographisch (gestreckt verlaufendes linkes Temporalhorn bei verplumptem Seitenventrikel) erhoben worden. In psychopathologischer Hinsicht wurde auf Distanzlosigkeit bei inadäquat gehobener Stimmungslage verwiesen. Nach operativem Fistelverschluß wurde er am 18. Februar 1970 nach Hause entlassen. Am 27. Oktober 1970 teilte er telefonisch dem zuständigen Polizeirevier mit, daß er soeben einen „Mord“ begangen habe. Tatsächlich hatte er im Verlauf eines häuslichen Streits seine Freundin geschlagen und mit einem Küchenmesser erstochen. Nach seiner Schilderung war er von ihr angegriffen worden, hatte ihr das Messer entwunden und dieses „etwa 10mal“ in die Brust gestochen; bei der Abschlußhandlung war eine durch die lauten Geräusche alarmierte Nachbarin zugegen. Die Schilderung des Probanden ließ sich mit den objektiven Ermittlungsergebnissen in Einklang bringen. Zur Tatzeit bestand eine Blutalkoholkonzentration von maximal 1,9‰ bei ihm. Die Mutter gab an, daß er seit dem Schädeltrauma „vollkommen verändert“ sei. Er habe sich „für jede Kleinigkeit schrecklich aufgeregt“, sei unbeherrscht und aggressiv geworden, was sich auch durch die Tabletten, die er wegen seiner Krampfanfälle bekommen habe, nicht geändert habe. Er selbst bezeichnete sich als den friedlichsten Menschen der Welt. Trotz Durchschnittsresultaten bei Intelligenzmessungen bestand eine ausgeprägte Kritikschwäche im Zusammenhang mit einer läppisch-indolenten Gemütsverfassung und leichter Erregbarkeit, Launenhaftigkeit. Testpsychologisch wurde auf eine stark erniedrigte Belastbarkeit hingewiesen; es hieß, daß K. bei persönlichen Frustrationen sehr schnell äußerst aggressiv reagieren könne. Im übrigen wurde die egozentrische Erlebensausrichtung besonders hervorgehoben, der Lebensstil wurde als „augenblicksbezogen“ bezeichnet. In diesem Sinne wurde eine epileptische Wesensänderung diagnostiziert und mit interkurrenten Verstimmungszuständen in Zusammenhang gebracht. Im Hinblick auf den zur Tatzeit gegebenen, von der Tatzeugin glaubhaft geschilderten außergewöhnlichen Erregungszustand wurde – im Zweifel – die Annahme fehlender Schuldfähigkeit in das Ermessen des Gerichts gestellt. Ein zweiter Gutachter empfahl aufgrund einer etwas abweichenden Interpretation des Tatzeitverhaltens lediglich die Annahme verminderter Schuldfähigkeit. Nach Verbüßung der vom Gericht verhängten Freiheitsstrafe von 4 Jahren wurde der Proband in einem psychiatrischen Krankenhaus untergebracht, wo er i. allg. freundlich in Erscheinung trat, in Belastungssituationen aber rasch aggressiv wurde. 2 Monate nach der Aufnahme beteiligte er sich unter Alkoholeinfluß an einem Raubüberfall; er verstand es recht geschickt, allerlei störende bis „antisoziale“ Verhaltensweisen aus dem Hintergrund heraus zu inszenieren und war nie um Ausreden verlegen. Ebensogut konnte er auch frech werden, drohen und sich als Aufwiegler betätigen. Gelegentlich wurde er als „verstimmt und trotzig“ beurteilt, wobei er seinen Ärger gegebenenfalls an ihm unterlegenen Mitpatienten ausließ und einem am Boden Liegenden mit dem beschuhten Fuß mehrfach gegen den Kopf trat. Wiederholt beschädigte er Gegenstände und fand immer wieder Gelegenheit, sich Alkohol zu beschaffen. Von seiten der behandelnden Ärzte wurden anfangs keine erheblichen psychischen Auffälligkeiten festgestellt, später wurde auf eine „immer deutlicher werdende“ epileptische Wesensänderung hingewiesen. Bei einer Nachuntersuchung 1977 berichtete der Proband auch von aggressiven Verhaltensweisen gegenüber seiner Freundin in der Klinik, die er indessen bagatellisierte. Die Mutter des Probanden erklärte 1978, daß ihr Sohn zuhause nicht kontrolliert werden könne; es seien „schwerste Aggressionen“ zu befürchten. Nicht nur, daß er unkontrolliert trinke, sei er auch sonst völlig haltlos und versuche, tyrannisch alles zu bestimmen. In der Klinik wurde beobachtet, daß er seine Freundin brutal mißhandelte (schlug ihr mit der Faust ins Gesicht, riß ihr büschelweise Haare aus etc.). Am 27. Dezember 1978 stürzte er sich im Gelände der Klinik von einem 40 m hohen Schornstein. Am darauffolgenden Tag wurde die Leiche der Freundin gefunden, der Tod war durch Strangulation erfolgt. Epileptische Anfälle wurden im Krankenbett nur selten vermerkt; nach einem Anfall am 1. Dezember 1977 redete er zusammenhanglos, er gab an, Angst zu haben, und es wurde ein Verwirrtheitszustand diagnostiziert.

Dieses Fallbeispiel zeigt, daß die Gefährlichkeit nicht an das Vorhandensein einer psychotischen Symptomatik gebunden ist, sondern auf einem wiederholt beobachteten momentanen Unvermögen beruht, auf integrierte Weise Spannungen auszugleichen, die beim kleinsten Widerstand auftreten. Landolt (1960) hat dafür als Grundstörung auf eine „Schwäche" verwiesen, „Erlebnisse und Erfahrungen in die Persönlichkeit einzubauen und sie zu verwerten und die eigenen Gedanken und Handlungen aus der Persönlichkeit heraus zu gestalten". Er hat auch mit Recht bemerkt, daß das Gemeinsame dieser auf den Temporallappen zu beziehenden Wesensänderung zwar leicht zu erkennen, aber schwer zu beschreiben sei. Auf den Versuch von Peters (1969), die Wesensänderung bei psychomotorischer Epilepsie auf die Formel des „pseudopsychopathischen Affektsyndroms der Temporallappenepileptiker" zu bringen, ist bereits hingewiesen worden. Kennzeichnend hierfür ist die Feststellung, daß die in Betracht kommenden Persönlichkeitszüge – Landolt hatte eine „eigentümliche Beziehungslosigkeit zu sich und zur Umwelt" erwähnt – im allgemeinen leicht dem Begriff der Psychopathie untergeordnet werden könnten, lediglich die Zuordnung zu einem der bekannten Psychopathentypen sei kaum möglich. Ähnlich wie Landolt, die Grundstörung in einer Schwäche des „Einbaus" von Erlebnissen in die Persönlichkeit – das ist die Definition der Bewußtseinsintegration – sieht, formuliert auch Peters: „die Grundstörung betrifft die Affektivität", denn Integration in diesem Sinne ist phänomenologisch Affektivität. Der „Minuscharakter" der damit verbundenen Symptomatik führt nicht nur zu den von Landolt beklagten Schwierigkeiten der Beschreibung der psychopathologischen Störung, sondern auch zu der Fehleinschätzung bei der forensisch-psychiatrischen Beurteilung der Verantwortungsfähigkeit, bei der einseitig nur auf die Suche nach dem Unverständlichen, das Ausdruck der psychotischen „Plus-Symptomatik" ist, Bezug genommen wird.

Orientieren wir uns am Übersichtsschema (S. 57), dann können die unter Punkt 1 aufgeführten Epilepsien mit primärer Generalisierung hier ausgeklammert werden, weil sie keine kriminologische Bedeutung haben. Der von Böker u. Häfner hervorgehobene Gesichtspunkt, daß der Dämmerzustand per se die Möglichkeiten gerichteter Aggressivität und planmäßigen Vorgehens weitgehend ausschließe, trifft in absoluter Form und auch nicht nur hinsichtlich aggressiven Handelns auf den Grand- und Petit-mal-Anfall zu. Der Ablauf des Grand-mal-Anfalles schließt sowohl straffälliges als auch andersartiges Handeln aus; es besteht absolute Handlungsunfähigkeit, die motorischen Entäußerungen entsprechen automatischen, reflexartigen Abläufen. Die sog. Absence, als typischer Form des Petit-mal-Anfalls, wird vom medizinischen Laien oft als um so bedeutsamer angesehen, vielleicht, weil ihre Bezeichnung den Gedanken an die Geistesabwesenheit bei der Hypnose suggeriert mit der Möglichkeit somnambuler Verhaltensweisen. In Wirklichkeit hat die Absence so gut wie keine praktische Bedeutung in der forensischen Psychiatrie. Ihre Dauer, die weniger als eine halbe Minute beträgt, schließt vorsätzliche Handlungen praktisch aus; Handlungsfähigkeit besteht nur in dem Sinn, daß begonnene Handlungen automatenhaft weitergeführt werden. Neue Handlungsreihen werden nicht eingeleitet. Ein Soldat kann während einer Absence in der Gruppe weitermarschieren; ein Gespräch wird aber unterbrochen, um nach dem Abklingen der Absence mitten im Satz wieder aufgenommen zu werden, wobei dem Kranken die Unterbrechung meist nicht bewußt ist.

Von weitaus größerer Bedeutung sind die sog. epileptischen Verstimmungszustände, die in der Übersicht S. 57 als Verhaltensstörungen im anfallsfreien Intervall den Persönlichkeitsveränderungen zugerechnet werden. Nach dem üblichen Verständnis dieser Störung handelt es sich dabei um grundlose Stimmungsschwankungen, die sowohl angenehmer als auch unangenehmer Natur sein können, bei denen aber die unangenehmen Verstimmungen mit Gereiztheit und latent/manifester Aggressivität bei weitem überwiegen. Witter (1972, S. 983) sieht darin mögliche kriminogene Verhaltensdeterminanten und er weist darauf hin, daß in manchen Fällen Anfallsfreiheit durch medikamentöse Therapie mit vermehrt auftretenden Verstimmungszuständen erkauft werden muß, wobei in einem Fall vermehrte Anfälle in Kauf genommen wurden, um das Auftreten kriminogener Verstimmungszustände zu vermeiden. Trotz der organischen Verursachung der Störung rechnet Witter sie in den meisten Fällen zu den „Grenzfällen zwischen Krankheit und Variation“, da sie die Kriterien des psychiatrischen Krankheitsbegriffes nicht erfüllen. Soweit es um die Verantwortungsfähigkeit geht, wird dann die aus dem psychopathologischen Befund zu ermittelnde „Krankheitsnähe“ (S. 1005) maßgeblich, bei deren Bestimmung man sich am „Sinnkriterium“ zu orientieren hat. Dies führt zu den an anderer Stelle (vgl. S. 38 ff.) erörterten methodologisch/methodischen Schwierigkeiten zurück. Ihnen gegenüber wird der Vorteil der formalen Betrachtungsweise am Beispiel des Verstimmungszustandes auch praktisch bedeutsam, wenn auf dem angegebenen Weg des strukturanalytischen Vergleichs mit der krankhaften Bewußtseinsform die konkret gegebene „Verformung“ ohne die Bezugnahme auf eine andere begriffliche Kategorie bestimmt wird.

Fenton (1981) weist darauf hin, daß die durch explosible Aggressivität, Launenhaftigkeit und Reizbarkeit gekennzeichneten Verstimmungszustände im anfallsfreien Intervall seit langem als Ausdrucksformen der „epileptischen“ Persönlichkeit angesehen werden. Seit etwa 30 Jahren sieht man darin eine spezifische Manifestation der Temporallappenepilepsie, ohne daß insoweit eine klare Definition zu erreichen gewesen wäre. Eine Übersicht über die erreichbare Literatur von Kligman u. Goldberg (1975) zu dem hier interessierenden Verhältnis von Temporallappenepilepsie und Aggression, bei der auf 8 publizierte Kontrolluntersuchungen Bezug genommen werden konnte, führte zu der Einsicht, daß der Begriff der Temporallappenepilepsie zu heterogen definiert und das Phänomen der menschlichen Aggression zu komplex ist, um eindeutige Rückschlüsse zu erlauben.

Um so wichtiger ist es, das psychopathologische Phänomen der Verstimmung im anfallsfreien Intervall der Epilepsie nicht bloß intuitiv, sondern mit Hilfe einer adäquaten wissenschaftlichen Methode zu erfassen, wenn es um die Frage der Schuldfähigkeit geht. Der strukturanalytische Vergleich zeigt hier, daß der – insoweit mißverständliche – Ausdruck „Verstimmung“ nicht mit der normalpsychologischen Modulation des Erlebens durch Affekte, in denen die gefühlsmäßige Einstellung eines Menschen auf den wechselnden Bedeutungsgehalt der sich ihm bietenden und von ihm beeinflußten Situationen manifest wird, gleichzusetzen ist. Vielmehr handelt es sich um die affektive Syndromstufe des Erlebenszerfalls mit der Auflösung integrierender Bindungen, die normalerweise das Bewußtsein stabilisieren und für die nach den bahnbrechenden Arbeiten von Papez und McLean u. a. die temporale Affektkontrolle von größter Bedeutung ist. Dabei sei am Rande vermerkt, daß auch im Zusammenhang mit neurochirurgischen Eingriffen am Temporalhirn ausdrücklich von der Auflösung alter und der Blockierung neuer Bindungen emotionaler Art gesprochen wird (Jones u. Mishkin 1972). Die aus dem Strukturprinzip der Integration des Bewußtseins abzuleitende Frage nach der „Bindungsqualität" des beim epileptischen Verstimmungszustand veränderten Erlebens führt erst zu einem Kriterium, das bei der Beurteilung der Schuldfähigkeit als Erkenntnismittel eingesetzt werden kann. Die zweifellos vorhandene organische Verursachung der Störung ist dabei gänzlich indifferent und verursacht keine logischen Schwierigkeiten, wie dies im Sinne eines Zirkelschlusses der Fall ist, wenn auf das Sinnkriterium Bezug genommen wird.

Bei einer 51jährigen Epileptikerin mit sehr seltenen Grand-mal-Anfällen im Wachzustand und häufigen Anfällen im Schlaf, von denen sie nichts weiß, bestanden tagsüber typische Verstimmungszustände. In ihrer grundlosen Reizbarkeit und ziellosen Getriebenheit während solcher Zustände hat sie bereits mehrfach entdeckte und unentdeckt gebliebene Ladendiebstähle begangen. Sie ist auch wiederholt deswegen verurteilt worden; bei den Verhandlungen war sie ohne Umschweife geständig gewesen und hatte sich nie auf eine Erinnerungsstörung berufen. Die Tatsache ihrer Erkrankung wurde im Verlauf eines erneuten Verfahrens zufällig bekannt, nachdem sie wegen eines Anfalls den Gerichtstermin nicht wahrgenommen hatte. Das Gericht ordnete nun die forensisch-psychiatrische Überprüfung ihrer Schuldfähigkeit an, bei deren Durchführung rasch abzuklären war, daß auch der erneute Ladendiebstahl nichts mit einem wie auch immer gearteten Anfallsgeschehen zu tun hatte. Die Probandin behauptete auch nicht, daß sie mit dem tiefgefrorenen Huhn, das sie in einem Selbstbedienungsladen weggenommen hatte, nichts hätte anfangen können. Hinsichtlich der „Geradlinigkeit" ihrer Angaben erweckte sie – trotz des Diebstahls – den Eindruck der Ehrlichkeit, der sich freilich demjenigen einer gewissen Schwerfälligkeit überlagerte. Im Gegensatz zur Mehrzahl sog. kleptomaner Leidensgenossinnen, deren Taten nicht der Befriedigung von Bereicherungsabsichten, sondern irgendwelchen „Ersatzbefriedigungen" dienen sollen, hatte diese Probandin ihre Familie voll über den Sachverhalt in Kenntnis gesetzt. Der bei ihr bestehende Leidensdruck bezog sich aber nicht nur auf die z. T. verständnislose Reaktion der Angehörigen, ein Teil der bei ihr bestehenden – depressiven – Verstimmung war als insoweit adäquate Reaktion auf ihre Situation zu beziehen.

Der Sachverständige, der in einem solchen Fall dem Gericht das psychopathologische Gewicht der epileptischen „Verstimmung" erläutern soll, stößt zunächst auf die Schwierigkeit, daß die Bezeichnung als solche die Annahme eines normalpsychologischen Vorgangs nahelegt, wie man ihn aus eigenem Erleben kennt, z. B. wenn man sich Sorgen macht. Nun kann man sicherlich auch dem normalen Kummer die Wirkung zuschreiben, daß er in gewisser Weise neue integrative Bindungen abblockt, dies bleibt jedoch in einem Rahmen, der von andern respektiert wird, weil sie diese Verstimmung noch als „persönlich" empfinden; sie ist ihnen aus eigenem Erleben sehr gut bekannt. Die Aggressivität, Launenhaftigkeit und Reizbarkeit beim epileptischen Verstimmungszustand sind hingegen in dem Sinne „persönlichkeitsfremd", daß ihnen ein Versagen des Erlebenssubjektes zugrundeliegt, aus der Vielfalt des Gefühlten und Gewollten die Einheit eines Handlungszieles herzustellen. An dessen Stelle tritt Ziellosigkeit, Getriebenheit, tritt eine gespannte Unruhe, deren Lösung keineswegs in irgendeiner unsinnigen Handlung zu bestehen braucht, die aber auf jener Schwächung des Wollens beruht, die bei der sog. Abulie schließlich ein gespanntes Verharren bewirkt, aus dem heraus auch banalste Entschlüsse nicht mehr gefaßt werden können. Der Vergleich mit der Abulie als Phänomen des Erlebenszerfalls, das die Annahme von persönlicher Entscheidungsfreiheit ausschließt, erlaubt es, den epileptischen Verstimmungszustand im Hinblick auf seine Relevanz bei der Beurteilung der Verantwortungsfähigkeit zu gewichten. In der Regel ist hier ein solcher Stillstand des Wollens nicht festzustellen, sein Vorhandensein hätte auch dazu geführt, daß die strafbare Handlung unterblieben wäre. Die getriebene Unruhe, die mit gereizter Unlust verbunden ist, ist hingegen sehr häufig festzustellen; sie äußert sich nicht nur in dem strafbaren Verhalten als solchem, sondern – mit entsprechenden Rückkoppelungseffekten – z. B. im familiären Umkreis. Es kommt auch zuhause zu unbeherrschten, aus dem Augenblick heraus zustandekommenden Handlungen, weshalb man der Kranken aus dem Weg geht und im übrigen resigniert. Man weiß, daß diese besondere Verfassung weder durch Rücksichtnahme noch durch „hartes Anpacken" zu beeinflussen ist; es handelt sich um eine Verfassung, bei der das ganze Tun die klare Linie vermissen läßt und von ihr selbst als widerspruchsvoll empfunden wird. Gelegentlich kompliziert ein Alkohol-/Medikamentenmißbrauch diese Situation.

Normalerweise enthält die spontane Aktivität des Erlebenssubjekts in der Vereinheitlichung des Wollens die der Persönlichkeit „gemäßen" Handlungsanweisungen; dies verleiht dem Handeln die klare Ordnung einer „persönlichen" Orientierung, an der man den Handelnden erkennt. Auf diese Weise – formal – gesehen entspricht der Verstimmungszustand des Epileptikers der Freisetzung von Antrieben aus ihren gewöhnlichen Bindungen; diese bleiben sozusagen „ungesättigt" und suchen nach einer Verwendung, die im persönlichen Bereich nicht zu finden ist. In diesem Sinne stellt der epileptische Verstimmungszustand einen integrativen Strukturverlust dar; an Stelle einer klaren inneren Richtlinie soll nun der Wille in rascher Folge bald in dieser bald in jener Richtung gebildet werden, wobei die Handlungsintentionen meist unbewußt bleiben und nur grobe Zielrichtungen eingehalten werden. Es ist nicht schwer nachzuempfinden, daß das Erleben dieses sich ständig wiederholenden Verfehlens einer zielgerichteten Willensbildung Mißmut, Gereiztheit erzeugt, zumal die daraus resultierende Belastung der kommunikativen Beziehungen die Unausgeglichenheit noch verstärkt. Das Einhalten „grober Zielrichtungen" erklärt z. T., daß die schließlich erfolgende Lösung dieser Spannung nicht in irgendeiner völlig unsinnigen Handlung besteht; die Desintegration bleibt sozusagen „umgrenzt", der „Rahmen" der Labilisierung gewährleistet ein funktionales Minimum, das z.B. beim Traum nicht erreicht wird. Das an die Grenzen der Leistungsfähigkeit gehende Bemühen der Kranken um diesen minimalen Gleichgewichtszustand erklärt ihre Abwehr alles Neuen, sogar routinemäßige Aufgaben werden nun als eine schwer zu ertragende Belastung empfunden. Den weitgehenden Verzicht auf strukturierende Aktivität könnte man als Preis für die Bewahrung der Identität vor dem Zerfall interpretieren, durch die sich der epileptische Verstimmungszustand formal von psychotischen Syndromstufen unterscheidet.

In diesem Sinne unterscheidet sich der Verstimmungszustand des Epileptikers auch z.B. vom epileptischen Dämmerzustand oder vom paranoid-halluzinatorischen Bild epileptischer Psychosen, auf die vorstehend kasuistisch eingegangen wurde. Dort erklärt der Verlust der Einheitlichkeit des Bewußtseins, daß der Widerspruch nicht mehr erkannt wird, der – auf die Gesamtheit des Erlebens bezogen – auftritt, wenn Stimmen gehört werden, die für alle anderen unhörbar sind (Luthe 1982a S. 9). – Die syndromale Abstufung, die durch ein solches Vergleichen erzielt werden kann, ist zwar nur grob, bei der forensisch-psychiatrischen Beurteilung der Voraussetzungen der Schuldfähigkeit wird jedoch ebenfalls nur eine ganz grobe Unterteilung gemacht, indem zwischen erhaltener, verminderter und aufgehobener Schuldfähigkeit unterschieden wird. Diese Diskussion formaler Voraussetzungen der Schuldfähigkeit läßt sich dahingehend zusammenfassen, daß das Erheblichkeitskriterium des § 21 StGB um so eher als erfüllt anzusehen ist, je deutlicher die formale Untersuchung in der beschriebenen Weise eine Schwächung der integrativen Funktion bei noch gewährleisteter Einheit des Bewußtseins hervortreten läßt. Liegt auch letztere nicht mehr vor, ist von einem Ausschluß der Voraussetzungen der Schuldfähigkeit auszugehen.

Im psychopathologischen Umkreis der epileptischen Verstimmungszustände findet in der forensischen Psychiatrie eine Anzahl von episodischen Befindensveränderungen mit drang-zwanghaftem Ausnahmecharakter vermehrt Beachtung; auf diese recht heterogene Gruppe, in der die Monomanien der Psychiatrie des vorigen Jahrhunderts überlebt haben, ist am Schluß dieses Kapitels zurückzukommen. Hier interessieren nun zunächst jene fakultativ die Epilepsie begleitenden Dauerveränderungen der psychischen Grundfunktionen, die als „Wesensänderung" oder „geistige Retardierung" z.Z. sehr umstritten sind, was leicht verständlich ist, wenn die unter bezug auf Gunn (1981) aufgezeigte Komplexität der im Erscheinungsbild mündenden Wirkungsverflechtungen berücksichtigt wird. In der Übersicht S. 57 ist bereits hinsichtlich der epileptischen Wesensänderung zwischen einem sozial angepaßten, „koartierten" und einem unangepaßten pseudopsychopathischen Typ mit überschießender emotionaler Reagibilität unterschieden worden, wobei die Bezeichnung „koartiert" auf den Rorschach-Typ eines pedantisch-umständlichen, holzschnittartig-steifen, äußerst schwerfälligen Erlebens zielt, dem alles graziöse, beschwingt-witzige fehlt.

Dem psychiatrischen Untersucher ist dieser Typ des koartiert-wesensgeänderten Epileptikers schon deshalb wohlbekannt, weil die mit der Wesensänderung verbundene Zähflüssigkeit des Erlebens der Kranken aus der Untersuchung immer eine mühsame Angelegenheit macht. Die Probanden sprechen nur auf starke Reize an, in deren Abwesenheit immer wieder Pausen entstehen, die von ihnen nicht im mindesten belastend erlebt werden. Im Hinblick auf die hier zum Ausdruck kommende affektive Nivellierung wird die Exploration schleppend und ausgesprochen langweilig. Der Untersucher kann noch so geduldig sein, er wird darin von dem Kranken übertroffen. Die kriminologische Relevanz einer solchen Wesensänderung soll anhand eines weiteren Fallbeispiels aufgezeigt und diskutiert werden.

Die 1939 geborene Probandin ist die einzige Tochter einer Kriegerwitwe. Bei ihr treten seit 1944 – in den letzten Jahren fast täglich – sekundär generalisierende Anfälle auf, seither besteht auch eine Hundephobie. Vegetative Krisen mit Mißempfindungen im Oberbauchbereich und intensiven Ekelgefühlen sowie Derealisationserlebnisse können alleiniger Ausdruck des Anfallsgeschehens sein, oder als Aura einem Grand-mal-Anfall unmittelbar vorausgehen. Im Intervall ist die Patientin hochgradig verunsichert, ängstlich und gleichzeitig gegenüber „Bevormundung" in einer asthenisch-mißmutigen Weise sensibilisiert. Die sozialen Auswirkungen des Leidens haben früh eingesetzt. Frau H. konnte zwar noch den normalen Schulabschluß erreichen, die Berufsausbildung mußte aber vorzeitig abgebrochen werden, ein neuer Versuch wurde nicht unternommen. Sie zog sich in den Haushalt ihrer gleichfalls völlig alleinstehenden Mutter zurück und beschränkte ihren Umgang ansonsten auf Ärzte und caritative Einrichtungen. In einer solchen lernte sie bei einem Tanztee im Frühjahr 1980 ihren ersten Freund kennen, den in etwa gleichaltrigen arbeitslosen Elektriker D. P., der gerade eine 15jährige Haftstrafe wegen Mordes verbüßt hatte. Er wurde als dritte Person in den Haushalt aufgenommen und es gelang ihm rasch, sich hier auf tyrannisch-parasitäre Weise dauerhaft einzurichten; die 78jährige Mutter und die kranke Tochter fürchteten seinen unberechenbaren Jähzorn und waren seinem Einfluß so weit ausgesetzt, daß sie auf sein Drängen ihr Haus verkauften. Daraufhin bezogen die 3 eine kleine Eigentumswohnung, in der eineinhalb Jahre später der Kronleuchter neben den Gardinenleisten immer noch mitten im Zimmer stand, die Betten nicht aufgeschlagen waren und nur ein neu angeschafftes Ölgemälde aufgehängt worden war – direkt hinter der Eingangstür. Mehrere unsinnige Käufe waren getätigt worden: Couchgarnitur, Spülautomat und Kühlschrank waren in doppelter Ausführung in der ohnehin engen Wohnung vorhanden, daneben eine Werkbank mit Zubehör. Zu den Anschaffungen zählte auch ein PKW der oberen Mittelklasse, den der P. zu gemeinsamen Ausflugsfahrten benutzte, obwohl er nicht im Besitz einer Fahrerlaubnis war. Auf diese Weise kam die Probandin zum ersten Mal in ein Schwimmbad. Ansonsten bestand die Tätigkeit des P. nur in Fernsehen und der Lektüre „kurioser" Bücher über Okkultismus, Astrologie, Mentalpositivismus u. ä. – Im Anschluß an einen gemeinsamen Ausflug war P. beim Einparken mit dem Fahrzeug gegen eine Betonwand gestoßen. Er führte dies auf „gedankliche Beeinflussungen" durch die in der Wohnung zurückgebliebene alte Frau zurück, der er daraufhin schwere Kopfverletzungen beibrachte, die nach 3 Tagen zum Tod der alten Frau führten. In der Zwischenzeit war der Kontakt des Paares zur Außenwelt völlig unterbrochen; die beiden waren „rund um die Uhr" damit beschäftigt, die Verletzte zu beaufsichtigen und zu pflegen, wobei die Pflegemaßnahmen ganz ungeeignet waren. Sie bestanden in „innerer" und „äußerer Kühlung" mit Eiswasser bzw. Eiswickeln und im Einflößen von Sahne und „rotem Traubensaft". Ein Arzt wurde erst gerufen, nachdem Frau H. aufgefallen war, daß „die Gurgel stillstand". Im Rahmen des Ermittlungsverfahrens wurden beide Beschuldigten untersucht; bei dem Probanden führte dies zur Diagnose einer – im Vorverfahren nicht bemerkten – Schizophrenie mit blander, schleichender Verlaufsform defektuöser Art und sekundärem Alkoholabusus. Vielleicht erklärt das Vorliegen dieser auch im Kontaktverhalten zum Ausdruck kommenden Erkrankung, daß D. P. neben der Mutter offenbar der einzige Mensch war, der die hochgradige Belastung dauerhaft kompensieren konnte, die das bloße Zusammensein mit der Probandin mit sich brachte. Die mit der Wesensänderung von Frau H. verbundene, extrem stark ausgeprägte Schwerfälligkeit und Plumpheit manifestierte sich bis ins Mienenspiel hinein. Es gelang ihr kaum, einen Gedankengang konsequent zu Ende zu führen, das Denken erlahmte sozusagen auf freier Strecke und wies überdies einen so hohen Allgemeinheitsgrad auf, daß ihren Äußerungen generell nur ein geringer Informationswert zukam. Infolgedessen waren beispielsweise die Vorstellungen, die sie hinsichtlich ihrer strafrechtlichen oder finanziellen Situation aber auch hinsichtlich der zukünftigen Beziehungen zu ihrem Freund hatte, gänzlich unklar und unsicher. Daß sie nicht weiß, welche vermögenswirksamen Unterschriften sie geleistet hat, kann mit dem relativ niedrigen IQ von 79 nicht erklärt werden. Berücksichtigt man zusätzlich die starke Verlangsamung aller psychischen Abläufe, dann wird verständlich, daß der Umgang mit ihr sehr ermüdend ist; vielleicht war in der mißtrauisch-vorwurfsvollen Haltung und in ihrer latent gereizten, verdrossen-mißmutigen Verstimmung lediglich die kommunikative Rückkoppelung zum Ausdruck gekommen, es schien aber auch eine genuine Unzufriedenheit in Verbindung mit der bestehenden Antriebsschwäche für diese Affektmonotonie ursächlich zu sein. Als sie sich – mit kraftlosem Händedruck – verabschiedete, schien sie am Untersucher vorbei geradewegs ins Leere zu blicken. Der Polizei gegenüber hatte sie am Tatort einen ängstlich-verstörten Eindruck gemacht. – Bei alledem deckte die Untersuchung keine schwere Einbuße an Urteilskraft auf; die Untersuchte wirkte nur in der Art, in der sie von ihrer Urteilskraft Gebrauch machte eigenartig „kraftlos". Wenn davon Gebrauch gemacht wird, wird die Wirklichkeit nicht – wie bei ihrem psychotischen Freund hin und wieder – verfehlt, die äußerst dürftige Ausstattung dieser Erlebenswirklichkeit bei der Probandin zeigt aber, daß dem erhalten gebliebenen Urteilsvermögen gegenüber dem bestehenden Antriebsmangel keine allzugroße Bedeutung zuzusprechen ist. Das sehr geringe Selbstvertrauen und die große Unsicherheit ihres Erlebens bestimmen den sehr engen Sozialradius und konservieren ihre Abhängigkeit von andern, so daß sie „die Hand, die sie schlägt", nicht losläßt. Dies erklärt auch ihre Rolle hinsichtlich des strafrechtlich relevanten Geschehensablaufes, bei dem Frau H. dem Expansionsdrang und der Expansionskraft ihres Freundes, der nicht die geringste Widerrede duldete, kampflos das Feld überlassen hatte. Sogar die richtige Erkenntnis, daß dieser „noch kränker" sei als sie selbst, führte nicht dazu, daß sie einen eigenen Standpunkt bezogen hätte. So kumulierten in der Situation, aus der heraus das vorwerfbare Verhalten resultierte, mehrere pathologische Einflüsse in verhängnisvoller Weise. Die krankhafte seelische Störung, die bei Frau H. aufgrund der epileptischen Wesensänderung anzunehmen ist, hätte gleichwohl wegen der erhaltenen Urteilsfähigkeit einerseits und der Länge des Tatzeitraums andererseits die Steuerungsfähigkeit nicht ausgeschlossen, wenn der Probandin ein aktives Tun zum Vorwurf gemacht worden wäre. Bei der Verwirklichung eines Straftatbestandes durch Unterlassen ist die beschriebene Unselbständigkeit jedoch praktisch mit der Feststellung fehlender Steuerungsfähigkeit gleichzusetzen.

Bekanntlich gibt es eine Diskussion über die Authentizität der epileptischen Wesensänderung, die sich in der Praxis auf einen Streit über die maßgeblichen Faktoren ihrer Entstehung reduzieren läßt; darauf wurde unter bezug auf Gunn (1981) bereits hingewiesen. Für die forensisch-psychiatrische Beurteilung der Verantwortungsfähigkeit ist es, wie der vorstehende Fallbericht zeigt, ganz gleichgültig, auf welche Weise diese Wesensänderung zustandegekommen ist, bzw. welche der Gunn-Konstellationen (S. 54) im Vordergrund stehen. Wesentlich ist allein die strukturale Eigenart der psychischen Störung – hier die aus der Bedeutungsungewißheit des Erlebten resultierende, fast „abulische" Antriebsschwäche – im Hinblick auf den Charakter des straffälligen Verhaltens. Insoweit besteht ein Erkenntniszusammenhang, dessen Erfahrbarkeit auch nichtpsychiatrischen Beurteilern ein eigenständiges Urteil erlaubt und der infolgedessen klarerweise von der oben erwähnten Diskussion abgehoben ist.

Die verbal und praktisch zum Ausdruck kommende Veränderung des Denkens in seinem Ablauftempo und in der außerordentlichen Assoziationsarmut, seine Verlangsamung und Schwerfälligkeit also, die im Verein mit der an Apathie grenzenden, „lammfrommen" Geduld bei gleichzeitiger mißmutiger Verstimmung als epileptische Hypophrenie nichts mit Schwachsinn zu tun hat, legt den psychopathologischen Vergleich mit dem „epileptoiden Psychopathen" der älteren Psychiatrie nahe. In den Beschreibungen dieses Psychopathentyps spielte es eine besondere Rolle, daß seine Eigenart in einem scharfen Kontrast gesehen wurde, der bei diesem Typ zwischen der geradezu pedantischen Übergewissenhaftigkeit mit dem oft als „viskös" oder „glischroid" bezeichneten Festhalten an der eingeschlagenen Denkrichtung einerseits und dem unberechenbaren, impulshaften Durchbrechen dieser „Bewegungsarmut" in einem durch seine Heftigkeit überraschenden Anfall von Jähzorn andererseits besteht. Im Falle dieser „koartierten" Wesensänderung wird die auf Aspontaneität beruhende soziale Anpassung nicht durch impulsive Unberechenbarkeit in Frage gestellt. Diese Besonderheit leitet vielmehr zum 2. Typ der epileptischen Wesensänderung über; in diesem Sinne ist bereits auf die überschießende emotionale Reagibilität beim pseudopsychopathischen Syndrom der Temporallappenepileptiker hingewiesen worden. Überlagert sich diesem Syndrom ein vorbestehendes oder erworbenes Intelligenzdefizit, dann kann zusätzlich auch der Eindruck einer „hypophrenen" Verfassung hervorgerufen werden.

Im Rahmen der Temporallappenepilepsie sind solche oder andere „Überlagerungen" fast die Regel, worauf z.B. auch Landolt (1960, S. 64ff.) hinweist. Im Hinblick auf die auch kasuistisch belegten Ausführungen S. 76 braucht darauf nicht mehr zurückgekommen zu werden. Hinsichtlich der möglichen intellektuellen Begleiterscheinungen versteht es sich von selbst, daß diese Beeinträchtigungen in allen möglichen Ausprägungsgraden vorkommen und forensisch entsprechend zu berücksichtigen sind. Die nach strukturalen Gesichtspunkten vorzunehmende *qualitative* Bewertung der jeweils anzutreffenden psychopathologischen Merkmale im Sinne leichter, mittelschwerer und schwerer Fälle verdeutlicht die Anwendung dieser syndromatologischen Betrachtungsweise im Hinblick auf die auch bei der Verantwortlichkeitsbeurteilung notwendige Abstufung mit der Unterscheidung irrelevanter von im Sinne des § 21 und im Sinne des § 20 relevanten psychischen Beeinträchtigungen. Übrigens entspricht es dem qualitativen Charakter der strukturalen Kriterien der hier erforderlichen Unterscheidung, daß „Leichtigkeit" der Störung auch bedeutet, daß hinsichtlich ihrer forensischen Relevanz der spezifischen Eigenart des Tatgeschehens – z.B. im Sinne aktiven Tuns oder Unterlassens – in besonderem Maße Beachtung geschenkt werden muß, während es bei den schwersten psychischen Beeinträchtigungen hinsichtlich der Verantwortungsfähigkeit nahezu gleichgültig ist, was dem Probanden vorgeworfen wird.

Es ist bereits erwähnt worden, daß es eine Reihe von normabweichenden Verhaltensweisen gibt, die als sog. Monomanien von der Psychiatrie des vorigen Jahrhunderts den Geisteskrankheiten zugerechnet wurden, obwohl die „Kranken" außerhalb dieser besonderen Verhaltensweisen keine psychiatrisch bedeutsamen Auffälligkeiten zeigen. Nach dieser Auffassung äußert sich die Krankheit des Pyromanen nur in der Form krankhaften Feuerlegens, die des Kleptomanen in krankhaftem Stehlen, des Poriomanen in krankhaftem Weglaufen, den sog. Fugues. Man kann diese Verhaltensweisen auf den Nenner eines trieb- dranghaften Handelns bringen, das sich der rationalen Kontrolle mehr oder weniger entzieht, und das im Hinblick auf seinen episodischen Charakter oft mit den epileptischen Ausnahmezuständen verglichen oder sogar diesen gleichgesetzt worden ist. Letzteres ist im Hinblick darauf zu verstehen, daß der irrationale Charakter eines solchen Handelns um so mehr den Eindruck eines „unbewußten" Handelns hervorrufen kann, je mehr darunter auch die Erinnerungsfähigkeit – ähnlich wie beim Traum leidet; die Ähnlichkeit mit den psychischen Veränderungen beim Dämmerzustand ist in diesem Fall leicht zu bemerken. Beim episodischen Trinkexzeß dranghafter Natur liegt der Vergleich mit dem epileptischen Verstimmungszustand nahe, der jedoch nie die einzige Manifestation der Krankheit darstellt. Aus verschiedenen Gründen entfalten diese Bezeichnungen „Pyromanie", „Kleptomanie" u.ä. eine beträchtliche suggestive Wirkung, ihre praktische Bedeutung wird in der forensischen Psychiatrie weit überschätzt. Probleme der differentialdiagnostischen Abklärung gegenüber echten epileptischen Bewußtseinsveränderungen gibt es nur für einen verschwindend kleinen Teil der üblicherweise hier eingeordneten Phänomene; in der bei weitem überwiegenden Mehrzahl der Fälle ist der Ausnahmecharakter des Geschehens auf eine abweichende Motivkonstellation beschränkt, die nur den Inhalt, nicht die Form dieses Erlebens tangiert und die zur Frage der Schuldfähigkeit nichts besagt, weil es dabei auf die Gründe des Handelns nicht ankommt. Amnesien, die in solchen Fällen oft behauptet werden, sind in der Regel leicht als das Ergebnis – verständlicher – Selbstschutzinteressen zu erkennen. Den drang-/triebhaften Charakter haben die hierher zu zählenden Verhaltensweisen mit andern Verhaltensweisen gemeinsam, bei denen die Annahme eines irgendwie pathologischen Geschehens von vornherein nicht zur Diskussion steht. Wäre allein daraus bereits auf eine Einschränkung der Schuldfähigkeit zu schließen, dann müßte die gesamte Sexualdelinquenz unter diesem Vorbehalt beurteilt werden.

Die drang-/triebhaften Verhaltensweisen, die hier gemeint sind, unterscheiden sich klarerweise von krankhaften Bewußtseinsveränderungen, deren die Schuldfähigkeit ausschließende oder mindernde Bedeutung auf dem formalen Charakter der Störung, nicht auf inhaltlichen Aspekten des Erlebens im Sinne rationaler oder irrationaler Beweggründe beruht. Diese Erkenntnis wird sich durchsetzen und daher ist abzusehen, daß über kurz oder lang die in den Begriffen Pyromanie/Kleptomanie gegebenen Überbleibsel der alten Monomanien auch ihr letztes Refugium, die forensische Psychiatrie, verlieren werden. Ähnliches hat sich hinsichtlich der Hypnose bereits bewahrheitet; das forensisch-psychiatrische Schicksal des Begriffs der Hypnose wird durch den Übergang von einer Phase der Mystifikation mit überbordender Gelegenheitspublizistik zur völligen Abstinenz gekennzeichnet. Da die Hypnose in der forensisch-psychiatrischen Praxis nahezu bedeutungslos geworden ist, sind es gelegentliche Berichte in der Tagespresse[1], die an den unaufgelösten Rest des vergangenen

1 Am 20.9.82 wurde in Silkeborg/Dänemark ein Psychotherapeut wegen sexuellen Mißbrauchs von Patientinnen in Hypnose zu 5 Jahren Gefängnis verurteilt. Der Verurteilte, ein ehemaliger Bäcker, hatte seit 1951 in seiner Klinik über 100 000 Patienten behandelt; er wurde in 3 Fällen der Vergewaltigung, in 3 weiteren Fällen der versuchten Notzucht und in 19 Fällen der Unzucht schuldig gesprochen, wobei das Gericht davon ausging, daß er das Vertrauen der unter seinem Einfluß befindlichen Frauen im Hinblick auf deren emotionelle und geistige Schwäche mißbraucht habe. Der psychiatrische Sachverständige hatte die Fra-

Meinungsstreits erinnern, an die Frage, wie es möglich ist, daß – wie beim Somnambulismus Handlungen ohne explizites Wissen richtig ausgeführt werden. Hinsichtlich der strukturalen Relevanz dieser hypnotischen Besonderheit, sei hier nur auf die insoweit bestehende Ähnlichkeit mit dem – nach Goldstein (1971) – „konkret" genannten Verhalten bei der organisch verursachten Entdifferenzierung des Dementen oder der funktionellen Nivellierung beim Ritual der Naturvölker z. B. hingewiesen. Praktisch bedeutsam ist, daß Aschaffenburg (1909, S. 27ff.) mit seiner Meinung Recht behalten hat, wonach man „keine allzugroße Furcht vor der kriminellen Ausbeutung der Hypnose" zu haben braucht; es ist nicht festzustellen, „daß Verbrecher in allen Fällen, in denen nur eine entfernte Möglichkeit bestände, hypnotische Suggestionen als Strafbefreiungsgrund vorschützen würden". Daß es im Experiment dann, wenn ihrerseits suggestive Versuchsbedingungen auf geeignete Weise neutralisiert werden, nicht gelungen ist, „selbst einfache und wenig kompromittierende Handlungen hypnotisch zu erzeugen, wie z. B. das Wegnehmen einer Blume von einem natürlich ebenfalls suggerierten Altar oder das Küssen fremder Personen", stützt die Erfahrung, daß die Macht der Suggestionen um so größer ist, „je mehr die erteilten Suggestionen mit dem Charakter, dem Denken, den Wünschen des Hypnotisierten übereinstimmen, je weniger Gegenvorstellungen seiner Individualität entspringen". Danach wird die Ausführung eines den Grundintentionen des Handelnden zuwiderlaufenden Verbrechens unter Hypnose um so unwahrscheinlicher, je größer die zur Verwirklichung des Verbrechens erforderliche eigene Aktivität des Handelnden sein müßte. Das Problem eines den Grundintentionen des Handelnden entsprechenden Verbrechens unter Hypnose ist – etwa nach dem Beispiel der „actio libera in causa" – juristisch zu lösen.

Die Schlaftrunkenheit, deren praktische Bedeutung in der forensischen Psychiatrie größer als die der Hypnose ist, kann im Zusammenhang mit einer Situationsverkennung zu einem tatbestandsmäßigen Handeln führen. Der Bedeutungsgehalt des noch traumhaft Vorgestellten manifestiert sich nicht bloß auf der Vorstellungsebene, er führt bei diesem sozusagen verzögerten Wachwerden auch bereits zu motorisch wirksamen Handlungsintentionen; das strukturell als Dissoziation zwischen Erlebensgegenstand und Erlebensthema aufzufassende Fehlen der geistigen Orientierung schließt hier offensichtlich Schuldfähigkeit aus. Das tatbestandsmäßige Handeln kann – wie in dem von Bresser (1972) nach Krafft-Ebing zitierten Beispiel des somnambulen Mönchs – in mehrfacher Hinsicht „sinnvoll" sein, ohne daß dies etwas an der Evidenz feh-

---

ge, ob ein Mensch in Hypnose zu etwas gezwungen werden kann, was im Gegensatz zu seinem Willen steht, verneint. Damit wurden Erinnerungen an einen ähnlichen Fall geweckt, der zu Beginn der 60er Jahre in Dänemark heftig umstritten war. Damals wurde ein Hypnotiseur zu lebenslänglicher Freiheitsstrafe verurteilt, weil er nach dem Schuldspruch einen Dritten unter Hypnose dazu bestimmt hatte, bei einem Banküberfall 2 Menschen zu erschießen. Die Tat, an welcher der Verurteilte nicht teilgenommen hatte, war nach der Überzeugung des Gerichts von diesem geplant worden; der psychiatrische Sachverständige hat in der Verhandlung ausgeführt, daß in Wahrheit der Hypnotiseur der Todesschütze gewesen sei (FAZ – 21. 9. 1982).

lender Verantwortlichkeit ändert. Die strukturale Begründung dieser Evidenz beruht nicht auf dem Sinnkriterium der traditionellen Psychiatrie, sondern auf dem Nachweis jener Dissoziation[2]. Die das Handeln des Schlaftrunkenen oft kennzeichnende besondere Heftigkeit entspricht dem undifferenzierten Charakter der affektiven Bedeutungsentnahme dieses unvollständigen Erlebens; sie zeigt den einzelnen so, wie er ist, wenn er aufgrund eines überpersönlichen Ereignisses – hier der Schlaf – von seiner persönlichen Geschichte und der Vielfalt seiner Bindungen für einen Augenblick isoliert fast nur noch unvermittelte Aktualität darstellt.

2.2.2 Der dementielle Typ des psychoorganischen Syndroms

In diesem Abschnitt geht es im wesentlichen um die Psychopathologie des Alters, die – unabhängig von ihrer degenerativen oder gefäßbedingten, toxischen oder traumatischen Verursachung – struktural als Persönlichkeitsabbau zu bestimmen ist. Persönlichkeitsabbau bedeutet, daß es den Kranken immer schwerer fällt, sich in die aus ihrer Sicht immer weniger „passende" Umwelt einzuordnen; deren Aktualität entgleitet ihnen in zunehmendem Maß. Dies ist eine Umschreibung für den Vorgang der „egozentrischen Erstarrung", durch den mit dem Verlust der Differenzierung der Kranke „verarmt": der Rückzug auf das Ich besteht in der zunehmenden Vergröberung der begrifflichen Mittel, mit denen sich der einzelne die Welt erschließt. Ihr Ausdruck ist die Merkschwäche, ihre Wirkung die zeitliche und räumliche „Homogenisierung" des Erlebens, das in Form der Gedächtnisstörung sozusagen aus der – nicht mehr für das Erleben zugänglichen – Persönlichkeit herausgedrängt wird; umgekehrt ausgedrückt: die Persönlichkeit stirbt ab – wie eine Insel, die im Meer versinkt. Die affektive Bedeutungsentnahme, die nun nicht mehr von einem differenzierten Begriffsgefüge ausgewogen wird, stellt nur noch eine einfache Funktion des – punktuellen – Hier und Jetzt der jeweiligen Situation dar. Die Affektivität des Abgebauten ist infolgedessen heftig und sie wechselt sehr rasch. In diesem Sinne kennzeichnen Merkschwäche und Affektlabilität dieses Abbausyndrom, dessen Resultat die – über Zwischenstufen erreichte – Demenz ist, bei der schließlich der Erlebensgegenstand so mit dem Subjekt des Erlebens zur

2 Der schlaftrunkene Mönch meinte, der Prior habe seine Mutter getötet, und deren blutiger Schatten sei ihm erschienen, um ihn zur Rache aufzufordern. Er habe sich aufgerafft und den Prior erdolcht. Am darauffolgenden Morgen erzählte er dies dem Prior als Traum und erfuhr, daß er mit seinem Dolch das leere Bett getroffen hatte, ohne den am beleuchteten Arbeitstisch sitzenden Prior zu bemerken. – Thema dieses Erlebens ist der gewaltsame Tod der Mutter, die aus der verwirklichten Handlungsintention zu erschließende affektive Bedeutungsentnahme entspricht dem Thema, das Thema steht aber nicht in Einklang mit der für den Erlebenden sinnfälligen Wirklichkeit in ihrem gegenständlichen Charakter.

Deckung kommt, daß praktisch nur noch von einer Existenz in den homöostatischen Triebbedürfnissen auszugehen ist[3].

Die forensische Bedeutung dieser Psychopathologie des Alters hat zwei Schwerpunkte; der „alte Ersttäter" wird entweder wegen aggressiver oder wegen pädophiler Handlungen strafrechtlich verfolgt, sonstige Straftatbestände spielen demgegenüber nur eine untergeordnete Rolle. In diesen Fällen ist es in der Regel leicht, die ursächliche Mitwirkung des Alters bei der Entstehung der Tat überzeugend aufzuzeigen. Darauf beruht das Vorurteil, daß deswegen auch bereits ein ausreichender Grund bestehe, wenn nicht die volle Exkulpation, dann zumindest die Dekulpation dem Gericht zu empfehlen. Dem liegt der Denkfehler zugrunde, daß körperliche Ursachen eines Handelns die freie Willensbestimmung ausschlössen. Wenn das so wäre, gäbe es überhaupt keine „Willensfreiheit", denn jedes menschliche Handeln hat körperliche Ursachen. Auch hier gilt, daß der Erklärungswert, den das Aufzeigen der Determinationsstruktur eines menschlichen Handelns hat, die Verantwortungsfähigkeit ausgeklammert läßt; deren Beurteilung ist erst der strukturalen Analyse des Erlebens des Täters zur Tatzeit zugänglich, und hierbei kommt es nicht darauf an, ob diese oder jene Ursachen, diese oder jene Gründe die Erlebensform bestimmen.

In diesem Sinne interessiert, ob und in welchem Maße man feststellen kann, daß im Erleben eines Probanden sich die subjektive Thematik weiter und weiter von der objektiven Wirklichkeit in ihrer kausalen Geschlossenheit entfernt hat, weil darin das Fehlen der Differenzierung nach Ursache und Wirkung, der Verlust der zeitlichen und räumlichen Gliederung des Erlebens direkt zum Ausdruck kommt. Die affektive Bedeutungsentnahme entspricht dem Thema des Erlebens, sie ist aber aus den weiter oben angegebenen Gründen flüchtig, instabil. Im Hinblick auf die große Bedeutung, die im forensisch-psychiatrischen Zusammenhang das Merkmal der „Persönlichkeitsfremdheit" hat, sei dem hinzugefügt, daß zunehmende Subjektivierung des Erlebens beim Abbau natürlich nicht bedeutet, daß mit fortschreitender Störung dieses Erleben immer „persönlichkeitsnäher" würde. „Persönlichkeit" ist die Leistung des vollen, ungestörten Bewußtseins; wie schon gesagt: beim Abbau geht sie unter; hiervon zeugen die Gedächtnisausfälle der Kranken. Hat dieser Strukturverlust dazu geführt, daß – ähnlich wie bei der Schlaftrunkenheit – der Wirklichkeitsbezug des Erlebens nur noch auf einer „konkreten" Ebene stattfindet – ohne explizites Wissen – dann ist die strukturale Grundvoraussetzung einer verantwortlichen Entscheidung, die Subjekt-Objekt-Spaltung des Erlebens nicht mehr erfüllt. Der Bereich der Befriedigung unmittelbar trieb-/instinktgesteuerter Bedürf-

---

3 Dies ist hier nur höchst schematisch aufzuzeigen; will man das Schema psychopathologisch verdeutlichen, kann z. B. auf den Dermatozoenwahn verwiesen werden. Das abbaubedingte Kleinerwerden des Subjekt-Objekt-Radius des Erlebens findet darin seinen bildlichen Ausdruck, daß die „Tierchen" dem Kranken buchstäblich auf den Leib rücken. Die gegenständliche Entleerung des Erlebens beim Abbau schafft einen Freiraum für katathyme Projektionen mit einer ganz eigentümlichen subjektiven „Sinnfindung", welche die Kranken wie in einem Käfig gefangenhält. Dieser außerordentlich starren Aufmerksamkeitsbindung leisten die nächtliche Stille – als „Wahrnehmungsvakuum" – und die Schlaflosigkeit Vorschub. „Nachts lag der Kranke aufmerksam im Bett und lauschte den Parasiten, die knisternde und knackende Geräusche verursachten" (Wieser u. Kayser 1966).

nisse kommt dann nicht mehr mit dem Persönlichkeitsbereich eines bewußt Handelnden zur Deckung; die verbliebene Existenzform hat einen vegetativen Charakter. Die verbliebene psychische Aktivität ist ihrerseits in die geschlossene Kausalkette des objektiven Geschehens einbezogen, eine spontane Strukturierung des Erlebens ist nicht mehr möglich.

Persönlichkeitsabbau wird also dadurch charakterisiert, daß in demselben Maß, in dem die erlebte Welt zunehmend subjektive Züge erhält und die Qualität der kausalen Geschlossenheit, auf welcher der Realitätsgehalt des Erlebens beruht, verliert, das Subjekt dieses Erlebens „blind" in die Kausalität des Geschehens selbst einbezogen wird. Dies ist der Grund für die interindividuelle Gleichförmigkeit des Erscheinungsbildes der psychischen Nivellierung mit dem Ausgeliefertsein des Kranken an die Situation, die er antrifft. Es genügt, dieses Erscheinungsbild bei 2 oder 3 Gelegenheiten kennenzulernen, um es beim 4. Mal gleich wiederzuerkennen.

Der am 24. Februar 1912 geborene K. P. erschien am 2. Februar 1982 in der Küche des Nachbarhauses, in einer Hand trug er einen Plastikeimer, in der anderen eine Axt, mit der er der Kartoffel schälenden Nachbarin wortlos 2 Schläge an den Kopf versetzte. Der Aufforderung, den Hergang zu erzählen, kam er folgendermaßen nach: Das sei die Schlägerei wegen des Autos. 20 Jahre habe die bei sich geparkt, dann bei ihm, wo er betoniert und alles gemacht habe für seine Frau, daß sie ihm noch länger lebe. Die Nachbarin habe die Söhne aufgehetzt, der Junge habe das Auto zu ihm geschoben. Er sei rüber und habe den Jungen rufen wollen. Der sei rausgekommen und habe ihn mit der Faust blutig geschlagen. Er habe ihm nur einen Schubs gegeben, auf die Tonne. Da sei die mit dem Schrubber gekommen. Er sei bewußtlos gewesen. Später habe es ein Gerichtsverfahren gegeben. Der ihre Zeugen hätten alle gelogen, seinen Zeugen habe der Richter nicht geglaubt. Er habe verspielt, habe 3000,– DM Schmerzensgeld zahlen sollen. Sein Rechtsanwalt habe denen beigehalten, jetzt habe er einen andern genommen; ob der nicht telefoniert habe. – Dieser Vorfall, über den der Proband bei der Untersuchung mit großer affektiver Anteilnahme berichtete, hatte sich im Januar 1981 zugetragen, im Januar 1982 war er deswegen zur Zahlung eines Schmerzensgeldes verurteilt worden. Da sei sie vor sein Fenster gekommen, habe mit den Händen gewedelt und habe ihn länger als eine Viertelstunde ausgelacht. Da habe er durchgedreht und sie zweimal am Kopf geschlagen. Er wisse nicht, womit er geschlagen habe. In seinem Zustand habe er nichts gewußt, er habe Kopfschmerzen gehabt. Bei seiner verantwortlichen Vernehmung am Tag des Vorfalls hatte er eine ähnliche Darstellung abgegeben, dabei aber noch gewußt, daß er voller Wut in den Keller gerannt sei und sich ein Stück Holz oder eine Eisenstange geschnappt habe. Dann sei er durch den Hintereingang rausgerannt, habe den Plastikeimer geholt, um bei einem andern Nachbarn Sand zu holen. Es sei so gewesen, daß er trotz seiner aufgewühlten Verfassung diese Absicht gehabt habe. Er sei dann aber vollkommen weggetreten und sei ihr nach. Sie habe ihn weiterhin angegrinst und spöttisch den Mund verzogen. Dann habe er auf sie eingeschlagen, wie oft er geschlagen habe, wisse er nicht. – Nach den objektiven Gegebenheiten ist eine tatzeitbezogene Provokation des Probanden durch die Geschädigte auszuschließen. Es stellte sich allerdings als unmöglich heraus, von dem Untersuchten eine sachliche Schilderung zu erhalten. Refrainartig verwies er immer wieder auf seine tadellose Lebensbewährung i. allg. und seine Unschuld in dieser Sache, in der nach seiner Überzeugung die Nachbarin ins Gefängnis gehöre, weil sie ihn zuvor provoziert und früher mit einem Schrubber geschlagen hatte. Auf die Frage nach Vorerkrankungen, behauptet er, immer gesund gewesen zu sein, bloß diese Frau habe ihn zur Verzweiflung gebracht „mehr wie 20 Minuten", die habe gelacht, daß sie gewonnen habe. Er sei ein guter, friedlicher Mensch, aber die Frau habe ihn in den Zustand gebracht, daß er das habe machen müssen; er sei unschuldig. Die Ehefrau gab an, daß er sich durch die Kopfverletzung im Januar 1981 vollkommen verändert habe. Er höre schlecht, könne nicht schlafen, sei unruhig, umtriebig. Nachts wandere er im Haus herum, trinke Schnaps, was er sonst nie getan hätte. Er werde nicht mit dem Gedanken fertig, unschuldig verurteilt worden zu sein. Er rede nur noch darüber, führe Selbstgespräche, weil niemand ihm mehr zuhören könne. Er sei immer weinerlich, könne seinen Alltag nicht mehr gestalten. Gleichgültig, was er anfange, er halte es nirgends lange aus, das ganze Haus sei in Unruhe, er sei eine schwere Last und behalte auch nichts mehr. Man müsse ihm alles drei- bis viermal sagen. Die Vergeßlichkeit habe schon mit der Pensionierung im Alter von 63 Jahren eingesetzt. In der Untersuchungssituation war vordergründig das fast zwanghafte beteuernde Reden des Probanden auffällig, das weitschweifig fast ausschließlich die eigene Befindlichkeit behandelt, so daß der Eindruck entsteht, daß die Fähigkeit zu sachlich-objektivierender Distanzierung weitgehend fehlt. Er bittet den Untersucher, das Gefängnis anzurufen, daß man ihn freilasse. Der affektive Rahmen wird von Inkontinenzerscheinungen bestimmt; es ist möglich, den Probanden mit wenigen Fragen vom Lachen zum Weinen zu bringen. Stimmungen leiten sein Denken, das Urteilen wird von seinen Bedürfnissen bestimmt. Wesentliches und Nebensächliches gehen ineinander über. Wüßte man nicht aus den Akten, um was es geht, gelänge es oft nicht, einen verständlichen Zusammenhang herzustellen. Testpsychologisch ergaben sich in der Zeichenform des Benton-Tests und im beträchtlichen Unterschied zwischen Verbal- und Handlungs-IQ des Hawie deutliche Hinweise auf eine hirnorganische Beeinträchtigung mit gravierender Merkschwäche. Weit unterdurchschnittlich waren seine Leistungen, wenn er unter konzentrativer Anspannung den Wirklichkeitsgehalt gegebener Situationen erfassen sollte. Für die forensische Beurteilung ist davon auszugehen, daß das ordnende, strukturierende Prinzip seines Erlebens nicht mehr der sachliche Maßstab und die Kriterien „richtig–falsch" sind, sondern die eigene subjektive Bedürfnislage. In diesem Sinne sind die zahlreichen Beteuerungen und Vorwegnahmen des Probanden zu verstehen und mit dem affektiven Kontext dieses Erlebensabbaus in Zusammenhang zu bringen. Für affektive Stimuli ist der Untersuchte in abnormer Weise empfänglich; er reagiert unmittelbar aus der Situation heraus. Dies stellt eine psychopathologisch bekannte Disposition für impulsiv-kurzschlüssiges Handeln dar. Der Punkt der „affektiven Sättigung" an dem persönlichkeitsbezogene Kontrollfunktionen aufhören, ein verhaltenswirksames Regulativ darzustellen, wird bei ihm sehr schnell erreicht. Die Persönlichkeit des Probanden hat ihre das Erleben strukturierende Kraft auf diese Weise eingebüßt; insofern liegt eine – persönliche Autonomie ausschließende – „krankhafte seelische Störung" im Sinne des § 20 StGB vor.

Die egozentrische Erstarrung dieser Kranken äußert sich in einer ausgeprägten Unduldsamkeit gegenüber allem, was sie in ihrem Bestreben stört, in ihrem Erleben nur noch bereits Bekanntes, letzten Endes sich selbst anzutreffen. Das auf dieser Intoleranz beruhende Verhalten wird in besonders schroffer Form durch den Kontrast charakterisiert, der zwischen der rechthaberischen Überempfindlichkeit, mit der auf die Wahrung eigener Rechte geachtet wird, einerseits und der extremen Rücksichtslosigkeit, mit der fremden Rechten zuwidergehandelt wird, andererseits besteht. Für den Kranken existieren die Rechte des Gegners nicht, die Zeugen des Gegners lügen, den eigenen Zeugen glaubt der Richter nicht. Dies ist die Situation, aus der heraus nicht mehr der objektive Kausalnexus des Gegenständlichen, sondern die ihrerseits in die „bewußtseinsblinde" Kausalität einbezogene Subjektivität des Kranken den Erlebenshorizont bestimmt. Das Hervortreten unpersönlicher, nach einem Reflexschema automatisierter Abläufe zu Lasten persönlichkeitsbezogener Spontaneität widerlegt im Einzelfall die Annahme von Schuldfähigkeit.

Dieser unpersönliche, automatisierte Handlungsablauf kommt auch darin zum Ausdruck, daß die strafbare Handlung ohne Rücksicht auf die Umgebung und – allem Anschein nach – ohne persönliche Schutzbedürfnisse ausgeführt wird; der Gedanke an eine eventuelle spätere Bestrafung ist mit dem Verlust der Zukunftsperspektive dieses zeitlich und räumlich entdifferenzierten Erlebens ohne Chance, aktualisiert zu werden. Der Täter braucht nichts zu unternehmen, um seine Täterschaft zu verschleiern, weil die Schuld daran – nach seiner Auffassung – ausschließlich vom Opfer getragen wird.

Neben derartigen Aggressionsdelikten spielt hinsichtlich der Altersdelinquenz – wie gesagt – die Pädophilie eine Hauptrolle, was von manchen wissenschaftlich besonders am Phänomen der Sexualität interessierten Psychiatern und Psychoanalytikern als eine Anomalie angesehen wird; so fordert z.B. Schorsch (1975) eine Entkriminalisierung der Pädophilie. Im internationalen Vergleich zeigt die Entwicklung allerdings eher einen Trend, der von der Liberalisierung wegführt, wobei z.Z. nur noch in Holland Freizügigkeit die Strafrechtspraxis zu bestimmen scheint. Wenn pädophile Probanden in der Argumentation in diesem Sinn auf die geographische Bedingtheit moralischer Auffassungen verweisen, braucht dies bei der forensisch-psychiatrischen Beurteilung den Sachverständigen nicht zu interessieren; das Argument ist aber geeignet, das Vorurteil zu relativieren, wonach der triebbestimmte Charakter pädophilen Handelns per se die Schuldfähigkeit tangiere. Fragen wir uns, was es bedeutet, wenn hier von „triebbestimmtem Handeln" gesprochen wird, dann ist aus strukturaler Sicht auf einen Nivellierungsvorgang zu verweisen, der darin besteht, daß im Entscheidungsprozeß von vornherein ein dominierendes Motiv das Feld beherrscht. Ein Wählen wie zwischen frühem Zubettgehen, dem 1. oder dem 2. Fernsehprogramm entfällt hier im Hinblick auf das aus der Triebdynamik herrührende Engagement, das uns wissen läßt, was wir wollen. Diese Klarheit fehlt dort, wo eine Vielzahl von Motiven, die einander sozusagen Konkurrenz machen, in Frage kommt und eine Kleinigkeit den Ausschlag gibt. Hinsichtlich der Fähigkeit zu verantwortlichem Handeln kommt es aber nicht auf diesen „Konkurrenzkampf" der Motive, sondern auf die persönliche Stellungnahme zu der schließlich herausgebildeten Handlungsintention an. Deshalb läßt sich aus der Tatsache, daß wir es bei der Pädophilie motivational mit einem „triebbestimmten" Handeln zu tun haben, kein Rückschluß für oder gegen die Verantwortungsfähigkeit ziehen, solange die Entdifferenzierung nicht die Persönlichkeit des Handelnden verändert hat, oder – neben anderen krankhaften Veränderungen – eine pathologische Triebverstärkung besteht. Das gleiche gilt hinsichtlich der „abnormen" Triebrichtung, deren Ziel das kindliche Genitale ist. Sowenig die Entfernung der Kochkunst vom ursprünglichen Ziel des Nahrungstriebes ihre Anhänger in die Nähe zum Geisteskranken bringt, sowenig besteht Veranlassung, die Loslösung des Sexualtriebes von seiner ursprünglichen Fortpflanzungsfunktion zu pathologisieren. Auf das Wesentliche reduziert manifestiert sich darin nur die ubiquitäre Erfahrung, daß der angestrebte Lustgewinn auch auf eine andere als die konventionelle Weise gefunden werden kann.

Dieser Vergleich mit der Kochkunst schlägt eine Brücke von einem für das sittlich-moralische Empfinden i.allg. indifferenten Bereich zu einem Bereich, dessen Inventar unter teilweise sehr starken sittlich-moralischen Vorbehalten zur Kenntnis genommen zu werden pflegt; dies erklärt auch die Neugier und Sensationslust des großen Publikums Sexuellem gegenüber, die hinsichtlich der Äußerungen des Nahrungstriebes nicht vorhanden ist. Er ist insofern stimmig, als hier wie dort Verlangen nach Abwechslung auftritt, wenn gewöhnungsbedingt – bei „Übersättigung" – das verselbständigte Verlangen nach Lustgewinn keine Befriedigung mehr erfährt. Dieses physiologische Toleranzphänomen ist es wohl, das dem Giese-Begriff des „süchtigen Verfalls an die Sinnlichkeit" seine Plausibilität verschaffte, denn es gibt den gleichen Gewöhnungseffekt bekanntlich auch bei den verschiedenen Suchtformen; hier wird deutlich, daß damit im Grunde auf recht differenzierte Weise ein sehr banaler Sachverhalt auf eine anspruchsvolle Formel gebracht worden ist. Es ist nicht zu erkennen, daß allein damit ein Hinweis gewonnen wäre, Zweifel an der Schuldfähigkeit zu begründen; begründete Zweifel setzen vielmehr in erster Linie eine Veränderung der Persönlichkeit voraus. Dies soll an 2 Fallbeispielen noch näher ausgeführt werden.

Die Sozialbewährung des zum Zeitpunkt der forensisch-psychiatrischen Untersuchung 67jährigen Probanden war bis zur Pensionierung mit 65 Jahren durch berufliche und familiäre Stetigkeit ausgezeichnet. Zur Bestürzung von Sohn und Ehefrau änderte er sich dann innerhalb weniger Monate in seinem Wesen; Er wurde nörglerisch-reizbar und nachlässig. Eine Nachbarin, der er – mit Absenderangabe – durch die Post pornographische Artikel hatte zustellen lassen, wurde auf den Privatklageweg verwiesen. Bald darauf führte er – ohne irgendwelche Vorsichtsmaßnahmen zu beachten – auf der Herrentoilette eines großen Kaufhauses gravierende Unzuchthandlungen an einem sich wehrenden, 9jährigen Mädchen aus, was auf der Stelle seine Entdeckung bewirkte. Beim zuständigen Polizeirevier war er bereits bekannt, weil er mehrfach angezeigt worden war, sich kleinen Kindern gegenüber in obszöner Weise betragen zu haben. Er war ohne Umschweife geständig, wirkte aber seltsam, weil er dem kleinen Mädchen die Schuld für den Zwischenfall zuzuschieben versuchte. Nach weiteren gleichartigen Ereignissen kam er schließlich in Untersuchungshaft, aus der heraus er mit mehreren Frauen in Briefwechsel trat. Er gab fälschlicherweise an, verwitwet zu sein und schwärmte außerordentlich schwülstig von seiner exorbitanten Potenz, wobei sich verschiedene Briefpartnerinnen mit erstaunlicher Toleranz die gröbsten Anzüglichkeiten gefallen ließen. Während der stationären Untersuchung fiel er durch ungeniertes Onanieren und Abtasten seiner Besucherinnen auf; die Ehefrau, die bei einem Besuch mit einer „Freundin" zusammentraf, beschimpfte er und trat ihr gegen das Bein, damit sie sich entferne. – Bei der Untersuchung war deutlich zu bemerken, daß außerhalb der sexuellen Interessensphäre kaum eine Kontaktaufnahme möglich war, weil – bei sehr gut erhaltener Fassade – eine auch testpsychologisch nachzuweisende Unfähigkeit zur begrifflichen Situationserfassung bestand, die Orientierung nahezu – im Sinne von Goldstein – auf ein konkretes Niveau abgesunken war.

Die dementielle Persönlichkeitsveränderung läßt es bei diesem Fallbeispiel hinsichtlich des Ausschlusses der Schuldfähigkeit ganz nebensächlich erscheinen, ob die Akzentuierung der sexuellen Interessensphäre als das Ergebnis einer pathologischen Triebverstärkung oder einer Reduktion von früher vorhanden gewesenen Kompensationsmechanismen angesehen wird. Die Evidenz fehlender Verantwortungsfähigkeit beruht vielmehr auf dem Eindruck, daß infolge des dementiellen Persönlichkeitsabbaus eine nahezu monothematische Homogenisierung des Erlebens stattgefunden hat, bei der die subjektiven Triebbedürfnisse an die Stelle der objektiven Wirklichkeit getreten sind, so daß die Bewußtseinsform des Probanden mehr durch katathyme Projektionen als durch den Kausalnexus der Realität bestimmt wird. Hinsichtlich der – fakultativ – pädophilen Triebrichtung handelt es sich hier offenbar nicht um die weiter oben beschriebene, auf einem Gewöhnungsvorgang mit Toleranzsteigerung beruhende Suche nach „stärkeren", ungewöhnlichen Reizen, sondern um ein – auf die sexuelle Gestimmtheit des Probanden zu beziehendes – Ansprechen auf „Vorgestalten" des adäquaten Auslösers. In diesem Sinne besteht eine Entsprechung zwischen der nivellierten Wahrnehmung einerseits und dem Undifferenzierten, noch nicht Entwickelten, Unfertigen andererseits, wovon wir ausgegangen sind, wenn einleitend gesagt wurde, daß es dem Kranken beim Persönlichkeitsabbau immer schwerer falle, sich in die immer weniger „passende" Umwelt einzuordnen. Hier ist der sexuelle Aufforderungscharakter der – kindlichen – Vorgestalt ein Hinweis auf den Persönlichkeitsabbau und nicht das Zeichen eines „süchtigen Verfalls an die Sinnlichkeit". Die Erfahrung, daß mit fortschreitender Nivellierung schließlich auch nicht mehr nach hetero-homosexuellen Merkmalen differenziert wird, erklärt den prognostischen Stellenwert der Feststellung einer Hinwendung zum gleichgeschlechtlichen Kind (Luthe 1969).

Bei der forensisch-psychiatrischen Beurteilung der Verantwortungsfähigkeit entscheidet aus strukturaler Sicht der Umstand, daß die einseitig sexuelle Thematisierung des Erlebens in seiner Entdifferenzierung einen automatisiert-subjektiven Gegenstandsbezug an die Stelle des autonom-objektiven Gegenstandsbezugs der ungestörten Persönlichkeit gesetzt hat. Die Verankerung des ethischen Empfindens in einer festgefügten persönlichen Ordnung von verhaltensbestimmenden Werten setzt voraus, daß das Thema des Erlebens mit der Realität in ihrer kausalen Geschlossenheit übereinstimmt, da nur für diesen Fall die affektive Relevanz des Erlebten die bindende Qualität des Gemüts erhält. Das Fehlen dieser Entsprechung erklärt die bestürzende Gemütlosigkeit des Kranken gegenüber seinen nächsten Angehörigen. Wie das nachfolgende Fallbeispiel zeigt, widerspricht auch eine intensive pädophile Sexualbetätigung bei einem 75jährigen nicht der Annahme von Schuldfähigkeit im Hinblick auf die vorstehend struktural erläuterten psychopathologischen Merkmale.

Der Bruder des am 21. August 1908 geborenen Probanden war ein homosexueller Morphinist; er selbst – im Temperament dem Vater nachschlagend – blickt auf einen sehr abwechslungsreichen Lebenslauf zurück, bei dessen Schilderung neben Weitschweifigkeit und Sprunghaftigkeit ein gutes Verbalisationsvermögen zum Ausdruck kam. Er war früh eigenständig und erbrachte hervorragende Leistungen in den Schulen, die er besuchte, aber auch bei Motorradrennen oder Schwimmwettkämpfen; zwischen Novosibirsk und Casablanca hat er sich in vielen ungewöhnlichen Situationen bewährt. Geschäftlich war er im In- und Ausland erfolgreich – immer getreu der vom Vater übernommenen Devise, wonach man öfters sein Geld, aber nur einmal seinen Namen verlieren kann. Während des 2. Weltkrieges war er im Hinblick auf seine Spezialkenntnisse eine Hauptstütze des von Sofia aus operierenden „Dr. Delius" vom Stab Canaris. Weder Nazi noch Widerstandskämpfer war er ein Patriot, der auch nach Kriegsende Angeboten östlicher Geheimdienste gegenüber standfest blieb. Grenzen waren ihm, nach seiner Ausdrucksweise, dort gesetzt, wo „Sex und Frauen" ins Spiel kamen; seinem guten Aussehen und seiner kräftigen Konstitution verdankte er es, daß er trotz Zurückhaltung seinerseits nie Mangel an Frauen gehabt habe. Er zeigte auch insoweit stets ein hohes Verantwortungsbewußtsein; der – unorthodoxen – Therapie des Brustkrebses seiner 3. Frau opferte er den größten Teil seines Vermögens. Das Verhältnis zur 1. und 2. Frau soll nach wie vor ausgezeichnet sein. – In der Anklageschrift werden ihm pädophile Verhaltensweisen in der Zeit von Januar bis November 1982 zur Last gelegt. Durch Vermittlung eines spezialisierten Händlers machte der in der Anklageschrift als „strafrechtlich unbelastet" bezeichnete Proband die Bekanntschaft zweier mitangeklagter Frauen und Männer, die in ihrer Wohnung „Sexspiele" mit Beteiligung minderjähriger Personen u.a. einem 5jährigen Kind in kommerzieller Absicht aufführten. Der Proband betätigte sich als Regisseur und Kameramann, griff aber auch selbst in das Geschehen ein. „Allen Filmen ist gemeinsam, daß Geschlechtsteile und sexuelle Betätigungen in Großaufnahme gezeigt werden"; auf einigen dieser Filme ist der Proband beim Betasten und Belecken des kindlichen Geschlechtsteils zu erkennen. Ein Foto zeigt die Mutter eines der Kinder, wie sie nackt in Hockstellung auf den Körper der nackt unter ihr liegenden Tochter uriniert, ein Teil der Fotos stellt die Vornahme unzüchtiger Handlungen an einem Baby dar. Eine Video-Cassette trägt die Aufschrift: „Claudias Hochzeitsnacht, zum erstenmal ganz tief. Zum Schluß Vivian, Nahaufnahme der jungfräulichen Pussy"; eine andere: „Vivian wird angelernt auf der Couch vom Onkel. – Vivian muß mal pissen und darf nicht. – Vivian und der Spanner im Wald, sie will gefickt werden; – Monika (13) stellt sich vor, wird gestreichelt, geleckt und gefickt; – Xenia stellt sich vor und wird in verschiedenen Stellungen gefickt." Auch nach einem Einbruch in seine Wohnung und anschließender Erpressung durch die Mitangeklagten, brach der Proband seinen Umgang mit diesen nicht ab; durch seine internationalen Beziehungen brachte er eins der Kinder mit Kontaktstellen in der Schweiz und in Holland in Verbindung. Er formulierte seine – wie es in der Anklageschrift weiter heißt – „triebhafte Zuneigung" zu dem „Vivian" genannten Kind auch schriftlich, indem er eine umfängliche Abhandlung in Tagebuchform verfaßte, in der er phantasievoll schildert, wie das Kind seine Sexualität entdeckt und mit aktiver Unterstützung der Eltern weiterentwickelt. – Bei der forensisch-psychiatrischen Untersuchung berichtete er hinsichtlich seiner eigenen sexuellen Entwicklung, daß er als aufsässig-störrischer Knabe früh in eine Pension gegeben worden sei, deren Leiter aus einer sadistisch-pädophilen Veranlagung heraus mit einem Rohrstock den Jungen den nackten Hintern verdroschen habe. Während seines Aufenthaltes in der 2. Pension sei er vom Sohn des Lehrers zu gegenseitiger Onanie verführt worden; er habe damals – im Alter von 11 Jahren – in einer Militärbadeanstalt ein homosexuelles Erlebnis mit einem Bademeister gehabt, das ihn mit Abscheu erfüllt habe. Später habe er in Istanbul von einer französischen Gouvernante „etwas mehr" erfahren. Eigentlichen Geschlechtsverkehr habe er erst mit 16 Jahren in Rumänien gehabt. Eine Zigeunerin habe ihn mit ihrer 11jährigen Schwester verkuppelt und dieses Mädchen habe ihn in die Liebe eingewiesen; er habe daher in der Folge Frauen ohne Schamhaare immer den Vorzug gegeben. Als er 2 Jahre später einen amerikanischen Geologen als Dolmetscher ins Innere Anatoliens begleitet habe, habe er weitere Erlebnisse dieser Art gehabt, die Lieferanten hätten ihm ihre 11- bis 13jährigen Töchter ins Zelt geschickt. Eine 3. Gelegenheit, solche Erfahrungen zu sammeln, habe sich ihm während des 2. Weltkrieges geboten, als er in der Nähe zum Kaukasus Horchposten an der Grenze eingerichtet habe. Von seinen vertraulichen Berichten habe es abgehangen, welche Stämme wieviele Waffen von den Deutschen bekommen hätten. Er sei wieder sehr umworben gewesen und habe ein Mädchen von 11–12 Jahren zur persönlichen Sklavin erhalten. Nach Kriegsende sei er sehr seiner rumänischen Freundin, die ihn vor den Russen versteckt habe, verpflichtet gewesen. Die ganz ungewöhnlichen orgastischen Fähigkeiten dieser Frau hätten ihn in sexueller Hinsicht völlig befriedigt und er habe dann lange Zeit mit jungen Mädchen nichts mehr zu tun gehabt. In der Endphase der Krankheit seiner 3. Frau habe er sich in wechselnden Abständen Geliebten zwischen 20–30 Jahren zugewandt, da seine Frau keine Orgasmusfähigkeit mehr gehabt habe und der weibliche Orgasmus für ihn immer das auslösende Element seiner sexuellen Aktivität gewesen sei, wobei er stets auch voyeuristische Neigungen verspürt habe. Als „Tattergreis" habe er sich dann noch in ein 22jähriges Fotomodell Hals über Kopf verliebt. Er habe geglaubt, ihr noch eine Existenz verschaffen zu können; durch die politischen Ereignisse sei es aber nicht zu den erhofften Geschäftsabschlüssen gekommen, und die junge Frau sei plötzlich von der Bildfläche verschwunden gewesen. Bei einem Aufenthalt in Stockholm seien ihm dann „Lolita-Hefte" in die Hände gefallen und er habe sich einige „Lolita-Filme" gekauft. Dies habe sein Interesse erweckt; habe er bis dahin allenfalls Kindern nachgeblickt, ob sich unter dem T-shirt schon Brüstchen abzeichneten, oder wenn sie im Schwimmanzug gewesen seien, so habe er nun auf einschlägige Anzeigen in spezialisierten Magazinen geantwortet. Großaufnahmen junger Mädchen, auf denen die gut ausgebildeten Geschlechtsteile hervorgetreten seien, hätten ihn sehr gereizt, weil er noch einen starken erotischen Drang verspürt habe und beim Anblick pornographischer Filme onanierend bis zum Schluß orgasmusfähig geblieben sei, obwohl er kaum noch ein steifes Glied bekommen habe, außer morgens, durch die gefüllte Blase. Er habe dann Kontakt mit diesen Leuten aufgenommen, weil er geglaubt habe, es mit „anständigen Menschen" zu tun zu haben. Weitere Ausführungen dienen offensichtlich seinem Rechtfertigungsbemühen und besagen, daß den Mädchen die sexuellen Praktiken „richtig Spaß" gemacht hätten. Aus eigener Erfahrung sei er überzeugt, wenn ein junges Mädchen auf schöne Art mit seinem Körper vertraut gemacht werde, könne sich das nur positiv auf sie auswirken. Er sei nie von sich aus tätig geworden, habe nie Gewalt angewendet, sondern sofort aufgehört, wenn er irgendeinen Widerstand bemerkt habe. Er betrachte sich im Hinblick auf seine Neigung nicht als krank und er könne sich auch nicht als einen „sexuellen Triebtäter“ ansehen; Pädophilie sei in Deutschland zwar ein Verbrechen, er empfinde sie aber nicht als solches, sehe darin nichts Schlechtes. In die gleiche Richtung gehen Ausführungen, aus denen sich ergeben soll, wie sehr er sich für die Kinder eingesetzt, sich um deren Zukunft gekümmert habe. Eines der Mädchen verfüge über ein seltenes schauspielerisches Talent; der 3. Film sei ein Onanierfilm mit ihrem Gesichtsausdruck gewesen, es sei ein Jammer, daß sie jetzt in einem Jugenderziehungsheim sei. Der Proband gerät regelrecht ins Schwärmen und behauptet, daß er ihr durch einen Freund, den er einen „bekannten Manager der Filmindustrie“ nennt, der von Zeugen als Verbindungsmann eines Pariser Kinderbordells bezeichnet wurde, eine Hauptrolle in einem seriösen Film besorgt hätte, wenn die Entwicklung eine andere gewesen wäre. – Der Proband wird wegen Kreislaufbeschwerden bei Altershochdruck von der eigenen Tochter, einer Internistin, behandelt; das Gedächtnis sei zwar nicht mehr so gut wie früher, er habe aber immer noch die Möglichkeit zur Selbsterkenntnis. Heute würde er auf diese Leute nicht mehr hereinfallen. Nach dem Verkauf seiner Sammlung pornographischer Artikel – deren Zusammensetzung auch auf fetischistische Neigungen schließen läßt – besitze er derzeit nur noch einige „Lolita-Hefte“; ihm fehlten insbesondere die Filme mit der Vivian. – In dem logorrhoischen Mitteilungsdrang des Probanden äußerte sich eine starke innere Unruhe. Der Bericht war – wie gesagt – sprunghaft und weitschweifig, eigentlich psychopathologische Phänomene wie mehrfache Wiederholungen von bereits Gesagtem, Kleben an partikulären Gesichtspunkten, Widersprüchlichkeiten, Aufgehen in nichtssagenden Verallgemeinerungen, grobe Gedächtnislücken u. dgl. waren nicht zu bemerken. Es gab eindeutig thematische Schwerpunkte, in denen auch eine gewisse Verabsolutierung des eigenen Standpunktes zum Ausdruck kommt, dies alles bleibt aber innerhalb eines auf die aktuelle Situation zu beziehenden Rahmens und liegt in der Fluchtlinie dieser Persönlichkeitsentwicklung. Die Einflüsse altersbedingter Faktoren beschränken sich auf eine Herabsetzung der psychischen Belastbarkeit. Die berufliche Inaktivierung, die spät begonnen hat, und die relative soziale Isolierung haben die frühere Interessenvielfalt des Probanden zurücktreten lassen; im Hinblick auf seine pädophile Interessenausrichtung ist er nicht isoliert, die einschlägige Korrespondenz reicht bis nach Südamerika. Er identifiziert sich ganz bewußt mit seinen pädophilen Neigungen und er erlebt dieses Thema auch nicht als konflikthaft; die Folgenreue, die er zeigt, gilt nur den unangenehmen Begleiterscheinungen des Verfahrens. Er versucht sogar, vorsichtig für ein gewisses Verständnis zu werben, wobei gelegentlich der Eindruck entsteht, als kokettiere er in diesem Zusammenhang mit seiner überlegenen Weltläufigkeit. Die heterosexuell-pädophile Interessenausrichtung als solche ist bei dem Untersuchten ganz eindeutig nicht der Ausdruck einer altersbedingt, rückbildungsabhängigen Asthenisierung und Umorganisierung des Erlebens; Thema und Gegenstand des Erlebens bleiben uneingeschränkt in Übereinstimmung miteinander. Die involutive Diskrepanz zwischen Wollen und Können erklärt im Zusammenhang mit prägenden Vorerfahrungen das konsequente Bevorzugen dieser abweichenden Art der Sexualbetätigung in den letzten Jahren. Förderlich ist dabei das Vorhandensein eines gut organisierten und intensiv kommunizierenden „Milieus“, das sowohl in seinen brutaleren als auch in seinen pseudoästhetischen Varianten Aktions- und Bedeutungserlebnisse vermittelt, die der altersbedingten Entleerung und der sozialen Isolierung entgegenwirken. Trotz der Einseitigkeit dieser Interessenakzentuierung ergeben sich daraus ebensowenig Hinweise auf eine pathologische Triebsteigerung, wie in der Unverbindlichkeit des erotischen Engagements psychopathologisch krankhafte Züge zu bemerken sind.

In diesem Fallbeispiel würde die Annahme eines „süchtigen Verfalls an die Sinnlichkeit“ auch im Hinblick auf die von Giese (1968) entwickelten Kriterien der Frequenzsteigerung der sexuellen Betätigung bei abnehmender Satisfaktion, Promiskuität und Anonymität, Ausbau der Phantasie und vegetativ unterlegter, periodischer Dranghaftigkeit keine zutreffende Beurteilung der Schuldfähigkeit erlauben, wozu auf die Ausführungen S. 151 zu verweisen ist. Die hinsichtlich dieser Kriterien von Witter (1972, S. 1071 ff.) geübte Kritik leuchtet im vorliegenden Fall auch im Hinblick darauf ein, daß die von Giese verlangte Progredienz der Entwicklung hier bedeuten würde, daß man bei dem Probanden für die im Frühjahr 1982 verübten Taten wohl Schuldfähigkeit, für die im Herbst verübten Taten dagegen Schuldunfähigkeit anzunehmen hätte. Psychopathologisch wäre dieses Ergebnis auf keine Weise zu begründen; insoweit ist hier von einer auch testpsychologisch erwiesenen überdurchschnittlichen intellektuellen Befähigung (IQ 128) auszugehen, wobei die schnelle Auffassung, Konzentrations- und Merkfähigkeit keine Rückschlüsse auf Leistungseinbußen zuließen. Hingegen traten beim Charakter-Struktur-Test der Erlebenishunger des Probanden und ansonsten eine erhöhte Tendenz, Schuld bei sich selbst zu suchen, eigene Schuldgefühle zu betonen, hervor. Im übrigen spricht die nicht gleichgeschlechtliche Art seiner sexuellen Interessen an Kindern mit ihren „literarischen" Nebenprodukten nach psychiatrischen Erfahrungen dafür, daß diese Neigung auch im Hinblick auf die darin zum Ausdruck kommende abnorme Triebrichtung nur auf Besonderheiten der Motivdynamik, nicht hingegen auf strukturalen Persönlichkeitsveränderungen beruht. Es handelt sich hier nicht um das Kind aus der gewöhnlichen Umgebung des Täters, das in der Situation einer besonderen sexuellen Gestimmtheit einem plötzlich auftretenden Bedürfnis zum Opfer fällt, auch wenn die äußeren Bedingungen denkbar ungeeignet sind, wie beim 1. Fallbeispiel. Der systematische Charakter des hier zu beobachtenden Vorgehens, bei dem Kinder und junge Prostituierte eine „Handelsware" darstellen, deren Wert durch technische Mittel raffiniert zur Geltung gebracht werden soll, sprengt den Rahmen der üblichen Kasuistik mit einem Nachgeben in einer verführerischen Situation.

Die Anwendung der strukturalen Betrachtungsweise bei der Beurteilung der Schuldfähigkeit führt zu einem klaren Ergebnis: Schuldunfähigkeit im Hinblick auf die im 1. Fall festzustellende dementielle Erstarrung in einer ganz und gar egozentrischen Position, Schuldfähigkeit im 2. Fall im Hinblick auf das Fehlen einer krankhaften Persönlichkeitsveränderung. Es ist selbstverständlich richtig, daß in den schweren Endfällen des psychischen Strukturverlusts auch ohne strukturale Betrachtungsweise sofort einleuchtet, daß die strafrechtliche Verantwortlichkeit ausgeschlossen ist. Mit ihrer Hilfe ist dann nur noch zu verdeutlichen, worauf diese Evidenz beruht, was wichtig ist, wenn in Grenzfällen mit dem Begriff der „Krankheitswertigkeit" operiert werden muß. Die qualitativen psychischen Veränderungen, die im Krankheitsfall den Ausschluß der Schuldfähigkeit ermöglichen, sind strukturpsychopathologisch scharf zu definieren; von daher sind auch für die minderschweren Fälle qualitative und nicht bloß quantitative Kriterien anzugeben, die es ermöglichen, den Stellenwert zu bezeichnen, der einer Störung des Erlebens oder der Persönlichkeit im Einzelfall zukommt, wenn berücksichtigt wird, daß forensisch lediglich eine grobe Einteilung in 3 Stufen vorgenommen wird: schuldfähig, vermindert schuldfähig und schuldunfähig.

2.2.3 Psychosen des schizophrenen Formenkreises

Die forensisch-psychiatrische Beurteilung der schizophrenen Psychosen erscheint weitgehend unproblematisch, problematisch sind allenfalls ihre Diagnose und die prognostische Beurteilung. Aus strukturaler Sicht kommt der

Psychopathologie der Schizophrenie allerdings zentrale Bedeutung zu; die schizophrenen Phänomene sind das Paradigma des Persönlichkeitszerfalls mit der kennzeichnenden Dissoziation, die zwischen dem Thema des schizophrenen Erlebens und der daraus erfolgenden Bedeutungsentnahme besteht. Ist die Thematisierung des Erlebens beim Abbau – vom objektiv Gegebenen losgelöst – im Sinne einer hochgradigen Subjektivierung auffällig, wobei die affektive Relevanz des Erlebten aber dem Thema entspricht, so kann beim Schizophrenen das – objektiv richtige – Thema: „Ich bin schizophren", die Bedeutung von etwas Lächerlichem erhalten. Bei der Besprechung des schizophrenen Persönlichkeitszerfalls steht indessen traditionellerweise nicht diese „Affektinadäquanz" oder „intrapsychische Ataxie" im Mittelpunkt, sondern der Wahn.

Seit altersher scheiden sich die Geister je nachdem, welche Antwort auf die Frage gegeben wird, ob es einen nur aus dem Erleben und Charakter eines Menschen heraus verständlich ableitbaren Wahn gebe, oder ob Wahn in jedem Fall ein ursächliches Prinzip voraussetze, das zusätzlich oder allein die Wahnkrankheit bewirkte. In der forensischen Psychiatrie war diese Polarisierung der Meinungen besonders schroff im berühmten, von Gaupp referierten Fall des als ‚Massenmörder' zu einer Art psychiatrischer Epochalfigur gewordenen Hauptlehrers Wagner zum Ausdruck gekommen (Janzarik 1949). Die – seither aktuell gebliebene – Streitfrage, ob nur der schizophrene Wahn die Verantwortungsfähigkeit ausschließe, oder ob dies auch bei dem aus Erleben und Charakter ableitbaren – psychogenen – Wahn der Fall sei, ist damals vom Reichsgericht für die Rechtsprechung verbindlich beantwortet worden; indem das Reichsgericht den Freispruch wegen Zurechnungsunfähigkeit bestätigte, stellte es die von Gaupp bei Wagner diagnostizierte Paranoia – als Prototyp des psychogenen Wahns – hinsichtlich seiner exkulpierenden Wirkung dem aus Erleben und Charakter nicht ableitbaren, schizophrenen Wahn gleich und traf damit implizite eine Entscheidung gegen den nosologischen und für den psychopathologischen Krankheitsbegriff als forensisch-psychiatrisches Kriterium. Bei dieser Entscheidung ist die Rechtsprechnung in der Folge im wesentlichen auch – trotz aller psychiatrischer Kritik – geblieben, was schließlich zu der Aufspaltung des Krankheitsbegriffs und dem – psychiatrischerseits provozierten – Fehlschluß führte, daß Psychologen für die Beurteilung abnormer Erlebens- und Charakterweisen zuständig seien.

Wie sich insoweit innerhalb der Psychiatrie „die Geister geschieden" haben, hat Kretschmer (1966) auf sehr subtile Weise gezeigt; die nosologisch „strenge" Richtung innerhalb der traditionellen Psychiatrie vertrat im Anschluß an Jaspers (1965) insbesondere Schneider (1952), indem er die in einem thematisch systematisierten Zusammenhang bleibenden Wahnformen – zusammen mit den Neurosen – als Beispiele für eine abnorme erlebnisreaktive Entwicklung einordnete, wobei neben dem Querulanten- und Eifersuchtswahn auch der sensitive Beziehungswahn zu nennen ist. Kretschmer hat in der oben zitierten Arbeit den dogmatisch-dualistischen Charakter der dieser Betrachtungsweise zugrundeliegenden erkenntnistheoretischen Einstellung aufgezeigt. Die strukturalistische Betrachtungsweise psychischer Zerfallserscheinungen (Luthe 1982a, S. 49, S. 59ff.) läßt den Wahn unabhängig von seiner nosologischen Zuordnung als Verfehlen des Erlebensthemas im Fühlen begreifen; die daraus folgende formale Definition nimmt auf die Desintegration dieses Erlebens Bezug, der zufolge der Verlust der Einheitlichkeit des Bewußtseins eo ipso die normalerweise vorhandene Nötigung aufhebt, Widersprüche, die man in seinem Erleben antrifft, umgehend auszuräumen. Fühlen als ganzheitliche, unteilbare Erlebensqualität erweist sich dadurch als unmöglich.

Die „methodische Seite" dieses Meinungsstreites innerhalb der Psychiatrie ist bereits im Zusammenhang mit den Begriffen „Verstehen" und „Erklären" in allgemeiner Form erwähnt worden; hinsichtlich der Schizophrenie steht der psychiatrische Sachverständige diesbezüglich gelegentlich vor der Schwierigkeit, daß er psychiatrische Laien davon überzeugen soll, daß ein – schuldunfähig – Schizophrener, genau wie z.B. der Paranoiker, sehr wohl in der Lage sein kann, sich sinnvoll ins Benehmen zu setzen und beim Verfolgen seiner Absichten genau das zu tun, was zweckmäßig ist. Ein schizophrener Richter kann mit großem Scharfsinn hieb- und stichfeste Ausführungen in den Rechtsgründen eines Urteils machen; dies allein garantiert nicht die Richtigkeit des Urteils, weil es durchaus sein kann, daß der betreffende Richter sich über den Sachverhalt, der dem Urteil zugrundeliegen müßte, höchst eigenmächtig hinweggesetzt hat. So, wie man eine Entmündigung durch die Wiederbemündigung als Rechtsakt aus der Welt schaffen kann, so ist dieser Richter allen Ernstes der Auffassung, Sachverhalte, von denen er genau weiß, daß sie existieren, als „gegenstandslos" deklarieren zu können, was zu grotesken Situationen führt.

Das Beispiel des schizophrenen Richters verdeutlicht das Problem und zeigt den Lösungsansatz; indem er selbst auf die „logisch-präzise Gedankenführung", die seine Schriftsätze auszeichnet, verweist, bestätigt er nur die alte psychiatrische Erfahrung, daß die Intelligenz durch die Psychose keine Veränderung erfährt, und daß – außerhalb akuter Schübe – davon auch sehr weitgehend Gebrauch gemacht werden kann, so daß es mühelos möglich ist, Ausführungen verstehend zu folgen. Schwierigkeiten ergeben sich hinsichtlich der dem Verständnis zugänglichen Sinnkontinuität erst dann, wenn nicht nur die Ausführungen als solche, sondern auch der dazugehörige Rahmen beachtet werden. – Im Jahr 1874 veröffentlichte Jean-Pierre Brisset in Magdeburg seine „Methode zur Erlernung der französischen Sprache". Es folgte eine Reihe weiterer Werke, in denen der Autor, der sich erfolglos um die Aufnahme in die Pariser Académie des Sciences beworben hat, seine – nahezu lebenslange – Auffassung vertrat, daß sich das Französische nicht vom Latein, sondern beide Sprachen über Vorstufen aus dem Gequake der Frösche ableiteten. Seine Ausführungen, die sich streckenweise durch „logisch-präzise Gedankenführung" mit z.T. verblüffenden Geistesblitzen auszeichnen – als 76jähriger wurde er 1913 vor Bergson zum „prince des penseurs" gewählt, wobei Jules Romains und Georges Duhamel Pate standen – gipfelten in einer naiv-pantheistischen Weltdeutung wahnhaften Gepräges (Brisset 1983).

In methodischer Hinsicht ist es wichtiger, den Ausfallserscheinungen, die direkt durch den desintegrativen Strukturverlust bewirkt werden, Beachtung zu schenken, als auf das Vorliegen eventuell unverständlicher Symptome, die eine „Reaktion" auf den Verlust der Einheitlichkeit des Erlebens darstellen, zu achten. In diesem Sinne sind Wahnvorstellungen, Halluzinationen etc. zwar typische und leicht zu erkennende aber gleichzeitig bloß fakultative Manifestationen des Zerfalls als der schizophrenen Grundstörung. Der Zerfall der Einheitlichkeit des Erlebens führt u. U. zu Einseitigkeiten, mit starrem, lebenslangem Beharren auf einer Position, deren abseitiger Charakter jedem, außer dem Betroffenen selbst, ohne weiteres einsichtig ist. Dies kann mit dem Festhalten an der Planke verglichen werden, die den Schiffbrüchigen über Wasser hält: Zerfall ohne diesen Verlust gibt es nicht, seinem Nachweis kommt daher entscheidende Bedeutung zu. Die Beachtung dieser Regel hätte bei dem schizophrenen Partner der in ihren Auswirkungen katastrophalen Lebensgemeinschaft mit einer wesensgeänderten Epileptikerin (Fallbeispiel S. 80f.) bereits früher zur richtigen Diagnose und damit zur Einweisung des Kranken führen können. Die volle Inkulpation bei der früheren Verurteilung wegen versuchten Mordes war in 1. Linie darauf gestützt worden, daß der Erlebenszusammenhang, aus dem heraus die Straftat entstanden war, in seiner Sinnhaftigkeit leicht nachzuvollziehen war, wenn man ihn vom Rest der Erlebensbedingungen isoliert betrachtete.

Der von Schneider (1961) stammende „Leitsatz", daß nur das Unverständliche exkulpiere, das Verständliche hingegen die Verantwortlichkeit intakt lasse, ist einseitig auf die „Plussymptomatik" der Krankheit bezogen und berücksichtigt nicht die „Minussymptomatik", die indessen gerade das wesentliche Moment des psychotischen Einbruchs in das Persönlichkeitsgefüge darstellt. Erst wenn die Voraussetzung dieses psychotischen Einbruchs in das Persönlichkeitsgefüge erfüllt ist, kann es zu der – viel spektakuläreren – „positiven" Symptomatik kommen, die als der Ausdruck des Bemühens zu interpretieren ist, die durch den Verlust der Einheitlichkeit des Erlebens gestörte Funktion zu ersetzen. Die Parallele dazu bildet der Einbruch des Schlafs in das Bewußtsein als Voraussetzung für den Traum, der auf seine Art einen „Ersatz" für die verlorengegangene Wachfunktion darstellt. Man könnte sagen, daß Schneider mit dem Bezug auf das Sinnkriterium sozusagen nur den Träumer exkulpiert sehen möchte; zum Schläfer äußert er sich zwar nicht ausdrücklich, die Anwendung der Methode des Verstehens hat aber oft zur Folge, daß dieser als verantwortlich angesehen wird. Fehlbeurteilungen dieser Art könnten vermieden werden, wenn im Sinne der strukturalen Methode beim Verdacht auf das Vorliegen einer schizophrenen Psychose darauf geachtet würde, ob die Einheitlichkeit des Erlebens mit ihren an anderer Stelle (Luthe 1982a) beschriebenen Merkmalen erhalten ist oder fehlt. Im forensisch-psychiatrischen Rahmen liegt eine solche methodische Einstellung um so näher, als sie einen direkten Bezug zur Schuldfähigkeit hat, weil von dem Ergebnis der Prüfung der Einheitlichkeit des Erlebens auch abhängt, ob man es mit einer „autonomen" Persönlichkeit zu tun hat, und in welchem Umfang dies der Fall ist. Willensbekundungen, die nicht oder nur zum Teil auf einem integrierten Erleben beruhen, sind im übrigen vom Zufall abhängig, auch wenn es, um das weiter oben gebrauchte Bild noch einmal zu verwenden, sinnvoll ist, daß sich der Schiffbrüchige an seiner Planke festhält.

Die Vorteile der strukturalen Methode erweisen sich gerade bei den symptomarmen Fällen, auf die der Sachverständige allerdings oft nur deshalb stößt, weil wegen der Schwere der Straftat routinemäßig eine Begutachtung veranlaßt worden ist, oder weil ein an sich belangloser Nebenumstand Veranlassung gegeben hat, an der Schuldfähigkeit zu zweifeln.

Der am 5. Dezember 1957 geborene Bundeswehrsoldat P. B. ist im Januar 1982 zu einer 3jährigen Freiheitsstrafe verurteilt worden, weil er in 27 Fällen einer Bande jugendlicher Einbrecher behilflich gewesen war, mit seinem Fahrzeug die Beute wegzuschaffen; strafmildernd wurden die bisherige Straflosigkeit und das rückhaltlose Geständnis berücksichtigt – in beiden Punkten unterschied er sich von den meisten der viel jüngeren Mitangeklagten. Mit dem Hinweis auf ein 7 Jahre zurückliegendes Schädeltrauma wurde in der Berufungsinstanz dem Antrag der Verteidigung auf Einholung eines psychiatrischen Gutachtens entsprochen. Der Proband kam in Begleitung seines Vaters zur Untersuchung; dieser gab an, daß sein Sohn nach seiner Meinung völlig unauffällig sei. Er sei nur allzu leicht zu beeinflussen. Auf Frage antwortete der Proband, der Hauptgrund für die Straftaten sei gewesen, daß ihm die Eltern nach dem Erwerb des Führerscheins ein Auto gekauft hätten. In einem Frage-Antwortspiel stellte sich heraus, daß das in medizinischer Hinsicht herausragende Ereignis der Vorgeschichte eine Gehirnerschütterung anläßlich eines Autounfalles war; nervenärztliche Behandlung ist nie in Anspruch genommen worden. Von sich aus wollte der Proband auf dieses Ereignis nicht eingehen, um keinen „Nachfehler" zu begehen. Als ihm die Pause zu lange dauerte, fügte er hinzu, daß er ins Krankenhaus gekommen und von 2 Personen in weißem Kittel zum Bett geleitet worden sei. Vom Arzt zum Patienten gesehen sei sozusagen empfohlen worden, 4–8 Wochen zuhause in ruhiger Lage zu verbringen. Vorher sei er immer gesund gewesen, nachher auch, z. B. schlafe er gut. Wenn die Augen zufielen, gehe der Arm über den Körper zum „Ausknopf". Im Hinblick auf die Ausdrucksbesonderheiten sollte der Proband nun den Satz interpretieren, „wer schläft, sündigt nicht!" Die Interpretation lautete: darin sehe er, daß man nichts Falsches tue. Das könne man im Verhältnis sehen als wie ein Stein auf dem Friedhof; man sehe auf dem Stein etwas „vergänglich Gutes". Drumherum werde alles gepflegt, der Stein werde sogar abgewaschen. (Was er damit sagen wolle?) Er wolle in erklärender Weise das darauf beziehen, wer schläft, sündigt nicht. – Das Sprichwort, „der Apfel fällt nicht weit vom Stamm", erläuterte er ähnlich zerfahren: er könne das innerlich so definieren, daß man Schlechtes wiedergutmachen könne; und zum weiteren, was vom Baum herunterfalle, gehe nicht verloren. Man hebe es auf und könne es zu guten Zwecken gebrauchen. Der Apfel in sich sei gemeint als Apfelkuchen, Apfelkompott, zum Rohessen, als Gewürzmittel beim Braten, als kalte Büffetservierung, als Beigabe bei Wein und als vitaminbringend. (Als Sprichwort?) Darin sehe er, daß alles in gewissem Maße zusammengehöre und in Grenzen bleiben solle; daß die Familie erhalten bleibe, das Niveau beiderseits trotz seines „rechtmäßigen" Huddels weiterhin gut sei. (Huddel?) Im Momentanischen liege nichts vor; er leiste z. Z. Bundeswehrdienst ab in der Kaserne. Er sei eingesetzt als verantwortlicher Kraftfahrer. (Ob er auch mit Waffen umgehe?) Ob zum direkten Gebrauch oder zum militärisch befohlenen Gebrauch? Zum direkten Gebrauch nicht, nur bei Schießübungen oder bei Manövern und zu Erlernungszwecken. Er sehe auch keinen Sinn in dessen Zweck. Ein paarmal habe er Wachstreife gemacht mit scharfer Munition, habe aber vorher die Belehrung erhalten, um sich auszukennen. In der nächsten Woche mache er eine Ausbildung an Flugabwehrgeschützen; er sei da zur Fliegerbekämpfung eingesetzt, tue sich da auskennen, wie man feindliche Flugzeuge identifiziere durch Umrisse, Hoheitszeichen in den letzten 4 s nach dem Verhalten des leitenden Piloten. („Mit Kanonen auf Spatzen schießen"?) Das heiße für ihn im Begriff gesehen, daß der kleine Mann in sich nichts von dem wissen wolle, nichts Negatives, sondern durch große Führungskräfte, z. B. Politik und Staatsherren. Um dessen Kapital zu erhalten, werde es befohlen; es führe zu Krieg oder Kriegen, was aber nicht menschenbezogen sei. Außerhalb der Bundeswehr könne man es beziehen darauf, daß ein großer Industrieller viele Angestellte, und je mehr man an Geld freiwillig abgebe, um so mehr erwarte man, daß die Leistungen besser seien. Und je besser die Leistungen seien, desto eher könne man das Geld verkürzen, um zu dem vom Untersucher genannten Spruch als Beispiel zurückzukommen. Was im Spruch die Spatzen seien, verbleibe bei den Personen, die die Arbeit der Konzerne führten. Insofern man das beziehe, wenn man den Arbeitenden einen dementsprechenden Entgelt oder Belohnung für die Tätigkeit übermäßig gewähre und diese das als wunderbar einsähen und daraufhin ihre Leistungen erhöhten. Es könne auf die Wirtschaft, Erziehung und militärische Ausbildung bezogen werden. Man könne nur auf Spatzen schießen und zwar in der Hinsicht, wenn man zu zweit in der Familie sei und ein Kind sei z. B. 2 Jahre älter, dann werde das Jüngere bevorzugt. Indem das Ältere das merke, könnte man auch das Sprichwort sehen. – Als dem Vater dieses Gefasel seines Sohnes vorgehalten wurde, war er wie vom Donner gerührt; er blieb aber dabei, daß zu keinem Zeitpunkt Symptome einer akuten Psychose vorgelegen hätten. Er fügte lediglich hinzu, daß der Sohn nur manchmal „wie abgeschnitten" sei. In der Untersuchungssituation brauchte man den Probanden nur – auf sich gestellt – reden zu lassen, um nach Belieben die Zusammenhanglosigkeit dieses Denkens deutlich werden zu lassen; dazu genügte, ihm nicht gleich das Wort abzuschneiden. Auf die Frage nach eigenen Kindern antwortete er: das, was zwischen vorigem Jahr und diesem Jahr passiert sei und in Erwägung dieses „Zivilhuddels" in der allgemeinen Tätigkeit seiner Person mache er sich Gedanken. Er gäbe auch weiterhin ein schlechtes Bild von sich, von der Öffentlichkeit her gesehen, z. B. bezogen auf die Nachbarn. Es gäbe eine schwankende Ehe oder ein schwankendes Verhältnis. Welches Mädchen möchte Beziehungen zu ihm haben in diesem Verhältnis. Er habe den Fehler begangen, daß er ein Auto gehabt, sich an junge Personen angeschlossen und Sachen transportiert habe und so in das jüngere Milieu und rechtswidrige Verbot hineingerutscht sei. (Was eine „Stimme" sei?) Es sei ein unterschiedlich frequentierter Schall, der von bestimmten Punkten ausgestrahlt werde. Beim Menschen sei das der Mund mit dem Gebrauch der Zähne und der Bewegung der Zunge; er sei von der Theorie überzeugt, daß man dann ohne Zähne auch schlecht eigenes Sprechen verstehen könne. (Ob es Stimmen gebe, ohne daß jemand spreche?) Ja! Er wolle das beziehen auf den Traum. Das habe mit Erträumtem zu tun; es sei unglaubwürdig auch Stimmen ohne Wesen. – Der schizophrene Zerfall ist erstaunlicherweise vor der Untersuchung nirgends bemerkt worden; er kommt direkt in der gedanklichen Inkohärenz zum Ausdruck und erklärt die fundamentale Standpunktschwäche des Probanden, der zufolge es sogar gerade strafmündig gewordenen Jugendlichen leicht gefallen war, ihn für ihre Zwecke auszunutzen.

Die Einzelheiten des Tatgeschehens, denen bei der vorangegangenen Beweisaufnahme sehr gründlich nachgegangen worden war, lassen nichts erkennen, was am Verhalten des Probanden nicht einer allgemeinen Sinnkontinuität zugeordnet und nachvollziehend verstanden werden könnte. Dennoch wäre es unangebracht, diesen Probanden strafrechtlich zur Verantwortung zu ziehen. Die psychotische Desintegration äußert sich beim Fehlen von Stimmenhören, Wahnvorstellungen und dergleichen lediglich in einer „Minussymptomatik", die strukturale Relevanz dieser Minussymptomatik ist aber derart, daß von einem autonomen Subjekt des Erlebens nicht mehr gesprochen werden kann. Es genügt, dem Untersuchten den Halt zu entziehen, den man ihm durch einfache, sinnvolle Fragen in gewissem Umfang bieten kann, um den Strukturverlust deutlich werden zu lassen. Dem Denken fehlt die geschlossene Form, der affektiven Bedeutungsentnahme die Kraft zu binden. Daher hat der Proband keinen Standpunkt, von dem aus er einen sicheren, autonomen Wirklichkeitsbezug organisieren könnte. Er ist in diesem Ausmaß von zufälligen äußeren Einflüssen abhängig, und er wird den Anpassungserfordernissen um so besser gerecht, je straffer der Rahmen um ihn herum beschaffen ist. Das „Offenstehen" für organisierende äußere Einflüsse, das die Gefahr des Mißbrauchs beinhaltet, wirkt sich im Rahmen des Militärdienstes positiv aus und hat – praktisch – Dienstfähigkeit gewährleistet; Dienstfähigkeit in diesem Sinn und Schuldunfähigkeit brauchen sich also nicht gegenseitig auszuschließen.

Auf diese Weise beseitigt die strukturale Methode die Schwierigkeiten der traditionellen Psychiatrie bei der forensischen Beurteilung nichtproduktiver Schizophrenieformen, bei denen es in aller Regel schwerfällt, dem sich aus psychiatrischen Laien zusammensetzenden Gericht die dann erforderliche Interpretation des traditionellen Sinnkriteriums nahezubringen. Der Laie, der bereit zur Exkulpation ist, wenn er erfährt, daß jemandem fremde Gedanken eingegeben und entzogen werden, und der weiß, daß Schizophrene „Stimmen" hören und Wahneinfälle haben, hält dies i. allg. für das Wesentliche an der Krankheit und ist dem Sachverständigen gegenüber mißtrauisch, wenn ihm bei einer zweckmäßig ausgeführten Tat empfohlen wird, den Angeklagten freizusprechen, obwohl bei diesem keine produktiven Symptome nachzuweisen sind. Er gibt dieses Mißtrauen aber auf, wenn man ihm erläutert, daß die exkulpierende Bedeutung der Schizophrenie nicht auf dem Hören eingebildeter Stimmen, sondern beides – das Stimmenhören fakultativ – auf der bei der Krankheit nicht mehr gewahrten Einheitlichkeit des Bewußtseins beruht. Deshalb kommt es in diesem Kontext für den Sachverständigen in erster Linie auf den formalen Gesichtspunkt der gewahrten oder nicht gewahrten Integrationsleistung an, wobei es nebensächlich ist, ob dieser Zerfall in chronischer Form als Persönlichkeitsdefekt oder akut in der Erscheinungsweise einer produktiven, floriden Symptomatik zum Ausdruck kommt. Letztere fehlt nicht nur beim „Defekt"; es gibt „blande" Verlaufsformen der Schizophrenie, bei denen die psychopathologische Symptomatologie von Anfang an eigenartig „blaß", das Erscheinungsbild der Krankheit wegen des Fehlens produktiver Symptome einen „Minuscharakter" hat. Dies ist insbesondere dann der Fall, wenn der Kranke im Sinne der biographisch konstanten Bindungsschwäche von vornherein wenig in seiner Persönlichkeit integriert hatte (Luthe 1982a S. 51f.).

Der familiäre Hintergrund der am 14. August 1948 geborenen Probandin ist in psychopathologischer Hinsicht heterogen. Der Vater wird als eigenbrödlerisch-scheu, die Mutter als temperamentvoll und entschlußfreudig geschildert; ihr schlägt die ältere Schwester der Probandin nach, sie selbst gleicht im Wesen dem Vater. Ihrem 8jährigen Sohn sieht sie seine Traurigkeit an den trüben Augen an; er schlägt ihr, nicht dem vitalen, etwas einfach strukturierten Kindesvater nach. Nach außen erschien die Familie wie aus einem Guß, harmonisch. Frau M. gab an, daß dieser Eindruck getäuscht habe. In Wirklichkeit bestanden starke Spannungen. Die Probandin hatte das Gefühl, „frei und doch gefangen" zu sein, wie bei dem Wellensittich, vor dessen Käfig sie als Kind – über den Sinn des Lebens nachgrübelnd – stundenlang gesessen habe. Das sei ein Abgespanntsein gewesen, eine gedankliche Einengung; der Sinn des Lebens sei irgendwie zerstört gewesen. Was immer sie unternommen habe, es habe ihr nichts bedeutet. Bei andern sei ihr alles so leicht und spielerisch vorgekommen, was ihr selbst die größte Mühe bereitet habe. Sie sei schon morgens damit aufgestanden. Den Kontakt zu anderen Menschen habe sie nicht mehr finden können. Ihr Mann habe gemeint, sie bilde sich das bloß ein und habe sich darüber lustig gemacht, als sie 1976 erstmals zu einem Nervenarzt gegangen sei. Ihre Tabletten habe er wegwerfen wollen, obwohl diese ihr eine zeitlang geholfen hätten, so daß sie sich wieder habe freuen können. Insuffizienzgefühle traten nach dem Abbruch der Therapie erneut in Erscheinung und waren mit – insgesamt noch einfühlbar bleibenden – hypochondrischen Vorstellungen, daneben mit der rational nicht zu begründenden Idee verbunden, daß ihrem Kind etwas fehlen müsse. Sie könne das nicht richtig ausdrücken; sie habe ihren Sohn mit anderen Kindern verglichen. Sie habe auf diese Weise bemerkt, daß er „S-Laute" schlecht ausspreche. Sie habe sich auf's Sofa gesetzt und habe regelrecht vor sich hingebrütet. Manchmal sei er tieftraurig und manchmal ganz komisch gewesen. Man sehe an seinen Augen, daß er innerlich unruhig sei. Wenn er sehr unruhig sei, gebe sie ihm von ihren Medikamenten. Vielleicht seien es Anpassungsschwierigkeiten, vielleicht sei es auch nur, weil sie sich selbst immer negativ einstufe, so komisch zwischen Wollen und Können. Lieber ließe sie sich ein Bein amputieren als diese elende Nervenkrankheit zu ertragen, sofern es überhaupt eine Krankheit sei, wie es ihr Arzt behaupte. Manche sagten, es fehle ihr nichts, es seien alles nur ihre Gedanken. In dieser Situation suchte die Probandin auch eine Wahrsagerin auf und hing – überspannt wirkenden – religiösen Vorstellungen nach. Sie habe gebetet, wenn es Gott gebe, solle er ihr ein Zeichen schicken; tatsächlich nach Wochen sei bei ihr in die linke Hand ein roter Fleck gekommen, der wie Feuer gebrannt habe. Ihren Mann habe das alles nicht interessiert, er habe sie für hysterisch gehalten und sei auch auf Aufforderung durch den Arzt nicht mit in die Sprechstunde gegangen. Unter seinem Einfluß habe sie zum Schluß die Tabletten reduziert, habe sie unregelmäßig genommen. Als sie sich einmal seine Pistole an die Brust gehalten und halb im Spaß, halb im Ernst gefragt habe, ob sie abdrücken solle, habe er nur gemeint, sie solle es doch tun. Er habe sie danach öfters mit dem Vornamen einer früheren Bekannten, die sich das Leben genommen habe, angeredet. Von Mai bis Juni 1980 war die Probandin noch einmal in nervenärztlicher Behandlung; am Morgen des 9. August 1981 wurde sie in der ehelichen Wohnung von ihrem Vater gefunden. Sie lag auf dem Flurboden und war tief bewußtlos. Im Schlafzimmer befand sich die Leiche ihres Mannes; halb unter dem Bett lag die Pistole, mit der die Probandin ihn durch einen aus der Nähe abgegebenen Kopfschuß getötet hatte. Weitere – z.T. geladene – Waffen aus der Sammlung des Getöteten wurden bei der polizeilichen Durchsuchung der Wohnung sichergestellt. Zeugen bekundeten, daß der Getötete zu Lebzeiten die Tatwaffe ständig bei sich getragen habe; in den Tagen vor der Tat habe er die Pistole vermißt und sich auch bei seiner Frau danach erkundigt. Umgekehrt soll die Probandin nach der Police einer Lebensversicherung gesucht und sich bei einem Agenten erkundigt haben, ob eventuell eine Umschreibung erfolgt sei. – Während des 3tägigen Komas traten bei der Probandin generalisierte Krampfanfälle auf; nach Abklingen der akuten Erscheinungen wurde sie in eine Nervenklinik verlegt, aus der sie im Oktober 1981 in ambulante nervenärztliche Behandlung entlassen wurde. Eine richterliche Anhörung, die in der Nervenklinik durchgeführt werden sollte, mußte wegen der schlechten seelischen Verfassung der Probandin unterbleiben. So enthält auch die Krankengeschichte zunächst überwiegend Angaben der Angehörigen; danach soll die Probandin früher mehrfach geäußert haben, wahrscheinlich sei sie „schizophren". Sie selbst schwächte dies ab und gab an, daß ihr von einem Arzt gesagt worden sei, daß sie an einer Schizophrenie leide; deshalb habe sie sich Literatur über Geisteskrankheiten besorgt. Dadurch sei allerdings der Verdacht bestätigt worden, weshalb sie befürchtet habe, daß sich das Leiden auf ihren Sohn übertragen habe, weil die Schizophrenie ja erblich sei. – Vor Durchführung der von der Staatsanwaltschaft gewünschten Untersuchung mußte erst die medikamentös bewirkte „Versteinerung" der Probandin beseitigt werden. Danach war deutlich, daß eine psychotische Symptomatik mit Stimmenhören, Wahnvorstellungen und dergleichen nicht bestand. Frau M. verhielt sich bei allen Explorationen unnatürlich ruhig. Sie saß steif da, sozusagen mit angelegten Ellbogen, die Hände unbeweglich im Schoß gefaltet, ohne mimische Ausdrucksbewegung. Die Stimme war tonlos, kaum moduliert; eine affektive Rückkopplung war nicht zu erreichen: Man redet zu ihr wie in einen leeren Raum. Auf diese Weise kommt das „negative Wesen", das sie sich zuspricht, direkt zum Ausdruck. Von der Untersuchten gehen keinerlei Impulse aus, sie verharrt; auch hierfür hat sie einen bildlichen Vergleich: sie sei ein Krebs, der nicht mehr losläßt, wenn er einmal zugebissen hat. „Festhalten" scheint das einzige zu sein, was sie ihrer Angst entgegenzusetzen hat. Dies verhindert nicht nur jegliche Spontaneität, sondern auch das mindeste Eingehen auf kommunikative Stimuli. Suggestionen und anderen äußeren Einflüssen gegenüber verschließt sie sich; von der Richtung, die sie einmal eingeschlagen hat, ist sie allenfalls durch ihre eigene, fast lähmende Unentschlossenheit abzubringen. – Infolge dieses autistischen Verhaltens ist nicht viel von ihr zu erfahren; was sie sagt, ist jedoch im Gegensatz zu dem Fallbeispiel S. 98 weder zerfahren noch faselig. Die Kohärenz der Darstellung bleibt auch dort gewahrt, wo sich eine eigenartige Überspanntheit gewisser Ansichten abzeichnet und ein hintersinniges Interesse an parapsychologischen Themen zum Vorschein kommt. Eigenartig ist auch die hypochondrische Übertragung auf das Kind, die, wie vieles andere, auf Andeutungen beschränkt bleibt. Neben solchen dissimulatorischen Tendenzen verhindert zwanghaft rigides, bürokratisch anmutendes Kleben am Buchstaben, daß es zu einem frei schwingenden Rapport kommt; stattdessen findet ein Auf-der-Stelle-Treten statt, von dem man sich leicht vorstellen kann, daß er für normale Gesprächspartner schwer zu ertragen ist. Die ihr peinlich bewußte Vitalschwäche wird zur Quelle beständiger Selbstzweifel, deren zersetzende Wirkung sie am Leib selbst erlebt. Sie glaubt, ihre Augen seien „milchig trüb"; den Druck im Kopf vergleicht sie mit Nebel und sie sieht insoweit eine negative Kontinuität bis zurück in den Kreißsaal, wo sie als Neugeborenes, die Nabelschnur um den Hals, sich gegen das Leben stemmte. Die Tatsache, daß äußerlich alles seinen geordneten Gang ging, und ihre Leistungen denjenigen der – lebhafteren – Schwester in nichts nachstanden, war nicht geeignet, ihr defektes Selbstbewußtsein zu heilen. Sie blieb ängstlich, fürchtete sich vor allem Neuen; die Mutter mußte sie zu allem stoßen. Ihr Mann habe sie konsequenterweise wie eine Tochter behandelt, sie habe an ihm gehangen wie ein Kind am Vater. Mit dem Auftreten der „Depressionen" sei ihr Horizont derart zugegangen, daß sogar das Verständnis mit der Mutter abgerissen sei. Von einem Arzt zum anderen habe sie Ratschläge – wie abendliches Biertrinken – erhalten, und nach 3tägiger stationärer Hormonanalyse lautete die Erklärung, daß alles vom Gehirn gesteuert werde, Thalamus, Hirnanhangdrüse. Die Reaktionen zuhause bestanden in Anfeindungen, ihr Mann habe den Zirkus nicht mehr mitmachen wollen, und seine öffentliche Bemerkung, das mit den Tabletten höre auf, sei der Grund dafür gewesen, daß sie – innerlich „fix und fertig" – mit dem Leben abgerechnet, sich Schlaftabletten besorgt habe. Wegen ihrer Äußerung, das Kind sei auch krank, habe es vorher noch einen heftigen Streit gegeben, und, um ihre Isolierung vollständig zu machen, sei ihr – eine himmelschreiende Ungerechtigkeit – der eigene Vater nur noch „negativ" vorgekommen. Die Mutter sei ihr dagegen als Engel erschienen. Sie habe nur noch „wirres Zeug" gedacht und gesagt, habe einen heimlichen Abschiedsgang von einem zum andern gemacht. Es war ihr klar, daß der Sohn bei ihrer in allem viel wendigeren, stabileren Mutter am besten aufgehoben sei. Zum Schluß sei sie ins Schlafzimmer gegangen und habe ihm gesagt, daß sie Tabletten eingenommen habe. Er habe nur gelacht; ihr sei ganz schwindlig geworden. Dann wisse sie nicht mehr, ob sie sich gelegt habe oder nicht. Sie habe nur noch einen Knall gehört und dann sei alles aus gewesen. Nach einer späteren Erinnerung habe sie gefragt, ob sie schießen solle, was er völlig ignoriert habe; er habe höhnisch gelacht. Vielleicht habe er noch etwas gesagt; sie könne nicht sicher unterscheiden, was an diesem Tag und was am Tag zuvor geredet worden sei. Auf jeden Fall sei sie nach seiner Meinung verrückt, ungeeignet für das Kind. Der Haß sei richtig zu spüren gewesen; sie habe so komisch gesehen, daß sie zu keinem Urteil gekommen sei. Weil von einer Lebensversicherung das Original gefehlt habe, sei sie auf den Gedanken gekommen, daß er mit ihrem Selbstmord rechne. Erst habe sie noch das Kind beobachtet; das habe so einen dunklen Blick gehabt, vom Tod gezeichnet. Dann sie sei zum Arzneimittelschrank; daß sie die Tabletten vor dem Hören des Knalles eingenommen habe, wisse sie jetzt besser als früher. Früher habe sie sogar die Straßennamen vergessen gehabt. – Den Satz: „Lügner im Himmel, ihr wollt mich töten!", der sich in Aufzeichnungen der Probandin findet, interpretiert sie folgendermaßen: das seien Menschen, die geistig ganz klar seien. Da sie ihre Umwelt negativ sehe, habe sie das Gefühl, daß die, die geistig klar seien, das sei der Himmel, Kopf. Sie sehe das so, daß diese Menschen die andern verdrängen wollten. Sie habe durch Schreiben alle Erinnerungen verdrängen wollen, habe gemeint, Nervenkranke müßten gestoppt werden, z. B. der frühere Schah, dessen Sohn lasse sich auch so beeinflussen; die Leute solle man mit Tabletten vollstopfen und mit Spritzen. Andere, die ihre Arbeit gut machten, seien die in der Mitte. Diese Menschen, Priester, Ärzte hätten mit Menschen von oben und unten zu tun.

Anläßlich der nervenärztlichen Behandlung im Jahr 1976 wurde die mit einem Fragezeichen versehene Diagnose einer neurotischen Entwicklung mit paranoidem Einschlag gestellt. Im Sommer 1980 wurden die Akzente vertauscht und – trotz Fehlens von „Symptomen ersten Ranges" im Sinne von K. Schneider – wurde nunmehr im Hinblick auf z. T. wahnhafte Präokkupationen und Entfremdungserlebnisse bei sprunghaft-verworrenem Wesen wegen Psychoseverdacht eine konsequent neuroleptische Therapie eingeleitet, die zu einer Teilremission führte. Die stationäre Behandlung im Anschluß an den Selbstmordversuch erfolgte unter der Diagnose: „depressiv-neurotisches Syndrom", der zuletzt behandelnde Nervenarzt machte wiederum eine Kehrtwendung und ging vom Vorliegen einer Psychose des schizophrenen Formenkreises aus. Diese diagnostische Unsicherheit ist kennzeichnend für eine gewisse Hilflosigkeit gegenüber einer Situation, deren abnormer Charakter zwar deutlich genug als „Mangel" zu bemerken ist, bei der sich dieser „Mangel" gleichzeitig aber auch als Abwesenheit pathognomonischer Zeichen wie Stimmenhören, Gedankenausbreiten und dergleichen kundtut. Die Probandin selbst spricht diesbezüglich immer wieder von ihrem „negativen Wesen" und sie beschreibt es mit ihren Worten als Festklammern, das an die Stelle unbefangener, spontaner Aktivität und Eigenverantwortlichkeit getreten ist. Ein solches regungsloses Verharren ist als Reaktion auf die Bindungsschwäche beim autistischen Psychopathen (Luthe 1982a, S. 52f.) ein sehr charakteristischer Hinweis auf die Insuffizienz des integrativen Strukturierungsprinzips; von hierher erklärt sich im vorliegenden Fall der Eindruck, daß das – eigenartig „blaß“, unlebendig wirkende – Fühlen der Probandin gedanklich überfrachtet wirkt; es ist für sie wie eine Pflicht, ohne Spontaneität, ohne „Herzlichkeit“. So mutet auch die Sorge um das Kind wie eine Konstruktion an, was nicht bedeutet, daß sie deswegen weniger quälend für die Probandin wäre. Andererseits kann man nicht sagen, daß sie auch hinsichtlich ihrer strafrechtlichen Situation „besorgt“ gewirkt hätte; ganz ähnlich ließ sie keinerlei Anzeichen einer Trauerreaktion auf den Tod des Mannes erkennen; der Gedanke an dessen Geschick scheint ganz ausgeblendet zu sein; sie wirkt auch insoweit affektiv leer.

Wird der Maßstab der traditionellen Psychiatrie angelegt, ist der psychopathologische Gehalt dieser Informationen nosologisch unspezifisch. Wegen der fehlenden Spezifität der zu erhebenden psychopathologischen Befunde, ist ein diagnostisches Abwägen erforderlich, das Unsicherheit hinterläßt, wie immer man sich dabei entscheidet. Diese Situation wird weiter noch dadurch kompliziert, daß sie einen strafrechtlichen Rahmen bekommen hat, der daran denken läßt, die Probandin könne im Hinblick auf die zu erwartenden Folgen ihres Verhaltens zweckgerichtet in Erscheinung treten. Tatsächlich hat die Probandin aber nichts unternommen, was als Simulation von Krankheitserscheinungen gewertet werden könnte, sie war vielmehr dissimulativ eingestellt; so wiederholte sie beispielsweise nicht ihre früher geäußerte Überzeugung, an einer – erblichen – Schizophrenie zu leiden, sie relativierte im Gegenteil dieses durch ihre Mutter bekannt gewordene anamnestische Detail. Nun sind Schizophrene bekanntlich in ganz besonderer Weise krankheitsuneinsichtig; wenn sie von ihrer Schizophrenie sprechen, dann tun sie dies nach dem Beispiel jenes Nervenarztes, der meinte, ihm sei von seinen Kollegen eine Schizophrenie „angehext“ worden. Diese Auffassung, bei der die – kognitiv – richtige Diagnose Schizophrenie – affektiv – eine falsche Bedeutung erhält, bringt eine typisch schizophrene Denkstörung zum Ausdruck, die strukturpsychopathologisch als Dissoziation zwischen Thema und Bedeutung des Erlebens den psychischen Zerfall kennzeichnet. Daß die Probandin – in Kenntnis psychiatrischer Fachliteratur – in einem solchen Sinn früher von ihrer Schizophrenie gesprochen hat, ist solange unverständlich, als man ihr glaubt, daß typisch schizophrene Symptome nie vorgelegen haben, weil sie ihre Annahme ja auf Vergleiche stützt, bei denen sie das eigene Erleben mit dem Angelesenen vergleicht. Daß es inkonsequent ist, die Symptome zu dissimulieren und gleichzeitig die Diagnose preiszugeben, liegt auf der Ebene der erwähnten Denkstörung, die vielleicht gemeint ist, wenn die Probandin von ihrer inneren Zerrissenheit spricht; sie hat aber auch von ihrer Angst gesprochen, daß ihr Mann sie in die Zwangsjacke stecken lasse.

Bei der Interpretation dieser Fallgeschichte ist darüber hinaus zu berücksichtigen, daß Frau M. auch hinsichtlich ihrer Primärpersönlichkeit als autistisch-versponnen, antriebsschwach-asponten imponiert. Von daher ist zu erwarten, daß sie nichts anderes als diesen Wirklichkeitsbezug, mit dem sie sich entwickelt hat, kennt. Einen anderen – natürlichen – Wirklichkeitsbezug kennt sie nur durch Beobachtung Dritter, nicht aus eigenem, unreflektiertem Erleben.

Der Schizophrene, der erst durch den Einbruch der Krankheit mit der Einheit seines Erlebens diesen natürlichen Wirklichkeitsbezug verliert, kann sich immerhin auf authentische Erinnerungen stützen, und er macht infolgedessen eine ganz neue Erfahrung. Dem autistischen Psychopathen, der von vornherein nichts anderes kennt, ist die Krankheit nicht in dieser Weise fremd, sie führt nicht zu etwas grundsätzlich Neuem. Daher fehlt in einem solchen Fall auch die Nötigung, das, was der nichtautistisch Schizophrene verloren weiß, zu „ersetzen", was nach strukturpsychopathologischer Auffassung in Form jener „positiven" Symptome geschieht, die als Stimmenhören, Wahnvorstellungen u. ä. bekannt sind und zu Unrecht als die psychopathologische Quintessenz der Schizophrenie angesehen werden.

Wie man die Dinge auch wendet, bleibt die Differentialdiagnose zwischen blander Schizophrenie bei autistisch-schizothymer Primärpersönlichkeit einerseits und autistisch-schizothymer Persönlichkeit mit situativen Exazerbationen schizophrenen Gepräges offen. Diese differentialdiagnostische Entscheidung ist von den früheren Beurteilern auf die alternative Formel Psychose oder Neurose gebracht worden. Nach den Maßstäben der traditionellen Psychiatrie hinge von dieser Entscheidung auch die Anwendung oder Nichtanwendung des § 20 StGB ab. Bei strukturaler Betrachtungsweise löst sich dieser scheinbare Gegensatz fast völlig auf und verliert im Zusammenhang mit der Beurteilung der Schuldfähigkeit vollends seine Bedeutung dadurch, daß das Tötungsdelikt nicht von dem – gegen den offensichtlichen Willen der Probandin – mißlungenen Selbstmordversuch abzutrennen ist, bei dessen Determination ebenso offensichtlich die als krankhaft zu wertenden Überzeugungen den Ausschlag gegeben haben. Dies erklärt übrigens auch das Abweichen vom üblichen Schema des erweiterten Selbstmords, bei dem gerade die Kinder „mitgenommen" werden, um ihnen eine trostlose Zukunft zu ersparen. Für den Getöteten war es verhängnisvoll, daß er einen fundamentalen Wesenszug seiner Frau, alles „tödlich" ernst zu nehmen, nicht richtig eingeschätzt hatte. In der Umgebung solcher Kranker ist die Neigung verbreitet, die äußeren Anzeichen der pathologischen Entwicklung solange als irgend möglich zu bagatellisieren und auch dann noch für aus dem Rahmen des Üblichen fallende Verhaltensweisen eine normalpsychologische Erklärung zu suchen, wenn sich dies mit einer kritischen Würdigung des Gegebenen schon längst nicht mehr verträgt.

Es würde nicht schwer fallen, das strafrechtlich relevante Verhalten der Probandin motivdynamisch zu deuten und auf diese Weise einem nachvollziehenden Verständnis zugänglich zu machen; vielleicht hätte man aus der subtilen Kenntnis der Täterpersönlichkeit schon vor der Tat das eine oder andere Anzeichen einer drohenden Dekompensation erkennen können. Die darauf beruhende Anwendung des Sinnkriteriums hätte zur Folge, daß die Probandin als „verantwortlich" einzustufen wäre. Die umfassendere, strukturale Betrachtungsweise macht deutlich, warum eine solche Einstufung den Eindruck der Unbilligkeit hinterlassen müßte: dem negativen Aspekt der Krankheit würde damit nicht Rechnung getragen; dieser negative Aspekt stellt die primäre, obligatorische Krankheitsmanifestation dar; sie ist die Voraussetzung für eine fakultative Plussymptomatik, deren Unverständlichkeit – sekundär – die forensische Beurteilung allerdings wesentlich erleichtert.

Bei intaktem Bewußtsein ist „Persönlichkeit" die integrative Leistung der Strukturierung des Erlebens in der Zeit; sie ist nicht ein für allemal gegeben, sie muß ständig erbracht werden. Das Nichterbringen dieser Leistung bei der Schizophrenie ist kein Alles-oder-Nichts-Phänomen; sie ist dies so wenig, wie die menschliche Verantwortungsfähigkeit als ein solches Alles-oder-Nichts-Phänomen aufgefaßt werden kann (vgl. Luthe 1982a, S. 67). Das Verfehlen des Leistungsziels gibt es in unterschiedlichen Schweregraden; es kann sich darum handeln, daß das Erleben nicht mehr von einem einheitlichen, starken Fühlen getragen wird und von da seine persönliche Note erhält. Im vorstehend geschilderten Fall beruht darauf der sich im unmittelbaren Kontakt mit der Kranken einstellende Eindruck des bloß gedachten, eigenartig unverbindlichen Ausdruckswertes ihres Erlebens (fehlende Trauer, konstruierte Sorgen). Der rein vorstellungsmäßige Gehalt dieses Denkens ist oder könnte richtig sein; er läßt keine gravierenden Fehler erkennen und kann in seiner psychotischen Auffälligkeit nur darin vom Üblichen abweichen, daß die vorstellungsmäßig richtige Orientierung im allgemeinen Ordnungssystem der realen Welt insofern unverbindlich ist, als daneben ein sozusagen rein privates – dem krankhaften Evidenzerleben entsprechendes – System konkurrierender Überzeugungen direkt oder indirekt zum Ausdruck gebracht wird.

Der Grund dafür, daß ein Kranker neben seinen Überzeugungen auch dazu im Widerspruch stehende Schlußfolgerungen aus dem allgemeinen Ordnungssystem gelten läßt, kann pragmatischer Natur sein und eine aus der Sicht des Kranken durchaus zweckmäßige und insoweit sinnvolle Einstellung verraten, z.B. das Bestreben, ein Gericht davon zu überzeugen, daß ein bestehender Unterbringungsbeschluß ausgesetzt werden sollte. Daß der Kranke dem Gutachter, der seinen Ansichten mit Einwänden begegnet, recht gibt, ohne von seinen Ansichten abzuweichen, ist der Preis, den er aus der Annahme, freigelassen zu werden, bezahlt. „Wenn die Frau Doktor meint, daß eine chronische Schizophrenie vorliege, dann bin ich grundsätzlich bereit, das zu akzeptieren, obwohl ich weiß, daß in Wirklichkeit keine Schizophrenie vorliegt." – „In Wirklichkeit" handelt es sich für den Kranken nach wie vor darum, daß er vergiftet werden soll, und er belegt seine private Ableitung sämtlicher bei ihm in Erscheinung getretenen Krankheitssymptome mit einschlägigen Zitaten aus der in- und ausländischen Fachliteratur, die er auch weiterhin studiert. Im Hinblick auf diesen Vergiftungswahn hatte er sich vor seiner Unterbringung zuhause ein chemisches Labor eingerichtet und zur Identifikation des gegen ihn verwendeten Giftes Versuche mit Schwermetallen ausgeführt, denen seine Freundin, die er als „Versuchskaninchen" benutzt hatte, zum Opfer gefallen war.

Peters (1977) definiert dieses Phänomen der „doppelten Buchführung" folgendermaßen: „der Kranke ist einerseits in einer privat-schizophrenen Welt mit eigenen Wert- und Bezugssystemen und zugleich in dem allgemeinen, völlig wesensverschiedenen Ordnungssystem orientiert. Die Unvereinbarkeit zwischen der schizophrenen und der realen Welt wird dabei widerspruchslos hingenommen". Die tatsächliche Widersprüchlichkeit ist es, welche die Einheitlichkeit des Bewußtseins als Folge der Integration zerreißt, auch wenn der Kranke gerade im Hinblick auf die scheinbare Zweckmäßigkeit seines Vorgehens bei oberflächlicher Betrachtung weitgehend unauffällig erscheinen mag.

Um das Sinnkriterium der traditionellen Psychiatrie zu retten, muß in einem solchen Fall, auf einen erweiterten Bezugsrahmen verwiesen werden, womit man aber nicht der logischen Schwierigkeit entkommt, daß die Reihe möglicher Bezugsrahmen für ein Verständnis virtuell endlos ist. In der Gutachtenspraxis kann es ganz erhebliche, u. U. unüberwindliche Schwierigkeiten bereiten, den krankhaften Charakter eines solchen Erlebens konkret zu belegen, wenn die erwähnte Widersprüchlichkeit vorübergehend zurücktritt, weil der Kranke es gelernt hat, das zum allgemeinen Ordnungssystem in Widerspruch stehende System „privater" Wertvorstellungen und Überzeugungen für sich zu behalten; dies kann insbesondere dann zu falschen richterlichen Entscheidungen führen, wenn der Kranke in seinem zweckgerichteten Bestreben von forensisch unerfahrenen Therapeuten unterstützt wird, wobei das Zurücktreten der akuten Symptomatik in der relativ kurzen Zeit, die zwischen der aus strafprozessualen Gründen erfolgten Unterbringung und der Hauptverhandlung für eine neuroleptische Beeinflussung zur Verfügung stand, in seiner prognostischen Bedeutung um so leichter überschätzt wird, als dann die dissimulatorische Aktivität des Probanden kaum noch zu durchschauen ist. Diese Problematik soll anhand des nachfolgend mitgeteilten Fallbeispieles dargestellt werden; sie erfuhr dadurch eine Zuspitzung, daß es sich bei dem Probanden um einen argumentativ sehr versierten, hochintelligenten Arzt handelt.

Dr. K. hat die Facharztanerkennung für Innere Medizin und Tropenkrankheiten bekommen, und er bezeichnete sich darüber hinaus als „dipl. Parasitologen". Neben beruflichen Erfahrungen in weiteren medizinischen Spezialgebieten und außermedizinischen Bereichen stehen ihm auch gewisse juristische Kenntnisse zur Verfügung. Eine Vielzahl gerichtlicher Auseinandersetzungen hat ihm die Qualifikation des Querulanten eingebracht, außerdem die Bekanntschaft mit mehreren psychiatrischen Gutachtern, die zu divergierenden Ergebnissen gekommen sind. Weiteren Begutachtungen hat er sich nicht unterzogen; stattdessen suchte er in Dissertations- und Habilitationsschriften der vorgesehenen Sachverständigen nach politisch belastenden Gesichtspunkten, die in seinen außerordentlich zahlreichen und umfangreichen Schriftsätzen aber nur am Rande erwähnt werden. Soweit es sich nicht um Telegramme handelt, sind diese Schriftsätze z.T. auf barock-verschnörkeltem Briefpapier verfaßt und durchwegs in formaler und inhaltlicher Hinsicht auffällig. „Wer auch immer Laien gefragt hat, wie mir empört berichtet, weshalb ich – K. – nicht mehr in B. sei, der möge aus ärztlicher Pflicht nicht die fragen, die eines nicht sind: gesund. Vielmehr mich selbst." Der Grund dieser Abwesenheit bestand in einem finanziellen Fiasko, das Dr. K. damit erklärte, daß er so von Patienten überlaufen worden sei, daß er sich nicht um die Abrechnung habe kümmern können. Nachdem er sich die Kassenzulassung erstritten hatte, eröffnete er mit Hilfe einer Bank 2 Praxen – eine internistische und eine krankengymnastische –, in denen er 5 Angestellte beschäftigte. Damals trennte sich seine Ehefrau, eine gelernte Krankenschwester, von ihm und stellte einen Entmündigungsantrag. Mit der letztverbliebenen Angestellten und den schriftlichen Praxisunterlagen setzte er sich an die französische Atlantikküste ab, von wo er nicht mehr nach B. zurückkehrte. Frühere Patienten, die er vom Vorliegen gefährlicher Tropenkrankheiten bei sich und bei Intimpartnern überzeugt hatte, folgten ihm nach G., wohin er sich aus Frankreich kommend begeben hatte. Die medizinische Universitätsklinik, in die der Proband Patienten einwies, wandte sich an die zuständige Ärztekammer, indem auf fehlende medizinische Kompetenz hingewiesen und ausgeführt wurde, daß die Formulierung seiner Briefe Zweifel an der Fähigkeit, den Arztberuf auszuüben, erwecke. Die Bezirksregierung ordnete das Ruhen der ärztlichen Approbation an, nachdem Dr. K. sich geweigert hatte, sich der angeordneten fachärztlichen Untersuchung zu unterziehen. In den Gründen heißt es: „Aus den von mir herangezogenen Akten der bisher beteiligten Behörden ist ersichtlich, daß Sie insbesondere dazu neigen, jungen Patienten Amöben- und Wurmmittel in hohen Dosierungen zu verschreiben, was bekanntlich zu schwersten Gesundheitsschädigungen führen kann. Es entsteht der Eindruck, daß Sie von der Vorstellung besessen sind, überall und schließlich auch an sich selbst Tropenkrankheiten festzustellen.“ In der Folge bezog sich der Proband immer wieder auf ein früheres Verwaltungsgerichtsverfahren, das für ihn günstig ausgefallen war, weil der Gutachter das Gericht nicht vom Vorliegen der von ihm diagnostizierten Geisteskrankheit bei Dr. K. zu überzeugen vermocht hatte. Der letzte Satz der Kammerentscheidung, der lautet: „Dieser Beschluß ist unanfechtbar“, wurde fortan von dem Probanden als eine für alle Zeiten geltende und alle Behörden bindende Bestätigung seiner Approbation interpretiert; an dieser Interpretation hielt er auch noch fest, nachdem ein anderes Verwaltungsgericht seine Klage gegen die Anordnung des Ruhens der Approbation zurückgewiesen hatte. Er zeigte sich nun selbst wegen fortgesetzter ärztlicher Tätigkeit ohne Entgelt an; dazu schrieb er dem zuständigen Staatsanwalt: „Es ist Ihnen gewiß bekannt, daß entweder nur Verrückte gegen sich selbst Strafanzeige erstatten oder aber Personen, die nichts Verwerfliches zu verbergen haben.“ Ohne den Widerspruch zwischen seinem Handeln und dieser Kommentierung zu bemerken, stellt er sich im Folgenden als Opfers eines Komplottes dar und schließt: „Damit wurde letztlich durch den bundesweiten EDV-Verbund der Aufsichtsbehörden und Ärztekammern der Totalaffront gegen die Verwaltungsgerichtsbarkeit in B. zum geographisch perpetuierten Delikt“. Während er inhaltlich die in der Anordnung der Bezirksregierung mitgeteilten Gründe ungewollt bestätigt, fährt er verbal schwerste Geschütze gegen seine vermeintlichen Widersacher auf und spricht von diesen – in einer Art Wortspiel – als von „nominellen Berufsmördern“, die mit dem faschistisch unterwanderten „Medizinsyndikat“ gemeinsame Sache gegen ihn machen. In anderen Briefen spricht er auch von seinen schlechten finanziellen Verhältnissen, die ihn zwangen, in einem Minizelt zu kampieren, was aber seine Überzeugung, schließlich zu obsiegen und finanziell entschädigt zu werden, nicht beeinträchtigte. Vorläufig half ihm eine Bekannte, die er bei einem Spanisch-Kurs in der VHS kennenlernte, aus der Klemme. Er diagnostizierte bei ihr eine Salmonellentonsillitis, eine Leishmaniose und eine Reihe weiterer – auch psychischer – Erkrankungen. Unter der Behandlung verschlechterte sich der Zustand des anscheinend nach Art der „folie-à-deux“ mit ihm verbundenen Mädchens so spektakulär, daß deren Eltern mit allem Nachdruck die Unterbringung des Probanden betrieben und nach Überwindung vieler Hindernisse auch durchsetzten. Er kehrte aber nach kurzer Zeit bereits wieder in die gemeinsame Wohnung zu seiner Bekannten zurück; dem einweisenden Amtsarzt war bereits am 2. Tag des stationären Aufenthaltes vom Stationsarzt mitgeteilt worden, daß dem Patienten nichts fehle; die „Arzt-Patient-Beziehung“ zwischen Dr. K. und seiner Bekannten bestand auch während des Klinikaufenthaltes weiter. Rund 2 Monate nach der Entlassung bestätigten sich die bereits früher von den Eltern des Mädchens in einer Strafanzeige geäußerten Befürchtungen, daß Dr. K. ihre Tochter umbringen werde. In einem Telegramm teilte er ihnen mit: „habe seit vielen monaten gewarnt und bis zum letzten alles für ihre tochter in bewegung gesetzt. Sie ist aus scheinbarem wohlbefinden binnen ca 90 s in dieser nacht verstorben. ich habe sofort notarztwagen ueber polizei und klinik s. angefordert und alle erdenklichen wiederbelebungsmassnahmen getroffen. machen sie es mit ihrem gewissen ab. k.“ In einem weiteren Telegramm schrieb er: „J’accuse!“ – Auf die am Tatort ermittelnden Beamten machte Dr. K. einen sehr verwirrten Eindruck; er habe immer wieder von notwendigen hämatologischen und mikroskopischen Untersuchungen und von andern Ärzten bei der Toten nicht erkannten Tropenkrankheiten gesprochen. Bei der Obduktion wurde das Versagen vitaler Funktionen nach einer Lungenstichverletzung mit einer Einblutung als Todesursache festgestellt. Bei seiner verantwortlichen Vernehmung äußerte sich der Beschuldigte folgendermaßen: „Mir ist an dem gestrigen Abend aufgefallen, daß meine Bekannte über Gebühr im Haushalt arbeitete, was ich in jedem Falle zu bremsen versuchte, aber den Eindruck erhielt, die leider Verstorbene wolle geordnete häusliche Verhältnisse hinterlassen, zumal sie sich auch noch aus eigenem Antrieb und gleichfalls von mir zu bremsen versucht, am Mikroskop zu schaffen machte, was keineswegs an diesem Abend geschehen mußte und ohnehin besser an einem Klinikhochleistungsmikroskop zu machen gewesen wäre. Ich komme um den Eindruck einer intuitiven Vorahnung und verzweifelten weiter antragsunterstützenden Argumente nicht herum.“ Nach längerem Leugnen räumte der Proband schließlich ein, submamillär ein Lymphgefäß punktiert zu haben; die Verstorbene sei von Filarien mit nocturnaler Periodizität (Wucheria Bancroftii) überschwemmt gewesen. Später gab Dr. K. an, daß er wegen eines Mantelpneus bei der Verstorbenen eine Probepunktion versucht habe, bei der versehentlich das Lungengewebe verletzt worden sei. Die formalen und inhaltlichen

Auffälligkeiten seines In-Erscheinung-Tretens setzten sich auch bei der 4 Monate später erfolgten stationären Untersuchung fort. Seine früheren Schwierigkeiten mit den Standesorganisationen beurteilte er als die Auswirkung eines „wirtschaftlichen Verteilungskampfes", da sei „flugs eine Geisteskrankheit" als erwünschtes Argument von Gutachterlakaien auftragsgemäß bei ihm festgestellt worden. Hinsichtlich seiner wahnhaften Überzeugungen war als neuer Aspekt seine Überzeugung, von der verstorbenen Freundin im Sinne eines erweiterten Selbstmords in einen Vergiftungsversuch mit Photochemikalien einbezogen worden zu sein, der gemeinsame Nenner aller diagnostischen Interpretationen. Den Beweis hierfür sah er in halbmondförmigen Verfärbungen seiner Fingernägel, und er regte diesbezüglich zur Abklärung eine Exhumierung an; aus Einzelheiten seines Vorbringens kann auch auf olfaktorisch/gustatorische Sinnestäuschungen geschlossen werden, wenngleich deutlich zu bemerken war, daß der Proband – mit einem guten Gespür für kritische Situationen begabt – es vermied, in diesem Sinne heikle Ansichten preiszugeben. Stattdessen argumentierte er mit Vorliebe unter Einbezug seiner medizinischen Spezialkenntnisse; geriet er argumentativ in einen Engpaß, wechselte er im Handumdrehen zu einer neuen, noch abenteuerlicheren Hypothese, wobei von Exploration zu Exploration seine gedankliche Zerfahrenheit immer stärker zum Vorschein kam, und der Verlust der logischen geschlossenen Form seines Denkens schließlich unverkennbar feststand. Schuldgefühle äußerte er im Hinblick darauf, daß seine pseudoquerulatorische – in Wirklichkeit einem in quantitativer Hinsicht ungeheueren Leerlauf zu vergleichende – Anstrengung, als medizinische Kapazität anerkannt zu werden, noch nicht kompromißlos genug gewesen sei. Während der querulierende Fanatiker ein ganz bestimmtes Ziel hat und von einem unerbittlichen Haß beflügelt wird, handelt es sich hier um ständig expandierende Ziellinien und eine – Niederträchtigkeit in der polemischen Auseinandersetzung mit seinen Gegnern nicht ausschließende – Affektlosigkeit. Dr. K. wirkte auf diese Weise eigentümlich „kalt", distanziert und unpersönlich, z.T. auch direkt abstoßend, wenn er z.B. die Exhumierung seiner Bekannten anregte. Alle Bekundungen von Anteilnahme scheinen ihm in unverbindlicher Weise vom Verstand – als u.U. subtile Relativierungsleistung – diktiert zu werden, ohne daß sie eine echte innere Entsprechung haben. Seine affektive Anteilnahme entspricht eher dem „Interesse für Menschen schlechthin", das ihn zur Aufnahme des Medizinstudiums bewogen hatte, als daß es einem bestimmten Menschen und konkreten zwischenmenschlichen Beziehungen gölte. Diese, im Fehlen eines einheitlichen, starken Fühlens bestehende „Gefühlskälte" läßt sich bis in das unmittelbare Ausdrucksverhalten hinein verfolgen und es verfehlt in seinem manchmal geradezu „monumentalen" Ausdruckswert nicht einen entsprechend starken Rückkoppelungseffekt. Wer trotzdem vom differentialdiagnostischen Ausschluß einer querulatorischen Entwicklung noch nicht überzeugt gewesen wäre, hätte bei der Hauptverhandlung erwarten müssen, daß der Proband nun auch den Sachverständigen in sein querulatorisches System miteinbeziehe. Er wäre daher sehr überrascht gewesen, den Probanden nunmehr von seiner Schizophrenie und seinen wahnhaften Überzeugungen so geläufig reden zu hören, wie er früher von seiner Vergiftung und noch früher von seinen diversen Tropenkrankheiten geredet hatte; mit maschinenhafter Eloquenz – bald das Gericht, bald das Publikum ins Auge fassend – beschimpfte er die früheren Gutachter, die, seine Schizophrenie dilettantisch verkennend, die eigentlich Schuldigen seien. Er schloß sich ausdrücklich der Diagnose „Schizophrenie" an; er wertete dies als Beweis dafür, daß er zwischenzeitlich von dieser Krankheit geheilt sei, worin ihm der behandelnde Arzt mit dem Zusatz beipflichtete, daß kein Grund für das Auftreten eines neuen Schubes ersichtlich wäre.

Es ist schwer, psychiatrischen Laien verständlich zu machen, daß Eifersucht einen wahnhaften Charakter haben kann, auch wenn die Treulosigkeit des Ehemannes beispielsweise im Hinblick darauf feststeht, daß seine Freundin ein Kind von ihm erwartet. Der Hinweis auf den Unterschied zwischen „Da-Sein" und „So-Sein" des Wahns, mit dem der Sachverständige auf dem Boden der K. Schneider verpflichteten traditionellen Psychiatrie seine Position zu retten versucht, werden auf der Richterbank und erst recht vom Verteidiger als „sophistisch" empfunden. Deshalb kann man sich auch leicht die Neugier vorstellen, mit welcher der Zuhörer im vorstehend geschilderten Fall die Erklärung des

Sachverständigen erwartet, wieso der Proband trotz „Krankheitseinsicht" weiterhin als schizophren angesehen werden muß. Daß der neu einsichtige Proband nicht erschüttert war, sondern anklagend auf die früheren Gutachter, die seine Schizophrenie nicht erkannt hätten, verwies, ohne sich deswegen bei denjenigen zu entschuldigen, die schon immer seine Krankheit behauptet und von ihm deswegen auf übelste Weise beschimpft worden waren, würde sicher nicht als eine befriedigende Erklärung akzeptiert werden. Der Sachverständige kann auch nicht beweisen, daß es für den Probanden keinen großen Unterschied macht, ob er nun von seinen Filarien, Rickettsien oder von seinen „Wahnvorstellungen" spricht, nur daß er letztere wirklich hat. Dieser Vergleich bei der mündlichen Gutachtenserstattung war es aber, der bei dem Probanden die Reaktion auslöste, die deutlich werden ließ, daß bei verändertem Bezugsrahmen von einer Kontinuität seiner krankhaften Einstellung auszugehen ist, die den scheinbaren Wechsel als äußerst „cleveren" Opportunismus entlarvt. Schizophrenie schließt weder Opportunismus noch „cleverness" aus; von diesem Punkt der Gutachtenserstattung an, befand sich der Sachverständige plötzlich in der gleichen Schußlinie, in der sich auch die früher von Dr. K. angegriffenen Opponenten stets befunden hatten. Man kann darauf erwidern, daß dies nur allzu verständlich sei; dieses Verstehenkönnen ist dann aber ebensowenig jetzt ein durchgreifendes Argument gegen die Richtigkeit der Diagnose einer auch weiterhin bestehenden Schizophrenie, wie dies früher der Fall gewesen wäre, als die darin zu erblickende Sinnkontinuität all die grotesken Nebenerscheinungen der Erkrankung nicht ausgeschlossen hatte.

Um dem Vorwurf ‚dämonologischen' – d.h. dualistischen – Denkens zu entgehen verharrte Jaspers bei der Vorstellung des der Schizophrenie zugrundeliegenden körperlichen Krankheitsprozesses. Indem die klassische Psychiatrie sich diese Vorstellung zu eigen machte, erwartete sie von diesem „prozeßhaften" Krankheitsverlauf ein in jeder Hinsicht irreversibles Ergebnis: es ist medizinisches Basiswissen, daß die einmal zerstörte Nervenzelle nicht mehr ersetzt werden kann. Für sie ist es daher ein Widerspruch in sich, von einem reversiblen Persönlichkeitsdefekt bei einem Schizophrenen zu sprechen. Hier ist nicht der Ort, um der Frage nachzugehen, warum es solange gedauert hat, bis die Erfahrung des reversiblen Defektes, die in musterhafter Weise von Bleuler (1972) dokumentiert worden ist, sich gegenüber der fehlerhaften Prämisse durchsetzen konnte. Anstatt aus der Fehlerhaftigkeit der dualistischen Prämisse methodische Konsequenzen abzuleiten, kurierte man am Symptom, indem der schizophrene Persönlichkeitsdefekt nun kurzerhand pauschal geleugnet wurde, obgleich man sich damit in einer Weise gegen die psychiatrische Erfahrung stellte, die den vorherigen Fehler fast als eine Bagatelle erscheinen läßt.

Diese Leugnung des schizophrenen Persönlichkeitsdefekts verstößt gegen die psychiatrische Erfahrung – auch dies ist gültig von M. Bleuler dokumentiert worden – wenn man darunter nicht mehr das irreversible Ergebnis eines körperlichen Krankheitsprozesses, sondern das Nichterbringen jener Bewußtseinsleistung versteht, welche die Persönlichkeit in Wirklichkeit ist. Es entspricht dem *empirischen Charakter* der chronischen Schizophrenie, daß es diese Leistungsinsuffizienz des Bewußtseins in einer dauerhaften Form gibt; Bleuler hat dafür Zahlen angegeben. Es ist anzunehmen, daß diese Dauerhaftigkeit auch ein somatisches Korrelat hat; dagegen besteht keine Veranlassung, darin einen zur definitiven Zerstörung von Nervenzellen führenden Krankheitsprozeß zu vermuten. Die Erfahrung, daß selbst nach jahrzehntelangen Verläufen Remissionen dergestalt vorkommen können, daß die integrativ/differenzierenden Strukturierungsleistungen des gesunden Bewußtseins erbracht werden, widerlegt im Gegenteil eine solche Vermutung und spricht für die Interpretation der Schizophrenie als einer – chronischen – Bewußtseinsstörung in dem mehrfach erläuterten strukturalistischen Sinn, der den Methodendualismus als die eigentliche Ursache dieses doppelten Mißverständnisses beseitigt.

Die praktische Bedeutung dieser Erkenntnis für die forensische Psychiatrie ist darin zu sehen, daß damit dem mit der Leugnung des schizophrenen Persönlichkeitsdefekts argumentierenden prognostischen Optimismus in Fällen wie dem zuletzt referierten, die theoretische Basis entzogen werden kann. Es geht nicht darum, die Ärztekammern vor der zweifellos außerordentlich lästigen Hartnäckigkeit des um seine ärztliche Approbation kämpfenden Probanden zu schützen; prospektive Patienten müssen aber vor den Auswirkungen der wahnhaften Wirklichkeitsverkennung des Kranken geschützt werden. Die Dringlichkeit dieses Anliegens wird durch die besondere Nachhaltigkeit dieser Wahndynamik, die übrigens nicht mit dem klassischen Konzept der schizophrenen Antriebsentleerung in Einklang zu bringen ist, in ihrer, Anpassungsfähigkeit beweisenden, inhaltlichen Metamorphose unterstrichen. Die darin zum Ausdruck kommende besondere Gefährlichkeit des Probanden, die man ähnlich bei dem von einem wahnhaften Interesse an giftigen Schwermetallen beflügelten Schizophrenen (S. 105) feststellen kann, korrespondiert also keineswegs mit einem besonderen Schweregrad des Persönlichkeitszerfalls; es sind im Gegenteil die besser angepaßten, in gewisser Weise „leichteren" Störformen, welche die größten prognostischen Risiken enthalten.

Solche Überlegungen sind es, die – umgekehrt – in dem S. 100ff. referierten Fallbeispiel das prognostische Risiko relativ gering erscheinen lassen, weil hier das gravierende Tatgeschehen gerade *nicht* der direkte Ausdruck einer solchen – ‚positiven' – Wahndynamik war, sondern seine „dynamischen" Voraussetzungen in dem durch die Tat beseitigten Opfer hatte; die Täterin hatte aufgrund ihrer schizophrenen Persönlichkeitsinsuffizienz dieser ihr unheimlichen Dynamik nichts entgegenzusetzen. Die Rolle der Krankheit besteht in diesem Fall darin, daß sie ein psychotisches Nicht-abwehren-können äußerer Einflüsse beinhaltet hat, die dadurch einen pathologischen Charakter erhielten. Während es auf diese Weise hinsichtlich der Frage der Schuldfähigkeit nicht darauf ankommt, ob der positive oder der negative Krankheitsaspekt der Schizophrenie im Vordergrund steht, ist es – abgesehen von sonstigen prognostischen Erwägungen – aus prospektiven Gründen wichtig, die sich daraus ergebenden formalen Erkenntnisse in der aufgezeigten Weise mit der Genese des kriminellen Verhaltens zu vergleichen. Der durch eine ‚göttliche Offenbarung' zum Theologiestudium bewogene Brandstifter, der eine Kirche eingeäschert hat, um Rom zu strafen, handelte aus eigenem, pathologischem Impetus, dessen pathogenetischen Voraussetzungen trotz sporadischer Behandlung mit einem Depotneuroleptikum weiterbestehen; dagegen hat die Dynamik des abschließend referierten Notzuchtdelikts eines schizophrenen Minderbegabten eine außerpsychotische Wurzel, für deren prognostische Relevanz die Psychose eine die Widerstandsfähigkeit gegenüber kriminogenen Einflüssen herabsetzende Bedeutung hat.

Der 1954 geb. H.H. wurde mit 23 Jahren bereits wegen eines Vergewaltigungsversuchs auffällig und ist danach sporadisch mit triebdämpfenden Medikamenten behandelt worden. Der behandelnde Nervenarzt hat bei diesen Gelegenheiten hypersexuelles Verhalten bei geistiger Retardierung diagnostiziert und die therapeutische Wirkung des Medikaments (Androcur) als „ausgesprochen günstig" beurteilt. Im März 1982 verschaffte sich der Proband gewaltsam Zugang zur Wohnung einer 50jährigen Frau und forderte sie zum Geschlechtsverkehr auf. Als deren Hilferufe Wirkung zeigten, flüchtete er; bei seiner anschließenden Vernehmung gab er an, daß er zum Getränkemarkt gelaufen sei. Dort habe er ein blaues Herrenfahrrad geklaut und eine Kreuzhacke. Damit sei er zum Müllplatz gefahren und habe dort mehrere Straßenbegrenzungspfähle umgeschlagen. Dann habe er das Fahrrad in einen Bach geworfen, sei zur Autobahn gelaufen und weiter in Richtung S. Schließlich sei die Polizei gekommen und habe ihn mitgenommen.

Er wurde in die Nervenklinik gebracht, wo eine akute schizophrene Psychose mit „übersteigertem Sexualtrieb", der seit der Pubertät vorhanden sei, angenommen wurde. Der Patient gab an, von einer göttlichen Stimme Befehle religiösen und sexuellen Inhalts zu erhalten; in diesem Zusammenhang befand er sich, wie es in der Krankengeschichte heißt, in einer „Weltuntergangsstimmung" und ging davon aus, daß im Radio über ihn gesprochen werde. Außerhalb der Exploration nutzte er jedes Gespräch, um seinem Bedürfnis nach Geschlechtsverkehr Ausdruck zu verleihen, und er machte auch seine Zustimmung zum Verbleib in der Klinik davon abhängig, daß ihm eine Frau für den Geschlechtsverkehr zur Verfügung gestellt werde, da er andernfalls wahnsinnig werde. – Die stationäre Behandlung erfolgte bis zum 29. April 1982, dann wurde er im Hinblick auf die gewährleistete häusliche Überwachung in ambulante nervenärztliche Behandlung entlassen. Diese Behandlung erfolgte in Form regelmäßiger Gaben eines Depotneuroleptikums, wodurch – laut Arztbrief „ein völliges Sistieren produktiver Symptomatik" und die Blockierung der Hypersexualität erreicht wurden.

Die forensisch-psychiatrische Untersuchung erfolgte im November 1982, wobei auffiel, daß der Proband – im Gegensatz zu früher – große Schwierigkeiten hatte, den Vergewaltungsversuch gedächtnismäßig zu reproduzieren. Er sprach von einem Nervenzusammenbruch, weil das Wetter umgeschlagen sei. Es habe zu regnen begonnen. Er sei nicht in der Kirche gewesen, habe das Radio angemacht und da sei alles verdreht gewesen, lauter so schlechte Musik, nicht so, wie es sein solle. Der Teufel habe ihn beherrscht; alles sei in rotes Licht getaucht gewesen. Die Autos hätten die Lichter anders gehabt – so rotes Licht. Die seien überdies alle im Ring gefahren und man habe gesehen, daß sie sich amüsiert hätten, die Fahrer. Der Proband beschreibt eine Art „sexuellen Winterschlußverkaufs"; es sei alles billiger gewesen. Sie hätten Geschlechtsverkehr ausführen, sich Zimmer mieten können. Sie seien überall reingestürmt, hätten den „großen Mann" gespielt, hätten – ohne zu fragen – kleine Mädchen geholt und seien ab ins Zimmer. Es sei erst besser geworden, als er nachher in die Kirche gekommen sei und gebetet habe. Der Herrgott habe ein Einsehen gehabt und der Nervenzusammenbruch sei weg gewesen. Auf die Frage, wieso ihn der Teufel beherrscht habe, antwortet er, daß er einem Mädchen nachgelaufen sei, und daß er es habe vergewaltigen wollen. Es bleibt offen, ob sich der Proband mehreren Frauen mit sexuellen Absichten genähert hat; auf den der Strafanzeige zugrundeliegenden Vorfall kommt er – bei insistierendem Fragen – erst nach Abschweifungen zu sprechen, aus denen sich ergibt, daß dieser Vorfall von Stimmenhören begleitet war, wobei ihn Gott aufgefordert habe, die Frau zu „bumsen". Dies hinderte ihn nicht, beim Eintreffen der Hilfe zu flüchten, wobei auf der Autobahn – extra für ihn – „so Dinger" aufgestellt worden seien, z.B. „300 m zerstört" oder „selbst billiger tanken", lauter so Scherze. Auch dieses abnorme Bedeutungserleben wird von dem Probanden nur ungern erwähnt; bereitwilliger schildert er seine derzeitige Untätigkeit. Er sehe fern oder gehe ein bißchen auf die Wiese, es sei sowieso nicht viel los. Er hole Saft zum Schlafen, wenn es ganz schlimm werde, hole er eine stärkere Dosis. Zu Nutten fahre er jetzt nicht mehr, er bleibe zuhause, lese „Liebesromanhefte".

Bei der Hauptverhandlung im März 1983 bestand als Nebenwirkung der neuroleptischen Therapie eine stark ausgeprägte extrapyramidale Symptomatik. Seinen Ausflug auf der Autobahn bezeichnete er ebenso wie den Vergewaltigungsversuch als „Jux". Im Rahmen der deutlichen Senkung des allgemeinen Antriebsniveaus bestand auch eine weitere Entaktualisierung des psychotischen Erlebens. Die Angehörigen beschrieben eine ausgeprägte Ruhigstellung und gaben an, daß er zuhause leicht zu beaufsichtigen sei und keinerlei Schwierigkeiten mache; seine frühere Umtriebigkeit und Triebhaftigkeit seien einer ausgeprägten Menschenscheu gewichen.

Unabhängig von der Frage des weiteren Krankheitsverlaufes, der derzeit nur mit großen Vorbehalten beurteilt werden könnte, kann im vorliegenden Fall psychiatrischerseits verantwortet werden, auch weiterhin eine ambulante nervenärztliche Behandlung und Kontrolle zu empfehlen, wobei der Verbleib des Probanden unter familiärer Aufsicht im übrigen ausreichend erscheint, weitere strafrechtlich relevante Komplikationen zu verhindern. Offensichtlich hatte dem Tatgeschehen keine eigentlich psychotische Dynamik zugrundegelegen; die akut aufgetretene psychotische Dekompensation hatte sich einer ohnehin vorhandenen und auch präpsychotisch bereits manifest gewordenen Dynamik sexuell-triebhafter Art überlagert, so daß man vielleicht von einer psychotischen Entzügelung des Sexualtriebs als wesentlicher Determinanten des Notzuchtsversuchs sprechen kann. Dies fällt prognostisch ganz anders in die Waagschale als jene Wahndynamik, die in den weiter oben erwähnten Fällen die Annahme einer fortbestehenden Gefährlichkeit krankhafter Art begründet. Im vorliegenden Fall indiziert die abnorme Steigerung des psychotisch entzügelten Sexualtriebs eine triebdämpfende Medikation; eine solche Behandlung ist zwar nicht geeignet, einem erneuten schizophrenen Schub vorzubeugen – dazu dient die neuroleptische Behandlung – sie läßt aber bei konsequenter Anwendung erwarten, daß etwaige psychotische Dekompensationen in Zukunft keine kriminogene Bedeutung haben.

Wenn Böker u. Häfner (1973, S. 26) nach einer kritischen Übersicht über das internationale Schrifttum die Annahme für möglich halten, „daß Schizophrene eine stärkere Neigung zu Aggressionsdelikten haben als andere diagnostische Gruppen seelisch Kranker", dann ist diese Aussage im obigen Sinn psychopathologisch zu differenzieren. Dies erscheint um so wichtiger, als die vom Sachverständigen geforderte Beurteilung vor Gericht stets auf einen konkreten Fall bezogen ist, dessen Vergleich mit statistischen Kollektiven, auf die sich Böker u. Häfner beziehen, um so problematischer ist, als der heterogene Charakter des diagnostischen Begriffs Schizophrenie der Vergleichbarkeit von vornherein recht enge Grenzen setzt.

Diese Einschränkung läßt sich weitgehend relativieren, wenn man sich bei derartigen Vergleichen nicht an z.T. fragwürdigen nosologischen Entitäten, sondern syndromatologisch im Sinn der strukturalen Betrachtungsweise orientiert. Es dient der von den genannten Autoren verlangten Überprüfung der Hypothese, daß Wahn im Rahmen der Schizophrenie als besonderer Risikofaktor zu gelten habe, daß in diesem methodischen Sinn die Wichtigkeit der Unterscheidung zwischen „negativen" und „positiven" Auswirkungen des schizophrenen Zerfallsprozesses hervorgehoben und dies an der zur Tat hinführenden Dynamik des krankhaften Erlebens verdeutlicht wird. – Der praktische Vorteil der syndromatologischen Orientierung liegt klar auf der Hand: die eindeutige strukturale Definition des psychopathologischen Phänomens, auf der sie beruht, erfaßt das Wesen der Schizophrenie nicht in einer gestörten psychischen Grundfunktion, deren Überprüfung dann zur richtigen Diagnose führt. So beruht der Wahn nicht auf der Abwandlung einer als „Intuieren“ bezeichneten Einzelfunktion. Wahn ist nicht deshalb eine „Intuitionsstörung“, weil die Intuition im normalen Erleben zu einer ähnlich evidenten, unmittelbaren Gewißheit führt wie der Wahn beim Kranken. Intuition ist nur der Begriff für eine Modalität der Überzeugungsbildung, die Gesunde und Kranke gemeinsam haben. Es fällt auch kein Licht auf das Phänomen des Wahns, wenn gesagt wird, daß diese Funktion bei der Schizophrenie gestört sei. Wahn ist vielmehr der typische Ausdruck der Störung eines den Einzelfunktionen vorgegebenen systematischen Zusammenhangs des Erlebens. Die Störung dieses nicht in Einzelfunktionen zu zerlegenden Systems kann anstelle des Wahns oder der Halluzination den Verlust der Einheit ebensogut auch in einem nicht einzudämmenden „Zwang zu denken“ ausdrücken. Der Zerfall kann als Verlust des Konzentrationsvermögens vom Patient mit dem Hinweis beschrieben werden, daß er beim Fernsehen nur noch Einzelszenen aber nicht mehr den Sinnzusammenhang der Szenenfolgen erfaßt. Wahn stellt darüber hinaus lediglich den Versuch dar, die durch den Verlust der Einheit des Erlebens bewirkte, bedeutungsmäßige Verfehlung des Erlebensthemas – sozusagen „auf gut Glück“ – auszugleichen. Psychopathologisch wesentlich und für die syndromatologische Zuordnung entscheidend ist als „negatives Kennzeichen“ des Zerfalls der Ersatz der einheitlichen Hierarchie des Systems durch Untersysteme, die gleichberechtigt miteinander konkurrieren. Das wesentliche „positive Kennzeichen“ der verlorenen Einheit ist die Dissoziation von Thema und Bedeutung des Erlebens, die etwa in der – scheinbar einsichtigen – Äußerung jenes Psychiaters steckt, der meinte, daß ihm seine Kollegen eine Schizophrenie „angehext“ hätten.

Der logische Widerspruch in dieser Aussage, der auf dem zerfallsbedingten Verlust der Einheitlichkeit des Begriffssystems beruht, wird offenbar, sobald ihr Gehalt nicht auf jenen Teilbereich des Erlebens isoliert bezogen wird, in dem der Kranke die schizophrenen Krankheitsäußerungen als Stimmenhören, Wahneinfälle, Gedankenlautwerden etc. richtig gelernt hat und zutreffend erinnert, sondern auf den systematischen Zusammenhang des Ganzen mit der darauf beruhenden Autonomie des einzelnen, die eine als „Anhexen“ zu bezeichnende fremde Einflußnahme logisch ausschließt. Der Kranke entnimmt aus seinem Wissen nicht die richtige Bedeutung in ihrer für ihn als Betroffenen nicht mehr gegebenen Vollständigkeit; deshalb lacht er auch gleichzeitig vielsagend, und dieses Lachen wird üblicherweise als Affektinadäquanz der schizophrenen Symptomatik als typisch zugerechnet. Psychiatrische Laien registrieren das Vorkommen solcher „Bewußtseinssprünge“ meist als unerklärliche und unheimliche „Unberechenbarkeit“, vor der sie sich ständig zu hüten haben. Die Aggression erfolgt u. U. wie ein „Blitz aus heiterem Himmel“; Affektinadäquanz ist daher u. U. als ein bedenkliches prognostisches Zeichen zu werten.

Die traditionelle Psychiatrie hat die Bedeutung des Sinnkriteriums bei der Verantwortlichkeitsbeurteilung überbetont; durch die damit unvermeidlich verbundene „Aufwertung“ inhaltlicher Gesichtspunkte ist formalen Gesichtspunkten zu wenig Beachtung geschenkt worden. Handelt es sich um schizophrene Straftäter, dann stellt es sozusagen die Kehrseite dieser Überbetonung des

Sinnkriteriums dar, daß der psychiatrische Sachverständige große Schwierigkeiten haben kann, psychiatrische Laien angesichts einer sinnvoll organisierten Tat von der dennoch bestehenden Verantwortungsunfähigkeit eines Kranken zu überzeugen. „So hätte auch ein Gesunder handeln können!“ wird dann oft gesagt, zumal akute Krankheitserscheinungen zum Zeitpunkt der Hauptverhandlung u. U. völlig zurückgetreten sein können. – Die Aufgabe des Sachverständigen, das Fehlen der Verantwortungsfähigkeit eines kranken Straftäters wirklich überzeugend zu begründen, wäre oft nicht zu lösen, wenn die Beurteilung vom Sinnkriterium abhängig wäre. Es kommt auch nicht darauf an, ob die Tat der pathologische Ausdruck des Umstandes ist, daß der Täter sein Opfer in wahnhafter Evidenz als seinen Verfolger betrachtet hat. Die Verantwortungsunfähigkeit des Wahnkranken beruht genau wie beim schizophrenen Defekt oder einer beliebigen anderen Form der Psychose darauf, daß wegen des Zerfalls die – formale – Einheitlichkeit des Erlebens und der Persönlichkeit eine autonome, ganzheitliche Willensbildung nicht mehr möglich war; dies muß – formal – nachgewiesen werden, soll die Beurteilung Überzeugungskraft besitzen.

Die traditionelle Psychiatrie tut sich bekanntlich bei der forensischen Beurteilung des schizophrenen Defektzustandes schwer. Mit dem Zurücktreten inhaltlicher Denkstörungen, das für den Defektzustand charakteristisch ist, verliert das Sinnkriterium seine Trennschärfe. Bei formaler Betrachtungsweise sind diese Schwierigkeiten insofern aufzulösen, als der Gesichtspunkt der gewahrten oder nicht gewahrten Einheitlichkeit des Erlebens den Ausschlag gibt, und hierbei das Vorhandensein einer akuten Symptomatik nicht von ausschlaggebender Bedeutung ist. Ähnlich wie beim schizophrenen Defekt als Ergebnis eines chronischen Zerfalls kann Verantwortungsfähigkeit von vornherein fehlen, ohne daß inhaltliche Denkstörungen vorliegen, wenn, wie in dem S. 100ff. referierten Fall bereits die Ausgangssituation durch eine „defektuöse“, nämlich autistische Persönlichkeitsabartigkeit gekennzeichnet ist. Die strukturale Analyse des zur Tatzeit vorhandenen psychopathologischen Bildes wird in manchen Fällen, wie in dem referierten Beispiel, zum Ergebnis haben, daß die Einheitlichkeit des Erlebens, die bei einer autonomen Persönlichkeit vorausgesetzt werden muß, nicht mehr gewahrt ist; in weniger schweren Fällen wird sich nur der Nachweis eines Mangels, einer Labilisierung der Integrationsleistungen – im mittleren Syndrombereich – ergeben oder es stellt sich heraus, daß ein noch so akuter Schub mit einer Palette eindrucksvoller Symptome zur Tatzeit folgenlos abgeklungen war, wobei dann auch die Diagnose „Schizophrenie“, die für den akuten Schub außerhalb der Tatzeit richtig ist, nichts daran ändert, daß der Täter zur Tatzeit schuldfähig war. Jedes andere Ergebnis würde eine Verabsolutierung überkommener nosologischer Gesichtspunkte beinhalten und die Beurteilung der Verantwortungsfähigkeit wieder mit einem Krankheitsbegriff verknüpfen, der methodisch nicht abgesichert ist (Witter 1972, S. 975).

2.2.4 *Affektive Persönlichkeitsstörungen*

Daß beim Zerfall der Persönlichkeit das Gemüt die integrative Funktion der in einer Vielfalt von Bindungen hergestellten Einheit des Erlebens einbüßt, braucht nicht wie bei der Schizophrenie zum Verlust der logischen Geschlossenheit von Thema und Bedeutung zu führen. Auf der syndromatologischen Vorstufe zur Schizophrenie kommt der Zerfall diesem Resultat jedoch bereits sehr nahe, indem bei den hier zu untersuchenden ‚affektiven Persönlichkeitsstörungen' die normale Entsprechung von Thema und Bedeutung gerade noch, sozusagen randständig, gewahrt ist. Die maßlose Übertreibung des manischen Größenwahns oder des depressiven Kleinheitswahns lassen bei strukturaler Betrachtungsweise beispielhaft erkennen, daß im Krankheitsfall das Gemüt als Repräsentanz der persönlichen Bindungen eines Menschen diese Aufgabe nicht mehr oder nur noch sehr unvollkommen erfüllt. Immerhin klagt der depressive Patient noch darüber, daß er alles Gefühl für die ihm Nächststehenden verloren habe, und der manische Pfarrer i. R. ist voller Wohlwollen für seine Frau, von der er sich nach 30jähriger Ehe scheiden ließ, um ungestört den Vertrieb eines von ihm erfundenen Schönheitsmittels zu organisieren; bei seinen Versuchen, zu diesem Zweck einen internationalen Ring von Barfrauen aufzubauen, hinterläßt er Logisschulden und kommt deshalb mit dem Gesetz in Konflikt (Luthe 1982a, S. 72).

Die innere Festigkeit jenes Systems werterfüllter Bindungen macht nunmehr zwei Formen von Bindungslosigkeit Platz. Die eine ist als die hochgradige Labilität des Manikers, der vom „Hundertsten zum Tausendsten" kommt, bekannt, die andere als eine Wendung nach Innen, die in ihrer Radikalität den Depressiven refraktär gegenüber allen gefühlsmäßigen Appellen der Umgebung macht. Einmal handelt es sich um eine als „Hemmung" interpretierte Entwertung aller Beziehungen, das andere Mal um jene „Hemmungslosigkeit", die in der Freistellung von allen persönlichen Wertvorstellungen zu erblicken ist. Abgesehen von diesen einander gerade entgegengesetzten Auswirkungen der einen Bindungslosigkeit, in deren Rahmen dem Kranken der Fortgang seines Lebens eben noch möglich ist, ist das Erleben unbestimmt und unberechenbar geworden; es handelt sich um ein Erleben ohne Fühlen. Dies mag im Hinblick darauf, daß die gehobene oder gedrückte Stimmung das Leitsymptom der Störung darstellt, überraschen, mit diesen Verstimmungen kommt aber nicht jenes „Fühlen" in Sicht, das üblicherweise das Erleben begleitet, sondern ein dem Erleben durch alle Veränderungen hindurch starr vorgegebener Affekt.

Die Bindungslosigkeit–Unverbindlichkeit der affektiven Persönlichkeitsstörung bedingt und begrenzt ihren forensisch-psychiatrischen Stellenwert bei der Verantwortlichkeitsbeurteilung unabhängig von der ätiologischen oder nosologischen Zuordnung. Dies bedeutet freilich nicht, daß hier ein möglicher Unterschied zwischen verschiedenen ätiologischen Formen depressiver oder manischer Verstimmungen geleugnet werden soll. Hinsichtlich der strafrechtlichen Verantwortlichkeit fällt die körperliche, endogene oder reaktive Verursachung des Phänomens nicht in die Waagschale; diese Differenzierung ist daher für uns sekundär, primär ist stets die *formale* Qualität des Phänomens. Dabei ist es nicht überraschend, daß die formale Qualität des psychopathologischen Phänomens erhebliche Unterschiede aufweist, je nachdem ob es sich um die freudige Erregung, die sich bei einer guten Nachricht einstellt, oder um die Euphorie als Intoxikationsfolge handelt. So könnte man die reaktive Depression dem Ohnmächtigwerden vergleichen; der Ohnmächtige fällt immer auf die Unterlage, auf der er gerade steht, wohingegen dem endogen Depressiven der Boden unter den Füßen weggezogen wird, er stürzt ins Leere. Gegenüber dieser qualitativ ganz neuartigen Erfahrung, die ein Gesunder nie macht, erscheint selbst die traurigste Gemütsverfassung, in die uns ein schwerer Verlust versetzt, zwar nicht als weniger schmerzlich aber eben als etwas ganz anderes. Die Trauer bei der erlebnisreaktiven Depression hat zur formalen Voraussetzung, daß die integrative Struktur intakt ist, denn das Vorhandensein der Bindung ist es, die uns den Verlust als inakzeptabel erscheinen läßt; deswegen liegt hier auch nicht jenes „Erleben ohne Fühlen" als strukturales Merkmal der affektiven Persönlichkeitsstörung vor. Die Quasi-Trauer, die beim krankhaften Strukturverlust dem Erleben starr vorgegeben ist, bringt keinen *inhaltlichen* Verlust, sondern den Verlust des Gemüts, anders ausgedrückt die Auflösung der integrativen Bindungen selbst zum Ausdruck.

So, wie es bei der Beurteilung der strafrechtlichen Verantwortlichkeit nicht auf den Grund oder die Ursache des Strukturverlusts, sondern auf dessen formale Bestimmung ankommt, folgt auch aus dem formalen Charakter der Beurteilung als weiteres, daß hier das Kriterium der Sinnhaftigkeit des Erlebens, in ihrer inhaltlichen Ausrichtung, unbeachtlich ist. Die Sinnkontinuität des Erlebens kann selbst bei schweren depressiven Persönlichkeitsveränderungen geradezu akzentuiert auf das Ziel des strafrechtlich relevanten Handelns hin ausgerichtet sein, ohne daß dies an der Feststellung des psychopathologischen Strukturverlusts etwas ändert. Diese Sinnhaftigkeit steht auch nicht zu jener Unberechenbarkeit als Folge der Bindungslosigkeit des Erlebens im Widerspruch, die es geraten erscheinen läßt, Bekundungen von (Selbst-)Tötungsabsichten in solchen Fällen die größte Beachtung zu schenken. „Homizidale Vorstellungen dürfen auf keinen Fall verfehlt und müssen immer äußerst ernst genommen werden" (Gelder et al. 1983, S. 406). Dies soll nachfolgend kasuistisch verdeutlicht werden.

Die Ehefrau des am 28. Oktober 1950 geborenen M. D. gab an, daß sie am 25. Juli 1975 geheiratet hätten; am 13. April 1978 sei der Sohn Markus geboren worden. In der Nacht zum 8. Januar 1982 habe ihr Mann den Markus umgebracht und sie zu töten versucht. – Er sei bis Februar 1979 völlig gesund gewesen, dann sei es spontan bei ihm zu einer Hirnblutung gekommen; nach 3monatiger stationärer Behandlung habe er die Arbeit wieder aufgenommen, habe sich aber in seinem Wesen völlig verändert gehabt. Er habe Depressionen bekommen, oft geweint und seine Arbeit bei der Bundesbahn habe ihm keinen Spaß mehr gemacht, obgleich er wegen seiner Unzufriedenheit mehrfach die Dienststelle gewechselt habe. Im Winter 1979/80 sei er ganz und gar lustlos und ohne Eigeninitiative gewesen, weshalb sie mit ihm zu einem Nervenarzt gegangen sei; dieser habe ihn im März 1980 in eine psychosomatische Klinik eingewiesen, aus der er im Juni 1980 „vollkommen in Ordnung" entlassen worden sei. Anläßlich des Rückfalls im Sommer 1981 empfahl der Arzt Psychotherapie, die von einem wenig erfahrenen Psychologen durchgeführt wurde, und an der die Referentin ebenfalls teilnahm. Bei den Besprechungen äußerte er immer wieder Haßgefühle gegenüber dem Kind, das sich wegen seiner Lustlosigkeit mehr der Mutter zugewandt hatte. Das Weglassen der ihm verordneten „Tropfen" änderte nichts an seiner Adynamie, er fühlte sich ständig müde und wollte morgens nicht mehr aufstehen. Sie empfand es als einen Erpressungsversuch, als er ihr einmal „rote

Striemen“ am Handgelenk zeigte und erklärte, daß er erfolglos versucht habe, sich die Pulsadern zu öffnen. So habe er auch angegeben, daß er sich von einer Brücke habe herunterstürzen wollen. Im Dezember 1981 sei eine weitere Verschlechterung seines Befindens eingetreten. Er habe sowohl bei dem Arzt als auch bei dem Psychotherapeuten auf eine erneute stationäre Behandlung gedrängt, was jedoch mit dem Hinweis auf die relative Kürze der Psychotherapie abgelehnt worden sei. Eines Nachts sei er nicht zum Dienst gegangen. Stattdessen habe er sich aus einem fahrenden Zug stürzen wollen, dies jedoch im letzten Moment nicht fertiggebracht. Mehrfach sei er auch von Gleisen, auf die er sich zum Überfahren gelegt hatte, wieder aufgestanden. Als er ihr dies am nächsten Morgen erzählt und außerdem davon gesprochen habe, daß er das Kind umbringen wolle, sei sie erneut mit ihm zu dem behandelnden Nervenarzt und sie hätten beide gebeten, alles zu unternehmen, damit er so schnell wie möglich in eine geeignete Klinik komme. Mit dem Hinweis auf die dann drohende Pensionierung seien sie davon überzeugt worden, die Behandlung in der bisherigen Form – psychotherapeutische Besprechungen 2mal wöchentlich – fortzuführen. Auch dabei habe er weiterhin über seine Haßgefühle dem Kind gegenüber berichtet. Obwohl er nun nicht mehr davon gesprochen habe, das Kind töten zu wollen, habe sie ständig Angst gehabt und das Kind fast nicht mehr aus den Augen gelassen. Sie habe sich schließlich ihm gegenüber nicht zu mißtrauisch geben wollen und habe sich am Tattag darauf verlassen, daß er wie üblich seinen Dienst verrichten werde, zumal er sich auch dem Kind gegenüber aufgeschlossen gezeigt habe. Sie sei deshalb erstmals seit 4 Wochen wieder zur Turnstunde gegangen, eine halbe Stunde später hätte er die Wohnung verlassen sollen. Als sie nach ihrer Rückkehr das tote Kind aus seinem Bettchen hochgehoben habe, sei er mit erhobenem Messer auf sie zugestürzt und habe auf sie eingestochen. Sie habe ihm das Messer entreißen können und sich dabei an beiden Händen Schnittverletzungen zugezogen. Bis zum Eintreffen der durch ihre Hilferufe alarmierten Nachbarn habe er heftig mit ihr um den Besitz des Messers gerungen, wobei er geäußert habe, daß es so die beste Lösung sei. Herr D. wurde im Anschluß an die Tat vernommen; er meinte dabei, daß seine Depressionen wahrscheinlich mehrere Gründe hätten. Einerseits müßten sie mit seiner Hirnblutung zusammenhängen, andererseits seien sie durch das Kind hervorgerufen worden. Als es angefangen habe, durch die Wohnung zu laufen und alles anzufassen, habe es ihn immer nervöser gemacht. Die Kur von März bis Juni 1980 habe ihn nervlich sehr gestärkt; er habe sich wieder als Mann gefühlt und ein starkes „Vatergefühl“ entwickelt. Im Sommer 1981 sei der Sohn mit „gestärktem Ich-Gefühl“ von den Schwiegereltern zurückgebracht worden. Er habe ein „Kribbeln“ in seinem Körper verspürt, weil ihm bewußt geworden sei, daß wieder ein Kind da sei. Dessen Ich sei viel stärker ausgeprägt gewesen. In ihm habe sich ein starkes Haßgefühl entwickelt und er habe das Mißtrauen seiner Frau erweckt, weil er gesagt habe, er werde das Kind irgendwann einmal totschlagen. Im August 1981 sei er „wild“ entschlossen gewesen, von einer Brücke zu springen, was er unterlassen habe, weil an Ort und Stelle zu viele Leute herumgelaufen seien. Er habe die Brücke später noch ein paarmal aufgesucht, habe offensichtlich aber auch Angst gehabt. Im Dezember habe er sich in einer Nacht dreimal mit dem Kopf auf die Schienen gelegt; als er dann die S-Bahn herankommen gehört habe, sei er jedesmal im letzten Moment aufgestanden. Anschließend habe er wieder erfolglos versucht, von der Brücke zu springen und sei dann in einen Fernzug gestiegen, um sich herausfallen zu lassen. Er habe mehrmals versucht, alleine aus dem Leben zu scheiden, habe aber jedesmal bemerkt, daß er dafür zuviel Angst habe. Dann sei immer stärker der Gedanke in ihm aufgestiegen, daß er seinen Sohn und seine Frau umbringen wolle, damit keiner leiden solle. Die Haßgefühle gegen seinen Sohn seien immer stärker geworden, weil dieser ihn verdrängt habe. Das Kind habe diktiert, was gespielt werde, so daß er sich ihm unterlegen gefühlt habe. Diese „Mordgedanken“ seien erst richtig zum Ausbruch gekommen, nachdem der behandelnde Arzt die erneute Klinikeinweisung abgelehnt hatte. Er habe sich auch seiner Frau unterlegen gefühlt. Sie habe mitbekommen gehabt, daß er den Markus hin und wieder mißhandelt und geschlagen habe, und habe ihn deshalb verachtet. Ihm sei klar gewesen, daß entweder der Markus oder er wegmüsse. Er habe mit allem Schluß machen wollen, damit seine Frau nicht ganz alleine übrigbleibe. Beim Spazierengehen nach Weihnachten sei ihm ein Satz durch den Kopf gegangen, „Ich drück' dich tot!“ Vor mehreren Wochen habe er es schon mal versucht gehabt. Da habe er dem Kind schon mal mit der Hand um den Hals gefaßt, wegen der heftigen Gegenwehr aber abgelassen. Seit Neujahr habe er beim Schlafengehen immer stärker den „Hintergedanken“ gehabt, daß am nächsten Morgen alles vorbei sei. Er habe das als schlimm empfunden, sei aber nicht dagegen angekommen. Er habe schon monatelang nicht mehr seiner Frau erklären können, daß er sie liebe. Infolge der Depressionen habe er auch ihren zu starken Unterkörper als störend empfunden, was er ihr auch bekannt habe. Die Zärtlichkeiten hätten dann besonders von seiner Seite aus abgenommen, das Verhältnis sei immer frostiger geworden. Er habe sich immer mehr zurückgesetzt gefühlt und habe das nicht mehr ertragen wollen. Am Abend vorher habe er schon so starke Selbstmord- und Mordgedanken gehabt; die Gedanken hätten ihn gepeinigt. Das „Zusammenleben mit den haßerfüllten Augen und dem Anschreien" sei nicht mehr zum Aushalten gewesen, und so sei er am Tattag mit einem unguten Gefühl zu Bett gegangen, habe drei Stunden im Bett rumgewühlt. Gegen 17 Uhr sei er aufgestanden, dann hätten sie zu dritt im Kinderzimmer bis zum Abendessen gespielt. Als er sich nach dem Essen mit seiner Frau unterhalten habe, sei ihm bei ihr ein ganz ernster Blick aufgefallen, so, als hätte sie seine Gedanken geahnt, die Gedanken, die er nachmittags im Bett gehabt habe. Er habe sie in Sicherheit gewiegt und sich nach ihrem Weggehen bei seiner Dienststelle entschuldigt. Er habe vorgehabt, erst das Kind umzubringen, dann seine Frau zu töten, auf der Dienststelle Bescheid zu sagen, den Mantel zu schnappen und von der Brücke zu springen. Sein Entschluß habe festgestanden, trotzdem sei er sehr erregt gewesen. Er habe ca. 15 min zitternd am Kinderbett gestanden, dann habe im Wohnzimmer das Telefon geläutet. Die Kollegen von der Dienststelle hätten mittlerweile alle gewußt, daß mit ihm etwas nicht stimme, deshalb habe man sich bei ihm zuhause erkundigt, ob alles in Ordnung sei. Nach dem Telefongespräch sei er wieder in das Kinderzimmer gegangen und habe zugepackt und erst wieder losgelassen, als der Markus sich nicht mehr bewegt habe. Dann habe er ein Brotmesser aus der Küche genommen, überall das Licht gelöscht und im Wohnzimmer seine Frau erwartet. Er habe angenommen, daß sie zuerst nach dem Sohn gucken und dann ins Wohnzimmer zum Telefon kommen werde. Hierbei habe er sie dann mit dem Messer überraschen wollen. Nach 45 min sei sie gekommen und gleich ins Kinderzimmer gegangen. Als sie laut „Markus" gerufen habe, sei er mit erhobenem Messer zu ihr. Sie sei erschrocken, habe um Hilfe gerufen und versucht, ihn vom Zustechen abzuhalten. Während des Handgemenges habe er sie am Oberschenkel verletzt, ob er sie auch am Bauch getroffen habe, wisse er nicht, weil er überwältigt worden sei.

Bei der Exploration im Rahmen der psychiatrischen Begutachtung gab Herr D. darüber hinaus an, daß er durch den zwischenzeitlichen Aufenthalt in einem psychiatrischen Krankenhaus bedingt jetzt alles wieder etwas positiver sehe. Er empfinde weder Trauer, noch habe er Schuldgefühle. Es sei einfach passiert, weil das in ihm gewesen und rausgetrieben worden sei. Es sei wie ein Trieb gewesen, wie der Freßtrieb, aus dem heraus er immer weitergegessen habe, um zu platzen. Er habe sich nicht mehr im Spiegel ansehen können, weil er ja gewußt habe, daß etwas passieren werde. Er sei sich immer fremder geworden. – Hinsichtlich der Hirnblutung im Februar 1979 heißt es in dem Gutachten, daß diese auf einer topographisch den Stammganglien des Gehirns zuzuordnenden Gefäßmißbildung beruht habe. Trotz Wiederherstellung der allgemeinen seelisch-geistigen Leistungsfähigkeit sei es als Folge des organischen Hirnbefundes zu einer Persönlichkeitsstörung gekommen, die das Gefühlsleben durchgreifend verändert habe und daran zu erkennen sei, daß D. jetzt fast ungerührt über sein Tun und seine Pläne und Gedanken vor und nach der Tat berichte. Er schildere alles „gleichsam wie unbeteiligt", „nahestehende und vertraute Bezugspersonen" würden nicht mehr mit „persönlicher Wärme" erlebt und es komme zu „dranghaft ausgestalteten Impulsregungen". Weiter wird ausgeführt, daß der Proband „ganz gezielt und unabhängig von Suizidgedanken" den Tötungsgedanken verfolgt habe. Diese krankhafte seelische Störung wird als „ausschlaggebender Bedingungsfaktor der Tötungshandlung" bezeichnet und als Grund für die Annahme fehlender Schuldfähigkeit angeführt. – Das Gericht hat sich dieser Beurteilung angeschlossen und Herrn D. freigesprochen. Von einer Unterbringung wurde abgesehen, die Krankenhausaufnahme erfolgte aber nach dem Freispruch erneut aus medizinischer Indikation. Im Januar 1983 teilte die Klinik mit, daß der Patient „permanent suizidal" und zum dritten Mal auf einer geschlossenen Abteilung sei.

Es ist nicht selbstverständlich, daß ein Gericht sich in einem solchen Fall ohne weiteres dem Gutachter anschließt, denn es erfährt in anderen Fällen von Sachverständigen immer wieder, daß die zweckmäßige, planvolle Ausführung einer

Tat, bei welcher der Tatantrieb auf einem dazu adäquaten Affekt beruht, als Hinweis auf die erhaltene Sinnkontinuität des Erlebens beim Täter eine krankhafte seelische Störung ausschließe. Alle diese Kriterien sind im vorliegenden Fall auf beispielhafte Weise erfüllt; die Art, wie Herr D. die Wachsamkeit und das Mißtrauen seiner Frau neutralisiert hat, hat – ebenso wie der Haß – System. Der Hinweis auf die beim Täter im Anschluß an die Tat vermißten Schuldgefühle ist per se auch nicht geeignet, das Gericht von der Krankhaftigkeit der Störung zu überzeugen, weil das Gericht in anderen Fällen daraus nicht auf fehlende Einsichtsfähigkeit, sondern auf fehlende Einsicht schließt und dies strafverschärfend zu berücksichtigen pflegt. Man kann wohl davon ausgehen, daß das Gericht am meisten von dem Nachweis der Angiomblutung im Stammganglienbereich als vermutlicher Ursache der subsequenten depressiven Persönlichkeitsveränderung beeindruckt war und deshalb keine Bedenken hatte, dem Gutachter zu folgen, obwohl das sonst immer als entscheidend herausgestellte Merkmal der unterbrochenen Sinnkontinuität hier nicht erfüllt ist. Dies hätte für den Sachverständigen die beunruhigende Konsequenz, daß er in anderen, vergleichbaren Fällen, in denen bis dato ein ähnliches spektakuläres Ereignis wie die hier erfolgte Hirnblutung nicht eingetreten ist, in aller Regel durchaus nicht sicher sein kann, eine Gefäßmißbildung, einen sehr langsam wachsenden, kleinen Tumor oder eine andere organische Ursache diskreter Art übersehen zu haben, weil die medizinische Indikation für eine erschöpfende apparative Diagnostik nicht gegeben ist, der Verhältnismäßigkeitsgrundsatz für deren Durchführung nicht gewahrt ist, oder weil das Ergebnis, auf das es forensisch ankommt, auch ohne diesen Aufwand sicherzustellen ist. Andererseits kommt es oft genug vor, daß eine solche organische Ursache, die geeignet ist, psychische Störungen hervorzurufen, bekannt ist, ohne daß dies Auswirkungen im Sinne der §§ 20/21 StGB hätte. Venzlaff (1983) sieht es zu Recht als bedenklich an, bei einem erfolgreichen Geldfälscher, der vor der Tatbegehung eine Hirnblutung erlitten hatte, eo ipso Exkulpationstendenzen freien Lauf zu lassen.

Eine allgemeine Regel, die ohne weiteres den sicheren Brückenschlag von einem gegebenen organischen Befund, z. B. einer Angiomblutung an einer bestimmten Stelle des Gehirns, zur Annahme verminderter oder fehlender Schuldfähigkeit dartun würde, gibt es nicht. Die Neigung zu einer derartigen Privilegierung organischer Ursachen entspricht den dualistischen Denkschemata der deswegen oft „biologistisch" genannten traditionellen Psychiatrie; sie entspricht aber nicht den *systematischen* Erfordernissen des Richter-Sachverständigen-Dialogs. Da uns die Erfahrung lehrt, daß es die von der traditionellen Psychiatrie verabsolutierten *statistischen* Zusammenhänge wirklich gibt, bleibt es dabei, daß ein „möglicher Unterschied zwischen verschiedenen ätiologischen Formen" affektiver Persönlichkeitsstörungen nicht geleugnet werden soll. Die Differenzierung, die für die psychiatrische Verantwortlichkeitsbeurteilung maßgeblich ist, bezieht sich aber stets auf die „formale Qualität" des psychopathologischen Phänomens und nicht auf das Sinnkriterium. Jenes „Erleben ohne Fühlen", das die affektive Persönlichkeitsstörung als Ursache fehlender Verantwortungsfähigkeit kennzeichnet, zeichnet sich in der Auflösung der vor der Erkrankung und während der vorübergehenden Besserung als werthaft erlebten familiären Bindungen in einer Destabilisierung des integrativen Gefüges der Persönlichkeit des Kranken ab, die seinen Versuchen, sich des entwerteten Lebens zu entledigen, nach dem Eindruck des Psychotherapeuten einen „verzweifelten" Anstrich gegeben hatte. Der Anschein einer normalen Gefühlsmodulation des Erlebens wurde von dem Probanden nur noch aus taktischen Erwägungen seiner Frau gegenüber aufrechterhalten, wobei er ihrem „starren Blick" entnahm, daß sie seine wahren Gedanken kenne. Geht man den anamnestischen Äußerungen des Probanden nach, dann finden sich darin eindrucksvolle Belege dafür, wie er auf krankhafte Weise als vom Gemüt abgeschnittene Persönlichkeit einem Erleben ausgeliefert war, dem der starr bestimmende Affekt langfristig bereits vorgegeben war. Die naive Billigung der Exkulpation durch das Gericht, die sich bei ausreichender Kenntnis der Sachlage auch beim psychiatrischen Laien sofort einstellt, und die den Gutachtensauftrag in einem solchen Fall fast als ritualisierten Reflex erscheinen läßt, beruht auf der vorstehend entwickelten Einsicht, auch wenn diese gewöhnlich nicht in ausdrücklicher Form zu Bewußtsein kommt.

Es ist nahezu symptomatisch, daß das kriminogenetische Risiko depressiver Persönlichkeitsveränderungen sich auf den Personenkreis beschränkt, der die nahen Angehörigen umfaßt. Auch wenn dieses Risiko fast regelmäßig mit einem Suizidrisiko verbunden auftritt, worauf auch Woddis (1957) hingewiesen hat, beschränkt dies unser Thema keineswegs auf den „erweiterten Selbstmord". Dies könnte angenommen werden, wenn Böker u. Häfner (1973) unter Hinweis auf eine vorwiegend kasuistische Literatur es als ausgemacht bezeichnen, daß „das Gewalttatenrisiko" bei schweren Depressionen „nahezu ausschließlich" auf den „Mitnahmeselbstmord" (Popella 1964) eingeengt sei. Das vorstehend mitgeteilte Fallbeispiel zeigt, daß die für den „erweiterten Selbstmord" charakteristische Motivation mit ihren ausgeprägt altruistischen Zielsetzungen (Witter u. Luthe 1966) ausgeschlossen werden kann. Der Gutachter wies ausdrücklich darauf hin, daß sich der Proband „ganz gezielt und unabhängig von Suizidgedanken mit dem Tötungsgedanken" befaßt habe. Der Suizidgedanke lief gewissermaßen parallel zum Tötungsgedanken, weil die krankhafte Strukturveränderung – als „Erleben ohne Fühlen" – auch jene altruistische Werthaftigkeit des Erlebens verhindert hatte. Die typischen Fälle des „erweiterten Selbstmords" lassen nach unserer Erfahrung gerade nicht die Merkmale einer die Persönlichkeit erfassenden Strukturabwandlung erkennen; sie beschränken sich vielmehr auf die psychisch abnorme Gestaltung irgendwelcher Verlusterlebnisse und bleiben damit im Bereich rein inhaltlicher Erlebensveränderungen. Es wäre jedoch sicherlich falsch, von einer rein alternativen Betrachtungsweise insoweit auszugehen. Daß es hier auf einer psychopathologisch breiten Front alle möglichen Übergänge gibt, soll anhand eines weiteren Fallbeispiels dokumentiert werden.

In den frühen Morgenstunden des 7. September 1978 erdrosselte die am 5. Januar 1914 geborene A.F. mit Hilfe eines Schals ihre 2jährige Enkeltochter, bettete sie zwischen ihren Spielsachen auf dem Hochzeitskleid ihrer Mutter, „damit sie wie ein Engel aussehen solle", und nahm eine zur Selbsttötung ausreichende Menge Schlaftabletten ein, nachdem sie zuvor die Wohnung von innen verschlossen hatte. Sie wurde am frühen Vormittag von ihrer Tochter neben dem toten Kind gefunden. Das Vorliegen irgendwelcher Konflikte oder Probleme wurde von dieser Zeugin verneint, es wurde vielmehr betont, daß die Probandin sehr an dem Enkelkind gehangen habe. Sie sei mit ihrer Einsamkeit schlecht zurechtgekommen und habe seit Februar des Jahres geäußert, daß sie gern tot wäre.

Frau F. wurde in eine psychiatrische Klinik verbracht. Bei der Untersuchung wirkte sie in körperlicher und seelischer Hinsicht völlig unauffällig. Es wurde vermerkt, daß sie klar und überlegt auf Fragen antwortete; ihr Denkvermögen sei formal und inhaltlich ohne Besonderheiten. Dieser Eindruck bestätigte sich auch bei der Lektüre des Vernehmungsprotokolls vom 18. September 1978. Sie äußerte gewisse Vorbehalte gegenüber dem Schwiegersohn, weil dieser nie gelacht und mit ihrer Tochter häufig gestritten habe, ja, die Tochter und der Schwiegersohn seien zu dem Kind „saugrob" gewesen. Obwohl er sich so gut wie gar nicht um das Kind gekümmert habe, sei auf sein Betreiben das Kind mehr und mehr von ihr ferngehalten worden. Sie habe deshalb seit langem den Plan gefaßt, das Kind umzubringen, und habe den Nachbarn mitgeteilt, daß im Falle ihres Todes die Enkeltochter mitgehen werde; der Tochter habe sie das vorsorglich verschwiegen, weil diese ihr sonst das Kind nicht mehr überlassen hätte. Unerklärlicherweise sei sie bis zuletzt immer wieder davon abgekommen. Frau F. schilderte dann sehr detailliert den Tathergang, wobei sie auffällig unbeteiligt wirkte und zum Schluß hinzufügte, daß sie dem Kind zuliebe die gleiche Tat noch einmal verüben würde. Obwohl sie alle diese Angaben bei der richterlichen Vernehmung wiederholte, schien sie es eigenartigerweise für möglich zu halten, daß das Kind noch lebe. Diese Ambitendenz war der unmittelbare Anlaß für die Einholung des Gutachtens.

Die psychiatrische Untersuchung erfolgte am 1. Februar 1979. Die Probandin wiederholte in aller Unbefangenheit ihre früheren Angaben und bot die gleichen Auffälligkeiten, ohne daß psychotische Symptome wahnhafter oder anderer Natur, oder psychische Abbauerscheinungen, die über eine gewisse Weitschweifigkeit hinausgegangen wären, eine diagnostisch verwertbare Schlußfolgerung erlaubt hätten. Für ihre Schilderung der weiterbestehenden Selbstmordabsichten ist charakteristisch, daß sie in diesem thematischen Zusammenhang von ihrer „Angst um ihr Leben" berichtete, die sie während der Unterbringung im psychiatrischen Krankenhaus empfand, als eine Mitpatientin sie mit dem Messer bedrohte. Sie wehrte sich dagegen, daß ihre Unsicherheit, ob das Kind noch lebe, als ein Abstreiten der Tat interpretiert werde. Sie führte diese Unsicherheit darauf zurück, daß der Untersuchungsrichter 3- oder 4mal den Satz wiederholt habe: „Um es zu töten!" wobei sie aus der Betonung entnommen habe, daß das Kind noch lebe. Sicher wäre sie, wenn sie das Grab sehen könnte. Sie klammere sich daran, daß das Kind noch lebe, um nicht verrückt zu werden; sie weine ständig, ohne Unterlaß. Das Kind sei ihr ein und alles gewesen. Wenn das Kind tot sei, sterbe sie auch, mit der Schuld könne sie nicht leben. Diese Beteuerungen schlossen in keiner Weise aus, daß sie in aller Ausführlichkeit und so den eigentlichen, eindeutigen Tathergang beschrieb, daß man diese Beschreibung als ein sehr eigenartiges „Schwelgen" in der Erinnerung auffassen könnte, wenn dadurch nicht eine affektive Beteiligung der Probandin an ihrer Schilderung insinuiert würde, die tatsächlich nicht vorhanden war. Eine Stunde saß das Kind da und schaute sie stumm an; sie redete mit ihm und küßte es. Zuvor hatte sie ihm 5 Schlaftabletten mit Tee und Hustensaft sorgfältig eingeflößt. Sie habe an eine Geschichte aus der Bildzeitung gedacht, in der es um eine Frau gegangen sei, die ihren 3 Kindern Schlaftabletten gegeben und sich selbst im Auto vergast hatte; die Kinder seien gerettet worden. Sie habe gedacht, Kind, schlafe doch! Die Zeit sei vergangen, es sei für sie selbst spät geworden. Da habe sie den Schal geholt und habe ganz langsam zugezogen. Sie habe sich gewundert, daß das Kind nicht einmal „Oma Änni!" gesagt habe. Auf einmal sei es weiß und kalt geworden, die Augen seien immer wieder aufgegangen, vielleicht habe es bloß die Sprache verloren. Sie habe dann ja die Tasse gespült und sich erst 20, dann noch einmal 5 Tabletten reingemacht und mit Wasser vermischt, vorher habe sie noch den Schlüssel abgezogen. Weiter wisse sie nichts mehr.

Im Rahmen der allgemeinen Exploration erwähnte die Probandin das Enkelkind ihrer Schwester, das die ersten 6 Lebensjahre „bei ihnen zuhause" gewesen sei, dann habe es die Schwester mit nach Bayern genommen. Ihr Verlangen nach dem Kind habe den Tod mit hergebracht. Frau F. will wissen, wo die Tränen herkommen, ob man so viele Tränen haben könne. Sie wolle büßen, wenn das Kind tot sei, nehme sich das Leben wenn sie wieder in Freiheit komme. Sie habe gesagt, daß sie „mit dem Kind" gehe. Sie wisse nicht, ob sie das „aus Blödsinn" gesagt habe, aber wahrscheinlich, „wenn man noch zu dumm sei, für sich das Leben zu holen". Ihre z.T. in sich widersprüchlichen Beschuldigungen der Eltern des von ihr getöteten

Kindes imponieren als nachträgliche Rationalisierungen: das Kind habe es bei seinen Eltern nicht schön gehabt; es habe im kalten Zimmer gelegen mit ganz blauen Händchen. Sie habe warme Sachen gekauft und alles. Die andere Oma habe es zu früh aufsitzen lassen, wodurch es einen Buckel bekommen habe; mit einem Jahr habe es geschielt. Sie habe immer vorgehabt, das zu machen, und wenn sie sicher wisse, daß das Kind tot sei, sich selbst umzubringen. Jedesmal, wenn das Kind dagewesen sei, sei es so gewesen, als wenn der Herrgott ihr diese Gedanken weggezogen hätte. Wenn das Kind dann fortgewesen sei, habe sie immer gedacht, „das nächste Mal". Sie habe Mitleid mit dem Kind gehabt, sie habe die letzten 18 Monate nur noch geweint, woran die Eltern des Kindes schuld seien. Im August 1978 seien sie mit dem Kind nach Spanien in Urlaub gefahren. Sie habe ihnen 1000 Mark geboten, um mitzufahren und das Kind versorgen zu können, weil das Kind so an ihr gehangen habe. Die hätten das aber nicht gewollt. Nach ihrer Rückkehr habe die Tochter gesagt, ihr Mann wolle nicht mehr, daß das Kind über Nacht bei ihr bleibe. Einmal habe sie es noch bringen dürfen; da habe sie aber bestimmt noch nicht daran gedacht, obwohl sie das vorher immer vorgehabt habe. Als ob der Teufel seine Hand im Spiel gehabt hätte, sei ihr plötzlich eingefallen: „Jetzt oder nie!" – Frau F. läßt ungeachtet ihrer wiederholten Bekundungen, bis an ihr Lebensende büßen zu wollen, sehr deutlich durchblicken, daß sie den Tod des Kindes, den sie in anderem Zusammenhang nicht wahrhaben will, als zwangsläufig ansieht, und daß sie diesbezüglich auch weiterhin keine andere Wahl hätte. Sie spricht aus, daß sie die Tat wiederholen würde, wenn das Kind noch am Leben wäre. Logisch nachvollziehbar ist dies alles nicht; bei aller scheinbaren Aufgeschlossenheit war die Untersuchte äußerst starr und sie wirkte in ihrer Unbeweglichkeit geradezu monumental. Obwohl deutliche Anzeichen einer authentischen Depression bestehen, wirkt ihre Schilderung „gefühlsneutral", fast „gelöst". In intellektueller Hinsicht geht das Nachlassen der geistigen Spannkraft nicht über das altersübliche Maß hinaus; der Gedanke an eine symptomarme Schizophrenie, der sich hin und wieder aufdrängt, findet psychopathologisch keine Bestätigung. Die tatsächlich bestehenden psychischen Auffälligkeiten sind der affektiven Syndromstufe zuzuordnen. Soweit ihnen formale Relevanz zuzusprechen ist, handelt es sich um die charakteristische Unfähigkeit, das Erleben auf thematisch adäquate Weise im Fühlen zu modulieren. Diese Unfähigkeit stürzt die Probandin in innere Widersprüche, auf die sie in einer Weise reagiert, welche die Tochter veranlaßt, die Mutter als „übergeschnappt" zu bezeichnen. Sie zielt damit auf gewisse abstruse Züge im Gebaren der Probandin, in denen Vorbewußt-Symbolhaftes eine vordergründig auffällige Ausdrucksqualität erhält.

Man könnte darüber streiten, ob es sich hier um den Versuch eines „erweiterten Selbstmords" oder nicht gehandelt habe. Bei der Untersuchung entstand der Eindruck der „Fadenscheinigkeit" der von Frau F. gelegentlich in den Vordergrund gerückten „altruistischen" Motive. Die Probandin rückt sich solche Erklärungen, die ja sehr naheliegen, zurecht, weil sie für das eigentliche Problem der Destabilisierung ihres innersten Wertgefüges keine Antwort, mit der sie leben könnte, hat; z. B. wäre es für sie nicht annehmbar, in dem Tötungsakt eine Art Probierhandlung für den Selbstmord, für den sie – nach ihren Worten – „zu dumm" ist, zu erblicken. Wie dem auch sei, besteht auch in diesem Fall kein vernünftiger Zweifel an dem zweckmäßig-planvollen Charakter ihres tatbezogenen Vorgehens und an der gewahrten Sinnkontinuität des Erlebens. Interessanterweise hat sich Frau F. selbst darauf berufen, die Tötungsabsichten rechtzeitig angekündigt zu haben, um auf diese Weise darzutun, „daß mit ihren Nerven alles in Ordnung" sei. Sie läßt allerdings auch den „Herrgott" und den „Teufel" eine Rolle in ihrer Erklärungsstrategie einnehmen; damit wird auf der Stufe des Mythos ein Ausdruck dafür gefunden, daß bei ihr infolge des Persönlichkeitszerfalls einander z. T. widersprechende Willensbildungen an die Stelle der einheitlichen Willensbildung der autonomen Persönlichkeit getreten waren.

Der depressiven und der manischen Persönlichkeitsveränderung ist gemeinsam, daß ihnen in der forensisch-psychiatrischen Literatur verhältnismäßig wenig Aufmerksamheit geschenkt wird. Während die mit der Depression verbundene Einengung des persönlichen Aktionsradius dies hinsichtlich der depressiven Persönlichkeitsveränderungen einigermaßen plausibel zu erklären vermag, steht bei der Manie eine solche sachlich begründete Erklärung nicht zur Verfügung. Es ist jedoch festzustellen, daß die diagnostische Kategorie „Manie" sehr viel restriktiver als die diagnostische Kategorie „Depression" von Sachverständigen und Psychiatern generell herangezogen wird; in den USA scheint sie teilweise erst nach dem Erfolg der Lithiumtherapie entdeckt worden zu sein. Ihre zurückhaltende Behandlung in der Literatur fördert naturgemäß nicht den darauf gerichteten diagnostischen Spürsinn, und so deutet sich hier die Möglichkeit eines Teufelskreises an, der generell die Brauchbarkeit der wenigen statistischen Aufarbeitungen des Themas zu relativieren geeignet ist. Die Quintessenz der von Böker u. Häfner vorgelegten Übersicht, die dahin geht, daß manische Gewaltdelikte noch seltener vorkommen als depressive Gewalttaten, ist vielleicht mit einer gewissen Vorsicht zur Kenntnis zu nehmen (Böker u. Häfner 1973, S. 30 f.), insbesondere wenn an die in der Klinik wohlbekannte „gereizte" Form der Manie gedacht wird.

Beim Versuch, der unbegründeten Restriktion in der Anwendung der diagnostischen Kategorie „Manie" entgegenzuwirken, kann man von dem sämtlichen affektiven Persönlichkeitsstörungen zugrundeliegenden formalen Merkmal der Bindungslosigkeit ausgehen. Ganz ähnlich, wie man dann hinsichtlich der depressiven Krankheitsformen zu einem das typische Bild der endogenen Depression phänomenologisch vielfach variierenden Spektrum psychopathologischer Manifestationen kommt, so ist auch hinsichtlich der manischen Persönlichkeitsstörungen eine Stufenleiter von Veränderungen zu erwarten, bei der das Vollbild der Manie den Beobachter ganz besonders beeindruckt. „Nur heitere Gedanken tauchen auf, nichts vermag traurig zu stimmen, alles was geschieht und was der Kranke selbst tut, macht Freude, geht mit Leichtigkeit und Wohlbehagen vonstatten" (Witter 1970, S. 67). Wenn mit dem Fortschreiten des manischen Syndroms die anfangs noch vorhandenen „Ansätze von Krankheitseinsicht und Krankheitsgefühl" vollends verloren gehen, dann tritt zur Euphorie und zu dem gesteigerten Tätigkeitstrieb „auch oft eine stark erhöhte Reizbarkeit". Berücksichtigt man die nahezu absolute Rücksichtslosigkeit, welche die kommunikativen Muster dieser Kranken kennzeichnet, dann muß man sich fragen, ob die kriminologische Bedeutung dieser Konstellation nicht weithin unterschätzt wird und man ist geneigt, Göppinger (1976) zuzustimmen, der „die Kombination von Umtriebigkeit, unbeschwert gehobener Stimmung, hochgradig gesteigertem Selbstbewußtsein mit ungeheurem Kraft- und Leistungsgefühl, Größenideen und kritikloser Überschätzung der eigenen Fähigkeiten und der Möglichkeiten der Umwelt" als häufige Ursache von Betrugshandlungen, Zechprellereien, aber auch von „Beleidigungs- und Gewaltdelikten und nicht ganz selten Sexualdelikten" hervorgehoben hat.

Allen Phänomenen, die hier katalogartig aufzuzählen sind, liegt die S. 115 erwähnte „Hemmungslosigkeit, die in der Freistellung von allen persönlichen Wertvorstellungen zu erblicken ist", zugrunde; das Fühlen, „das üblicherweise das Erleben in seinen Veränderungen begleitet", wird durch einen ihm starr vorgegebenen Affekt ersetzt, der seinerseits das Handeln bestimmt. In dieses

Handeln fließen scheinbar unbegrenzte Antriebsreserven ein; der Kranke braucht kaum Schlaf, er ist morgens schon früh und abends noch spät auf den Beinen, um sich über den gewöhnlichen Trott der andern aufzuregen, wenn er sich dadurch bei der Verwirklichung seiner nie abreißenden Pläne aufgehalten sieht. Er ist von Zwergen umgeben, die es nur seiner ebenfalls grenzenlosen „Gutmütigkeit" zu verdanken haben, daß er sie nicht zertritt, was sie in seinen Augen eigentlich verdient hätten. Dieser kritiklos umgesetzte Antriebsüberschuß erstreckt sich auch auf die Triebbedürfnisse und kann zu einem Kontrollverlust bei der Nahrungsaufnahme führen, der, was das Trinken von Alkoholika betrifft, oft zusätzliche Probleme gesundheitlicher und sozialer Art mit sich bringt. Das gleiche gilt hinsichtlich der sexuellen Bedürfnisse: „Sexuelle Wünsche und Unternehmungslust sind verstärkt" (Mayer-Gross et al. 1970, S. 211) und ein häufiger Anlaß für äußeres Eingreifen, das wegen der Uneinsichtigkeit der Kranken nur gegen deren Willen möglich ist. Da hinter ihrem Aufbegehren – zerfallsbedingt – kein fester Wille steht, ist es nicht überraschend, daß sich die Kranken rasch auch in die neue Situation hineinfinden und den neuen Maßstab ihren – unpersönlich bleibenden und für alle möglichen Inhalte offenstehenden – Aktivitäten anzupassen versuchen, wobei es durchaus sein kann, daß sie mit ihrer prinzipiell guten Laune auf andere ansteckend wirken. Dies schließt Unberechenbarkeit jedoch nicht aus, die Kranken sind immer für irgendwelche Überraschungen gut. In die Pläne, die unentwegt geschmiedet werden, werden nun kritikschwach Mitpatienten miteinbezogen. Mit einem Schizophrenen zusammen will der manische Bauunternehmer, der wegen einer Scheidung seine Firma liquidiert hat und von seiner unmittelbar bevorstehenden Entlassung aus der Unterbringung felsenfest überzeugt ist, aus Italien Marmor in die Bundesrepublik importieren. Die Kranken, über die Bürger-Prinz u. Daube (1944) sehr anschaulich berichtet haben, machten in ähnlich unrealistischer Weise laufend Projekte, die allerdings nicht immer durch ihre Abseitigkeit Aufmerksamkeit erregen. So beschäftigte sich ein zwangspensionierter Offizier 1938 mit der Erfindung eines „lenkbaren Lufttorpedos"; andere Patienten traten für eine Vermehrung „weiblicher Bedürfnisanstalten" ein, verwendeten sich publizistisch für neuartige Methoden bei der Schädlingsbekämpfung, für „rassereines Menschentum" und fühlen sich auf jedem Betätigungsfeld zuhause, wobei auch Okkultismus, Theosophie und spiritistische Experimente Interesse finden, Inspirationen vollgültige Erkenntnisquellen sind, die Abtreibung zur Verhütung unehelicher Kinder als Produkten der Unordnung propagiert wird. So unrealistisch die verfolgten Interessen und so oberflächlich die Beschäftigung mit den damit in Wirklichkeit verbundenen Problemen ist, in ihrem Festhalten an solchen Ideen werden die Patienten alle als stur und unbeeinflußbar beschrieben; es bestehen gewisse Ähnlichkeiten zu querulatorischen Entwicklungen. Der frühere Bauunternehmer, der jetzt „ohne Beteiligung des Finanzamtes" Marmor en gros importieren will, will nach seiner Freilassung sogleich eine ganze Reihe von Prozessen führen, deren Ausgang jetzt bereits feststeht; er will die Presse einschalten, mit anderen Gefangenen eine Interessengemeinschaft gründen, die teuersten Anwälte engagieren, Bonn „wachrütteln" und dem Staat eine Rechnung präsentieren, deren Vision bereits reichlich seine gegenwärtige Notlage zu kompensieren scheint.

Die kasuistische Arbeit von Bürger-Prinz u. Daube (1944) verdient besonderes Interesse, weil hier „Endstadien" wirklich beschrieben werden; es handelt sich um Endstadien, die im Sinne der zitierten älteren psychiatrischen Literatur dem Begriff der „chronischen Manie" zugeordnet werden können, wobei besonders darauf hinzuweisen ist, daß darin eine gemeinsame Verlaufsstrecke sowohl für eindeutige manische Phasen (im Rahmen der Zyklothymie) als auch für Zustände des krankhaften Hemmungsverlusts außerhalb solcher Phasen manifest wird. Das Fehlen der Persönlichkeitsautonomie als Folge des desintegrativen Strukturverlusts wird in all diesen Fällen auf akzentuierte Weise darin deutlich, daß dem Erleben durch all seine Veränderungen hindurch der expansive Grundaffekt starr und unerschütterlich vorgegeben ist.

Da im forensisch-psychiatrischen Rahmen der Gesichtspunkt des Gewalttatenrisikos von besonderem Interesse ist, soll diesem Gesichtspunkt hier besonders nachgegangen werden, wobei die dazu herangezogene Fallgeschichte speziell geeignet erscheint, weil sie es gestattet, einen rund 15jährigen Verlaufszeitraum zu überblicken.

Der am 29. Januar 1950 geborene W.S. befand sich erstmals im Frühjahr 1968 zu einer vierwöchigen stationären Behandlung in einer Nervenklinik. Seine Angehörigen berichteten damals, daß er sich seit 3 Jahren „verändert" habe, wobei er in letzter Zeit auch aggressiv geworden sei. Er habe sich erkundigt, ob man Stimmen hören und von anderen beeinflußt werden könne. Ein halbes Jahr später mußte er erneut stationär aufgenommen werden; er hatte in fremder Umgebung Leute auf der Straße angefallen und gegen Autos getreten. Die 3. Behandlung erfolgte im Sommer 1969; er gab an, durch's Fenster beobachtet zu werden, selbst andere hypnotisieren zu können, und er behauptete, über prophetische Fähigkeiten zu verfügen. Vor der Aufnahme im September 1971 hatte eine suizidale Symptomatik bestanden, danach kam es wieder zu aggressiven Verhaltensweisen, wobei er eine Tante mit dem Beil bedroht, den Vater die Treppe herabgestoßen und die Schwester totzuschlagen gedroht habe. Im Sommer 1972 standen sexuelle Verhaltensauffälligkeiten im Vordergrund; es hieß, daß S. vor Schwester und Mutter exhibiert und die Mutter so am Hals gepackt habe, daß sie keine Luft mehr bekommen habe. Anschließend habe er das ganze Haus „demoliert". Allmählich verlängerten sich die Zeiten stationärer Behandlung, und es trat ein Wechsel in der psychopathologischen Symptomatik dergestalt ein, daß die Anfangsdiagnose einer Schizophrenie immer mehr zurücktrat; stattdessen wurde nun von einer Affektpsychose und schließlich von einem manischen Zustandsbild gesprochen. Am 26. September 1979 wurde er erstmals zur Frage seiner strafrechtlichen Verantwortlichkeit begutachtet, nachdem gegen ihn ein Ermittlungsverfahren wegen „versuchten Mordes" eingeleitet worden war. In dem Gutachten wurde auf eine „ungewöhnliche manische Enthemmung" mit ständiger Ruhelosigkeit, ununterbrochenem Reden, übergangslosem Wechsel zwischen Lachen und Weinen u. a. hingewiesen. Das straffällige Verhalten wurde von der Geschädigten, wie folgt, geschildert: Unter Alkoholeinfluß stehend habe S. aus heiterem Himmel auf sie eingeschlagen und sie so traktiert, daß ihr das Blut aus Mund und Nase gelaufen sei. Er habe deshalb von ihr verlangt, daß sie das Bett neu beziehen solle; dann habe er ihr den Schlüpfer zerrissen und versucht, sie an der Brust und am Oberschenkel mit seiner Zigarette zu verbrennen. Anschließend habe er versucht, ihr eine Bierflasche in die Scheide zu stecken, und er habe sie erneut geschlagen. Danach habe sie ihm seine „Beruhigungstropfen" bringen müssen, und er habe mit Wasser, Bier und Rotwein aus dem Inhalt der Arzneimittelflasche 3 Portionen gebildet. Mit weiteren Schlägen habe er sie gezwungen, diese 3 Portionen zu trinken, einen verbliebenen Rest der Tropfen habe sie pur trinken müssen. Dazu habe er geäußert, daß er sie umbringen wolle und sehen möchte, wie sie sterbe. Anschließend habe er einen „Abschiedsbrief" diktiert, und danach habe sie das Geschirr spülen müssen. Dabei sei ihr schlecht geworden und sie sei erst wieder zu sich gekommen, als sie ihre Mutter schreien gehört habe. S. habe in diesem Moment mit einem Messer in der erhobenen Hand vor ihrer Mutter gestanden. Sie habe ihn zurückgestoßen und die Mutter habe ihn dann überwältigen können. Irgendein Grund für sein Verhalten sei ihr nicht bekannt; frühere Auseinandersetzungen habe es nicht gegeben. – Der Proband erhielt einen Gebrechlichkeitspfleger und befand sich anschließend im zuständigen Landeskrankenhaus, wo er sich mit einer dort in Behandlung befindlichen Trinkerin anfreundete und schließlich verlobte. Er wurde erneut auffällig, als er Ende Dezember 1981 diese Frau schlug und mit einem Kabel zu erdrosseln versuchte. Etwas später versuchte er, eine Verkäuferin durch Bedrohung zur Herausgabe von 20,– DM zu veranlassen, was mißlang; dann begab er sich zu einem früheren Bekannten, den er so brutal mißhandelte, daß dieser in ein Krankenhaus gebracht werden mußte, wo er bei der Befragung durch die Polizei nur „unverständliche Laute" herausbrachte. Auf einen Zettel schrieb er: „der Typ wollte mich umbringen". – S. wurde am 15. Juni 1982 erneut psychiatrisch begutachtet, dabei bot er ein rein manisches Zustandsbild. Sein Redeschwall war kaum zu bremsen, er schwadronierte, log, widersprach sich, räumte ein, daß er gelogen habe, was ja nicht schlimm sei, und kam vom Hundertsten zum Tausendsten. Sein Optimismus und seine gute Laune waren durch nichts zu erschüttern. Seine „Erregungszustände" brachte er mit einer als extrem geschilderten Schlaflosigkeit in Zusammenhang, wobei der Gedanke auftauchte, daß es sich bei den früheren schizophrenen Symptomen vielleicht um Schlafentzugssymptome gehandelt haben könnte. Wegen der Schlaflosigkeit sei er in die Klinik gebracht worden; er habe geweint, wirres Zeug gesprochen, sich unmögliche Sachen eingebildet. Seit dem 13. Lebensjahr onaniere er täglich wie ein Weltmeister; er könne auf die stärkste „Mischspritze" onanieren, während jeder andere danach innerhalb von 10 min fest schlafe. Es sei beängstigend, der Untersucher solle ruhig aufschreiben, daß er 3- bis 4mal täglich Geschlechtsverkehr ausgeführt habe. Genauso habe er ohne weiteres 30 bis 40 Glas Bier, dazu Schnaps, Cognac am Tag vertragen, Mengen, bei denen andere stockbesoffen gewesen wären. – Die strafrechtlichen Vorwürfe wurden von ihm – herzlich lachend – negiert, er sei wie immer unschuldig, sei der „Untersuchungsgefangene unschuldig", ob er dem Untersucher den „Lotossitz" vormachen dürfe. – Die gelegentlich sich abzeichnende Gereiztheit, die sich der ansonsten vorherrschenden heiteren Stimmungsqualität überlagerte, verdichtete sich im raschen Fluß des Erlebens nicht. Er wurde ständig durch neue Einfälle abgelenkt, wobei seine Ideenflucht mit ausgeprägter Kritikschwäche und Distanzlosigkeit einherging. Insgesamt entstand der Eindruck, daß der Proband – sich selbst eingeschlossen – nichts ernstnimmt.

Ähnlich, wie Patienten während manischer Phasen erstaunliche Dosierungen von Neuroleptica vertragen, besteht typischerweise eine gesteigerte Alkoholtoleranz, wobei nach der Schilderung dieses Probanden auch an eine Kreuztoleranz Medikamente/Alkohol zu denken ist. Hinsichtlich der strafrechtlichen Verantwortlichkeit kommt es im vorliegenden Fall nicht darauf an, ob zur Tatzeit eine toxische Bewußtseinsstörung vorgelegen hat, weil der psychotische Strukturverlust in solchen Fällen derart ausgeprägt ist, daß es gleichgültig ist, welcher Straftatbestand von den Probanden verwirklicht wird, es ist generell von Schuldunfähigkeit auszugehen und gleichzeitig von einer in jeder Hinsicht ungünstigen Prognose.

2.2.5 Psychosen mit bekannter körperlicher Verursachung

Aus der großen und sehr heterogenen Gruppe dieser sog. körperlich begründbaren Psychosen sind forensisch-psychiatrisch nur die Intoxikationspsychosen im Zusammenhang mit Drogen- oder Alkoholmißbrauch heute noch von Interesse. Klammert man die kurzfristigen, rauschhaften Krankheitsverläufe aus diesem Kollektiv aus, dann verbleiben 2 Untergruppen, von denen die eine hinsichtlich des Erscheinungsbildes der psychopathologischen Manifestationen nur schwierig oder gar nicht von der paranoid-halluzinatorischen Schizophrenie abzugrenzen ist, wohingegen bei der 2. Untergruppe eine gewisse traumhafte

Verhangenheit und die Tendenz zu einer „querschnittartigen" Beschaffenheit des Erlebens an jene Bewußtseinszerlegung „in Scheibchen" denken läßt, die Ey (1973) der zerstörenden Drogenwirkung auf die zeitliche Ordnung des Erlebens zugeschrieben hat. Haschisch und Weckamine, die zu der von Olievenstein (1971) als „schizo" bezeichneten Reaktionsform des toxischen Psychosyndroms führen können, sind allerdings auch in der 2. Untergruppe repräsentiert. Die Psychoseform, die der Autor in Anlehnung an den Jargon seiner Patienten „schizo" nennt, zeigt einen subchronisch-chronischen Verlauf; am Anfang steht ein meist lebhaftes halluzinatorisches Syndrom, das dann nach und nach in ein Depersonalisationssyndrom übergeht, bei dem die Kranken durch eigenartige Erlebnisse körperlicher Umformungen gequält werden, indem sie beispielsweise davon ausgehen, daß die Verdauungsorgane in die Waden abgesunken sind. Bei der „Parano-Reaktion" als dem 2. Reaktionstyp handelt es sich um einen kurzdauernden Verwirrtheitszustand mit mißtrauisch-paranoider Erlebnisstörung, aus der heraus es zu heftigsten Kurzschlußreaktionen auto- und heteroaggressiver Art kommen kann (Luthe 1975). Ey spricht in diesen Fällen davon, daß das Erleben seinen Realitätscharakter verloren habe.

Bei einer strukturalen Untersuchung, wofür auf die sehr ausführliche Beschreibung der LSD-Psychose in Band 2 (Luthe 1982a, S. 77 f.) verwiesen werden soll, wird der formale Unterschied zwischen beiden Gruppen körperlich begründbarer Psychosen deutlich. Er beruht auf dem Ineinanderübergehen von Zerfalls- und Abbausymptomatik im Fall der „Parano-Reaktion" derart, daß nicht mehr alternativ von einer Dissoziation Thema–Bedeutung (wie beim Zerfall) oder Thema–Wirklichkeit (wie beim Abbau) auszugehen ist. Der Realitätsverlust, von dem Ey spricht, beinhaltet in diesen Fällen gleichzeitig die Aufhebung der logischen und der kausalen Geschlossenheit des gesunden Erlebens: die Kranken sind verwirrt. Es ist bekannt, daß bei den Probanden Allmachtsgefühle auftreten können, die bis zum Versuch gehen, die Überzeugung, durch die Luft und über das Wasser schreiten zu können, auf gefährliche Weise in die Tat umzusetzen; die eingebildete magische Fähigkeit, den Verkehr durch Gedanken zu regeln, kann zu nicht vorhersehbaren Eingriffen in das Geschehen auf der Straße und zu schweren Unglücksfällen führen. Die psychiatrische Verantwortlichkeitsbeurteilung bietet in all diesen Fällen kaum eine Schwierigkeit.

Der am 29. März 1949 geborene, mit seiner Frau und einem Kleinkind in sozial randständigen Verhältnissen lebende F.W. war nach einer Serie situativ begründeter Suizidversuche 1975 erstmals in stationärer psychiatrischer Behandlung. 1978 erfolgte die 2. Behandlung, nach dreimonatigem Schnüffeln von Nitroverdünnerflüssigkeit, das schließlich zu anhaltenden, heftigen Kopfschmerzen geführt hatte und zu einem psychopathologischen Bild, das er, wie folgt beschreibt: er habe „große Schwierigkeiten mit der Zeit" bekommen, daß ein Tag wie eine Sekunde oder eine Sekunde wie ein Tag gewesen sei, und daß er manchmal ein paar Sekunden vorher schon wisse, was passiere. Er fühle sich dann sicher, weil er ja im Bilde sei; dadurch, daß ihm aber dazwischen Stücke fehlten, könne es sehr unangenehm sein, und es sei schon zuhause, an der Arbeitsstelle und im Straßenverkehr zu kritischen Situationen gekommen, bei denen er sich einmal die Hand gebrochen habe. Oder er habe vom Gefühl her den Eindruck, daß die Situation, in der er stecke, früher schon einmal dagewesen sei. Wenn er konzentriert arbeite, sei es nicht so, aber wenn er z.B. Auto fahre, meine er immer, daß alles so sein müsse, wie es sei. Deshalb rege er sich auch über nichts auf. Er habe im Fernsehen ganz andere Stücke gesehen als seine Frau, Berichte von einer Zeit, die erst kommen werde. Die Stücke seien noch gar nicht produziert, kämen noch; z.B. würden Schmidt und Genscher eine Wende verkünden und zwar kurz vor dem nächsten Weltkrieg, der aber nicht gestartet werde, weil übergeordnete Lebewesen ihn durch Suggestion verhindern würden. Er wisse das von einem Fernsehbericht „aus der damaligen Zeit", seine Freundin habe gleichzeitig zugesehen, habe aber etwas ganz anderes gesehen. Ähnliche Botschaften entnimmt der Proband dem „Griesmehl" nach Sendeschluß, das „Wellen vom Urknall" enthalte. Er bedauert, daß sein Gehirn die gesendeten Informationen zu langsam verarbeite; er wisse nur, daß die Antworten im gleichen Augenblick, in dem die Fragen gestellt würden, kämen, wobei im Gehirn nur eine Umwandlung stattfinde. Daneben berichtete der Proband über Gesichter, Flugzeuge, Meteorite usw., die es nicht gebe und die z.T. mit Störungen des Gleichgewichtssinns verbunden aufträten. Ein Kran habe die ganze Häuserzeile in die Luft gehoben; er habe es wackeln gespürt. Das Haus sei beinahe auseinandergebrochen, die Gardinen hätten 1 m von der Wand weggestanden, die Parallele zum Nachbarhaus sei verschoben gewesen, alles Dinge, die so nicht sein könnten. Außerdem habe er damals mit den Vögeln Kontakt gehabt, weswegen er oft von seinen Arbeitskollegen verspottet worden sei. Beim Autopolieren habe jeden Morgen zur gleichen Zeit der gleiche Vogel sein Tun kommentiert. Anfangs habe er es nicht verstanden, dann habe er herausgefunden, daß der Vogel „die andere Daseinsform" einer Bekannten, deren Geschick er bestimme, gewesen sei. Er habe nicht eigentlich gesprochen, sondern durch Tonhöhen eine „universell gültige Ausdrucksform" benutzt, wodurch es zum Dialog gekommen sei. „Was machst du schon wieder hier?" „Ich besuche dich!" „Ist es denn bald soweit?" „Noch nicht!" Meist habe sich der Vogel ablehnend geäußert. Auch Menschen hätten neben der „verbalen" eine „wirkliche" Ausdrucksform, durch die man empfinde, was vorgehe. Der Proband vergleicht das mit „Sphärenklängen", aus denen er auf „starke Harmonie" zwischen ihm und der Natur schließt, beispielsweise in den „Schreien unsichtbarer Adler", auch wenn Flugzeuge gestartet worden seien. Er höre dann nicht den Dauerton; dieser werde durch das Gehirn blokkiert und in ein Intervallgeräusch harmonischer Art umgewandelt. Eine weitere Kategorie von Auffälligkeiten, die einige Monate nach dem Aussetzen der Schnüffelgewohnheiten allmählich abklangen und nur noch bei Aufregungen „wellenartig" in leichtem Ausmaß zurückkamen, betrifft ein zeitweises Aussetzen des Gedächtnisses. Dem Probanden war es unangenehm, darüber zu sprechen, schließlich erwähnte er, daß er schon ein paarmal nach dem Geschlechtsverkehr eine zeitlang ohne Erinnerung herumgelaufen sei. Einmal habe er mitten im Winter splitternackt 3 m hoch und 200 m vom Haus entfernt in einer vereisten Eiche gesessen, auf die er normalerweise gar nicht hochgekommen wäre. Eine solche Amnesie war auch der Anlaß, weshalb der Proband am 20. Juli 1979 zur psychiatrischen Begutachtung kam. Er war ohne ersichtlichen Anlaß am hellichten Tag gegen einen an einer Haltestelle wartenden Autobus gefahren, wobei minimaler Sachschaden entstanden war. Anschließend hatte er sein Fahrzeug gewendet und Verkehrsunfallflucht begangen. Bei der Untersuchung sprach er vom „angeblichen" Unfall; er habe sein Auto angeblich in den Graben gefahren, habe aber noch 2 Tage danach gesucht und es nicht mehr gefunden. Ein Zeuge habe sogar gesagt, er wäre ausgestiegen, hätte dem Busfahrer seine Personalien angegeben. Das Letzte, was er wisse, sei, daß es zuhause einen schlimmen Krach gegeben habe und er weggelaufen sei; ein paar Stunden später habe man ihn in einer Wirtschaft dazu bewegen wollen, ein Krankenhaus aufzusuchen. Da er nicht krankenversichert sei, habe man ihn heimgefahren, und hier habe er eine Woche das Bett gehütet. Das Gericht glaube ihm nicht, daß er keinen Alkohol getrunken gehabt habe und daß er nichts mehr wisse. Er habe auch keinerlei Zeitbegriff mehr gehabt. Er wisse nur, daß es dunkel gewesen sei, als er das Auto in den Graben gefahren habe und in der Wirtschaft angekommen sei.

Sogenannte Echophänomene, die in abgeschwächter Form das psychotische Erleben u.U. lange nach dem Abklingen der akuten Krankheitsmanifestationen noch einmal oder mehrmals wiederholen, sind als „flash-back" nach drogenfreiem Intervall bei Rauschmittelsüchtigen gut bekannt (Wanke 1975; Cohen 1975). Ob die „amnestischen Episoden" des Probanden auf diese Weise ihre Erklärung finden, ist nicht sicher zu entscheiden. Jedenfalls spricht es im vorstehend mitgeteilten Fallbericht für die Authentizität der Schilderung des Probanden, daß für ihn die Wiedererteilung der Fahrerlaubnis ein geradezu als lebenswichtig dargestelltes Anliegen war, und er wußte, daß seine Chancen, den Führerschein wiederzubekommen, im Hinblick auf solche Angaben sehr gering wurden. Daß das Gericht erhebliche Zweifel an der Echtheit der geltend gemachten Erinnerungslücke hatte, versteht sich bereits im Hinblick darauf, daß aus seiner Sicht überhaupt keine adäquate Ursache für das Auftreten einer der gewöhnlich Amnesien verursachenden Bewußtseinsstörungen zu erkennen ist, zumal der Proband – mit gewissen Einschränkungen – in der Lage geblieben war, sein Auto zu steuern und Dinge zu tun, die ein Bewußtseinsgestörter, i. allg. nicht mehr tun kann.

Diese Zweifel lassen sich im vorliegenden Fall durch den Nachweis der sehr eingehend beschriebenen Psychose beseitigen; damit entfällt auch der Widerspruch zwischen der behaupteten Erinnerungslosigkeit und der offensichtlich erhaltenen Handlungsfähigkeit. Anders als bei der Bewußtlosigkeit desjenigen, der bei einem Motorradunfall ein schweres Schädel-Hirn-Trauma erlitten hat, beruht die Erinnerungslosigkeit hier nicht auf einem Erlöschen psychischer Aktivität schlechthin, wodurch strukturiertes Verhalten von vornherein ausgeschlossen wird, sondern auf einer psychischen Aktivität, die ihrerseits einen Strukturverlust erlitten hat. Dieser hat – wie gesagt – sowohl eine Zerfalls- als auch eine Abbaukomponente. Die Abbaukomponente betrifft das Gedächtnis, das, wie auf S. 44 ausgeführt wurde, als „zeitlich-räumliche Disponibilität des Erlebten den Schlüssel zur gegenständlichen Persönlichkeitsseite darstellt". Die Zerfallskomponente ist infolgedessen – mangels Informationen – am konkreten, strafrechtlich relevanten Beispiel nicht zu erfassen, kann aber aus dem restlichen Bericht in multipler Weise erschlossen werden. Halluzinationen verschiedener Sinnesgebiete, der Zerfall der Zeitstruktur des Erlebens mit dem Phänomen der falschen Bekanntheit der déjà-vu-Gewißheit, Zeitdehnungs- und Zeitraffereindrücken etc. vermitteln ein außerordentlich eindrucksvolles Bild, über das der Proband trotz seiner auch körperlich äußerst reduzierten Lage mit freundlicher Gelassenheit und evidenter Ernsthaftigkeit berichtet hat.

Während das Alkoholdelir den davon Betroffenen außerstande setzt, strafrechtlich in Erscheinung zu treten, und dem an einer Korsakow-Psychose erkrankten Alkoholiker der Sozialraum fehlt, um Straftaten begehen zu können, ist der Alkoholhalluzinose und dem alkoholischen Eifersuchtswahn eine gewisse Bedeutung in der forensischen Psychiatrie nicht abzusprechen. Psychopathologisch handelt es sich dabei einmal um einen exogenen Reaktionstypus schizophreniformen Gepräges und einmal um die systematisierte Gestaltung eines abnormen Erlebenskomplexes nach Art der paranoischen Entwicklung, wobei die Trunksucht mit ihren körperlichen Folgen als exogener Faktor auf multifaktorielle Weise interveniert und – auf niedrigem Gestaltungsniveau – Abbau- und Zerfallsphänomene gleichzeitig das Erscheinungsbild der Störung bestimmen. Zur Tatzeit spielt in der Regel akuter Alkoholeinfluß eine dekompensierende Rolle. Die differentialdiagnostische Abgrenzung gegenüber einer schleichend verlaufenden Schizophrenie kann gelegentlich Schwierigkeiten machen, die allerdings hinsichtlich der Verantwortlichkeitsbeurteilung nicht entscheidend in die Waagschale fallen, und die durch das Vorhandensein typischer körperlicher Begleiterscheinungen des chronischen Alkoholismus relativiert werden.

Als wichtigste Begleiterscheiungen sind die Magenschleimhautentzündung mit morgendlichem Erbrechen, der in den Morgenstunden akzentuierte Fingertremor, Erweiterung der Blutkapillaren im Gesicht, die Leberschädigung und Erscheinungen einer mit Mißempfindungen einhergehenden Nervenentzündung, die an den Beinen betont auftritt, zu nennen. Wie Witter (1970, S. 144) hervorhebt, bewährt sich gerade bei Fällen einer solchen paranoischen, d. h. systematisiert bleibenden Wahnbildung die Orientierung an der nicht ätiologisch-nosologisch, sondern formal ausgerichteten psychopathologischen Syndromlehre.

Während beim Alkoholdelir dem Kranken die Orientierung fehlt, ist sie bei der Alkoholhalluzinose voll erhalten. Als Hauptsymptom erwähnen Kielholz u. Battegay (1972, S. 489) Stimmenhören in der Form, daß „der Kranke Zuhörer fortlaufender Unterhaltungen Dritter ist, wobei *er* den Gegenstand der – vielfach eine Verurteilung seiner Lebensführung beinhaltenden – Unterhaltung darstellt“. Die diesem halluzinatorischen Erleben vorgegebene Gefühlsstimmung ist von Angst wechselnder Intensität geprägt und kann – weiter nach Kielholz – „zu Flucht-, Aggressions- und Suizidimpulsen führen“. Diese Impulse werden nicht selten von wahnhaften Einstellungen getragen, die dem vorherrschenden Grundaffekt entsprechen und meist eine Verfolgungsthematik beinhalten. Die Patienten meinen etwa, sie seien von Hochspannungsleitungen umgeben oder vom Nachttischlämpchen bedroht, die Sonne oder „kleine grüne Männchen, sog. Hopser“ verfolgen sie, wie in dem nachfolgend mitgeteilten Fallbericht.

Der am 10. Januar 1953 im Frauengefängnis von Nancy geborene Ch. B. hat etwa seit seinem 20. Lebensjahr Alkohol zum hauptsächlichen Lebensinhalt gemacht. Ohne festen Wohnsitz wurde er 1981 festgenommen, nachdem er mehrere Zechprellereien begangen und sich Alkoholika auf dem Weg des Ladendiebstahls besorgt hatte. Im Gefängnis kam es rasch zu Entziehungserscheinungen, die über das übliche Maß hinausgingen und seine Verlegung in eine geeignete Institution bewirkten. Hier gab der Proband an, daß er seit längerem von Autos und grünen Männchen verfolgt werde. Bei der vom Gericht beschlossenen Untersuchung, die am 1. Oktober 1982 erfolgte, war aus seinen Angaben zu schließen, daß sein Tun einschließlich der banalsten Handlungen ihm von „seinen Stimmen“ wie bei einer akustischen Gebrauchsanweisung vorgesagt worden war. Die Stimmen hatten ihm auch die detaillierten Anweisungen gegeben, nach denen er sich beim Schnapsdiebstahl gerichtet hatte; sie leiteten ihn auf den Friedhof, zum Diakonischen Werk und in die Nervenklinik. Sie hätten zu ihm gesagt: geh' hin und schlag sie! oder: spuck' sie an! Wenn er dann gespuckt habe, sei immer eine große Menschenmenge um ihn herum gewesen. Die Leute hätten geschimpft und ihm „den Vogel“ gezeigt. Es sei immer so eine Knallerei hinter ihm gewesen. Der Kofferraumdeckel der Autos habe sich so wellenförmig gehoben und gesenkt und am Lenkrad hätten die Männchen gelegen. Wenn er dann hingegangen sei, seien sie plötzlich vor seiner Nase ganz schnell weggewesen. Habe er sich in den Anlagen auf die Wiese gelegt und weiter weggeguckt, seien sofort die Äffchen dagewesen, sie hätten sich auch an den Gardinen aufgehalten oder seien wie eine Wolke um ein großes Affenungeheuer am Himmel, das ihm mit dem Finger gedroht habe, herumgetanzt, wie beim Gruselfilm. Dann sei er immer gelaufen, habe nicht hingucken können, habe sich versteckt. Abends habe das Ungeheuer immer gesagt, er solle in die Kirche gehen, er solle beim Aldi Wein oder Whisky klauen. Er habe immer gemeint, es wäre der Vater von den Äffchen, die auch auf dem Wasser gepaddelt, ihm zugewunken hätten. Er habe es selbst nicht fassen können, daß es so etwas gebe. Anfangs habe es ihm sogar gefallen; als dann die Stimmen bei allem mitgeredet hätten, sei es nicht mehr zum Aushalten gewesen, was er alles habe machen sollen. Er solle schlafen, zum Auto gehen, einbrechen; er sei den Stimmen z. T. nicht gefolgt, sei nicht in das Schlafsackgeschäft eingebrochen, sondern habe sich vor dem

Schaufenster auf den Boden gelegt. Wenn die Stimmen gut gewesen seien, sei er in die Kirche gegangen, wo sich Christus am Kruzifix bewegt habe, er habe ihm mit dem Kopf ein Zeichen gemacht oder habe die Hände geschüttelt, gewackelt. Wenn er sich dann in der Kirche hingelegt habe, hätten die Leute ihn rausgeschmissen. Auch bei den Zechprellereien sei ihm das von den Stimmen eingegeben worden; die Stimmen hätten gesagt, er solle nur trinken. Zum Schluß hätten sie immer gesagt, er könne jetzt gehen, das kriege er vom Herrgott geschenkt. Es sei nicht seine Absicht gewesen, Zechprellereien zu begehen; es sei ihm selbst ein Rätsel gewesen, wie die Stimmen überhaupt dazu gekommen seien.

Der Wirklichkeitsbezug der halluzinatorischen Inhalte ist auffallend und läßt daran denken, daß der Proband lediglich versuche, eine Psychose vorzutäuschen, um sich eine vorteilhaftere Rechtsposition zu verschaffen. Daß im Stimmenhören bei der Alkoholhalluzinose die tatsächliche Lage des Kranken zum bevorzugten Inhalt des Gehörten wird, ist bereits gesagt worden; dabei wird – wie man sieht – nicht immer nur das „schlechte Gewissen" der Kranken laut, es kann sich auch um Besänftigungen und durchaus utilitaristische „Eingebungen" handeln. Der Kranke muß diesen Eingebungen nicht blindlings folgen, er kann auch seinen „eigenen Willen" zur Geltung bringen und das „Format" der kriminellen Aktivität bestimmen. Wenn er aber den Stimmen folgt, dann wäre es bei der Verantwortlichkeitsbeurteilung falsch, aus der an den Tag gelegten Zweckmäßigkeit seines Vorgehens und der motivationalen Stimmigkeit seines Tuns wegen „erhaltener Sinnkontinuität" auch von erhaltener Schuldfähigkeit auszugehen. Auf die aus dieser Sinnkontinuität zu erschließende „Bereicherungsabsicht" kommt es in diesem Zusammenhang ebensowenig an, wie in anderem Zusammenhang aus dem Fehlen einer Bereicherungsabsicht Schlüsse auf Schuldunfähigkeit gezogen werden können. Sieht man von der inhaltlichen Betrachtungsweise ab, dann zeigt die formale Analyse im Hinblick auf die bedeutungsmäßige Verfehlung des Erlebensthemas und den Verlust der logischen Geschlossenheit des Erlebens ganz eindeutig, daß die punktuelle Konservierung der persönlichen Autonomie im Konflikt mit den Stimmen nicht bedeutet, daß von der gewahrten Einheit des Erlebens insgesamt ausgegangen werden könnte. Dies wird besonders eindrucksvoll deutlich, wenn man sich die z. T. panikartig geschilderte Angst vergegenwärtigt, aus der heraus der Proband gelegentlich die Flucht vor den oneiroiden Ausgestaltungen seiner Psychose ergriff. Bei einer Gelegenheit führte ihn eine solche Flucht bis vor den Altar, von wo er – wegen Störung des Gottesdienstes – von der Polizei unter Gewaltanwendung entfernt worden ist.

Zu den körperlich begründbaren Psychosen zählen auch die kurzfristig zustandekommenden und ebenso schnell wieder abklingenden Rauschverläufe. Bekanntlich ist die strafrechtliche Bedeutung dieser Rauschverläufe sehr groß und es gibt einen entsprechend hohen Informationsbedarf bei allen Verfahrensbeteiligten. Der Beurteilung im Routinefall liegt die schematische Orientierung an den Werten der jeweiligen Blutalkoholkonzentration (BAK) zugrunde, falls solche Werte bekannt sind; die Erwartungshaltung, daß bei einer BAK zwischen 1 und 2 Promille ein leichter Rausch, zwischen 2 und 2,5 Promille ein mittlerer Rausch und darüber ein sich zum Vollrausch verstärkender schwerer Rausch vorliege, ist weithin gefestigt. Dies vereinfacht die Beurteilung ganz erheblich, indem den Werten über 2 Promille der § 21 und über 2,5 Promille der

§ 20 StGB zugeordnet wird, während bei Werten unter 2 Promille allenfalls von einer für die Frage der strafrechtlichen Verantwortlichkeit unerheblichen Stimulierung und Enthemmung ausgegangen wird. Es ist anzunehmen, daß dieses Schema oft den tatsächlich gegebenen Verhältnissen gerecht wird; seine Rechtfertigung liegt darin, daß der Begutachtungsaufwand unter dem Gesichtspunkt der Verhältnismäßigkeit und des Grundsatzes „in dubio pro reo" berücksichtigt wird. Niemand wird bestreiten, daß die psychischen Auswirkungen der Alkoholintoxikation u. a. von der Konzentration des toxischen Stoffes abhängen, daneben auch von den Resorptionsverhältnissen im oberen Verdauungstrakt und der Trinkgeschwindigkeit, der Alkoholgewöhnung, dem Zustand des Nervensystems etc. Auf die ganz beachtliche Steigerung der Alkoholtoleranz bei der Manie ist bereits hingewiesen worden, beachtlich ist auch die gesicherte Erfahrung, daß die psychischen Folgen der Alkoholintoxikation sich nicht parallel zur BAK zurückbilden, sondern wesentlich schneller. Allgemein gilt, daß innerhalb der Bandbreite der bei Strafverfahren in Betracht kommenden BAK-Werte das Fehlen fester Korrelationen, mit denen man eine quantifizierbare körperliche Ursache (BAK) bestimmten psychischen Ausfallserscheinungen zuordnen könnte, um sie den Bestimmungen der §§ 20/21 StGB zu subsumieren, derartig schematische Beurteilungen prinzipiell mit einem Unsicherheitsrisiko belastet, das man zumindest kennen sollte.

Es ist wichtig, daß man sich vor Augen hält, daß Informationen zur einwirkenden Alkoholmenge, zu der ggf. noch synergistisch wirksame Substanzen anderer Art hinzukommen, nur die Kategorie *möglicher Ursachen* für das Auftreten einer körperlich begründbaren Psychose indizieren. Hinsichtlich der strafrechtlichen Verantwortlichkeit ergeben sich die erforderlichen Schlußfolgerungen ausschließlich aus den die Rausch-Psychose selbst betreffenden Feststellungen, die einer *phänomenologischen Kategorie* angehören. Deren Aufschlüsselung erfolgt nach den bekannten formalen Kriterien, mit denen das Ausmaß des – toxisch bewirkten – Zerfalls und Abbaues zu erfassen ist. Die „zeitlich-räumliche Disponibilität des Erlebten" kann verlorengehen. Dieser Verlust erklärt die oft beschworene Amnesie des Zechers, außerdem den Umstand, daß auf die Handlungssituation nicht mehr strukturierend eingewirkt werden konnte, weil der Betrunkene situativ desorientiert war und die Rolle, die er selbst darin spielte, nicht mehr erkennen konnte. Zu diesen Kriterien der Amnesie und des Realitätskontakts kommt als weiteres Kriterium, das sich auf das Erscheinungsbild der psychischen Störungen bezieht, das Hervortreten eines starr das Erleben bestimmenden Affekts, der die normale affektive Modulation des Erlebens ausschließt. Aufgabe des Gutachters ist es, diese 3 Kriterien – Amnesie, Realitätskontakt, Affektmodulation – auf die zur Tatzeit beim Täter verwirklichten Verhältnisse zu übertragen; von ihm wird in diesem Zusammenhang eine retrospektive Diagnose gefordert, die besondere Anforderungen an sein exploratives Geschick stellt und zusätzlich möglichst umfassende Informationen zum Geschehensablauf selbst in seiner situativen Bezogenheit erforderlich macht. Aus dem sich auf diese Weise ergebenden Bild, wird sich dann entnehmen lassen, ob und in welchem Umfang der Täter die Tatsituation aktiv strukturiert hat, oder ob er selbst davon mitgerissen wurde, um daraus auf die erhaltene, verminderte oder aufgehobene Schuldfähigkeit zu schließen. Witter (1972,

S. 1010) spricht im Fall dieses „Mitgerissenwerdens“ von einer „Nivellierung“ und versteht darunter den Ersatz der individualtypischen Reaktionen und Verhaltensmodi durch interindividuelle, uniforme, rauschbedingte Verhaltensschablonen.

2.2.6 Schwachsinn

Die einzige diagnostische Kategorie der Psychiatrie, die einen direkten Eingang in die gesetzlichen Bestimmungen der §§ 20/21 StGB, als eine sog. biologische Voraussetzung, gefunden hat, ist der Schwachsinn. Sollte darin die etwas pointiert formulierte Meinung, „daß vor Gericht und in den Gefängnissen nur die ‚Dummen‘ in Erscheinung treten“ (Bauer 1957), ihren Niederschlag gefunden haben, besteht Veranlassung, nachdrücklich auf den Unterschied zwischen „normaler“ Dummheit und *krankhaftem Schwachsinn* aufmerksam zu machen. Schwachsinn als „Ausbleiben der normalen geistigen Entwicklung“ (Schwind 1975) zu definieren, ist zwar nicht falsch aber solange ungenügend, als hinsichtlich der herangezogenen Normkriterien Unsicherheit besteht. Es besteht keine Unsicherheit, daß Schwachsinn nur insoweit er eine krankhafte Strukturabweichung der Persönlichkeit beinhaltet, die Annahme einer verminderten oder aufgehobenen Verantwortungsfähigkeit zu begründen vermag. Damit scheidet die große Mehrzahl jener „Dummen“ in der oben erwähnten Population aus unseren weiteren Überlegungen aus; dies hat den Vorteil, daß sich auf diese Weise der Schwierigkeitsgrad der anzustellenden Überlegungen beträchtlich reduzieren läßt.

Während die kriminogenetische Situation der nicht schwachsinnig Lernbehinderten außerordentlich komplex ist und neben einer Reihe heterogener Charaktermängel, eine Vielzahl ungünstiger Einflüsse von Milieufaktoren und ein oft allgemein deviantes Werterleben beinhaltet, bewirkt die geradezu pathognomonische Einengung des Sozialraums beim Schwachsinnigen, daß seine intellektuelle Behinderung in ihrer strukturalen Relevanz eventuelles strafbares Verhalten auf recht eindeutige Weise prägt und dessen Entdeckung, wie mehrfach hervorgehoben wurde, erheblich fördert: es handelt sich um ein sehr einfach strukturiertes, auf Anhieb primitiv wirkendes, sehr direktes Einwirken auf eine Gegenstandswelt, die durch höchst simple Beziehungen geregelt wird. Die Elemente, auf die sich diese Regelung erstreckt, sind in ihrer geringen Zahl leicht zu überschauen und in ihrer begrifflichen und bedeutungsmäßigen Valenz so grob gebildet, daß man sie wie beim kleinen Kind relativ leicht als solche identifizieren kann. Der oligophrene Brandstifter rächt sich durch Anzünden der Scheune dafür, daß der Bauer ihm gesagt hatte, er solle sich nicht so „blöd anstellen“; der schwachsinnige Sexualdelinquent wendet sich an das kleine Kind aus der Nachbarschaft, das er bei Widerstand oder aus panikartiger Angst vor der Polizei ggf. auf brutale Weise umbringt (packt es an den Füßen und schlägt es mit dem Kopf gegen einen Baum). Tritt der Schwachsinnige als Dieb in Erscheinung, was nicht selten der Fall ist, dann erinnert er in seiner Einstellung an das Kind, das beim Naschen ertappt wurde, auch wenn seine

Verhaltensweisen u.U. sehr viel gravierender sind. Der Proband, über den nachfolgend berichtet werden soll, sprach lächelnd von der Straftat, die er begangen hatte, so daß beim Untersucher der Eindruck entstand, er sei stolz darauf. Jahre zuvor hatte ein anderer Untersucher mit ihm über einen Vorfall gesprochen, bei dem der Proband seine Mutter geschlagen, zu Boden geworfen und mehrmals mit dem Kopf auf den Boden gestoßen hatte; bei diesem Bericht hat er sich „unter leichten Schaukelbewegungen" ruhig und „gemütskalt" geäußert.

Der am 13. August 1953 geborene Proband lernte verzögert Sprechen, verzögert waren auch die motorische und emotionale Entwicklung. Nach zweimaligem Sitzenbleiben kam er in eine Sonderschule und wurde in einem Heim untergebracht. Bei seiner Untersuchung am 12. Juli 1960 entsprach das Intelligenzalter dem eines 3- bis 4jährigen Kindes; sein Auftreten wurde als kleinkindhaft und labil beschrieben, wobei er je nach den äußeren Verhältnissen entweder ängstlich oder – seltener – mit überschießenden Affektausbrüchen reagierte, entweder gehemmt oder enthemmt in Erscheinung trat. Es wurde eine Oligophrenie diagnostiziert, die nach ihrem Schweregrad zwischen Imbezillität und Debilität eingeordnet wurde. 1971 wurde er nach der Bedrohung der Mutter in einer geschlossenen psychiatrischen Institution untergebracht und 1974 wegen Geistesschwäche entmündigt; die testpsychologisch ermittelte Intelligenz entsprach einem IQ von 58 (HAWIE). Während er gewöhnlich flach-heiter in Erscheinung trat, konnte er unvermittelt auch dysphorisch-aggressiv reagieren; Entweichungen wurden z.T. mit seinem Wunsch, das Elternhaus von weitem anzuschauen, motiviert. Dabei hat er am 15. April 1976 den Kassenraum einer Sparkasse betreten und die Herausgabe von Bargeld verlangt. Um seiner Forderung Nachdruck zu verleihen, schlug er mit einer Dachlatte auf einen Kunden ein und rief: „Dies ist ein Überfall, Geld her!" Nach seiner Schilderung war ihm der Einfall beim Vorbeischlendern an der Sparkasse plötzlich gekommen, nachdem er zuvor seine gesamte Barschaft für eine Taxifahrt und nichtalkoholische Getränke ausgegeben hatte. Das Ermittlungsverfahren wurde wegen Schuldunfähigkeit eingestellt. Eine emotionale Beteiligung des Probanden war nicht festgestellt worden. In der Folgezeit wurden wiederholt „psychomotorische Erregungszustände" bei ihm beobachtet, weshalb er zeitweilig sogar fixiert werden mußte. Als er 1982 in einer Behindertenwerkstatt eine leichte Tätigkeit aufnehmen sollte, zeigte er sich überfordert, weshalb der Versuch abgebrochen werden mußte; ihm wurde nur die Eignung für eine Tätigkeit, bei der „gleichförmige Handgriffe sich wiederholen" zugesprochen. Nach Aufhebung des Unterbringungsbeschlusses befand er sich ab 1. April 1982 freiwillig auf einer offenen Station, die er am 24. Juli 1982 verließ, angeblich um Arbeit zu suchen. Solange er Geld hatte, fuhr er per Bahn und Taxi, danach per Anhalter; unterwegs trank er 3 kleine Flaschen Underberg. Hinsichtlich des anschließenden Geschehens hatte er mehrere Versionen parat; Ausgangspunkt ist die Mittellosigkeit. Die Idee, sich – wie schon öfters – von „Polizei oder Feuerwehr" ins Krankenhaus zurückbringen zu lassen, verwarf er. 2 in der Nähe befindliche Sparkassen hatten geschlossen, aber in dem Schuhgeschäft, an dem er vorbeikam, sei etwas zu machen gewesen. Mit einem Knüppel schlug er auf die Verkäuferin ein, wobei er sie mehrfach am Kopf traf; dazu rief er „Geld her, dies ist ein Überfall!" Dann entnahm er der Kasse 400,– DM, versetzte der am Boden Liegenden erneut 4 oder 5 Schläge an den Kopf und flüchtete, wobei er von einem Passanten verfolgt und gestellt wurde, als er sich in der Nähe in einem Gebüsch verbarg, „um auszutreten!" Das Gericht hörte 2 psychiatrische Sachverständige, die übereinstimmend die Exkulpation empfahlen. Dazu hieß es in einem der Gutachten, daß das rational vorhandene Unrechtsbewußtsein unwirksam bleibe, weil die Handlungskontrolle durch das Gewissen fehle, wie dies sich aus der Abwesenheit von Schuldgefühlen ableiten lasse.

Es ist das Muster des „Räuber-Gendarm-Spiels", an das man besonders im Hinblick auf die eigene Darstellung des Vorfalls durch den Probanden unwillkürlich denkt. Er hat sich offenbar von dem gravierenden Ereignis keinen rechten Begriff gemacht, und es wäre nicht erstaunlich, wenn sich herausstellen würde, daß er mit seinem Verhalten, einschließlich der verbalen Ankündigung, eine Szene kopierte, die er beim Fernsehen oberflächlich apperzipiert hatte; eine Strukturierung dieser Erfahrung scheint – seit 1976 – nicht stattgefunden zu haben, und so ist zu erwarten, daß er bei geeigneter Gelegenheit „sein Glück" noch einmal versuchen wird, nachdem er in der Vergangenheit zweimal „Pech hatte", zumal das Erwischtwerden für ihn weiter keine unangenehmen Folgen gehabt hat.

In der einfachen, holzschnittartigen Form der Deliktbegehung manifestiert sich eine Behinderung der Entwicklung eines den Zusammenhang der Kausalbezüge aufzeigenden Systems von Begriffen. In ihrer interindividuellen Gleichförmigkeit bewirkt diese Retardierung, daß der Werdegang solcher Kranker in wenigen Strichen skizziert werden kann. Das Erlernen von Laufen und Sprechen erfolgt verspätet und unvollkommen, das gleiche gilt hinsichtlich der manuellen Geschicklichkeit. Das Abhängigkeitsverhältnis von der maßgeblichen Bezugsperson bleibt sehr eng, deren Verlust kann zu einer nachhaltigen Erschütterung führen. In kompetitiven Situationen kommt es rasch zur Isolierung der Probanden, auf die mit torpider Interesselosigkeit, mit destruktivem Protest oder mit kritiklosem Hervortunwollen reagiert wird.

Die ganz schweren Schwachsinnsformen – Idiotie und Imbezillität, Intelligenzalter unter 8 Jahren, Intelligenzquotient unter 50 – sind meist am Minderwuchs oder an Mißbildungen auch äußerlich zu erkennen und auf eine oft sonstwie manifeste somatische Erkrankung (Chromosomenaberration, Stoffwechselstörung etc.) ursächlich zu beziehen. In diesen schweren Fällen reicht die Lernkapazität nicht aus, um den Kranken über Lesen und Schreiben einen Zugang zum soziokulturellen Raum zu eröffnen. Da es nicht zu einer Systematisierung von Erfahrungen kommt, ist jeder Erlebensvorgang von absoluter Einmaligkeit, ohne Beziehung zu ähnlichen Erlebnissen, an die sich die Kranken gleichwohl, oft erstaunlich gut, erinnern können.

Bei der Debilität als der leichtesten Schwachsinnsform besteht eine gewisse Bildungsfähigkeit, die es erklärt, daß man in der psychiatrischen Praxis manchmal Debile antrifft, die es irgendwie geschafft haben, den Führerschein zu erwerben. Überhaupt kommt es in diesen Fällen hinsichtlich der praktischen Lebensbewährung sehr auf die Qualität der Bezugspersonen an, zu denen der Kranke in einem fortwährenden Abhängigkeitsverhältnis steht. An ihrer Unbeholfenheit ändert der ihnen von außen gebotene Halt im Grunde nichts; diese Unbeholfenheit kommt meist bereits in der Mühe bei der sprachlichen Kommunikation zum Ausdruck; durch den Einfluß von Fernsehsendungen hat sich der Wortschatz etwas verschoben, er bleibt insgesamt aber ärmlich, rudimentär. Die rechnerischen Fähigkeiten reichen für einen sinnvollen Umgang mit Geld nicht aus; es werden Taxifahrten unternommen, auch wenn danach das Geld für die Rückfahrt fehlt. Situatives Erfassen beschränkt sich auf Vordergründiges, es wird ohne Nachdenken geurteilt, vorschnell, leichthin, ohne Bedenken. Das Werterleben wird durch Abhängigkeit bestimmt, die der – von Piaget (1932) beschriebenen – Gehorsamkeitseinstellung des Kindes zu vergleichen ist; von einem autonomen Werterleben ist nicht auszugehen.

Im Strafrecht ist die praktische Bedeutung des Schwachsinns auf diese leichteren Formen der Störung beschränkt. Die aus der Unselbständigkeit der

Kranken abzuleitende Situationsbestimmtheit seines Tuns, die ein hohes Ausmaß annehmen kann, gibt in der Regel Veranlassung, an ihrer Verantwortungsfähigkeit zu zweifeln. Der Kranke erscheint nun seinerseits als das Opfer einer Vielfalt suggestiver Einflüsse. Ob diese dem „Außenraum" entstammen oder trieb-/dranghaften Bedürfnissen entsprechen, der Kranke hat ihnen nichts entgegenzusetzen, da es ihm an „überschauendem planendem Denken" (Witter 1970, S. 47) mangelt. Da er zur normalen Befriedigung dieser Triebansprüche infolge seines Handicaps kaum Gelegenheit hat, erhalten auch neutrale Situationen einen hochvalenten Aufforderungscharakter, auf den dann oft in kurzschlüssiger Weise reagiert wird. Auch dies soll nachfolgend kasuistisch verdeutlicht werden, wobei es gleichzeitig um das „Grenzfallproblem" der Abgrenzung krankhaften Schwachsinns von nichtkrankhaften Minusvarianten geht.

In dem etwas über 4000 Einwohner zählenden ländlichen Ort O. wurde am 27. Juli 1982 die 20jährige Tochter eines Kfz-Meisters auf dem Gelände der dem Vater gehörenden Tankstelle mit Benzin übergossen und angezündet. Die Tat ereignete sich gegen 23 Uhr, Tatzeugen sind nicht vorhanden, das Opfer war infolge seiner Verletzungen nicht in der Lage, sich verständlich zu machen; es kam schnell zum Koma, das bis zum Tod anhielt. – Am 17. August 1982 wurde der am 16. Januar 1965 geborene Tankwartlehrling J. A. festgenommen, nachdem er auf inkonsequente und widerspruchsvolle Art vom Leugnen seiner Täterschaft zu einem Geständnis übergegangen war, das er in mehrfacher Hinsicht modifizierte und nach Beiziehung eines Verteidigers zu widerrufen beabsichtigte, stattdessen aber unterschrieb. Später gab er als Grund für dieses auffällige Verhalten an, daß er von den Kriminalbeamten in die Enge getrieben worden sei, gleichzeitig sei ihm der Vorteil einer geständigen Einlassung mit der Möglichkeit einer Verurteilung, nicht wegen Mordes, sondern wegen Körperverletzung mit Todesfolge vor Augen geführt worden, wobei auch die Annahme von Schuldunfähigkeit gegebenenfalls in Betracht kommen könne. Obwohl der junge Mann dem Vater der Getöteten, seinem Lehrherrn, zu großem Dank verpflichtet war – aufgrund seiner Lernbehinderung hätte er schwerlich eine andere Arbeitsstelle oder gar Lehrstelle gefunden – soll er Klassenkameraden gegenüber geäußert haben, seinem Lehrherrn einen Streich spielen zu wollen, indem er mit Benzin eine Abfalltonne in Brand setze. Eine andere mögliche Motivkonstellation wurde darin gesehen, daß er dem Mädchen erfolglos sexuell nachgestellt und an diesem Abend durch einen erzwungenen Geschlechtsverkehr für sich habe gewinnen wollen. Eine annähernd realistische Chance für das Gelingen eines solchen Plans bestand im Hinblick auf den großen geistigen Abstand zu dem in festen Händen befindlichen Mädchen von vornherein nicht. Frühere Verhaltensauffälligkeiten des J. A. bestanden in einem kleinen Gelddiebstahl an der Tankstelle, von dessen Aufklärung man ihn nicht unterrichtet hatte; außerdem war er vor und nach dem spektakulären Ereignis exhibierend in Erscheinung getreten, indem er sich hinter einem Fenster der elterlichen Wohnung Nachbarinnen mit entblößtem Unterkörper und erigiertem Glied gezeigt hatte; schließlich hatte er in einer Vielzahl von Fällen recht wahllos Frauen aus dem Ort telefonisch belästigt, indem er stereotyp „Hallo Süße, wie wär's mit uns beiden!" sagte, gelegentlich Treffs vorschlug und wie bei einem Orgasmus stöhnte. Mit diesen Telefonanrufen hatte er 1980 begonnen, sich dabei aber auf die Heimatgemeinde beschränkt, verschiedentlich hatte er dabei auch seine Identität zu erkennen gegeben. Es wurden viele Zeugen gehört, die angaben, er könne den Leuten nicht ins Gesicht sehen, meide den Blickkontakt, sei gehemmt, schüchtern, einfältig, nicht gerade hell und nicht gerade dumm; er mache alles, was man ihm sage und stottere, wenn er nervös sei. Während eines Landheimaufenthaltes soll er andererseits das große Wort geführt haben; wenn man ihn nicht gesehen habe, habe man ihn gehört. Aus seinem Kameradenkreis wurden zahlreiche Beurteilungen zusammengetragen; es heißt hier, er sei auf allen Gebieten unbeholfen, zurückhaltend, ruhig, verklemmt, leicht beeinflußbar, labil. Er sei lahm, langsam, als Torwart ein „Schattenfänger", dabei habe er seinen Ehrgeiz darauf gerichtet, vom Ersatztorwart zum Torwart zu avancieren. Abgesehen vom Thema „Fußball" kenne er nur noch das Thema „Motorfahrzeuge"; beim Thema „Mädchen" werde er nervös, bekomme einen roten Kopf. Er habe bisher keine Freundin gehabt, sei „schusselig", ungeschickt, habe 2 linke Hände und werde von den Kunden der Tankstelle ironisch als

„der schnelle Tankwart" bezeichnet. Wegen schlechter schulischer Leistungen hatte er 1 Klasse wiederholt und den Abschluß nicht geschafft. Im übrigen war er kaum aus dem kleinen Ort herausgekommen und nach den Angaben der Mutter nicht in der Lage, sinnvoll mit seinem Geld umzugehen. – Die forensisch-psychiatrische Untersuchung erfolgte im Oktober 1982, dabei trat der Proband sehr befangen in Erscheinung und war leicht zu verunsichern, er blieb nun aber dabei, daß er nicht der Täter sei, eine Einstellung, an der er auch während der Hauptverhandlung festhielt. Mit einem sehr begrenzten Wortschatz versuchte er, seine – hauptsächlich auf der mangelnden Möglichkeit zur Befriedigung seiner im übrigen ganz normalen sexuellen Triebbedürfnisse beruhenden – Probleme zu schildern, wobei er auf Frage die abwegigen Verhaltensweisen, die er selbst praktiziert hatte, verurteilte, wenn sie von andern gegenüber seiner Mutter vorgenommen worden wären. Selbstbefriedigung stellt für ihn die gewöhnliche, ihn aber nicht vollständig zufriedenstellende Art der Sexualbetätigung dar. Ein schlechtes Gewissen hat er insoweit nicht. All diese Angaben werden trotz der bestehenden Verunsicherung auch von einer naiven Selbstgefälligkeit getragen, aus der heraus er für jeglichen Zuspruch sehr empfänglich ist und geschmeichelt reagiert. Dabei kommt seine geringe geistige Differenziertheit bereits in den grob-plumpen Gesichtszügen zum Ausdruck, was während der Hauptverhandlung noch dadurch akzentuiert war, daß ihm die Mitgefangenen eine Glatze geschnitten hatten. Er reagierte darauf, wie jemand, der es gewohnt ist, in der Gruppe gefoppt zu werden; trotz seiner Begriffsstutzigkeit im übrigen weiß er, daß es keinen Zweck hat, sich gegen solche „Scherze" zur Wehr setzen zu wollen, weil dies die Sache nur noch schlimmer macht. Er schließt sich daher in einem solchen Fall dem allgemeinen Gelächter an, wenn auch mit „schiefem Gesicht". Autoritätspersonen gegenüber ist er unterwürfig und in ungewohnten Situationen wirkt er in der Regel ratlos. Dies schließt allerdings nicht aus, daß er u. U. dreist-aufdringlich in Erscheinung tritt, wenn er sich sicher fühlt, was allerdings selten vorkommt; meist ist er unsicher und sprachlich gehemmt und er beginnt zu stottern, wenn er sich im Konflikt befindet. In allem haftet ihm eine Schwerfälligkeit an, die jegliche Spontaneität in lähmender Einfallslosigkeit untergehen läßt. Er ist um so mehr bemüht, den Anforderungen, die in der Untersuchungssituation an ihn herangetragen werden, gerecht zu werden, und er hat keine Schwierigkeiten, die Testanweisungen zu verstehen. Die unterschiedlichen Funktionsbereiche gedanklicher Aktivität kommen gleichmäßig in dem IQ von 78 zum Ausdruck; sie setzen ihn in die Lage, sein persönliches Verhalten unter dem Gesichtspunkt allgemeiner Normen zu beurteilen. Die soziale Kontaktaufnahme ist einseitig-passiv. Die sich daraus ergebende Isolation ist gerade im sexuellen Erlebensbereich für ihn von zentraler Bedeutung; sie führt zu inneren Spannungen, für deren Bewältigung ihm in der Phase des puberalen Instinktwandels im Hinblick auf seine Retardierung die Mittel fehlen. Die daraus resultierende Unausgeglichenheit erklärt, daß er auf den Ausweg verfiel, Frauen telefonisch zu belästigen, weil hierbei seine Kontaktschwäche nicht ins Gewicht fiel. Eine wie auch immer geartete sexuelle Deviation ist damit nicht verbunden; in den lästigen und z. T. lächerlichen Annäherungsversuchen kommt in erster Linie seine Tölpelhaftigkeit zum Vorschein und sein Ausgeliefertsein an unabweisliche Triebbedürfnisse, die seine Umwelt mit einem Aufforderungscharakter ausstatten, der dieser objektiv nicht zukommt. In ihrem nahezu schablonenhaften, starren Charakter entsprechen die sexuell abwegigen Verhaltensweisen des Probanden natürlich auch seiner generell stark verminderten Wendigkeit und dem ohnehin engen geistigen Horizont; von hierher erschiene es gerechtfertigt, hinsichtlich der Telefonanrufe als strafrechtlichem Tatbestand eine Dekulpation in Betracht zu ziehen, obwohl die intellektuelle Unterbegabung nicht das Ausmaß des Schwachsinns erreicht. Im Hinblick auf das Tötungsdelikt ist ein anderer Maßstab zugrundezulegen; falls J. A. der Täter war, ist im Hinblick auf sein psychisch hochgradig abnormes Aussageverhalten hinsichtlich der subjektiven Tatseite ein Dunkelfeld zu berücksichtigen, dem man nur mehr oder weniger fragwürdige Extrapolationen gegenübersetzen kann. Insoweit ist jedenfalls nicht wie im Fall der telefonischen Belästigungen von einer einfachen Verhaltensschablone auszugehen; die Besonderheiten der Tatsituation nötigen im Rahmen der Hypothese seiner Täterschaft im Gegenteil zur Annahme, daß der Proband entgegen seiner sonstigen Trägheit und Initiativlosigkeit einmal improvisiert und situationsunmittelbar gehandelt hat. Dies bedeutet, daß Langsamkeit und Begriffsstutzigkeit als konstituierende Momente der bei ihm bestehenden psychischen Störung in diesem Fall nicht zur Auswirkung gekommen sind.

Im Grenzbereich zwischen einfacher intellektueller Unterbegabung und krankhaftem Schwachsinn hat das häufig anzutreffende Bemühen der Probanden, sich „schlau" anzustellen, meist den gegenteiligen Effekt. Die Tölpelhaftigkeit und Plumpheit wird noch betont, weil der nötige Überblick fehlt. Es kann dann zu irrationalen Verhaltensweisen kommen, die leicht, z.B. im Sinne des „schlechten Gewissens" fehlinterpretiert werden, und man kann sagen, daß die Probanden darunter zu leiden haben, daß sie zwar dumm aber nicht dumm genug sind, um ihre Dummheit nicht zu bemerken. Ohne Überblick über die Situation und ohne Sicherheit in ihrer Person fehlt ihrem Verhalten die klare Linie, was zu allerlei Interpretationen und Deutungen herausfordert und Tür und Tor für psychologisierende Betrachtungen öffnet. Oft signalisiert dieses ungeschickte Verhalten nur Ratlosigkeit und Unvermögen, mit den ungewohnten, aber höchst suggestiven Einflüssen der neuen Situation fertig zu werden. Der wirklich Schwachsinnige hat es insoweit leichter, weil er sich nur selbst, so wie er ist, zum Ausdruck bringt und die suggestiven Einflüsse der Situation gar nicht wahrnimmt.

Wie Böker u. Häfner (1973, S. 40) bemerken, wird die Brauchbarkeit forensisch-psychiatrischer Untersuchungen über Beziehungen zwischen Schwachsinn und Gewaltkriminalität dadurch beeinträchtigt, daß nicht zu überprüfen ist, von welchen diagnostischen Kriterien ausgegangen wurde. Es ist deshalb zu vermuten, daß die Grenze zwischen der Debilität und nichtkrankhaften Minusvarianten der Intelligenz nicht immer in der erforderlichen Weise beachtet wurde. Die Erfahrung, daß ein erhebliches Kriminalitätsrisiko des Schwachsinns nur bei dessen leichtester Form, der Debilität, besteht, wird durch die Ergebnisse von Werner (1945) bestätigt. Die wegen des Differenzierungsmangels beim Schwachsinn gegebene Unfähigkeit, zutreffende kausale Voraussagen anders als „röhrenformig", d.h. auf einen Punkt des unmittelbaren Umkreises bezogen, zu machen, schränkt die Möglichkeiten , sich mit der Umwelt auseinanderzusetzen, natürlich auch hinsichtlich der Eventualität krimineller Aktionen erheblich ein. Da die Täter aus eben diesem Grund auch nahezu regelmäßig entdeckt werden, ist die Dunkelziffer gering. Bei statistischen Vergleichen sind die Schwachsinnigen daher gegenüber den Vergleichsgruppen mit normaler oder hoher Dunkelziffer überrepräsentiert.

2.2.7 Psychopathie

Das Problem der Abgrenzung nichtkrankhafter Abweichungen bei der Persönlichkeitsentwicklung, auf das bei der Besprechung des Schwachsinns bereits hingewiesen wurde, hat bei der Psychopathie eine sehr viel größere Bedeutung als beim Schwachsinn. Was Schneider (1962) die „Spielbreite menschlichen Wesens" genannt hat, umfaßt auch die Möglichkeit, kriminell zu werden, und so verweisen zumindest die schweren Begehungsformen kriminellen Verhaltens und Rückfallkriminalität generell auf leicht- bis schwerabnorme Täterpersönlichkeiten, was nicht zu bedeuten braucht, daß deswegen generell auch von einer krankhaften Strukturabwandlung des Gemüts bzw. von einer Psychopathie auszugehen wäre. Die krankhafte Strukturabwandlung des Gemüts (vgl. S. 45) als Definition der Psychopathie kommt mit der juristischen Begriffsbildung einer gestörten Entwicklung der „sittlichen“ Persönlichkeit neben dem Schwachsinn als geistiger Entwicklungsstörung zum Ausdruck, sie setzt die formale Differenz zu jenen Abweichungen von der Durchschnittsnorm voraus, die im Rahmen jener „Spielbreite menschlichen Wesens“ individualtypische, inhaltliche Besonderheiten bei intakter Funktion des Gemüts beinhalten. Gegenüber der extremen Vielgestaltigkeit charakterologisch zu erfassender Persönlichkeitsartungen, die gewisse Prägnanztypen aufweisen, bietet die eigentliche Psychopathie, darin durchaus dem Schwachsinn vergleichbar, ein relativ uniformes Bild. Der Vergleich mit dem Schwachsinn ist auch insofern gerechtfertigt, als in beiden Fällen die Strukturanteile der Störung biographisch konstant in Erscheinung treten; bei der Psychopathie ist dies die fundamentale Bindungslosigkeit der Kranken. Während die charakterliche Profilierung wandelbar ist, trifft dies für die Gemütlosigkeit der Bindungsschwachen nicht zu (Witter 1972, S. 1001).

Psychiatrische Versuche, die Psychopathie deskriptiv zu erfassen, sind seit den Tagen Pinels (1809) immer wieder unternommen worden; der Begriff der „moral insanity“ hat ebenso wie das Stereotyp des „psychopathischen Gesellschaftsfeindes“ die Kriminologie beeinflußt, beide Konzepte blieben nicht unbestritten. Mit der unsystematischen Psychopathentypologie von Schneider (1936), der sich die subtilen Beschreibungen von Petrilowitsch (1960, 1969) anschlossen, war der Weg gebahnt, der Psychopathologie in Charakterologie überleitete und damit die Gefahr der Auflösung dieser – zweifellos berechtigten – diagnostischen Kategorie mit sich brachte. In dieser kritischen und vielfach kritisierten Situation (u. a. Kallwass 1969) gewann die Umschreibung des Psychopathen als eines Menschen, der durch seine Abartigkeit selbst leidet oder andere stört, die Bedeutung, aus der heterogenen Vielfalt typologischer Besonderheiten der Pesönlichkeitsartung, die man wegen der fehlenden diagnostischen Gewichtung der für die Zuordnung maßgeblichen Merkmale nicht miteinander vergleichen konnte, zwei relativ einheitliche Gruppen zu machen. Neurotische Versager wurden in diesem Sinne soziopathischen Störern gegenübergestellt, beiden Gruppen wurde eine unterschiedliche kriminologische Bedeutung zugesprochen, und die Antwort auf die Frage, wer und was ein Psychopath sei, war ungewisser denn je. Dietrich (1969) kam auf diese Weise sogar zu einer „Differentialdiagnose des Verbrechers“, bei der dem „normalen“ ein „neurotischer“ und ein „soziopathischer“ Verbrecher verglichen wird. Der normale Verbrecher ist intrapsychisch geordnet, aber dissozial; als Gangster zeigt er Gruppenloyalität. Er sucht den Erfolg durch zweckvolle, zielbewußte Begehung von Verbrechen, bei der u. U. starke Aggressivität die Gefährlichkeit dieses Typs unterstreicht. Der soziopathische Verbrecher entstammt nach Dietrich der Unterschicht und ist gewissenlos („Super-Ego-Defekt“); seine Infantilität beruht auf einem ungelösten Ödipus-Komplex. Selbstsicherheit, Sorglosigkeit und Kontaktfreudigkeit machen ihn zu einem als „happy go lucky“ typisierten Menschen, der sich aus nichts etwas macht und seine Promiskuität, wo immer es geht, auslebt, wobei der hemmungslos-impulsive Charakter seiner Aggressivität dazu führt, daß er überall Bruchstellen hinterläßt. Hingegen ist der neurotische Verbrecher – weiter nach Dietrich – beruflich erfolgreich, aber unzuverlässig; er entstammt der Mittel- oder Oberschicht, wird von seinem rigiden Gewissen gepeinigt und findet bei starkem Liebesbedürfnis und Anhänglichkeit keine Befriedigung. Er leidet – selbstunsicher, von der dominierenden Mutter bis an sein Ende verfolgt – an Minderwertigkeitskomplexen und berechtigten Versagensängsten (Impotenz, Frigidität) und kann gelegentlich seine gewöhnliche Aggressionshemmung nicht mehr kontrollieren.

Die deskriptive Typenvielfalt blüht sozusagen auf, wenn außerdem von asthenischen Versagern gesprochen wird und innerhalb dieser Gruppe Willensschwach-Haltlose, Parasiten (Prostituierte, Vagabunden, Gammler, Oblomowisten, Bummler und Arbeitsverweigerer), Fantasten (Anarchisten, Träumer, Abenteurer, Outsider und Hochstapler) und Pseudologen mit gesteigerter Fremd- und Autosuggestibilität einander nebengeordnet werden, wobei ein Gemisch östlich-westlicher Wertauffassungen diese Einteilung zu bestimmen scheint. Zu den Willensschwach-Haltlosen zählt Dietrich Arbeitssuchende, Unbeständige, Leichtfertige und Suggestible mit Neigung zur Trunksucht und Leidenschaften. Die typologische „Welle", die vor Schneider bereits von Kahn (1928) initiiert worden war, bricht sich hier an einem „Strand", der nicht mehr begehbar ist, wenn dies mit dem Anspruch der Wissenschaftlichkeit geschehen soll.

Ohne die Ambition einer psychiatrisch-diagnostischen Zuordnung könnte mit gleicher Berechtigung auch von einer zu entwerfenden „Typologie archaischen Denkens" gesprochen werden. Dieser Denkstil würde sich zum Denken des zivilisierten Erwachsenen unserer Tage etwa so verhalten, wie infantiles Denken Heranwachsender zu entwickeltem Denken, das durchstrukturiert und auf das Ganze bezogen ist (vgl. Luthe Bd. 1, S. 51 f.). Kennzeichen eines solchen, anderen Formen des gesellschaftlichen Zusammenlebens angepaßten Denkstils wären seine situative Gebundenheit, sein vorwiegend intuitiver, jedenfalls unsystematischer Charakter. Es ergeben sich dann auffällige Ähnlichkeiten mit dem von Cleckley (1959, 1964) dem „Soziopathen" zugeschriebenen Kriterien. Die „hysterische Struktur" des Soziopathen ist mit oberflächlichem Charme und Infantilität verbunden. Vor dem Hintergrund einer athletischen Konstitution kommt es zu einem sich wiederholenden „acting out" mit impulsivem Gepräge, das durch fehlende Angst begünstigt, aber auch einem zwangsneurotischen, hypochondrischen oder neurasthenischen Rahmen eingeordnet werden kann. Das Fehlen des Gewissens und die Abwesenheit von Schuldgefühlen erklären die Unempfindlichkeit für erzieherische Einflüsse, gleichgültig, ob es sich um Belohnung oder Strafe handelt. Diese Menschen können nicht zwischen wahr und unwahr unterscheiden; sie neigen zur Promiskuität und ihr Handeln trägt den Stempel der Bedenkenlosigkeit. Ihre Unfähigkeit, echte Liebesbeziehungen einzugehen, wird von Selbstbezogenheit und Herzlosigkeit begleitet (Gelder et al. 1983, S. 115) und mit dem oberflächlichen Charme kontrastiert ein Gefühlsmangel, der bis zur Freude an abstoßenden Rohheiten gehen kann. Wenn hier von „archaischem Denken" zu sprechen ist, dann stellt es eine Paraphrasierung des Vergleichs, mit dem Hoffmann (1925, S. VII f.) archaische Logik an der bildenden Kunst exemplifiziert hat, dar, zu sagen, daß darin eine inhaltliche (materielle) Gebundenheit ohne die befreiende Wirkung der Idee so zum Ausdruck kommt, wie das archaische Standbild Teile hat, aber noch keine

Glieder: „die ästhetische Form durchdringt das Material stückweise, aber die Gestalt (unser ‚Thema') erscheint nicht vom Stoffe befreit, sondern bleibt in ihm gebunden". – „Das archaische Denken ist charakterisiert durch den Kampf um die Loslösung aus jener Gebundenheit, welche für das ‚primitive' Denken noch etwas Endgültiges, für das ‚klassische' schon etwas Abgetanes hat. Die Formen des primitiven Denkens tragen, wie Mythik, Mantik und Magie zeigen, in sich noch gar nicht die Möglichkeit einer Selbstbefreiung."

Gebundenheit des Themas an den stets zufälligen Stoff, d.h., der unsystematische Charakter dieses Denkens, das deshalb auch Kennzeichen des Intuitiven trägt, bedeutet Überzeugungsbildung aufgrund unmittelbarer Evidenz. In archaischen Situationen, beim Kampf Mann gegen Mann, mag dies richtiges Entscheiden fördern, in komplexeren Situationen handelt es sich dagegen oft um vorschnelles Urteilen ohne gründliche Prüfung des zu begreifenden Zusammenhangs. Dessen begriffliche Auflösung unterbleibt zugunsten eines „globalen" Erfassens der Situation, das absolute, keine verhältnismäßigen Erkenntnisse liefert; man kann deshalb auch sagen, daß bei diesem Denkstil die ungeprüft übernommenen Evidenzen sozusagen „bare Münze" sind und – im Sinne eines „Von-Fall-zu-Fall-Denkens" – zum einmaligen Gebrauch bestimmt. Die Ordnung und Übersicht eines ein für allemal funktionierenden Systems begrifflicher Orientierung fehlt in dem Umfang, in dem das Denken diese Stilmerkmale des Archaischen aufweist. Die Unterschiedlichkeit der Ergebnisse von Fall zu Fall bereitet den Probanden die geringste Sorge; ihnen fallen selbst grobe Widersprüche spontan nicht auf, und welche Erfahrungen auch immer gemacht werden, das, was es ihnen ermöglicht, sich nach jedem „Fall" wie der berühmte Phönix aus der Asche zu erheben, ist die mit der Systemlosigkeit des Denkens verbundene Inkonsequenz. Dem Denken fehlt auf diese Weise auch jene Ökonomie, die es bei dem sich wiederholenden Scheitern in komplexen Situationen jedem andern nahelegt, die Schuld hierfür bei sich selbst zu suchen; diese Probanden haben kein Verständnis für den grotesken Charakter ihrer eigenen Deutung, nach der alle andern, nur nicht sie selbst schuld sind, und daher liegt, in ihren Augen, nichts näher, als daß sie sich selbst das holen, was man ihnen böswillig vorenthält: alles. Treten sie dabei aggressiv in Erscheinung, wenden sie aus ihrer Perspektive trotzdem keine Gewalt an, sie üben nur Gerechtigkeit; so halten sie auch nichts vom Lügen, weil dies prinzipiell nur die andern tun, weichen sie selbst von der Wahrheit ab, dann ist dies durch ihr stets übergeordnetes Interesse mehr als gerechtfertigt. Ihre Position ist „ptolemäisch", Bindungen existieren nur, wenn sie selbst in deren Mittelpunkt sind; es gibt keine gleichberechtigten Partner, der archaisch Denkende ist „der" Despot, der sich gnädig oder tyrannisch mit andern einläßt, beispielsweise mit wechselnden „Sexualobjekten", in deren Beherrschung er Genugtuung findet. Nicht selten erinnern derart Denkende an große Kinder oder an einen kleinen Nero; ihre Illusionslust, die sich mit der geschilderten Naivität verbindet, spielt ihnen beständig Streiche. Sie erlaubt es ihnen, ihre Mißerfolge schnell und spurlos für sie hinter sich zu lassen, denn ihr Szenarium hat schon wieder gewechselt.

Die sachliche Berechtigung der diagnostischen Kategorie „Psychopathie" im Sinn einer krankhaften Strukturabweichung tritt um so deutlicher hervor, je prägnanter es gelingt, die deskriptiv zu erfassenden Auffälligkeiten der Art und

Weise, wie sich die Persönlichkeit manifestiert, auf ein durchgehendes formales Prinzip zu beziehen. Davon hängt auch ab, ob das eingangs formulierte Problem der für die forensisch-psychiatrische Beurteilung außerordentlich wichtigen Abgrenzung jener „Spielarten menschlichen Wesens" und Denkstile von den psychischen Störungen, die ihre Träger aus der Gemeinschaft der Verantwortlichen aussondern, gelingt. Dieses durchgehende formale Prinzip wurde an anderer Stelle (Luthe 1982a, S. 51 ff.) in der als Bindungslosigkeit zum Ausdruck kommenden Integrationsschwäche des autistischen Psychopathen, die fundamental ist, gesehen und beschrieben. Während beim archaischen Denkstil die kognitiven und volitiven Funktionen insofern ungestört sind, als die affektive Bedeutungsentnahme – wenn auch auf besondere (gebundene) Weise dem Thema und dieses dem Gegenstand des Erlebens entspricht, setzt die Diagnose Psychopathie den Nachweis jener volitiven Funktionsstörung voraus, die mit dem Begriff der Gemütlosigkeit in Zusammenhang gebracht wurde (vgl. S. 44). Da der Psychopath von Anfang an kein Gemüt entwickelt hat, fehlt ihm auch, im Gegensatz zum Schizophrenen, dem beim Zerfall ein vorher vorhandenes Gemüt abhanden kommt, die Möglichkeit zu diesem Fehlen Stellung zu beziehen. Die Auswirkungen des der Entwicklung vorgegebenen Integrationsmangels sind um so auffälliger, je differenzierter sein Erleben auf der andern Seite ist, je weiter sich – anders ausgedrückt – sein Erlebensraum ins Gegenständliche hinein entfaltet. Ohne den stabilisierenden Einfluß fester Bindungen ist er hier einem ständigen Wechsel überantwortet. Die Angst des autistischen Psychopathen vor jedem Wechsel wird von hierher ebenso verständlich, wie es die Regungslosigkeit des Ataktischen ist, der sich vor dem Hinstürzen fürchtet.

Diese Angst, die nicht dem Inhalt des Erlebten entnommen, sondern als formales Merkmal dem Erleben durch allen Wechsel hindurch vorgegeben bleibt, ist auch der Grund dafür, daß eine kriminologische Bedeutung dieser im strukturalen Sinn als Krankheit zu bezeichnenden Form der Psychopathie praktisch nicht vorhanden ist. Die schwere Form der „sittlichen" Entwicklungsstörung, die autistische Psychopathie, hat strafrechtlich ebensowenig Bedeutung wie die Idiotie und Imbezillität als die schweren Formen der „geistigen" Entwicklungsstörung; es erübrigt sich daher, an dieser Stelle näher auf diese psychische Störung einzugehen. Die leichte Form der Störung wurde im Sinne der „egozentrischen" Psychopathie dem alten Begriff der „moral insanity" verglichen (Luthe 1971) und als „infantil egozentrischer Charakter" zu beschreiben versucht. Die zahlreichen Überschneidungen, die sich hierbei zum archaischen Denkstil des Soziopathen ergeben, sind gewiß nicht zufällig. In ihnen kommt auf typische Weise jenes Grenzfallproblem zum Ausdruck, das es im Einzelfall erforderlich macht, die Verantwortlichkeitsbeurteilung tatbezogen von den jeweiligen Umständen des zu beurteilenden Falles abhängig zu machen, wobei es auf die kasuistische Ausprägung jener „formalen Differenz" ankommt, die eingangs den bloß „inhaltlichen Besonderheiten" der Persönlichkeitsartung gegenübergestellt wird. Hierbei ermöglicht der „individualtypische" Charakter der Störung die Unterscheidung von der Uniformität jenes *formalen* Charakters des Strukturverlusts, der beim autistischen Verharren eigentlich eine Negation des Lebens beinhaltet; es ist jene Negation gemeint, die als „Gefühlsstille" Angst vor allem Neuen bedeutet. In den weniger schweren Fällen entwickelt sich daraus jene

„Gemütlosigkeit", die den Mangel an tragfähigen Bindungen in einer einzigen Sequenz gescheiterter Integrationsversuche zum Ausdruck kommen läßt. Es wäre falsch zu folgern, daß Gemütlosigkeit Abwesenheit von Fühlen bedeuten würde; es besteht im Gegenteil ein überschießendes Fühlen, das allerdings ein Fühlen ohne bindende Qualität ist: es ist nicht konstruktiv, sondern destruktiv hinsichtlich der darin enthaltenen Handlungsanweisungen, was die besondere kriminologische Bedeutung dieser Störung unterstreicht.

Diese Orientierung an formalen Merkmalen des psychischen Strukturverlusts versetzt den psychiatrischen Sachverständigen in die Lage, den strafrechtlichen Begriff der „schweren anderen seelischen Abartigkeit" formal, d. h. wertfrei zu definieren. Dies ermöglicht es dem Sachverständigen, die Vorteile einer seinswissenschaftlichen Legitimierung seiner Kompetenz, auf die an anderer Stelle (Luthe 1981 a, S. 14) eingegangen wurde, auch hinsichtlich dieser praktisch so überaus wichtigen Störformen wahrzunehmen. Ohne den Rückgriff auf die formale Betrachtungsweise verbliebe nur der Ausweg, über Begriffe wie Krankheitswert oder Krankheitsähnlichkeit der Störung zu einem praktisch brauchbaren Ergebnis zu gelangen. Der einer solchen Methode immanente Wertungscharakter der Beurteilung führte notwendigerweise zum Verwischen der Grenzen, welche die Zuständigkeit des Richters von derjenigen des Sachverständigen trennen müssen, soll das System als Ganzes seine Funktionsfähigkeit behalten.

3 Die Verantwortlichkeitsbeurteilung in einigen praktisch bedeutsamen Spezialfällen

Die Problematik der Schuldfähigkeitsbeurteilung hat in bestimmten Bereichen forensisch-psychiatrische Schwerpunkte; das Vorhandensein darauf beruhender Diskussionszonen mit entsprechenden Auswirkungen auf die höchstrichterliche Rechtsprechung hat Gründe, die in der jeweils besonderen praktischen Bedeutsamkeit dieser Bereiche zu suchen sind und die Veranlassung geben, ihnen hier gesondert Rechnung zu tragen. Dabei geht es um die Beurteilung von jugendlichen Rechtsbrechern, von Sexualdelinquenten und Affekttätern. Es ist nicht beabsichtigt, eine geschlossene Darstellung jedes dieser Bereiche vorzulegen; vielmehr soll aus strukturpathologischer Sicht in die in Gang befindliche Diskussion eingegriffen werden.

3.1 Schuldfähigkeit Jugendlicher und der Stand ihrer „sittlich/geistigen" Entwicklung

Holzbach u. Venzlaff (1966) haben sich sehr skeptisch hinsichtlich der Möglichkeit geäußert, geeignete Kriterien anzugeben, um den „unausgeformten Entwicklungskriminellen" vom „disharmonischen Anlagekriminellen" zu unterscheiden. Es wären dies die gleichen Kriterien, die benötigt werden, wenn zwischen dem strafmündigen und dem schuldunfähigen jugendlichen Täter unterschieden werden soll. Ein praktisches Anwendungsbeispiel für die Kritik der genannten Autoren stellen die bekannten „Marburger Richtlinien"[1] dar, mit denen die Deutsche Vereinigung für Jugendpsychiatrie im Jahre 1954 Merkmale der Reifebeurteilung katalogartig zusammengestellt hat. Die Unverwertbarkeit dieser Merkmale ist schon bald darauf von Mutschler (1956) überzeugend nachgewiesen worden.

Die darauf beruhenden Schwierigkeiten bei der Umsetzung der gesetzlichen Bestimmungen in die tägliche Arbeit werden akzentuierter als im Erwachsenenrecht bedeutsam, weil das Jugendgerichtsgesetz – anders als das allgemeine

1 Danach spricht das Fehlen folgender Persönlichkeitsqualitäten für mangelnde Reife: Fähigkeit zur Lebensplanung, zu selbständigem Urteilen und Entscheiden, zu zeitlich überschauendem Denken, Gefühlsurteile zu rationalisieren, zu einer ernsthaften Einstellung gegenüber der Arbeit, zur Eigenständigkeit im Verhältnis zu anderen. Als typisch jugendtümlich wird gewertet: ungenügende Persönlichkeitsausformung, Hilflosigkeit, naive Vertrauensseligkeit, Leben im Augenblick, starke Anlehnungsbedürftigkeit, Tagträumen, Abenteuerlust, mangelhafter Anschluß an Altersgenossen u. a.

Strafrecht – dem Richter zwingend vorschreibt, in jedem Einzelfall diese Voraussetzungen zu überprüfen. In dieser Situation haben verschiedene Autoren (Tramer 1941, 1947; Dührssen 1954; Brocher 1957) die allgemeine Schuldfähigkeit als Implikation des Entwicklungsstandes angesehen. Fordert der § 3 JGG zur Strafmündigkeit die *Reife*, die zur Einsicht und zum einsichtsgemäßen Handeln erforderlich ist, so setzen die genannten Autoren diesen Begriff der Reife kurzerhand mit dem der *Fähigkeit* der §§ 20/21 StGB gleich. Bresser (1972) hat demgegenüber ganz zutreffend ausgeführt, daß diese Auslegung im Gesetz keine Stütze findet und darüber hinaus auch nicht mit den empirischen Gegebenheiten in Einklang steht; dem ist hinzuzufügen, daß die erwähnte Gleichsetzung auch aus logischen Gründen auf Bedenken stößt, weil die psychiatrische Erfahrung lehrt, daß die Fähigkeit, mit der wir es hier zu tun haben, zweifelsfrei ihrerseits an entwicklungsbedingte Gesetzmäßigkeiten gebunden ist. Diese entwicklungsbedingten Gesetzmäßigkeiten lassen sich aus strukturalistischer Sicht als die schon bekannten Gesetzmäßigkeiten der Integrierung und Differenzierung benennen.

Man vermeidet den logischen Bruch, indem diese Reife und diese Fähigkeit unabhängig voneinander und dergestalt geprüft werden, daß zuerst nach der Schuldfähigkeit gefragt wird, weil deren Vorhandensein notwendigerweise auch den entsprechenden Reifestand impliziert, wohingegen ihr Fehlen zwei Möglichkeiten offenläßt: entweder fehlen die strukturalen Voraussetzungen der Fähigkeit schlechthin, dann liegt eine Krankheit vor, oder es ist so, daß sich, bei erfüllten strukturalen Voraussetzungen diese Fähigkeit vorläufig noch nicht entwickelt hat, sich im Hinblick auf das Fehlen einer psychischen Krankheit aber noch entwickeln wird. Im gleichen Sinne hat auch Stutte (1953) den zu erwartenden oder nicht zu erwartenden zukünftigen Ausgleich der Störung hervorgehoben und in anderem Zusammenhang zwischen einer „statischen" Insuffizienz, z. B. Schwachsinn, und einem „dynamischen" Begriff – vorläufiger – Verstandesunreife unterschieden. Was die Straftat als solche betrifft, kommt darin in jedem Fall die „sittliche Unreife" zum Ausdruck, auf die der Gesetzgeber in den §§ 3 und 105,1 JGG abstellt, wobei es von der Sache her keinen Unterschied macht, ob der Straftäter Jugendlicher, Heranwachsender oder Erwachsener ist. Untersuchungsergebnisse wie das von Roper (1951), wonach bei einer statistischen Analyse von 1100 Gefängnisinsassen 71% Zeichen psychischer Unreife, die an Beschreibungen aus den Marburger Richtlinien (s. o.) erinnern, boten, sind daher alles andere als überraschend.

Die Konstatierung fehlender oder ungenügender Reife beinhaltet, wie diese Überlegungen zeigen, immer eine prospektive Wende, die dahingeht, daß zumindest die Möglichkeit bestehen muß, daß der Entwicklungsrückstand noch aufgeholt wird; diese Möglichkeit besteht nicht, wenn die formalen Voraussetzungen dazu nicht erfüllt sind, weil z. B. die Defizienz der differenzierenden Entwicklung – wie beim Schwachsinn – im Sinne von Stutte (s. o.) in ihrem Charakter „statisch" ist; das gleiche gilt hinsichtlich der Psychopathie, wenn diese als Ausdruck des Ungenügens der integrativen Voraussetzungen der Persönlichkeitsentwicklung (Luthe 1982a) verstanden wird. Auf diese Weise wird auch die spezialpräventive Begründung dafür, daß dem Reifemangel anders als der Schuldunfähigkeit im Strafvollzug Rechnung getragen werden soll, im Fall

„bleibender Unreife" gegenstandslos, weil es dann für erzieherische Einflüsse des Jugendvollzugs keinen Ansatzpunkt gibt. Bresser (1972) kann sich durchaus auf Erfahrung berufen, wenn er darauf hinweist, daß die Unreifekriterien der den Marburger Richtlinien folgenden Praxis diesen spezialpräventiven Zweck verfehlen, wohingegen dieser Zweck oft gerade bei solchen Probanden erreicht wird, die sich auch sonst als „reifer" erweisen. Sie sind reifer als die Angehörigen der Vergleichsgruppe, weil sie nicht struktural geschädigt und damit gegenüber erzieherischen Einflüssen nicht aus formalen Gründen bereits, prinzipiell, refraktär sind.

Es gibt Fälle, bei denen die – durch die Begehung von Straftaten manifest gewordene – „sittliche Unreife" schon lange vor dem allgemein für die Strafmündigkeit maßgebenden 15. Lebensjahr in Erscheinung getreten ist. Soll man dann einen 10jährigen Einbrecher etwa als in der Entwicklung zurückgeblieben bezeichnen und ihm den Entwicklungsstand eines 7- oder 8jährigen zuordnen? Es ist realistischer davon auszugehen, daß ein solcher, aus Altersgründen strafunmündiger, Proband, der im konkreten Fall als 19jähriger einen Bekannten durch Genickschuß getötet hat, seinen Altersgenossen in bestimmter Hinsicht eher voraus war. In diesem Sinne ist auch berichtet worden, daß ältere und stärkere Jungen damals, als er sich als Einbrecher betätigt hat, zu ihm „aufgeschaut" hätten. Es wäre offensichtlich aus jedem denkbaren – auch spezialpräventiven – Gesichtspunkt sinnlos und praktisch höchst unbefriedigend, in einem solchen Fall die bestehende Gemütlosigkeit, als Zeichen der integrativen Persönlichkeitsschwäche, zum Anlaß zu nehmen, den Probanden im Sinne der §§ 3 oder 105,1 JGG zurückzustufen. Damit würde der Tatsache zuwidergehandelt, daß in dieser Gemütlosigkeit eine der Entwicklung vorgegebene, sie von Anfang an in Mitleidenschaft ziehende, formale Insuffizienz, d.h. eine charakteristische strukturale Schwäche zur Auswirkung kommt. Dies hätte für den Betroffenen selbst und für die Gesellschaft nur negative Folgen.

Es besteht kein Zweifel, daß sich die Struktur des menschlichen Bewußtseins erst entwickeln muß; dies rechtfertigt es aber nicht, die Diagnose strukturaler Abweichungen mit der Feststellung eines Reifemangels oder Entwicklungsrückstands gleichzusetzen, bloß weil sie bei einem Jugendlichen oder Heranwachsenden zu treffen ist. Die Annahme fehlender Strafmündigkeit oder ungenügender Verantwortungsreife im Sinne des § 105,1 JGG wird erst dann sinnvoll, wenn dabei die strukturale Relevanz der Störung zurücktritt. Man sollte daher, Stutte folgend, bei derartigen Entscheidungen größtes Gewicht auf die Unterscheidung zwischen einem ausgleichsfähigen Zurückbleiben der Entfaltung vorhandener strukturaler Gegebenheiten einerseits und dem dauerhaften Fehlen strukturaler Entwicklungsmöglichkeiten andererseits legen. Eine solche Betrachtungsweise beinhaltet in der forensisch-psychiatrischen Praxis, daß auch bei Jugendlichen und Heranwachsenden zunächst die allgemeine Schuldfähigkeit hinsichtlich ihrer formalen Kriterien zu prüfen ist. Diese Prüfung führt entweder zum Ergebnis, daß keine Gründe für die Annahme fehlender oder verminderter Schuldfähigkeit aufzuzeigen sind, was die Frage des Entwicklungsstandes offen läßt, oder sie zeigt solche Gründe auf. Bestehen diese Gründe in der Insuffizienz des differenzierenden oder integrierenden Strukturierungsprinzips der Persönlichkeitsentwicklung, dann ist die Entwicklung als solche gestört, und dies ist etwas anderes als eine entwicklungsbedingte Störung, bei der die erfüllten strukturalen Voraussetzungen der Persönlichkeitsfunktionen nicht altersgemäß zur Auswirkung kommen; kennzeichnend ist der dauerhafte Charakter der Störung im ersten, der einem Ausgleich zugänglichen Charakter der Störung im zweiten Fall.

Wird aus strukturalen Gründen die Entwicklung als solche gestört, dann kanalisiert dies die Persönlichkeitsentwicklung im Sinne eines irreversiblen Vorgangs, der später nur noch in ‚symptomatischen' Grenzen einer Korrektur zugänglich ist, sofern überhaupt dann noch von einer Korrektur gesprochen werden kann. Die Entwicklungsbedingtheit einer Persönlichkeitsstörung bleibt demgegenüber äußerlich; sie hat keine strukturalen, sondern äußere Gründe und erfordert lediglich Zeit zu ihrem Ausgleich. Den oben erläuterten Gedanken von Stutte aufgreifend, hat Witter (1970, S. 165) empfohlen, die hier erforderlichen Entscheidungen nicht auf eine „entwicklungsdiagnostische", sondern auf eine „persönlichkeitsdiagnostische" Beurteilung zu stützen. Dies geschieht, wenn zwischen Entwicklungstätern mit günstiger Prognose, Verwahrlosungstätern mit zweifelhafter Prognose und Anlagetätern mit ungünstiger Prognose unterschieden wird. Die bekannte Problematik des Anlagebegriffs wird hier ausgeklammert, indem dieser Begriff für die hier verfolgten praktischen Zwecke völlig ausreichend im oben erläuterten strukturalen Sinn verstanden wird. Die strafrechtliche Bedeutung der sog. Pubertätskrise oder Reifungsdisharmonie, der hier mit dem Begriff des Entwicklungstäters Rechnung getragen wird, beschränkt sich wegen ihrer fehlenden strukturalen Relevanz auf den Bereich der §§ 3 und 105,1 JGG. Insgesamt erlaubt es die Anwendung der strukturalen Methode, die eingangs erwähnte Skepsis von Holzbach u. Venzlaff (1966) weitgehend zu relativieren. Damit wird einem zentralen Anliegen des Jugendrechts gedient; daneben macht die besondere spezialpräventive Ausrichtung des Jugendrechts, die dem Regulativ des Schuldprinzips den Erziehungsgedanken gleichberechtigt an die Seite stellt, inhaltspsychologische Überlegungen erforderlich, die im Hinblick auf ihren Einzelfallcharakter den strukturalen Rahmen überschreiten. Dabei werden an die beteiligten Sachverständigen und Jugendgerichte besondere Anforderungen gestellt, zumal die ansonsten erforderliche Kompetenzentrennung außerhalb der strukturalen Grenzen nicht mehr durchzuhalten ist.

3.2 Die Beurteilung der Verantwortlichkeit bei Sexualdelinquenten nach strukturalen Kriterien

Daß Homosexualität unter Erwachsenen heute nicht mehr pönalisiert wird, ist bereits erwähnt worden; sie wird i. allg. auch nicht mehr als eine psychische Krankheit angesehen. Strafrechtlich kommt darin eine weitere Klärung des Verhältnisses von Recht und Moral, von Schuld im strafrechtlichen Sinn und sittlicher Norm zum Ausdruck. Auch wenn sich die amerikanischen Normauffassungen mit den unseren nur bedingt vergleichen lassen, besagt es doch etwas für die in unserem alten Strafrecht vorherrschende Auffassung, daß Kinsey et al. (1948) aufgrund ihrer damals bahnbrechenden Untersuchungen ausführen konnten, daß 9 von 10 Amerikanern als „Sexualdelinquenten" bezeichnet werden müssen. Es liegt auf der Hand, daß nur ein verschwindend kleiner Teil dieser Population wirklich psychopathologisches Interesse verdient und damit für eine strafrechtliche Sonderbehandlung in Betracht kommt, sofern ihr sexuell abweichendes Verhalten überhaupt strafrechtlich von Belang ist, indem dadurch ein auch weiterhin geschütztes Rechtsgut verletzt wird, es sich nicht, wie es heißt, um ein abweichendes Verhalten ‚ohne Opfer' handelt.

Dies bestätigt lediglich den Gemeinplatz, daß juristische Klassifikationen, von welchen Bedürfnissen dabei auch immer ausgegangen wird, und die psychiatrischen Kategorien der Erfassung von Persönlichkeitsstörungen unterschiedliche Ausgangspunkte und unterschiedliche Zielsetzungen haben, ob sie mit sexueller Devianz verbunden sind oder nicht. In diesem Sinne ist an anderer Stelle bereits darauf Bezug genommen worden, daß eine Straftat, die nach inhaltspsychologischen Interpretationen als sexuell motiviert aufzufassen ist, nach juristischen Grundsätzen gleichwohl nicht der Sexualdelinquenz zugerechnet wird (Luthe 1981a, S. 15); umgekehrt gibt es auch den Fall der Sexualdelinquenz, dessen motivdynamische Interpretation eine andersartige Zuordnung nahelegt. Dem Türken, dem eine Vergewaltigung zur Last gelegt wird, kam es nicht auf die Befriedigung seiner Geschlechtslust an; er wollte sich am Ehemann seines Opfers rächen, weil er davon ausging, daß dieser mit seiner Frau ein ehebrecherisches Verhältnis unterhalte.

Die in der forensisch-psychiatrischen Praxis benötigte Einteilung erfolgt nach deskriptiv erfaßbaren Merkmalen. So unterscheidet Witter (1972) zwischen den sexuell motivierten Gewaltdelikten, mit Ausnutzung der seelischen Widerstandsunfähigkeit des Opfers, den exhibitionistischen Delikten und anderen Sexualdelikten von geringerer strafrechtlicher Bedeutung. Er gibt auch (S. 1053) den interessanten kriminalstatistischen Hinweis auf die „bemerkenswerte Konstanz" der echten Sexualdelikte, die „von sozialen Bewegungen und gesellschaftlichen Veränderungen weitgehend unabhängig" zu sein scheinen, wobei die Notzucht, die „weitgehend der allgemeinen Kriminalität" zuzuordnen ist, dem Aufwärtstrend folgt, der allgemein registriert wird. Den ‚triebhaften' Charakter sexuellen Verhaltens beiseitegelassen, erscheint der psychologische Kontext der uns hier interessierenden Phänomene so uneinheitlich wie die Persönlichkeiten, deren Bestandteil sie sind. Dies ist so zu verstehen, daß es verfehlt wäre, Sexualität als Funktion eines im Gehirn zu vermutenden „Sexualzentrums" zu begreifen, und Cox (1979) fügt hinzu, daß auch kein homogenes, dynamisches Muster dieser „überdeterminierten, multikausalen" Natur des Deliktverhaltens von Sexualstraftätern entspricht. Neben neurotischen, psychotischen und psychopathischen Abweichungen können alle möglichen organischen Schädigungen des Gehirns auch im Sinne subklinischer Normabweichungen als Determinanten wirksam werden. Mit dem ausdrücklichen Hinweis auf die ätiologische Indifferenz der organischen Schädigung erwähnt Cox so unterschiedliche Befunde wie ein rupturiertes zerebrales Gefäßaneurysma, die tumoröse Veränderung der Hirnanhangdrüse, akute Porphyrie, epileptische Krampfentladungen oder (alkohol)toxische Einwirkungen auf das Neuron. Es ist offensichtlich, daß all diesen Faktoren, denen noch viele andere hinzuzufügen wären, keine spezifische Bedeutung zukommt, und es ist von Interesse, daß auch in einem der von Dieckmann et al. (1975) referierten Fälle die stereotaktische Hypothalamotomie mit Ausschaltung des Ventromedialkerns den Rückfall in pädophil-exhibitionistisches Deliktverhalten nicht verhindert hat.

Löst man sich von der am verletzten Rechtsgut orientierten juristischen Betrachtungsweise und folgt man motivationsanalytischen Deutungen in ihrer Abhängigkeit von standardisierten Moralvorstellungen, so öffnet sich ein weites Feld, das der interpretatorischen Phantasie keine Schranken mehr setzt und in seiner Konsequenz des Pansexualismus die hier interessierenden Begriffe bis zur Bedeutungslosigkeit relativiert. Die Interpretation des Ladendiebstahls, bei dem der Täter Milch in Flaschen gestohlen hat, als unbewußter Griff an die nicht nur Nahrung, sondern auch lustspendende weibliche Brust, ist deshalb strafrechtlich völlig unbeachtlich. Vom verletzten Rechtsgut her bleibt die strafrechtlich relevante Handlung klarerweise ein Diebstahl und hinsichtlich der Schuldfähigkeit kommt es nicht darauf an, aus welchen Beweggründen heraus der Täter gehandelt hat. Darin unterscheidet sich die forensisch-psychiatrische Beurteilung der Schuldfähigkeit von jeder sittlich/moralischen Bewertung durch die öffentliche Meinung und das eigene Gewissen des Täters gerade auch im Bereich der Sexualdelinquenz. Beurteilung der Schuldfähigkeit heißt deshalb bei der Sexualdelinquenz genauso wie bei allen übrigen Deliktarten, daß es auf formale Kriterien ankommt, nämlich auf die strukturale Relevanz der psychischen Normabweichung.

Ebenso wie aggressives Verhalten ist auch sexuelles Verhalten in den differenzierend/integrierenden Strukturierungsprozeß der Persönlichkeit untrennbar, d.h. nicht auf ein wie auch immer geartetes Zentrum im Gehirn begrenzt, einbezogen. Dieser Erkenntnis trägt z.B. die Definition der sexuellen Perversion durch Glasser (1979, S. 278ff.) Rechnung, die es ermöglicht, die strukturale Abweichung als ‚krankhaft' von „perversen Zügen" der normalen Sexualität normaler Probanden abzugrenzen, ob diese strafrechtlich bedeutsam sind oder nicht. Glasser schreibt: „Die große Mehrzahl der Bevölkerung kann sich von Zeit zu Zeit sexuellen Phantasien hingeben, die von den kulturell akzeptierten Normen abweichen, und viele Leute können sogar solche Phantasien gelegentlich in die Praxis unsetzen". Die diagnostische Bezeichnung „sexuelle Perversion" behält er den Fällen vor, in denen die sexuelle Devianz die persistierende, ständig bevorzugte Form sexuellen Verhaltens ist, das eine „globale Struktur" widerspiegelt, in welche die „Gesamtpersönlichkeit" des Individuums einbezogen ist. Als Gradmesser dieser Strukturierungsleistung kann die gelungene, wechselseitige Partnerschaftsbeziehung der reifen Sexualität angesehen werden. Beispiel für ein extremes Mißlingen ist der von Witter (1972, S. 1067) erwähnte Fall eines nekrophil in Erscheinung tretenden Schizophrenen.

Abgesehen von den Fällen, die als passagere Gelegenheitspraktiken oder als Ausdruck sexueller Unerfahrenheit keinen Bezug zu irgendwelchen Störungen des strukturalen Aspekts der Sexualität haben, haben wir in der forensischen Praxis 2 Eventualitäten ins Auge zu fassen: a) sexuelle Verhaltensabweichungen, deren strukturaler Bezug sich daraus ergibt, daß es sich dabei um den Teilausdruck einer anderweitigen psychischen Krankheit handelt, welche die Persönlichkeit in Form von Abbau oder Zerfall in Mitleidenschaft zieht. Diesbezüglich ist auf die Fallbeschreibung S. 90 u. 111 zu verweisen. Auch Giese et al. (1967) bejahen insoweit die Exkulpationsvoraussetzungen und unterscheiden dieses „kranke" Verhalten von einem bloß „krankhaften" Sexualverhalten, bei dem in der Regel allenfalls die Dekulpation in Betracht kommt. Es handelt sich hier um den Fall b), bei dem die postulierte Anlagebedingtheit der Störung zu einer sexuellen Fehlentwicklung im Sinne einer dauerhaften Normabweichung führt, die struktural der oligophrenen oder psychopathischen Fehlentwicklung zu vergleichen ist. Ziehen wir die von Giese im einzelnen aufgeführten und von der Rechtsprechung des Bundesgerichtshofs weitgehend rezipierten Kriterien der Diagnosestellung in Betracht, dann ist zunächst daran zu erinnern, daß Giese insoweit in Übereinstimmung mit Glasser den „holistischen" Aspekt der Sexualität betont, indem er „die Sinnlichkeit" als die „Achse" bezeichnet, „um die sich das Erleben dreht, die zugleich den Fächer bildet für mögliche Ausfaltungen des sexuellen Erlebens überhaupt". Konsequenterweise weist er darauf hin, daß darin auch im ungewöhnlichen Fall „Allgemeinmenschliches zur Sprache gebracht wird", was er am Beispiel der „Begabung" für Exhibitionismus oder Fetischismus konkretisiert. Der Mensch bleibt dabei grundsätzlich in der Lage, sich auch sexuell situationsangepaßt, im strukturalen Sinn „frei", zu verhalten. Giese hat die weitere Entwicklung vorweggenommen, indem er – vor der Entpönalisierung – schrieb, daß „die Tatsache der homosexuellen Veranlagung an sich ... nicht einschließt, daß jemand von vornherein zu exkulpieren sei".

Für Giese ist das diagnostische Kriterium der – in extremen Fällen die verantwortliche Entscheidungsfähigkeit beseitigende – „Verfall an die Sinnlichkeit", den man daran erkennt, daß die „Steigerung der Frequenz der sexuellen Betätigung" ungeachtet von Alter des Täters, körperlicher Behinderung, sozialer Diskriminierung einerseits ein erhebliches Ausmaß annimmt und andererseits ausbleibende Befriedigung hinterläßt, was – nach Giese – zu einer „impotentia satisfactionis" führt. Es kommt dann zu Verwahrlosungserscheinungen mit einem in Promiskuität und Anonymität aufgehenden Verlust des die reife Sexualität auszeichnenden Partnerschaftsbezugs. Progredienz und Süchtigkeit als Verhaltensmerkmale rücken damit in den Vordergrund und werden mit weiteren, im Einzelfall nur schwierig zu konkretisierenden Verhaltensbesonderheiten zusammengesehen; dazu gehört, daß keine „Verbindlichkeiten gepflegt" werden, daß Verantwortung umgangen, ein Gespräch nicht geführt und Vertrauen nicht gesucht wird. Giese hat diesem Konzept, auf das S. 93 mit kasuistischem Bezug bereits kritisch eingegangen worden ist, und das eine destruktive Abfolge beinhaltet, ausdrücklich eine formale Fassung gegeben, indem er diesbezüglich von einem „Abbau der Erotik" sprach, der „die Unpersönlichkeit des rein genitalen Reizerlebens" gewissermaßen als Bodensatz übrig läßt.

Indessen führt die Progredienz des Suchtverhaltens allein weder bei den wirklichen Suchtformen noch bei dieser „Suchtanalogie" des Verfalls an die Sinnlichkeit ohne weiteres zum krankhaften Verlust der Persönlichkeitsstruktur. Ein solcher liegt – mit exkulpierender Wirkung – erst dann vor, wenn es zu der auf S. 90 beschriebenen „Homogenisierung des Erlebens" durch einen nicht auf die Erotik beschränkten, sondern allgemeinen Abbau der Persönlichkeit insgesamt gekommen ist, wie man dies im Hinblick auf den erwähnten „holistischen“ Aspekt der Sexualität auch von vornherein erwarten kann, und wie dies ganz ähnlich von der Rechtsprechung berücksichtigt wird, wenn der BGH (Urt. v. 17. 2. 81 – 1 StR 807/80) die dekulpierende Wirkung einer Heroinsucht vom Vorliegen „schwerster Persönlichkeitsveränderungen“ abhängig macht und in ständiger Rechtsprechung diesen Grundsatz auch auf die Sexualdelinquenz anwendet, wobei es nicht darauf ankommt, ob die zugrundeliegende sexuelle Abweichung ihrer Natur nach qualitativ oder quantitativ ist. Zwischen Perversion und Hypersexualität, ein Begriff, den der BGH herangezogen hat, wird also hinsichtlich der Rechtsfolgen der §§ 20/21 StGB nicht unterschieden; worauf es in beiden Fällen gleicherweise ankommt, ist der strukturale Charakter einer nicht auf die Sexualität beschränkten, sondern umfassend die ganze Persönlichkeit in Mitleidenschaft ziehenden Veränderung. Die Berücksichtigung des quantitativen Aspekts, bezüglich dessen auf den Fallbericht S. 111 zu verweisen ist, erfolgte bei Giese unter 3 Gesichtspunkten: als Folge einer von außen auferlegten sexuellen Abstinenz langer Dauer, als Folge eines inneren, abbaubedingten Verlustes der Verhaltenskontrolle und schließlich als direktes krankhaftes Abweichen quantitativer Art. In der psychiatrischen Klinik spielt der zuletzt genannte Gesichtspunkt, abgesehen von eher seltenen Auswirkungen hirnorganischer Prozesse, bei der Manie (vgl. S. 147) bzw. konstitutionell als Nymphomanie/Satyriasis eine Rolle, wobei im Falle der Manie der die ganze Persönlichkeit einbeziehende Charakter der Störung in der Regel so ausgeprägt ist, daß die sexuelle Verhaltensstörung nur als „Randerscheinung“ imponiert, auch wenn sie strafrechtlich den Ausschlag gibt.

Das Festhalten der Rechtsprechung am Kriterium der krankhaften Persönlichkeitsveränderung, ob diese nun auf einer Perversion oder auf „Hypersexualität“ beruht, entspricht seit 1922 (RGSt 57/76) in seiner nosologisch unabhängigen Ganzheitlichkeit durchaus der strukturalistischen Betrachtungsweise, worauf im Kap. 1 bereits näher eingegangen worden ist. Der Bundesgerichtshof sieht es bei Sexualdelikten nicht anders als bei den sonstigen Deliktformen hinsichtlich der Schuldfähigkeit als allein entscheidend an, „ob eine Wesensveränderung gegeben ist, die auf die Einsichtsfähigkeit oder das Hemmungsvermögen des Angeklagten erheblich einwirkt, gleichviel ob sie von einer Veränderung gewisser körperlicher Merkmale begleitet wird oder nicht“ (3 BGH St 14,33). Der strukturalistischen Betrachtungsweise entspricht es auch, daß es hinsichtlich der Auswirkungen einer krankhaften psychischen Störung auf die Schuldfähigkeit nicht entscheidend darauf ankommt, ob es sich dabei um eine dem Schwachsinn oder der Psychopathie vergleichbare, primäre – nach Giese anlagebedingte – oder sekundäre Störung infolge einer Erkrankung handelt. Worauf es ankommt ist das strukturale Defizit, gleichgültig, ob es die Persönlichkeitsentwicklung von Anfang an bestimmt oder zu einem späteren Zeitpunkt unterbrochen hat. Ein derartiges Defizit kann sich durchaus in der Bindungslosigkeit und damit Gemütsarmut zum Ausdruck bringenden hochfrequenten Wechselhaftigkeit des als „Don Juan“ bekannten egozentrischen Liebhabertyps manifestieren, während es – auch nach Giese (1968) beim Homosexuellen oder Exhibitionisten fehlen kann. Nicht die abweichende sexuelle Praxis, sondern die – strukturale – Relevanz dieser Praxis für das Erleben und die Persönlichkeit des jeweiligen Probanden gibt den Ausschlag.

Ist die gelungene Partnerschaftsbeziehung als Strukturierungsleistung Gradmesser der reifen Sexualität und deren Ersatz durch Promiskuität und Anonymität in der „Unpersönlichkeit des rein genitalen Reizerlebens" der nach Giese entscheidende Hinweis auf den „Abbau der Erotik", auf den es hinsichtlich der Schuldfähigkeit ankommen soll, so ist die Einsamkeit des Notzüchters regelmäßig der Grund, seine Verantwortungsfähigkeit als aufgehoben zu erachten. Dieses Ergebnis widerspricht in eklatanter Weise der tagtäglichen Praxis, in der die Annahme von Schuldunfähigkeit natürlich nicht mit einem konstituierenden Merkmal des Delikts selbst begründet werden kann. Das Konzept von Giese läßt sich in dieser Situation auch nicht dadurch retten, daß als weiteres Kriterium der Schuldunfähigkeit die Progredienz der zur Impotentia satisfactionis führenden Störung in den Mittelpunkt gestellt wird, denn es kommt ja auch sonst vor Gericht nicht darauf an, auf welche Weise der die Schuldunfähigkeit bewirkende Zustand herbeigeführt worden ist. Die Unfähigkeit des Notzüchters zu einer reifen, wechselseitigen Beziehung mit einem Partner wird nicht schon dadurch, daß sie in einer sozusagen verstümmelten Sexualität zum Ausdruck kommt, zu etwas anderem, als es – in strukturaler Sicht – Kontaktschwäche auch sonst ist. Sie braucht in ihrem z.T. archaischen Charakter nicht zwangsläufig auf jener Bindungsschwäche zu beruhen, die als Gemütlosigkeit ihren strukturalen Bezug in dem ihr zugrundeliegenden Integrationsmangel hat. Zu einem Indiz für die Heranziehung der §§ 20/21 StGB wird diese Unpersönlichkeit erst mit dieser strukturalen Relevanz, die dem Charakter der Sexualität als einer Ausdrucksform der Gesamtpersönlichkeit entspricht. Dem wird vom Bundesgerichtshof ausdrücklich Rechnung getragen, wenn er ausführt, daß der Träger einer im Sinne der §§ 20/21 relevanten Abartigkeit „in seiner gesamten inneren Grundlage und damit im Wesen seiner Persönlichkeit" verändert sein müsse (Urteil vom 11. 5. 1982, 1 StR 818/81).

Ein weiteres Anwendungsbeispiel stellt der Sadomasochismus als das Nebeneinander von sexuellen Dominanz- und Unterwerfungsbedürfnissen dar, in dem gewissermaßen partnerschaftlich die schmerzzufügende Gewaltanwendung ausgeübt wird. Den Widerspruch zwischen der „eigentlichen" Suche nach einer Beziehung und dem Zufügen von Qualen findet man ansatzweise bereits in bestimmten kindlichen Interaktionsmustern, allerdings ohne den erst später hervortretenden sexuellen Gehalt. Die strafrechtliche Relevanz dieser Kommunikationsstörung ist nicht zwangsläufig und hängt – nach Schorsch u. Becker (1977) – von ihrer „ich-syntonen" oder „ich-dystonen" Verarbeitung ab. Was „ich-synton" und was „ich-dyston" ist, wird mit psychoanalytischen Begriffsbildungen zu erklären versucht, deren Voraussetzung darin besteht, daß man an sie glaubt. Indem darin der einzelfallbezogene, rein inhaltliche Charakter der psychoanalytischen Methode aufgezeigt wird, wird auch aus dieser – mit wissenschaftlichem Anspruch „sexologisch" genannten – Perspektive noch einmal das Ungenügen der Psychoanalyse bei der zwingend auf eine formale Methode angewiesenen Schuldfähigkeitsbeurteilung deutlich. Daß, wie Schorch u. Becker schreiben, „die psychoanalytische Methode im Prinzip ebenso wie jede andere wissenschaftliche Theorie der Persönlichkeit geeignet (ist), den Schritt zur forensischen Beurteilung der Schuldfähigkeit zu vollziehen", bleibt eine Behauptung, die mit dem durch diese Methode geleisteten Hinweis auf „schwerste pathologische Strukturen" nicht überzeugend zu belegen ist. Dieser Hinweis ist überdies methodologisch anfechtbar, weil die psychoanalytische Methode gerade dort an ihre Grenzen stößt, wo es um die Herausarbeitung von „Strukturen" geht (Luthe 1982a, S. 11f., 1982b). Die deskriptiv-kriminologische Leistung von Schorsch u. Becker (1977), die in einer sorgfältigen Kasuistik sadomasochistischer Straftaten besteht, wird von dieser Kritik nicht berührt. In Übereinstimmung mit der forensisch-psychiatrischen Erfahrung zeigt diese Kasuistik im übrigen, daß die sadomasochistische Entwicklung in eine strukturale Abwandlung der Gesamtpersönlichkeit eingebettet sein kann, die zu Zweifeln an der Schuldfähigkeit führen muß. Diese Erkenntnis beruht allerdings nicht auf der psychoanalytischen Interpretation der Fälle, sondern auf der umfassenden anamnestischen Information. Hinsichtlich der erforderlichen Überprüfung zur Bestätigung oder Beseitigung dieser Zweifel an der Schuldfähigkeit kommt es auch beim sadomasochistischen Täter nicht auf die Genese der Störung, etwa im Zusammenhang mit „unaufgelösten Konflikten der späten oralen Phase", sondern auf die strukturale Relevanz der Störung im Persönlichkeitsgefüge insgesamt an. Ob die Störung anlagebedingt, in der oralen oder analen Phase geprägt oder auf andere Weise verursacht ist, spielt bei der Schuldfähigkeitsbeurteilung überhaupt keine Rolle; wichtig ist allein, ob dadurch die so oder anders zu gebrauchende Fähigkeit zur Entscheidung in Mitleidenschaft gezogen wird. Dem rein formalen Charakter dieser Beurteilung genügt nur eine formale Methode, wie sie hier und in Bd. 1 u. 2 dieser Reihe vorgestellt worden ist. Was den psychoanalytisch untermauerten forensischen Anspruch der Sexualwissenschaft betrifft, erscheint der Hinweis angebracht, daß das sich aus der höchstrichterlichen Rechtsprechung ergebende Erfordernis einer „die gesamte innere Grundlage" einbeziehenden Wesensänderung, sexologische Erkenntnisse erst sekundär bedeutsam macht, nämlich wenn es darauf ankommt, die Entstehung dieser Wesensänderung mit ihrem sexuellen Teilaspekt nachvollziehend zu verstehen.

3.3 Die Schuldfähigkeit bei affektiven Bewußtseinsveränderungen

Das ungeklärte Verhältnis der Psychiatrie zum Begriff des Bewußtseins (Luthe 1982a) ist der eigentliche Grund für jenes methodisch/methodologische Dilemma, das in der Aufspaltung des Krankheitsbegriffs in eine enge medizinische und eine weite juristische Fassung zum Ausdruck kommt. Dieses Dilemma wird hinsichtlich der Beurteilung von sog. Kurzschlußhandlungen in der S. 30 zitierten Entscheidung des Bundesgerichtshofes (4 StR 250/59) angesprochen, wobei der Anlaß die Frage der psychologischen oder psychiatrischen Zuständigkeit ist. Dies ist kein Zufall, die Beurteilung der Schuldfähigkeit bei Affekttaten führt wie kaum eine andere Aufgabe, die sich dem Sachverständigen stellt, zu der Notwendigkeit, sich zum Begriff des Bewußtseins verbindlich auszusprechen. Es waren gerade die affektiven Bewußtseinsveränderungen, die gezeigt haben, daß der Versuch der traditionellen Psychiatrie, psychische Krankheit unabhängig von einer Stellungnahme zu diesem zentralen Problem zu definieren, bei der Beurteilung der Schuldfähigkeit voller innerer Spannungen ist. Heute kann man sagen, daß sich die traditionelle Psychiatrie in ihrer allzu engen und starren Fixierung auf Jaspers (1965) und Schneider mit ihrem somatisch fundierten Krankheitsbegriff die Einsicht in die Wesensgleichheit von Schuldunfähigkeit und psychischer Krankheit verbaut hat. Diese Einsicht setzt ein strukturales Verständnis des Bewußtseins voraus, aufgrund dessen Ey (1963) in der durch den krankheitsbedingten Strukturverlust des Bewußtseins bewirkten Unfreiheit das „psychopathologische Grundfaktum" erblicken konnte.

Im Gerichtssaal, wo sich diese Gleichung „Schuldunfähigkeit=psychische Krankheit" praktisch bewähren muß, stellte sich das Ungenügen des somatisch orientierten Krankheitsbegriffs der traditionellen Psychiatrie am deutlichsten dar. Während die Juristen auf die im Gerichtssaal gelegentlich unabweisbar in Erscheinung tretende Evidenz von Schuldunfähigkeit außerhalb endogen/körperlich verursachter Krankheiten pragmatisch reagierten, war die Reaktion bei den meisten Psychiatern dogmatisch. Ihr starres Festhalten an dem überkommenen Krankheitsbegriff, der hervorragend geeignet ist, eine bestimmte gedankliche Ordnung zu stiften, der aber zunehmend auch in anderen Forschungsbereichen – für die Psychopharmakologie vgl. Haase (1966) – als beengend empfunden wurde, hatte praktische Folgen. Die Rechtsprechung setzte sich über dieses für die Strafrechtspraxis ungeeignete Konstrukt pragmatisch hinweg und sah sich nach weniger „vorbelasteten" Sachverständigen um. Bei der Beurteilung der Schuldfähigkeit von Affekttätern empfahl es sich um so mehr, auch psychologische Sachverständige heranzuziehen, als von dieser Seite (Thomae u. Schmidt 1967; Undeutsch 1957) Kompetenzansprüche nachdrücklich angemeldet worden sind. Rückblickend fällt allerdings auf, daß es insoweit trotz allem nicht zu einer gefestigten Rechtspraxis gekommen ist, was um so bemerkenswerter ist, als die Beseitigung des zugrundeliegenden methodisch/methodologischen Dilemmas sehr lange auf sich warten ließ und heute noch weit davon entfernt ist, überall als anstehendes Problem erkannt zu sein. Bei den Juristen war es wohl das mit dieser pragmatischen Lösung verbundene Paradoxon der „gesunden Schuldunfähigkeit", das Zweifel an der psychologischen Zuständigkeit wachhielt, und so fand die Beurteilung der Schuldfähigkeit bei affektiven Bewußtseinsveränderungen bis in die jüngste Zeit immer wieder Interesse. Aus psychiatrischer Sicht hat Sass (1983) zuletzt den Stand der wissenschaftlichen Publizistik referiert.

Die starre Bindung des Sachverständigen an den somatisch definierten Krankheitsbegriff der traditionellen Psychiatrie führt zur methodischen Befangenheit. Wenn er eine Krankheitsdiagnose stellt, gibt bei ihm die Vorstellung den Ausschlag, daß durch den körperlichen Krankheitsprozeß ein „Einbruch" in die –psychische – Sinnkontinuität des Gesunden stattgefunden habe. Diesen Einbruch erkennt er im Rahmen seines dualistischen Gedankenschemas daran, daß in diesem Fall die Verständlichkeit der Erlebensinhalte als Garantie psychischer Gesundheit nicht mehr gewährleistet ist. „Unsinn" tritt an die Stelle der geordneten Sinnhaftigkeit, Unverständlichkeit an die Stelle des Verstehenkönnens. Die Erwartung, die psychische Krankheit daran zu erkennen, daß ihre Äußerungen grundsätzlich nicht verstanden werden können, führt zu einer methodischen Haltung, bei der die affektiven Bewußtseinsveränderungen von vornherein davon ausgeschlossen sind, als psychische Krankheit anerkannt zu werden. Die Erfahrung zeigt nämlich, daß das Erlebensmuster, das den Affekttaten zugrundeliegt, immer und sozusagen definitionsgemäß für den verstehenden Nachvollzug zugänglich bleibt, wenn es nicht sogar ganz besonders akzentuiert die Züge des Verständlichen trägt. Dies ist auch nicht weiter verwunderlich, denn käme es beim Affekttäter im Vorfeld der Tat zu dieser Unterbrechung der Sinnkontinuität des Erlebens, dann wäre damit in jedem Fall auch die das Geschehen tragende Affektdynamik unterbrochen und die Tat unterbliebe. Somit bleibt dem Sachverständigen nur übrig, den überschießenden, *quantitativ* abnormen Charakter des kurzschlüssigen Reagierens als Grund für eine Kompromißlösung, die er seiner Systematik nicht einzuordnen vermag, anzuführen. Der damit verbundene Übergang von qualitativen zu quantitativen Kriterien bedeutet in der Praxis, daß er ein Ermessensurteil abgeben muß. Das damit notwendigerweise verbundene Ermessensrisiko stellt nur in den äußerst seltenen Extremfällen eine zu vernachlässigende Größe dar, bei der ganz überwiegenden Mehrzahl der Routinefälle ist es hingegen von zentraler Bedeutung.

Es wäre verfehlt anzunehmen, daß der in dieser Situation gelegentlich eingeschlagene Weg, einen psychologischen Sachverständigen zu hören, an dieser Problematik vorbeiführen würde. Bei all seiner methodischen Unbefangenheit steht dem psychologischen Sachverständigen genau so wenig wie dem psychiatrischen Sachverständigen, der sich am Kriterium der Sinnkontinuität orientiert, ein Erkenntnismittel zur Verfügung, mit dem geprüft werden könnte, wann aus einem starken Affekt ein pathologischer Affekt wird. So ist es nicht weiter verwunderlich, daß z. B. Grosbüsch (1981) die Gerichtspraxis kritisiert, die zu einem Schuldspruch auch dort komme, wo Affekttäter glaubhaft versicherten, „es sei über sie gekommen“, sie seien „von Sinnen“ gewesen, hätten „rot gesehen“. Diese Autorin sieht die Gerichte hier nach der Devise, daß nicht sein könne, was nicht sein dürfe, handeln, wobei es allerdings gerichtspsychiatrischen Erfahrungen „vor Ort“ widerspricht, wenn sie den Richtern das Motiv unterstellt, den Affekttäter deshalb nicht freisprechen zu wollen, weil man ihn wegen fehlender Gefährlichkeit anschließend nicht einweisen könne. Der *systematische* Charakter des Problems der Schuldfähigkeit, das nicht isoliert für die Affekttaten gelöst werden kann, wird völlig übersehen.

Grosbüsch hat natürlich recht, wenn sie den somatisch orientierten Krankheitsbegriff der traditionellen Psychiatrie in diesem Zusammenhang kritisiert; sie folgt darin aber lediglich dem Bundesgerichtshof, der bereits in seiner Entscheidung vom 10. 10. 1957 (BGHSt 11,20) unmißverständlich darauf hingewiesen hatte, daß eine die Verantwortungsfähigkeit ausschließende Bewußtseinsstörung bei einem in äußerster Erregung handelnden Täter auch dann gegeben sein kann, wenn er an keiner Krankheit (im medizinischen Sinn) leidet und sein Affektzustand auch nicht von sonstigen Ausfallerscheinungen – wie z. B. Schlaftrunkenheit, Hypnose, Fieber oder ähnliche Mängel begleitet ist. Nur im Hinblick auf die darin zum Ausdruck kommende Geisteshaltung allgemeiner Art sei hier bemerkt, daß das Rechtsverständnis dieser sehr engagierten

Verfasserin Mängel aufweist. Sie erkennt zwar das unvermeidlich mit dem Rückgriff auf rein quantitative Kriterien verbundene Problem der nicht mehr durchzuhaltenden Kompetenzentrennung zwischen Richter und Sachverständigen. Sie hält die „Entmachtung des Richters durch Sachverständige" aber nicht für besonders schlimm und sieht darin auf jeden Fall etwas Unvermeidliches. Sie sieht darin ein Problem, das gleicherweise den psychologischen und den psychiatrischen Sachverständigen betreffe und das deren Aufgabe, die „Psyche des Täters transparent" zu machen, gewissermaßen inhärent ist.

Zunächst ist dazu noch einmal zu sagen, daß es ein Mißverständnis ist, zu meinen, der Sachverständige hätte im gegebenen Zusammenhang die Aufgabe und wäre in einem wissenschaftlichen Sinn kompetent, die Psyche transparent zu machen. Sollte darunter eine Erhellung der Motivdynamik zu verstehen sein, dann muß noch einmal gesagt werden, daß es darauf bei der Beurteilung der Schuldfähigkeit nicht entscheidend ankommt. Bei dieser Beurteilung interessiert die Phänomenologie des zur Tatzeit verwirklichten Bewußtseinszustands, gleichgültig, wie dieser Zustand entstanden ist. Zum andern ist es auch falsch, den fehlenden Respekt vor der Kompetenzentrennung zwischen Richter und Sachverständigen als unvermeidlich hinzustellen. Dieses Problem betrifft nämlich Psychologen und Psychiater nur dann gleicherweise, wenn mit Grosbüsch davon ausgegangen wird, daß die Psychiatrie generell bei dem oben erwähnten, von Jaspers (1965) und Schneider entwickelten Begriff der psychischen Krankheit stehen geblieben wäre, was tatsächlich nicht der Fall ist. Es steht zwar außer Zweifel, daß die psychiatrische Systematik bis heute im wesentlichen von diesem Krankheitsbegriff bestimmt wird, dies bedeutet aber nicht, daß es daneben nicht auch im deutschsprachigen Raum namhafte Psychiater gegeben hätte, die über den engen, somatisch definierten Krankheitsbegriff hinausgingen. Dies ist die Voraussetzung dafür, daß affektive Bewußtseinsveränderungen nicht von vornherein und prinzipiell von den psychischen Krankheiten abgesondert werden. Mezger u. Mikorey (1938) haben dieser „Nebenströmung", die sich bis in die 1. Hälfte des vorigen Jahrhunderts zurückverfolgen läßt (Heinroth 1825), kriminologisch Rechnung getragen. Hinsichtlich der Beurteilung der Schuldfähigkeit ist diesbezüglich im Anschluß an die Ausführungen auf S. 44f. insbesondere auf die von Witter (1972) vorgestellte Syndromlehre zu verweisen.

Wir haben gesagt, daß die Dynamik, welche zur Affekttat hinführt, voraussetzt, daß die Sinnkontinuität des Erlebens nicht unterbrochen ist, weshalb die affektiven Bewußtseinsveränderungen, die uns hier beschäftigen, grundsätzlich verständlich bleiben. Das Merkmal des Verstehenkönnens erlaubt es deshalb nicht, krankhafte Bewußtseinsveränderungen affektiver Art von der normalerweise in wechselnder Stärke und in fließenden Übergängen vorhandenen Affektmodulation des gesunden Erlebens zu unterscheiden. Wir benötigen ein andersartiges Unterscheidungsmerkmal und erkennen bei strukturaler Betrachtungsweise als Grund dafür, daß der verstehende Nachvollzug auch noch im pathologischen Fall gelingt, daß hier – im Gegensatz zum Zerfall des Erlebens – die affektive Bedeutungsentnahme dem Thema des Erlebens gemäß ist. Man kann – im Gegenteil – sagen, daß diese, den Sinnbezug des Erlebens tragende Koppelung zwischen Thema und Bedeutung eher noch akzentuiert in Erscheinung tritt, wohingegen die, für den Realitätskontakt den Ausschlag gebende Koppelung zwischen Thema und Gegenstand des Erlebens eine charakteristische Veränderung erfahren hat; der Gegenstand scheint in bestimmtem Umfang seine Autonomie verloren zu haben, zur Projektionsfläche für affektive Bedürfnisse geworden zu sein. In diesem Sinn sind „Primitivreaktionen" als Ausdruck affektiver Bewußtseinsveränderungen nicht nur das Musterbeispiel für Erlebensabbau, sondern auch in der Regel kasuistisch besonders einprägsame Beispiele für jenes „genetische Verstehen", das nach Jaspers (1965) zeigt, wie Seelisches aus Seelischem hervorgeht.

Dieses genetische Verstehen macht sich geltend, wenn wir die Ohrfeige auf den Ärger zurückführen, der die Antwort auf eine Provokation darstellt. Natürlich soll damit nicht behauptet werden, daß jedes aus momentaner Verärgerung heraus spontan erfolgende Ohrfeigen im psychopathologischen Sinn Ausdruck einer Primitivreaktion und krankhaft sein müsse. Die notwendige Differenzierung der Beurteilung setzt die Berücksichtigung des Systemcharakters allen menschlichen Handelns voraus. Dies bedeutet hier, daß das kurzschlüssige Tun, mit dem ein zu außergewöhnlicher affektiver Spannung Veranlassung gebender Wahrnehmungsreiz auf der Stelle beantwortet wird, innerhalb seines Kontextes zu beurteilen ist. Dieser Kontext ist als Hintergrund der Handlungsfigur zu verstehen und mit den Begriffen Persönlichkeit und Situation zu erfassen. Die gewöhnliche unterscheidet sich dann von der pathologischen Ohrfeige in dem Maße, in dem das kurzschlüssige Handeln den Systemcharakter verloren hat. Daß bei einem Handeln alles das, was als Persönlichkeit und Situation in ihrem Wirklichkeitsgehalt üblicherweise das Tun einem System von Wechselwirkungen einordnet, im Handumdrehen ausgeblendet werden kann, ist die strukturale Voraussetzung dafür, daß es zu einer pathologischen Bewußtseinsveränderung affektiver Art kommen kann. Dies geschieht, wenn ein Erlebensthema plötzlich alle verfügbare Aufmerksamkeit auf sich zieht, weit mehr, als dies der möglicherweise schon oft ganz ähnlich verwirklichten Situation entspricht. Die Persönlichkeit bewährt sich nicht mehr in der Integration der affektiven Bedeutung und deren Umsetzung in eine strukturierte Handlungsanweisung. Sie löst sich der einzig verbliebenen, hypertrophierten Bedeutung gegenüber auf, was dem Handeln den Charakter eines quasi automatischen Ablaufs, in dem sich nur die, in der momentan erreichten Stärke für den Erlebenden unerträglich gewordene, affektive Spannung kanalisiert, verleiht.

Fassen wir den Gegenstand dieses plötzlich „einseitig" gewordenen Erlebens ins Auge, dann interessiert daran aus der Sicht des Kranken nur noch ein einziger, isolierter Aspekt, so daß von einer – gegenständlich – strukturierten Situation als zeitlicher und räumlicher Gegebenheit komplexer Art nicht mehr gesprochen werden kann. Diese Reduktion des gegenständlichen Erlebens auf einen isolierten Objektaspekt kann dem an der Oberfläche bleibenden, die Zusammenhänge verfehlenden Erleben des Schwachsinnigen, der nur über ein rudimentäres System von Begriffen verfügt, verglichen werden. Der pathologische Charakter eines derart entdifferenzierten Erlebens mit dem Verlust der zeitlichen und räumlichen Gliederung liegt auf der Hand, wenn wir bedenken, daß in unserem – gesunden – Erleben ein Gleichgewichtszustand zum Ausdruck kommt, in dem sich unsere Persönlichkeit auf die Situation einstellt.

Fehlt dem Erleben ein Gegenstand, denn Gegenstände sind uns nur in zeitlich/räumlichen Gliederungen gegeben, ist eine bewußte Orientierung nicht mehr möglich. Die gleichwohl bestehende Handlungsfähigkeit, ist die Handlungsfähigkeit, die man auch beim umdämmerten Epileptiker finden kann.

Hat eine Primitivreaktion in diesem Sinn pathologischen Charakter, dann ist das psychische Korrelat der akuten Entdifferenzierung die Hypertrophie des integrativen Erlebensbezugs. Dieses übermäßige integrative Bemühen kommt in der extremen Gebundenheit des kurzschlüssig Reagierenden sehr deutlich zum Ausdruck, und diese integrative Gebundenheit als Konzentration auf einen Affekt erklärt die innere Spannung, die nur noch in einer einfachen Handlungsanweisung zu kanalisieren ist. Gebundenheit heißt in diesem Zusammenhang fehlende Disponibilität für das Handeln. Nur der Weg über die Alternative „Flucht/Angriff" führt aus dieser Einengung heraus, ohne daß es Abstufungen gibt; Kompromisse werden nicht gemacht. Auf diese Weise ist an die Stelle des erkenntnismäßigen Begreifens ein totales Ergriffensein getreten, dessen unbedingter Charakter jegliche Relativierungsleistung ausschließt.

Tritt ein als „überkorrekt" bekannter Lehrer seiner 13jährigen Schülerin beim Sportunterricht in den Hintern, weil sie seine Aufforderung, schneller zu laufen, mit der Bemerkung: „Sie spinnen wohl!" beantwortet hat, dann kann es sich dabei um ein banales Vorkommnis handeln, für das wohl ganz besonders andere Lehrer Verständnis aufbringen können, Eltern von schulpflichtigen Kindern hingegen nicht. Unter Berücksichtigung der gesamten äußeren Umstände dieses Verhaltens, kann der darin zum Ausdruck gekommene Kontrollverlust aber auch Anlaß für Zweifel geben, ob dieses Handeln im oben erläuterten Sinn noch Systemcharakter behalten hatte. Dies ist psychopathologisch zu untersuchen und nicht etwa im Hinblick darauf zu entscheiden, daß in diesem Fall mehrere konstellative Faktoren bekannt geworden sind, wie sie als multifaktorielle Überforderung häufig, als Blutzuckermangelsyndrom seltener, sonst in die Waagschale fallen. Solche konstellative Faktoren, von denen Alkohol und die Kombination Alkohol/Medikamente die bekanntesten darstellen, können die interindividuell unterschiedlich ausgeprägte Widerstandskraft gegenüber derartigen „Affektüberflutungen" herabsetzen; in welchem Maße sie dies tun, ist nur am Erscheinungsbild des strafrechtlich relevanten Handelns selbst zu erkennen. In diesem Sinne ist „eine unveränderliche Konfliktlage" zwar nicht, wie Krümpelmann (1974, S. 334) meint, „Bedingung für den Aufbau von Affekten". Sie kann sich aber als chronische Überforderung konstellativ auswirken; aus diesem Grund kündigt der lang anhaltende Konflikt die abschließende Primitivreaktion oft an, wobei man, wie Krümpelmann schreibt, manchmal feststellen kann, wie der Aufbau einer „Phantasiewelt" fortschreitend das „Realitätserleben" durchsetzt, und „Scheinlösungen" die „Vorstellungswelt" in zunehmend aggressiver Form bestimmen. Der Ansicht des Autors, daß das „Durchbruchsgeschehen ... in Zustandekommen und Wirkungsrichtung nur vom Zufall bestimmt" werde, ist dagegen nicht beizupflichten, denn es handelt sich ja – im pathologischen Fall, von dem hier die Rede ist – um ein streng determiniertes Geschehen. Die blinde Kausalität ist dann an die Stelle des Systemcharakters normalen Handelns getreten und dies schließt die Schuldfähigkeit aus.

4 Schlußbetrachtung

Die forensische Psychiatrie ist eine praktische Wissenschaft im Dienste der Rechtspflege. Mit ihren Methoden muß sie sich daher besonderen Zielsetzungen anpassen, die mit denen in der Psychiatrie im allgemeinen nur wenig zu tun haben. Wie die Bezeichnung Psychiatrie – Seelenheilkunde – besagt, geht es hier mehr um die Heilung von Geisteskrankheiten, also um eine eigentlich ärztliche Aufgabe. Die Zielsetzung der Gerichtspsychiatrie besteht hingegen nicht in der Heilung von Patienten, sondern in der Beurteilung der psychischen Voraussetzungen menschlicher Verantwortlichkeit.

Fragt man, was Recht und Psychiatrie miteinander gemeinsam haben, dann lautet die Antwort: Recht und Psychiatrie haben eine *gemeinsame Grenze*. Nähert man sich dieser Grenze von der Seite des Rechts mit seinen Normerwartungen bezüglich des Verhaltens der Einzelnen, dann liegt auf ihrer anderen – der psychiatrischen – Seite der Bereich menschlichen Handelns, das gegen die Gesetze verstößt, sofern dieses Handeln auf einer psychischen Krankheit beruht. Es besteht Veranlassung, darauf hinzuweisen, daß natürlich bei weitem nicht jedes kriminelle Handeln auf einer psychischen Krankheit beruht; dies muß betont werden, weil heutzutage die Bereitschaft groß ist, kriminelles Handeln und psychische Krankheit miteinander zu verwechseln. Umgekehrt äußert sich Geisteskrankheit in der Regel auch nicht in der Begehung von Straftaten. Trotzdem gibt es für eine gewisse Strecke diese gemeinsame Grenze von Recht und Psychiatrie, und ihr verdankt die forensische Psychiatrie ihre Daseinsberechtigung.

Der psychiatrische Sachverständige, der einen geisteskranken Straftäter untersucht, stellt rasch fest, daß es keinen Zweck hätte, ihn zu bestrafen. Es hat nicht nur keinen Zweck, ihn zu bestrafen, man würde es auch als ungerecht empfinden, einen solchen „Verrückten" zu bestrafen, so wie man – instinktiv – einem Wehrlosen eben nichts tut. Es gibt also einen quasi in der Natur der Sache selbst liegenden Grund dafür, gesetzeswidriges Verhalten zu entschuldigen, wenn der Handelnde geisteskrank ist. Diese Beziehung zwischen Geisteskrankheit und Entschuldigung ist uns unmittelbar einsichtig, und wir haben diese Einsicht und Zurückhaltung hinsichtlich der Strafe ganz ähnlich auch beim kleinen Kind, von dem wir wissen, daß es noch nicht die notwendige Reife besitzt, um die Bedeutung seines Tuns zu erkennen. Geisteskranke haben zwar diese Reife, irgendwie gehört es aber zum Wesen der Geisteskrankheit, daß die damit verbundenen psychischen Veränderungen eine geistige Verfassung bewirken, die es – wie beim kleinen Kind – verbietet, den Betreffenden zur Verantwortung zu ziehen. – Geistige Gesundheit und Reife sind hinsichtlich ihrer sozialen Auswirkungen gleichbedeutend mit menschlicher Verantwortungsfähigkeit.

Dieser Aspekt der psychischen Gesundheit – die Verantwortungsfähigkeit für das eigene Tun bzw. die Autonomie der Persönlichkeit – taucht allerdings im gewöhnlichen Vokabular der Psychiatrie so gut wie nicht auf. Im Hinblick auf die andersartige Zielsetzung der Psychiatrie, die Zielsetzung des Heilens der Krankheit, spielt dieser Aspekt des Fehlens der Verantwortungsfähigkeit bei Kranken nur dann eine Rolle, wenn der Patient die Behandlung ablehnt. Notfalls muß man ihn dann entmündigen oder unter Pflegschaft stellen, um ihn vor Schaden zu bewahren. Durch die Geisteskrankheit, an der er leidet, hat er die Autonomie seiner Persönlichkeit *natürlicherweise* schon verloren; durch die Entmündigung wird ihm auch rechtlich formal die Autonomie, die Fähigkeit, eigenverantwortliche Entscheidungen zu treffen, abgesprochen. Der wegen Geisteskrankheit Entmündigte wird demgemäß einem Kind unter 7 Jahren gleichgestellt, wobei die Aberkennung der Mündigkeit von einer Reihe von Formalitäten abhängig ist, was zeigt, daß man die persönliche Entscheidungsfähigkeit als ein besonders zu schützendes Rechtsgut achtet.

Im Strafrecht geht es nicht um Entmündigung, man spricht hier auch nicht von der Mündigkeit des Einzelnen. Diese Mündigkeit begegnet uns hier aber beim reifen und geistesgesunden Individuum als Schuldfähigkeit, die durch Geisteskrankheit verlorengeht. Im § 20 StGB heißt es deshalb, daß derjenige ohne Schuld handelt, der bei der Tatbegehung wegen einer krankhaften seelischen Störung, einer tiefgreifenden Bewußtseinsstörung oder wegen Schwachsinns oder einer schweren anderen seelischen Abartigkeit unfähig ist, das Unrecht der Tat einzusehen oder nach dieser Einsicht zu handeln. Wie diese Formulierung zeigt, bezieht sich der Gesetzgeber bei der Feststellung von Schuldunfähigkeit nicht auf irgendwelche Gründe, die jemand für sein straffälliges Tun gehabt haben mag; der Gesetzgeber macht die Feststellung von Schuldunfähigkeit vielmehr von einer Reihe von Begriffen abhängig, die hinsichtlich der Einsichts- und Steuerungsfähigkeit einen kognitiven und einen voluntativen Anteil aufweisen. Diese Unterscheidung im Wortlaut des § 20 StGB, die ganz ähnlich auch für den § 21 StGB gilt, erinnert an den gleichfalls doppelten Aspekt der psychischen Strukturierung, wie sie sich im Laufe der geistigen Entwicklung an unserem Bewußtsein vollzieht, und worauf letzten Endes die geistige Gesundheit des Einzelnen beruht. Es handelt sich bei diesen beiden Strukturierungsprinzipien unserer geistigen Entwicklung – wie im einzelnen gezeigt worden ist – einmal um das Prinzip, das uns zur Erkenntnis *von*, und zur Einsicht *in* die gegenständlichen Zusammenhänge, mit denen wir es im Erleben zu tun haben, verhilft; zum anderen handelt es sich um das Prinzip, das dem sich immer weiter verfeinernden Erkennen die Einheit unseres Bewußtseins verschafft, ohne die man sich persönliches Erleben nicht vorstellen kann.

Diese beiden entwicklungspsychologischen Strukturierungsprinzipien des Bewußtseins sind – auf der Seite des Erkennens – die Differenzierung und – auf der Seite der Vereinheitlichung des Erlebens in einem geschlossenen Begriffssystem – die Integrierung, wie man sie bei allen geistesgesunden Menschen formal gleichmäßig antrifft. Durch Differenzierung ist es uns möglich, immer feinere Unterschiede zu erkennen; durch Integrierung wird aus dem Erlebten eine funktionale Einheit, das Individuum, das sich den erkannten Gegebenheiten zweckmäßig anpassen kann, wenn es will.

Geht es im Strafrecht um die allgemein-gültige Feststellung von Schuldunfähigkeit, dann bezieht sich diese Beurteilung dementsprechend auf die allen Menschen gemeinsamen *formalen* Gegebenheiten des Bewußtseins, die entweder mit dem Erkennen oder mit der einheitlichen, intentionalen oder voluntativen Einstellung auf das Erkannte zu tun haben, ganz unabhängig davon, ob man sich nachts an etwas heranschleicht, tagsüber vor etwas wegrennt oder umgekehrt; auf die konkreten Inhalte des jeweiligen Erlebens kommt es dabei nicht primär an. Bei einer solchen formalen Beurteilung ist es weitgehend unproblematisch, Schuldunfähigkeit zu begründen, wenn etwa einem Schwachsinnigen infolge seines erkenntnismäßigen Defizits die Einsicht in die Bedeutung der Situation der von ihm verübten Straftat fehlt. Daß es oft viel problematischer erscheint, die sog. Steuerungsfähigkeit auszuschließen, beruht darauf, daß darunter fälschlicherweise verstanden wird, es solle – positiv – festgestellt werden, ob jemand in einer gegebenen Situation auch anders hätte handeln können, als er in Wirklichkeit gehandelt hat. Eine so verstandene – positive – Beurteilung bezieht sich nicht mehr auf das Fehlen der Fähigkeit als solcher, sondern auf den konkreten Gebrauch, der in einer gegebenen Situation von der Fähigkeit tatsächlich gemacht worden ist.

Es ist dann etwa die Rede von übermächtigen Handlungsantrieben, von Verhaltenszwang und dergleichen; z.B. handele ich unter Verhaltenszwang, wenn ich die Hände hochhebe, weil ich mit einem Revolver bedroht werde. Es ginge aber komisch zu, wenn das Bedrohen mit einem Revolver auch etwas an meinen geistigen „Fähigkeiten" ändern würde. Die vermeintliche Aufgabe festzustellen, ob jemand in einer gegebenen Situation auch anders hätte handeln können, als er in Wirklichkeit gehandelt hat, ist mannigfach umschrieben worden. Es ist naheliegend, daß der psychiatrische Sachverständige darin die Aufforderung erblickt herauszufinden, warum ein bestimmter Mensch in einer gegebenen Situation straffällig geworden ist, welche Gründe er für die Straftat gehabt hat. Obwohl die Aufgabe festzustellen, wie es zu einem bestimmten Zeitpunkt im Kopf eines Menschen ausgesehen hat, wissenschaftlich natürlich nicht lösbar wäre, bemühen sich dennoch viele Sachverständige allen Ernstes darum, der Aufforderung von Grosbüsch (1981) zu folgen, „die Psyche transparent" zu machen. Man könnte solche Sachverständigen mit der Hausfrau vergleichen, die ihre Fensterscheiben putzt, als ob hinter der geputzten Scheibe die Situation der Straftat in ihrem gesamten – psychischen, sozialen und somatischen – Bedingungsgefüge wie im Film sichtbar werden würde mit den Kräften, die von außen ziehen und denjenigen, die von innen stoßen. Somatische Zustände wie Hunger, die hormonale Bilanz etc. müßten mit anderen Faktoren aufgerechnet werden, etwa mit der selbstwerterhöhenden Rolle eines Handelns, mit gruppendynamischen Einflüssen, mit verlockenden bildlichen Vorstellungen, abstoßenden Gerüchen oder der Angst vor Entdeckung, Rachegelüsten, Übermut usw. – ein endloser Katalog.

Man kann zwar über eine bestimmte Strecke gewisse Verstehenszusammenhänge im Einzelfall aufzeigen; es gelingt aber selbst in einfachen Fällen nie, die gesamten Determinanten der Straftat sozusagen wie bei einer mathematischen Gleichung ohne Rest aufgehen zu lassen. Natürlich wäre es für den Richter angenehm, wenn auf diese Weise „die Wurzeln des Verbrechens" freigelegt werden könnten, weil der Richter dann wie ein Mathematiker ausrechnen könnte, welche persönliche Schuld mit der Straftat verbunden ist, um danach die Strafe zu bemessen. Weil man dies aber grundsätzlich nicht kann, sieht das Recht daher auch *systematisch* von der Bewertung der Motive, die zu einer Straftat geführt haben, ab und bemißt die Schuld lediglich nach der äußeren Schwere der Straftat, über die man sich schon vorher in systematischer Form geeinigt hat, wobei der maßgebliche Straftatbestand und der dafür in Frage kommende Strafrahmen in den einzelnen Paragraphen des Strafgesetzbuches genauestens und im Vorhinein festgelegt sind.

Eines der häufigsten Mißverständnisse, mit dem der psychiatrische Sachverständige im Strafrecht zu tun hat, hängt mit dieser falschen Erwartungshaltung zusammen. Auf Seiten des Sachverständigen wird dabei verkannt, daß es wegen dieser systematischen Beschränkung des Rechts, in der die liberale Auffassung der Aufklärung zum Ausdruck kommt, nicht auf die Beweggründe eines strafbaren Tuns ankommt, sondern nur auf dessen äußere Parameter, so, wie die Prüfung der Schuldunfähigkeit ja auch nur die aufgezeigten formalen Gesetzmäßigkeiten beim Geistesgesunden – die Einsichts- und Steuerungsfähigkeit – in einem falsifizierenden Sinne zu berücksichtigen hat und nicht die ganz anders geartete Frage, welcher konkrete Gebrauch bei der Straftat von diesen Fähigkeiten gemacht worden ist. – Auf Seiten des Richters, der über die Schuldfähigkeit hinaus auch die Schwere der Schuld bestimmen muß, da hiervon das Ausmaß der Strafe abhängt, möchte man verständlicherweise die Verantwortung mit den Sachverständigen teilen. In Unkenntnis oder Verkennung dessen, was die „Psychowissenschaften“ tatsächlich leisten können, verspricht man sich hier auch hinsichtlich der – inhaltlichen – Schuld und nicht bloß hinsichtlich der – formalen – Schuldfähigkeit eine wissenschaftlich sichere Basis für das Urteil. Dabei denkt der Richter insbesondere an die Psychoanalyse, bei der es ja immer irgendwie darum geht herauszufinden, warum jemand ein „schlechtes Gewissen“ hat und sein unbewußtes „Es“ daran hindert, zum bewußten „Ich“ zu werden.

Da diese juristische Erwartungshaltung in der Praxis sehr weit verbreitet ist, stößt der Sachverständige trotz der andersartigen Formulierung und des andersartigen Sinngehaltes des § 20 StGB so gut wie nie auf Widerstand oder Widerspruch, wenn er daran geht, dem Gericht zu erläutern, warum ein Täter in einer bestimmten Situation eine Straftat begangen hat, was darauf hinausläuft, daß zum Schluß dann irgendwie kurzschlüssig eine Bewertung der Beweggründe als gut und böse vorgenommen wird; hierbei bedeutet „gut“, daß der Betreffende freigesprochen werden soll, „böse“ bedeutet, daß es bei der Verurteilung bleibt. Dient der Ladendiebstahl der Bereicherungsabsicht, dann ist er böse, dient er hingegen der Befriedigung irgendwelcher unbewußten Bedürfnisse, dann wird die Exkulption vorgeschlagen, ungeachtet des Umstandes, daß die Situation der Tatbegehung formal in beiden Fällen genau die gleiche ist.

Der psychiatrische Sachverständige, der vom Juristen nicht nach den methodischen Voraussetzungen seiner Beurteilung gefragt wird, fühlt sich infolgedessen in seiner Auffassung, daß er das Vorhandensein oder Fehlen unbewußter Beweggründe überprüfen soll, bestätigt. Auch wenn davon in den §§ 20/21 StGB keine Rede ist, konzentriert er sich nun mehr darauf, das weniger

Vordergründige der Persönlichkeit, deren Unbewußtes zu analysieren und sozusagen eine „dynamische Seelenlandschaft" zu entwerfen. Dabei stört diesen Sachverständigen auch nicht der Gedanke, daß j e d e s menschliche Handeln, auch der zur Bereicherung dienende Ladendiebstahl, auf einem Geflecht motivationaler Bedingungen und Ursachen beruht, das sich über das Unbewußte in der Biologie der Persönlichkeit verliert und das niemals – in keinem einzigen Fall – systematisch abschließend zu beurteilen ist. Diese Methode, den Beweggründen und kausalen Bedingungen des menschlichen Handelns nachzugehen, kann nur zu zweierlei führen: entweder führt sie dazu, daß sie in jedem einzelnen Fall – ausnahmslos – zeigt, daß es keine persönliche Autonomie, keine Entscheidungsfreiheit gibt; dann ist *niemand* zu verurteilen. Oder diese Methode führt dazu, daß sich der Sachverständige und das Gericht bestimmte Fragen nicht stellen und von unvollständigen Beurteilungen ausgehen. Dabei sind es nicht etwa wissenschaftliche Erkenntnisse, sondern unreflektierte Wertvorstellungen auf Seiten des Sachverständigen, die dann für die Unterscheidung „gut" oder „böse" den Ausschlag geben. Man ist damit keinen Schritt weiter, man hat in Wirklichkeit nur dem Sachverständigen die Lösung der Aufgabe überlassen, die eigentlich vom Gericht gelöst werden muß.

Der Jurist, der sich vom Sachverständigen auf diese Weise über das schlechte Gewissen des Straftäters informieren läßt, handelt sich keineswegs eine quasi mathematische Sicherheit gegen seine normative Unsicherheit ein. In Wirklichkeit vertauscht er nur den esoterischen juristischen Maßstab von gut und böse, wie er von vornherein ohne die Möglichkeit von Überraschungen in den Gesetzbüchern festgelegt ist, mit dem inneren Maßstab von gut und böse, den man – ohne Hoffnung auf einen Abschluß – nur von Fall zu Fall ermitteln und als das Funktionsprinzip des Unbewußten ansehen kann, wobei man grundsätzlich vor Überraschungen nie sicher ist. Aus Unkenntnis der Rechtssystematik könnte man die Ansicht vertreten, daß der Psychoanalytiker auf jeden Fall den größeren Sachverstand hat. Dieser Einwand wäre treffend, wenn wir es nicht mit jener aufgeklärten, liberalen Rechtsauffassung zu tun hätten, die jedem Einzelnen die Verantwortung für sein Inneres selbst überläßt und sich auf die Kontrolle des äußeren Verhaltens beschränkt. Dabei wird ferner übersehen, daß es in der Konsequenz solcher Untersuchungen des Wechselspiels innerer Beweggründe liegt, daß die Autonomie der Persönlichkeit – als leitende Vorstellung unseres Rechts – über das Strafrecht hinaus aufgegeben wird. Sigmund Freud und Alexander Mitscherlich haben dies expressis verbis so ausgeführt, indem sie die aufgeklärte Meinung, daß der Einzelne mündig ist, als metaphysischen Irrglauben bezeichnet haben.

Man nimmt in Kauf, daß dem Staat über die Kontrolle des äußeren Verhaltens der mündigen Bürger hinausgehend nunmehr auch die Kontrolle über deren innere Beweggründe und Gesinnungen ermöglicht wird. Da es wegen fehlender Tatschuld der durch und durch determinierten Persönlichkeit hinsichtlich der Reaktion des Staates nicht mehr auf die Tat als solche, sondern nur noch auf die Täterpersönlichkeit ankommt, auf deren moralische oder unmoralische Einstellung, ist der Einzelne als Konsequenz dieser Auffassung nunmehr einem umfassenden Kontrollsystem ausgeliefert, auf das er so gut wie keinen Einfluß hat. Der Psychowissenschaftler, der dabei die Täterpersönlichkeit nach sog. Sozialisationsdefekten durchleuchtet und der vorgibt, in der transparent gemachten Psyche die Gesinnung des Täters mit dem Wechselspiel seiner Beweggründe aufzeigen zu können, ermöglicht es also dem Staat, seine Kontrollbefugnis sehr viel weiter auszudehnen, als dies im Rahmen des Schuldstrafrechts bisher der Fall ist. Zur Rechtfertigung dieses Programms wird zwar behauptet, daß dies zum Wohle des Einzelnen geschehe, man geht aber dabei davon aus, daß der Staat besser als der Einzelne „weiß", was für jeden gut ist.

Historisch gesehen geht man auf diese Weise hinter die aufgeklärte Meinung von Kant und Feuerbach zurück, deren Forderung nach der Einschränkung der Kontrollbefugnis des Staates auf das Äußere des Tatbestandes als „Grundsatz des repressiven Minimums" bezeichnet werden kann. Mit dem Verlangen nach Aufgabe des Schuldstrafrechts gibt man diesen Grundsatz preis und man nähert sich wieder einer Rechtsauffassung, die – wie vor der Aufklärung – beispielsweise die Praxis der Inquisitionsgerichte bestimmt hatte. Die Inquisitoren hatten ebenfalls nur das richtig verstandene Wohl der Sünder im Auge, auch wenn diese anschließend auf dem Scheiterhaufen verbrannt wurden – die geretteten Seelen waren in Sicherheit. Selbstverständlich haben sich mittlerweile die Auffassungen darüber geändert, was im einzelnen gut und böse ist. Dies ändert aber nichts daran, daß man es bei der Feststellung von gut und böse immer mit *wertabhängigen* Beurteilungen zu tun hat, deren prinzipielle Unsicherheit durch die wirklichen Fortschritte in den „Psychowissenschaften" in keiner Weise vermindert worden ist.

Die psychowissenschaftlichen Sachverständigen, die sich anheischig machen, den staatlichen Anspruch auf eine Kontrolle der moralischen oder unmoralischen, sozialkonformen oder nicht sozialkonformen Gesinnung des Einzelnen zu erfüllen, rechtfertigen ihre Haltung gewöhnlich mit dem Hinweis auf ihre therapeutische Aufgabe. Der Straftäter wird für sie zum Patienten, indem Kriminalität als Krankheit definiert wird. Diese Therapeuten sehen in der Zwangsbehandlung ihrer Patienten nichts Abschreckendes; gleichzeitig unterstützen sie das gesellschaftspolitische Programm, das den Mitgliedern der Gesellschaft die Mündigkeit abspricht. – Es geht hier also nicht um eine globale Kritik der Psychoanalyse. Es ist überflüssig, darauf hinzuweisen, daß es sicher nicht von ungefähr kommt, daß die Psychoanalyse in unserem Kulturbereich eine so große Rolle spielt. Dagegen muß unterstrichen werden, daß im Rahmen des geltenden Schuldstrafrechts, das von der Autonomie des Einzelnen ausgeht, die tiefenpsychologische Methode aus den genannten Gründen nicht zu den bei der Beurteilung der Schuldfähigkeit erforderlichen allgemein gültigen Kriterien führen kann; diese Kriterien erhält man nur durch eine Methode, die in sich abgeschlossen ist, und nur mit einer solchen in sich abgeschlossenen Methode sind Ergebnisse zu erwarten, wie sie von den Juristen benötigt werden, wenn die Rechtsprechung mit einen Minimum an Repression wirklich Rechtsgleichheit und Rechtssicherheit für den mündigen Einzelnen gewährleisten soll. Die Aufdeckung des inneren Kräftespiels bewußter und unbewußter Beweggründe führt hingegen nicht zur sicheren Feststellung von Schuldunfähigkeit, sondern nur zu einer Verlagerung des Maßstabs von gut und böse, von außen nach innen.

Im Hinblick auf die erforderliche *formale* Grundlegung der vom Recht benötigten Erkenntnisse, die allein deren Allgemeingültigkeit garantiert und die allein den in den §§ 20/21 StGB aufgeführten Formalien entspricht, war in den vorliegenden Bänden 1 bis 3 der „Beiträge zur Psychopathologie" viel von Persönlichkeit und Erleben als problematischen Begriffen die Rede. Eine Methodologie, die für die Psychiatrie als angewandte Wissenschaft geeignet sein soll, ist gleichwohl auf sie angewiesen, und es hat sich gezeigt, daß das Ausweichen vor der notwendigen Abklärung solcher Begriffe beunruhigende Auswirkungen in der täglichen Praxis, z. B. im forensisch-psychiatrischen Zusammenhang hat. Andererseits ist es keineswegs einfach, diese Begriffe zu entproblematisieren. Mannigfaltige Vorverständnisse – auch eigene – stellen sich diesem Versuch entgegen; bei einer Gerichtsverhandlung im November 1983 hat ein psychiatrischer Hochschullehrer sie auf die Formel gebracht, Bewußtsein sei kein Substantiv, sondern stets nur ein Adjektiv. Daß es ohne Bewußtsein weder Substantive noch Adjektive gäbe, ist einem solchen Denken unfaßlich; aus einer völlig anderen Sicht haben Popper u. Eccles (1982, S. 28 ff.) die Notwendigkeit betont, nicht nur dem Bereich des empirisch Erfahrbaren, sondern auch dem Bewußtsein uneingeschränkt Wirklichkeitscharakter zuzuerkennen.

Aber auch dann, wenn die Bereitschaft dazu vorhanden ist, bleibt die Schwierigkeit bestehen, daß die Sprache als unentbehrliches Verständigungsmittel gewissermaßen eine Metasprache sein müßte, um diesen Gegenstand adäquat zu erfassen. Dies setzt jetzt und in Zukunft jedem definitorischen Bemühen von vornherein Grenzen, die man nicht beseitigen kann. Trotzdem kann man versuchen, sie zurückzuverlegen. Sofern die Praxis sich nicht nach dem Wissenschaftsverständnis, sondern das Wissenschaftsverständnis sich nach der Praxis zu richten hat, wird man dies früher oder später tun müssen. Dabei ist nachdenkenswert, wie ein solches Programm zu bewerkstelligen ist, und es bleibt zu prüfen, ob der Weg, der in diesen 3 Bänden aufgezeigt worden ist, juristisch und psychiatrisch geeignet ist, sich dem angegebenen Ziel so weit wie möglich zu nähern. Jedenfalls gelangt man auf diesem Weg zu einem Persönlichkeitsbegriff, der nicht in dem Sinn „tot" ist, daß er nur terminologische, keine wirkliche Erkenntnis vermittelt und sich dadurch jeder wahrhaft systematischen Einordnung widersetzt.

Wird „Persönlichkeit" einfach als der Ort begriffen, an dem Ich und Welt bewußt oder unbewußt erlebt werden, dann enthält ein solcher Persönlichkeitsbegriff keine Anweisung, wie z. B. die diagnostische Kategorie „abnorme Persönlichkeit" zu interpretieren ist. Vielmehr versteht man nun die Verlegenheit des Naturwissenschaftlers, aus der heraus Fragen nach diesem und ähnlichen Begriffen als „rein" philosophische Angelegenheit abgestempelt zu werden pflegen. Er selbst denkt sich auf philosophisch unverbindliche, implizite Weise zu diesem unbestimmten Persönlichkeitsbegriff ein materielles Substrat hinzu. Dieses materielle Substrat befindet sich mit dem Gehirn – irgendwie – im Kopf, um hier als biochemisches Korrelat der Wechselwirkungen von Neuronenverbänden der äußeren Unergründlichkeit des Weltalls ein inneres Pendant zu verschaffen. Die „Persönlichkeit im Kopf" *hat* ein Gedächtnis, mit dessen Hilfe sie sich ebensowohl an die eigene Geschichte wie an sonstige historische Vorgänge erinnert, die unabhängig von ihr inhaltliche Spuren hinterlassen haben.

Dieser Kopf, den man allerdings in die Hände nehmen und befühlen kann, geht als Referenz verloren, wenn in einem strukturalen Sinn angenommen wird, daß Persönlichkeit sich nirgends anders als im Erleben konstituiert und hier Erleben bleibt. In diesem Sinne erscheint Persönlichkeit als ein offenes System mit dem Gedächtnis als zeitlicher Strukturierungsleistung des Bewußtseins jenseits aller Vorstellungen, die sich von der Idee des Engramms ableiten. Es ist nicht einzusehen, warum ein solcher Persönlichkeitsbegriff für den Psychiater im mindesten kompromittierend sein soll und Anlaß, ihn wissenschaftlich zu verleugnen. Kompromittierend ist lediglich das dualistische Grunddilemma, das in seiner materialistischen Ausprägungsform die Vorstellungen der Persönlichkeit als Träger des Erlebens in der aufgezeigten Aporie enden läßt. In welch fundamentaler Form dualistische Auffassungen auch heute noch in der Psychiatrie meinungsbildend geblieben sind, kann an dem Unverständnis ermessen werden, das der organodynamischen Konzeption Eys (1947, 1952, 1975) als der wohl am weitesten entwickelten Systemtheorie des Bewußtseins sowohl von der „organischen" als auch der „dynamischen" Seite entgegengebracht wird, die darin ihre sonstigen Gegensätze überbrücken. Wie das Beispiel, das Lacan (1981, S. 127) gibt, vor Augen führt, genügt auch die Berufung auf den Strukturalismus nicht, um den Leib-Seele-Dualismus wenigstens bis zu dem Punkt hinter sich zu lassen, von dem aus Ey (1963, 1969, 1975) die Psychiatrie mit einer bis dahin nicht erreichten Überzeugungskraft als Pathologie der Freiheit kennzeichnen konnte.

Mit der „Pathologie der Freiheit" befaßt sich nicht nur die Psychiatrie, sondern auch das Recht, das ebenfalls eine angewandte Wissenschaft ist. Psychiatrie und Recht teilen daher das Interesse an einem baldigen Ende dieser Problemverdrängung und an einer Methode, die in der täglichen Praxis die gegenwärtige Beunruhigung durch Sicherheit ersetzt. Die forensische Psychiatrie kann diesen Anforderungen entsprechen, indem sie „konsequent" zwischen Form und Inhalt psychologischer und psychopathologischer Gegebenheiten unterscheidet (Luthe 1981a, S. 1). Die gleiche Unterscheidung macht das Recht, das einmal nach der (Verantwortungs-)Fähigkeit und einmal nach dem Gebrauch, der eventuell von dieser Fähigkeit gemacht wird, fragt (Luthe 1984). Verantwortungsfähigkeit – wenn man will „Freiheit" – ist dann die intakte psychische Form, die für diesen oder jenen Gebrauch offensteht. Die psychischen Inhalte ergeben sich aus dem Gebrauch, der von der Form gemacht wird; sie sind in Ursache-Wirkungs-Ketten determiniert. Gäbe es nur die in Ursache-Wirkungs-Ketten determinierten Inhalte des Bewußtseins und nicht auch eine Bewußtseinsform, dann wäre die Einheit des Erlebens verloren. Ohne die Annahme eines einheitsstiftenden Subjekts des Erlebens gelangt man nicht zu einem logischen Ansprüchen genügenden Begriff des Bewußtseins.

Das Bewußtsein mit der formalen Fähigkeit zur Entscheidung und dem inhaltlichen Gebrauch, der in jedem Einzelfall davon gemacht wird, umfaßt jenes Spannungsfeld, das auseinandergerissen wird, wenn bei dualistischer Betrachtungsweise die alternative Verabsolutierung von Leib oder Seele den Systemcharakter des Ganzen verfehlen läßt. Wie dieser formale Begriff des Bewußtseins wirkliche Erkenntnis vermittelt und eine wahrhaft systematische Ordnung psychopathologischer Phänomene ermöglicht, wurde im einzelnen ausgeführt, wobei sich die Formalisierung des Erlebens nach den Gesichtspunkten Gegenstand–Thema–Bedeutung des Erlebens als hilfreich erwiesen hat.

Die meinungsbildende Kraft dualistischer Weltanschauungen ist ungebrochen; daher hat der hier entwickelte Bewußtseinsbegriff vorläufig noch wenig Chancen, allgemein akzeptiert zu werden, zumal er nicht mit dem weitverbreiteten Glauben, daß das Bewußtsein im Kopf jedes Menschen entstehe, in Einklang zu bringen ist und es abstrus erscheinen mag, sich vorzustellen, daß das Gehirn im Kontext des Gegenständlichen selbst nur eine Bewußtseinsleistung ist, die es, wenn sie vollbracht wird, dem Einzelnen ermöglicht, am Bewußtsein teilzunehmen. Dadurch braucht sich der forensische Psychiater auf der praktischen Ebene nicht gehindert zu fühlen, die Lösung der sich ihm als Sachverständigen tagtäglich bietenden Probleme in Angriff zu nehmen, indem er z.B. zeigt, daß sich der Begriff der Tatschuld nicht nur mit aller wünschenswerten Klarheit begründen läßt, sondern auch eine unabdingbare Voraussetzung für den erzieherischen Einfluß strafrechtlicher Einwirkungen auf den Täter ist und zwar nicht nur im Sinne der Abschreckung, sondern auch im Sinne der Erzeugung einer rechtstreuen Gesinnung. Die für alle möglichen Bewußtseinsinhalte offene Form des Bewußtseins ist die formale Definition der Schuldfähigkeit. Der Appell an dieses Verantwortungsbewußtsein stellt ein gesellschaftliches Regulativ dar, das dem Recht Entwicklungsmöglichkeiten offenläßt, während der ausdrückliche oder stillschweigende Verzicht auf diesen natürlichen Ausgangspunkt des Rechts früher oder später dazu führt, daß das Recht im eigentlichen Sinn gegenstandslos wird. An die Stelle des Richters treten dann Sachverständige, für die das Bewußtsein etwas ist, mit dem sie sich aufgrund ihres einseitigen Wissenschaftsverständnisses nicht beschäftigen wollen. Der gesellschaftliche Zusammenhalt wird dann von ihrem technischen „Know-how" garantiert, das der Staat über die Gerichte verwaltet.

Es ist zu hoffen, daß das Recht seine bisherige Selbständigkeit auch in Zukunft bewahrt, und daß sich diese Vision einer Sachverständigenjustiz nicht bewahrheitet. Der alternative Charakter der Zuständigkeiten von Recht und Psychiatrie, der darauf beruht, daß psychische Krankheit – formal gesehen – Verlust der menschlichen *Freiheit* als dem wesentlichen Attribut des Bewußtseins ist, wohingegen soziale Verantwortlichkeit nichts anderes als deren Vorhandensein zum Ausdruck bringt, hält die Kompetenzen auseinander, während von diesem unterschiedlichen Ausgangspunkt das wissenschaftliche und praktische Interesse in die gleiche Richtung geht. Im vorliegenden Band wurde versucht, an kasuistischen Beispielen zu zeigen, daß und wie dieses Konzept eingesetzt werden kann. Ob dabei das im Vorwort von Band 1 bezeichnete Ziel, daß „die Unbestimmtheit der wechselseitigen Beziehungen zwischen den Begriffen Verantwortlichkeit, Persönlichkeit und Erleben" entfalle, in greifbare Nähe gerückt ist, bleibt abzuwarten. Es ist aber klargeworden, daß die Methode, mit der das Ziel zu erreichen ist, den interdisziplinären Dialog von den einengenden Denkschemata des Dualismus befreien muß.

5 Literaturverzeichnis

Alström CH (1950) A study of epilepsy in its clinical, social and genetic aspects. Acta Psychiatr Neurol [Suppl] 63

Arnold QW (1965) Person und Schuldfähigkeit. Würzburger Universitätsreden, Bd 43. Universitätsdruckerei, Würzburg

Aschaffenburg G (1903) Das Verbrechen und seine Bekämpfung. Winter, Heidelberg

Aschaffenburg G (1909) Das Strafrecht. In: Hoche A (Hrsg) Handbuch der gerichtlichen Psychiatrie. Hirschwald, Berlin

Baeyer W von (1957) Die Freiheitsfrage in der forensischen Psychiatrie mit besonderer Berücksichtigung der Entschädigungsneurosen. Nervenarzt 28:337

Bauer F (1957) Das Verbrechen und die Gesellschaft. Reinhardt, München Basel

Bauer M, Thoss P (1983) Die Schuldunfähigkeit des Straftäters als interdisziplinäres Problem. NJW 36:7

Bear D, Fedio P (1977) Quantitative analysis of interictal behaviour in temporal lobe epilepsy. Arch Neurol 34:454–467

Bleuler M (1972) Die schizophrenen Geistesstörungen im Lichte langjähriger Kranken- und Familiengeschichten. Thieme, Stuttgart

Bockelmann P (1963) Willensfreiheit und Zurechnungsfähigkeit. ZStW 75:372

Böker W, Häfner H (1973) Gewalttaten Geistesgestörter. Springer, Berlin Heidelberg New York

Bresser P (1972) Die Beurteilung der Jugendlichen und Heranwachsenden im Straf- und im Zivilrecht. In: Göppinger H, Witter H (Hrsg) Der Sachverständige: Gutachten und Verfahren. (Handbuch der forensischen Psychiatrie, Bd II/C) Springer, Berlin Heidelberg New York

Brisset J-P (1983) Le mystère de Dieu est accompli. Navarin Seuil, Paris

Brocher T (1957) Die strafrechtliche Verantwortlichkeit Jugendlicher und Heranwachsender. Verlag für Medizin und Psychologie, Göttingen

Bürger-Prinz H, Daube H (1944) Endstadien in der Entwicklung hyperthymer Persönlichkeiten. Med. Lehrschriften, Fachgruppe Volksgesundheit, Hamburg

Cassirer E (1969) Philosophie der symbolischen Formen, Teil 2: Das mythische Denken. Wissenschaftliche Buchgesellschaft, Darmstadt

Cassirer E (1971) Zur Logik der Kulturwissenschaften. Wissenschaftliche Buchgesellschaft, Darmstadt

Cleckley HM (1959) Psychopathic states. In: Ariety S (ed) American handbook of psychiatry, vol 1. Basic Books, New York

Cleckley HM (1964) The mask of sanity: an attempt to clarify issues about the so-called psychopathic personality, 4th edn. Mosby, St. Louis

Cohen S (1975) Erfahrungen in den Vereinigten Staaten von Amerika (Mißbrauch nichtalkoholischer Mittel). In: Steinbrecher W, Solms H (Hrsg) Mißbrauch und Sucht, 2. Aufl. Thieme, Stuttgart

Conrad (1958) Die beginnende Schizophrenie. Thieme, Stuttgart

Cox M (1979) Dynamic psychotherapy with sex-offenders. In: Rosen I (ed) Sexual deviation, 2nd edn. Oxford University Press, Oxford New York Toronto

Delasiauve LJF (1854) Traité de l'épilepsie. Histoire, traitement, médecine légale. Masson, Paris

Dieckmann G, Hassler R, Horn H-H, Schneider H, Schneider-Jonietz B (1975) Die Behandlung sexueller Gewalttäter. Stereotaktische Hypothalamotomie. Sexualmedizin 4:545–551

Dietrich H (1969) Psychiatrie in Stichworten. Enke, Stuttgart

Dongier S (1959) Statistical study of clinical and electroencephalographic manifestations of 536 psychotic episodes occurring between clinical seizures. Epilepsia 1:117–142
Dreher E (1977) Strafgesetzbuch und Nebengesetze, 37. Aufl. Beck, München
Dührssen A (1954) Psychogene Erkrankungen bei Kindern und Jugendlichen. Verlag für Medizin und Psychologie, Göttingen
Ellscheid G (1982) Alternativen zur Strafmaßschuld. In: Wadle E (Hrsg) Recht und Gesetz im Dialog. Heymanns, Köln Berlin Bonn München
Ellscheid G, Hassemer W (1970) Strafe ohne Vorwurf. In: Civitas, Jahrbuch für Sozialwissenschaften, Bd 9. Pesch-Haus, Mannheim Ludwigshafen
Ey H (1952) Grundlagen einer organo-dynamischen Auffassung der Psychiatrie. Fortschr Neurol Psychiatr 20:198
Ey H (1963) La Conscience. Presses Universitaires de France, Paris
Ey H (1973) Traité des hallucinations. Masson, Paris
Ey H (1975) Des idées de Jackson à un modèle organo-dynamique en psychiatrie. Privat, Toulouse
Fenton GW (1981) Personality and behavioural disorders in adults with epilepsy. In: Reynolds EH, Trimble MR (eds) Epilepsy and psychiatry. Churchill Livingstone, Edinburgh London Melbourne New York
Feuerbach PAJ (1800) Über die Strafe als Sicherungsmittel vor künftigen Beleidigungen des Verbrechers. Tasché, Chemnitz
Feuerbach PJA (1970) Über die Strafe als Sicherungsmittel von künftigen Beleidigungen des Verbrechers. Wissenschaftliche Buchgesellschaft, Darmstadt
Gastaut H (1954) Interprétation des symptomes de l'épilepsie „psychomotrice" en fonction des données de la physiologie rhinencephalique. Presse Med 62:1535–1537
Gelder M, Gath D, Mayou R (1983) Oxford textbook of psychiatry. Oxford University Press, Oxford New York Toronto
Gerhardt V, Kaulbach F (1979) Kant. Wissenschaftliche Buchgesellschaft, Darmstadt
Gibbs FA (1951) Ictal and non-ictal psychiatric disorders in temporal lobe epilepsy. J Nerv Ment Dis 11:522–528
Gibbs FA, Gibbs EL (1950–52) Atlas of electroencephalography, vol 1 a. 2. Addison-Wesley, Cambridge
Giese H (1968) Die Sexualität des Menschen, 2. Aufl. Enke, Stuttgart
Giese H, Flitner F, Ponsold A (1967) Sittlichkeitsdelikte. In: Ponsold A (Hrsg) Lehrbuch der gerichtlichen Medizin, 3. Aufl. Thieme, Stuttgart
Glasser M (1976) Some aspects of the role of aggression in the perversions. In: Rosen I (ed) Sexual deviation, 2nd edn. Oxford University Press, Oxford New York Toronto
Göppinger H (1976) Kriminologie, 3. Aufl. Beck, München
Goldstein K (1971) Selected papers/Ausgewählte Schriften. Nijhoff, The Hague
Grosbüsch G (1981) Die Affekttat. Enke, Stuttgart
Gunn J (1979) Forensic psychiatry. In: Granville – Grossmann K (ed) Recent advances in clinical psychiatry. Churchill Livingstone, Edinburgh London Melbourne New York
Gunn J (1981) Medico-legal aspects of epilepsy. In: Reynolds EH, Trimble M (eds) Epilepsy and Psychiatry. Churchill Livingstone, Edinburgh London Melbourne New York
Gunn J, Fenton GW (1969) Epilepsy in prisons: A diagnostic survey. Br Med J 4:326–328
Gunn J, Fenton GW (1971) Epilepsy, automatism and Crime. Lancet I:1173–1176
Haase HJ (1966) Neuroleptika, Tranquilizer und Antidepressiva in Klinik und Praxis. Janssen, Düsseldorf
Habermas J (1972) Gegen einen positivistisch halbierten Rationalismus. In: Adorno TW (Hrsg) Der Positivismusstreit in der deutschen Soziologie. Luchterhand, Darmstadt
Haddenbrock S (1972) Strafrechtliche Handlungsfähigkeit und „Schuldfähigkeit" (Verantwortlichkeit); auch Schuldformen. In: Göppinger H, Witter H (Hrsg) Der Sachverständige: Gutachten und Verfahren. (Handbuch der forensischen Psychiatrie, Bd 2/D) Springer, Berlin Heidelberg New York
Hartmann N (1949) Ethik, 3. Aufl. de Gruyter, Berlin
Hartwieg O (1978) Rechtstatsachenforschung und Kriminologie. Bundesanzeiger Verlagsgesellschaft, Köln

Hassemer W (1983) Strafziele im sozialwissenschaftlich orientierten Strafrecht. In: Hassemer W, Lüderssen K, Naucke W (Hrsg) Fortschritte im Strafrecht durch die Sozialwissenschaften. Müller, Heidelberg

Heinroth JCA (1825) System der psychisch-gerichtlichen Medizin, oder theoretisch-praktische Anweisung zur wissenschaftlichen Erkenntnis und gutachtlichen Darstellung der krankhaften persönlichen Zustände, welche vor Gericht in Betracht kommen. Hartmann, Leipzig

Held K (1980) Heraklit, Parmenides und der Anfang von Philosophie und Wissenschaft: eine phänomenologische Besinnung. De Gruyter, Berlin New York

Heuyer G (1968) Les Troubles mentaux. Étude criminologique. Presses Universitaires de France, Paris

Hoffmann E (1925) Die Sprache und die archaische Logik. Mohr, Tübingen

Holzbach H, Venzlaff U (1966) Die Rückfallprognose bei heranwachsenden Straftätern. Monatsschr Kriminol 49:66

Jakobs G (1976) Schuld und Prävention. Mohr, Tübingen

Janzarik W (1949) Die Paranoia (Gaupp) Arch Psychiatr Nervenkr 183:328–382

Jaspers K (1965) Allgemeine Psychopathologie, 8. Aufl. Springer, Berlin Heidelberg New York

Jones B, Mishkin M (1972) Limbic lesions and the problems of stimulus reinforcement associations Exp Neurol 36:362–377

Juul-Jensen P (1964) Epilepsy: A clinical and social analysis of 1020 adult patients with epileptic seizures. Acta Neurol Scand [Suppl 5] 40

Kahn E (1928) Die psychopathischen Persönlichkeiten. In: Bumke O (Hrsg) Handbuch der Geisteskrankheiten, Bd V. Springer, Berlin

Kallwas W (1969) Der Psychopath. Springer, Berlin Heidelberg Now York

Kaufmann A (1968) Dogmatische und Kriminalpolitische Aspekte des Schuldgedankens im Strafrecht. In: Baumann J (Hrsg) Programm für ein neues Strafgesetzbuch. Der Alternativentwurf für ein neues Strafgesetzbuch. Fischer, Frankfurt M.

Kielholz P, Battegay R (1972) Therapie der akuten Alkoholintoxikationen und des chronischen Alkoholismus. In: Kisker KP, Meyer J-E, Müller M, Strömgren E (Hrsg) Klinische Psychiatrie, 2. Aufl. (Psychiatrie der Gegenwart, Bd 2/2) Springer, Berlin Heidelberg New York

Kinsey AC, Pomeroy WB, Martin CE (1948) Sexual behavior in the human male. Saunders, Philadelphia London

Kligman D, Goldberg DA (1975) Temporal lobe epilepsy and aggression. J Nerv Ment Dis 160:324–341

Klug U (1968) Abschied von Kant und Hegel. In: Baumann J (Hrsg) Programm für ein neues Strafgesetzbuch. Der Alternativentwurf der Strafrechtslehrer. Fischer, Frankfurt M

Knox S (1968) Epileptic automatisms and violence. Med Sci Law 8:96–104

Kraepelin E (1904) Psychiatrie, 7. Aufl, Bd 2. Barth, Leipzig

Kraepelin E (1905) Einführung in die psychiatrische Klinik, 2. Aufl. Barth, Leipzig

Krauss D (1980) Der psychologische Gehalt subjektiver Elemente im Strafrecht. In: Jäger H (Hrsg) Kriminologie im Strafprozeß. Suhrkamp, Frankfurt

Kretschmer W (1966) Begriff, Geschichte und wissenschaftliche Stellung des sensitiven Beziehungswahnes. In: Kretschmer E. Der sensitive Beziehungswahn. Springer, Berlin Heidelberg New York

Krümpelmann J (1974) Motivation und Handlung im Affekt. In: Stratenwerth G, Kaufmann A, Geilen G, Hirsch HJ, Schreiber HL, Jakobs G, Loos F (Hrsg) Festschrift für Hans Welzel zum 70. Geburtstag. De Gruyter, Berlin New York

Lacan J (1981) Schriften III. Walter, Olten Freiburg

Landolt H (1960) Die Temporallappenepilepsie und ihre Psychopathologie. Karger, Basel New York

Langelüddeke A, Bresser PH (1976) Gerichtliche Psychiatrie, 4. Aufl. De Gruyter, Berlin New York

Leferenz H (1958) Der Entwurf des allgemeinen Teils eines Strafgesetzbuches in kriminologischer Sicht. ZStW 70:25

Lempp R (1983) Gerichtliche Kinder- und Jugendpsychiatrie. Huber, Bern Stuttgart Wien

Lenckner T (1972) Strafe, Schuld und Schuldfähigkeit. In: Göppinger H, Witter H (Hrsg) Die rechtlichen Grundlagen. (Handbuch der forensischen Psychiatrie, Bd 1) Springer, Berlin Heidelberg New York
Lennox WG (1944) Epilepsy. In: Hunt J (ed) Handbook of personality and behaviour problems. Ronald, New York
Liszt F von (1900, 1913) Lehrbuch des deutschen Strafrechts, 10. und 20. Aufl. Guttentag, Berlin
Lüderssen K (1983) Kriminalpolitik auf verschlungenen Wegen. Suhrkamp, Frankfurt M
Luthe R (1969) Psychiatrische Probleme der Sexualdelinquenz. Monatsschr Kriminol Strafrechtsreform 52:314–320
Luthe R (1971) Zur Psychopathologie und Kriminalität des infantil-egozentrischen Charakters. Monatsschr Kriminol Strafrechtsreform 54/6:300
Luthe R (1972) Zur Erlebensstruktur von Selbstvernichtungsbestrebungen bei einer Gruppe jugendlicher Rechtsbrecher. Nervenarzt 43:88–94
Luthe R (1975) Erfahrungen in Frankreich. In: Sucht und Mißbrauch, Steinbrecher W, Solms H (Hrsg) 2. Aufl. Thieme, Stuttgart
Luthe R (1981 a) Verantwortlichkeit, Persönlichkeit und Erleben. Springer, Berlin Heidelberg New York
Luthe R (1981 b) Repeated instances of homicide committed by an epileptic suffering from chronic psychosis. In: Epilepsy International Congress 1981 Abstracts, Kyoto
Luthe R (1982 a) Das strukturale System der Psychopathologie. Springer, Berlin Heidelberg New York
Luthe R (1982 b) Psychologisch-psychiatrische Probleme der Schuldfähigkeit. In: Göppinger H, Bresser PH (Hrsg) Kriminologische Gegenwartsfragen, Bd 15. Enke, Stuttgart
Luthe R (1984) Schuldfähigkeit und Tiefenpsychologie. Forensia 4:161–171
Mayer-Gross W, Slater E, Roth M (1970) Clinical psychiatry. Baillière, Tindall Cassell, London
Mezger E, Mikorey M (1938) Affekt und Zurechnungsfähigkeit. Monatsschr Kriminalbiol Strafrechtsref 29:444–476
Müller HW, Hadamik W (1966) Die Unterbringung psychisch abnormer Rechtsbrecher. Nervenarzt 37:67–79
Mutschler D (1956) Die Beurteilung der Reife und Entwicklung von Heranwachsenden. Fortschr Neurol Psychiatr 24:217
Ohler W (1977) Die Strafvollzugsanstalt als soziales System. Müller, Karlsruhe
Olievenstein C (1971) La drogue, 2. Aufl. Ed. Universitaires, Paris
Penfield W, Jasper HH (1954) Epilepsy and the functional anatomy of the human brain. Little Brown, Boston
Peters UH (1969) Das pseudopsychopathische Affektsyndrom der Temporallappenepileptiker. Nervenarzt 40:75–82
Peters UH (1977) Wörterbuch der Psychiatrie und medizinischen Psycholgie, 2. Aufl. Urban & Schwarzenberg, München Wien Baltimore
Petrilowitsch N (1966) Abnorme Persönlichkeiten, 3. Aufl. Karger, Basel New York
Petrilowitsch N (1969) Charakterstudien. Karger, Basel New York
Piaget J (1932) Le jugement moral chez l'enfant. Presses Universitaires de France, Paris
Pinel PH (1809) Traité médico-philosophique sur l'aliénation mentale, 2nd edn. Brosson, Paris
Popella E (1964) Über den erweiterten Suicid. Arch Psychiatr Nervenkr 205:615–624
Popper KR, Eccles JC (1977) The self and its brain – An argument for interactionism. Springer, Berlin Heidelberg New York
Popper KR, Eccles JC (1982) Das Ich und sein Gehirn. Piper, München Zürich
Rasch W (1967) Schuldfähigkeit. In: Ponsold A (Hrsg) Lehrbuch der gerichtlichen Medizin, 3. Aufl. Thieme, Stuttgart
Rösler M, Bellaire W, Hengesch G, Kiesling-Muck H, Carls W (1984) Die uncharakteristischen Basissymptome des Frankfurter Beschwerdefragebogen und ihre Beziehungen zu psychopathologischen Syndromen. Nervenarzt 55 (im Druck)
Roper WF (1951) A comparative survey of the Wakefield prison population in 1948 & 1949. Part 2. Br J Delinquency 1:243–270

Roxin C (1973) Kriminalpolitik und Strafrechtssystem, 2. Aufl. De Gruyter, Berlin New York
Rudolphi H-J (1974) Affekt und Schuld. In: Roxin C, Bruns HJ, Jäger H (Hrsg) Grundfragen der gesamten Strafrechtswissenschaft. Festschrift für H Henkel. De Gruyter, Berlin
Rutter M, Graham PJ, Yule W (1970) A neuropsychiatric study in childhood. Clinics in developmental medicine. Heinemann, London
Sass H (1983) Die „tiefgreifende Bewußtseinsstörung" gemäß den §§ 20, 21 StGB – eine pro blematische Kategorie aus forensisch-psychiatrischer Sicht. Forensia 4:3–23
Schaffstein F (1979) Die entschuldigte Vatertötung. In: Remschmidt H, Schüler-Springorum H (Hrsg) Jugendpsychiatrie und Recht. Festschrift für Hermann Stutte. Heymanns, Köln Berlin Bonn München
Schneider K (1936) Psychiatrische Vorlesungen für Ärzte, 2. Aufl. Thieme, Stuttgart
Schneider K (1952) Über den Wahn. Thieme, Stuttgart
Schneider K (1961) Die Beurteilung der Zurechnungsfähigkeit, 4. Aufl. Thieme, Stuttgart
Schneider K (1962) Klinische Psychopathologie, 6. Aufl. Thieme, Stuttgart
Schorsch E (1975) Versteinerte Sexualangst. Sexualmedizin 4:358–361
Schorsch E, Becker N (1977) Angst, Lust, Zerstörung, Sadismus als soziales und kriminelles Handeln. Zur Psychodynamik, sexuelle Tötungen. Rowohlt, Hamburg
Schwind HD (1975) Verbrechen und Schwachsinn. In: Sieverts R, Schneider HJ (Hrsg) Handwörterbuch der Kriminologie, 2. Aufl. De Gruyter, Berlin New York
Stratenwerth G (1977) Die Zukunft des strafrechtlichen Schuldprinzips. Müller, Karlsruhe
Straus EW, Natanson M, Ey H (1969) Psychiatry and philosophy. Springer, Berlin Heidelberg New York
Stutte H (1953) Reife und Strafmündigkeit der Jugendlichen. Bl Wohlfahrtspflege 100:336
Thomae H, Schmidt HD (1967) Psychologische Aspekte der Schuldfähigkeit. In: Gottschaldt K, Lersch Ph, Sander F, Thomae H (Hrsg) Handbuch der Psychologie, Bd 11: Forensische Psychologie. Hogrefe, Göttingen
Tramer M (1941) Aufgaben der Psychiatrie im schweizerischen Jugendstrafrecht. Z Kinderpsychiatr 7:129
Tramer M (1947) Leitfaden der jugendlichen Psychiatrie. Schwabe, Basel
Undeutsch U (1957) Zurechnungsfähigkeit bei Bewußtseinsstörung. In: Ponsold A (Hrsg) Lehrbuch der gerichtlichen Medizin, 2. Aufl. Thieme, Stuttgart
Venzlaff U (1975) Aktuelle Probleme der forensischen Psychiatrie. In: Kisker KP, Meyer J-E, Müller C, Strömgren E (Hrsg) Soziale und angewandte Psychiatrie, 2. Aufl. (Psychiatrie der Gegenwart, Bd 3) Springer, Berlin Heidelberg New York
Venzlaff U (1983) Fehler und Irrtümer in psychiatrischen Gutachten. NStZ 3:199–203
Wanke K (1975) Prävention, Therapie und Rehabilitation bei Mißbrauch und Sucht Jugendlicher und Heranwachsender. In: Steinbrecher W, Solms H (Hrsg) Sucht und Mißbrauch, 2. Aufl. Thieme, Stuttgart
Werner A (1945) Die Rolle des Schwachsinns in der Kriminalität. Schweiz Monatsschr Psychiat Neurol 1–46
Wieser S, Kayser H (1966) Die Psychiatrie des wahnhaften Parasitenbefalls. Fortschr Neurol Psychiatr 34:257
Witter H (1967) Die Traumforschung und ihre Bedeutung für die Psychopathologie. Fortschr Neurol Psychiatr 35:293
Witter H (1970) Grundriß der gerichtlichen Psychologie und Psychiatrie. Springer, Berlin Heidelberg New York
Witter H (1972) Die Beurteilung Erwachsener im Strafrecht. In: Göppinger H, Witter H (Hrsg) Die forensischen Aufgaben der Psychiatrie. (Handbuch der forensischen Psychiatrie, Bd 2) Springer, Berlin Heidelberg New York
Witter H (1983) Richtige oder falsche psychiatrische Gutachten. Monatsschr Kriminol Strafrechtsreform 66/5:189–185
Witter H, Luthe R (1966) Strafrechtliche Verantwortung beim erweiterten Suicid. Monatsschr Kriminol Strafrechtsreform 49:97
Woddis GM (1957) Depression and crime. Br J Delinquency VIII/85:26

6 Sachverzeichnis

Beiträge zur Psychopathologie

Band 1

R. Luthe

Verantwortlichkeit, Persönlichkeit und Erleben

Eine psychiatrische Untersuchung

Mit einem Nachwort von H. Witter

1981. VII, 86 Seiten
Broschiert DM 27,–. ISBN 3-540-11039-9

Dieser erste Band der Reihe „Beiträge zur Psychopathologie" behandelt die Begriffe Persönlichkeit, Erleben und Verantwortlichkeit aus der Sicht des mit den theoretischen und praktischen Schwierigkeiten der Begutachtung vertrauten psychiatrischen Sachverständigen. Die methodologischen Implikationen des Bewußtseinsbegriffs – einschließlich des Unbewußten – und die Freiheitshypothese des Rechts werden in systematischer Weise aufeinander bezogen. Dabei ergibt sich, daß die konsequente Unterscheidung zwischen der Form und den Inhalten des Erlebens, zwischen psychischer Struktur und Antrieb, zu rationalen Kriterien und damit zu einer allgemein gültigen Methode bei der Verantwortlichkeitsbeurteilung führt. Dies garantiert dem Sachverständigen einen sicheren Standpunkt und macht sein Gutachten für den Juristen überprüfbar.

Da die zukünftige Rechtsgestaltung wesentlich von der Auslegung dieser Begriffe mitbestimmt wird, ist das Buch nicht nur für die praktische Arbeit im Alltag des Sachverständigen, sondern darüber hinaus auch von allgemein gesellschaftspolitischem Interesse.

Springer-Verlag
Berlin
Heidelberg
New York
Tokyo

Band 2
R. Luthe

Das strukturale System der Psychopathologie

1982. 6 Abbildungen. IX, 94 Seiten
Broschiert DM 28,–. ISBN 3-540-11824-1

Dieser Band behandelt die Konsequenzen, die sich aus der strukturalistisch-formalen Auffassung der Begriffe „Persönlichkeit" und „Erleben" für die Psychopathologie ergeben. Dieser Ansatz, der in seiner Geschlossenheit neu ist, ermöglicht es durch die Rationalisierung der psychopathologischen Taxonomie, diese Wissenschaft von dem Meinungsstreit abzuheben, innerhalb dessen die Psychiatrie, deren wissenschaftliches Kernstück die Psychopathologie ist, in Gefahr stand, zum „ideologischen Spielball" interessierter Gruppen zu werden.

Band 4

Zur Handlungsanalyse einer Tat

Herausgeber: **J. Gerchow**
1983. XI, 71 Seiten
Broschiert DM 28,–. ISBN 3-540- 12641-4

Ausgehend von einer breit angelegten Besprechung des „Willensproblems" unter juristischen und medizinisch-psychologischen Aspekten wird in Einzeldarstellungen der Aussagewert der Handlungsanalyse einer Tat untersucht. Das Buch behandelt die Frage der Bewertung „innerer" Vorgänge bei der Tatbehandlung, die für die „Tatbestandsmäßigkeit" relevant sein können, aber auch die Frage nach der Kompetenz des Sachverständigen.

Springer-Verlag
Berlin
Heidelberg
New York
Tokyo